# Die Ernährungs-Therapie der Hildegard von Bingen

WIGHARD STREHLOW

# DIE ERNÄHRUNGS-THERAPIE DER HILDEGARD VON BINGEN

Weltbild

Genehmigte Lizenzausgabe der Verlagsgruppe Weltbild GmbH,
Steinerne Furt, D-86167 Augsburg

Ein Unternehmen der Verlagsgruppe Dornier GmbH
Umschlaggestaltung: Zero Werbeagentur, München
Umschlagmotiv: Bridgeman Art Library, London
Gesamtherstellung: Bagel Roto-Offset GmbH & Co. KG,
Gewerbegebiet Sachsen-Anhalt Süd, Kirchweg,
06721 Schleinitz
Printed in Germany
ISBN 3-8289-2085-3

2007 2006 2005
Die letzte Jahreszahl gibt die aktuelle Lizenzausgabe an.

# Inhalt

## DIE BESTEN REZEPTE AUS DER HILDEGARD-KÜCHE

## KUREN UND DIÄTEN BEI SPEZIELLEN KRANKHEITSBILDERN

## Anhang

**Hinweis des Verlages**

Die Inhalte dieses Buches sind alle sorgfältig recherchiert und erarbeitet worden. Dennoch können weder der Autor, seine Erben oder der Verlag für alle Angaben im Buch eine Haftung übernehmen. Suchen Sie insbesondere bei stärkeren oder längeren Beschwerden Ihren Arzt auf.

# Vorwort zur Neuausgabe

Weltweite wissenschaftliche Studien belegen, dass eine gesunde Ernährung in der Lage ist, die Gesundheit zu erhalten und den Krankenstand um vierzig bis fünfundfünfzig Prozent zu senken.

Im vorliegenden diesem Buch finden Sie die besten Rezepte aus unserer Kurhausküche und die erstaunlichen Heilwirkungen einer ausgewogenen Ernährung zum Schutz der Gesundheit oder bei der Heilung von teilweise »unheilbaren« Krankheiten. Meine Erfahrungen der letzten zehn Jahre sind in diese Neuausgabe mit eingeflossen.

Sie erfahren hier ein zeitlos gültiges Wissen über die Ernährung, die sich nicht ständig mit der Mode oder Werbung ändert. Sie lernen Gerichte kennen, die zum einen gut schmecken und zum andern heilen, mit denen Sie zudem erfolgreich abnehmen und gleichzeitig die Leistungsfähigkeit erhöhen können. Es sind alles Lebensmittel, die die Lebensfreude und Lebensqualität verbessern und auf die man sich auch in Notzeiten hundertprozentig verlassen kann.

Für die Ausarbeitung der Rezepturen und Küchenpläne danke ich den Köchinnen und Köchen im Hildegard-Kurhaus Schwester Sofia Kießling, Rita Reith, Dieter Holland-Cunz, Lutz Wassenberg, Elfriede Haertwig und den vielen Hildegard-Freunden und Freundinnen, die mit vielen Rezeptvorschlägen am Gelingen beigetragen haben. Ganz besonderer Dank gilt meiner Frau Karin.

Entdecken Sie in diesem Buch die Heilkräfte in unseren Lebensmitteln und die aktuellsten Erfolge mit der Hildegardischen Ernährungslehre und genießen Sie die besten und schmackhaftesten Rezepte aus der Hildegard-Küche. Mit diesem zeitlosen Wissen über die Gesundheit sind Sie selber in der Lage, sich für ein Leben voller Lebensfreude, Vitalität und Zufriedenheit zu entscheiden. Mit diesem Buch öffnet sich eine neue Zukunft, die von der Dynamik der Kräfte geprägt ist, die Gesundheit zu schützen und zu erhalten, eine Zukunft, die uns berührt, motiviert und glücklich macht.

*Dr. Wighard Strehlow*
Allensbach am Bodensee
Im Sommer 2003

# Einführung

*Die beste Heilstätte der Welt,*
*nebst Licht, Luft, Wasser und Erde,*
*ist eine mit Verständnis, Sorgfalt und Liebe*
*geführte Küche.*

Jahrtausendelang wurden Erfolg und Schicksal ganzer Völker von ihren Ernährungsgewohnheiten beeinflusst. Alle großen Kulturvölker der Erde entwickelten sich auf der Basis des Getreideanbaus. Die Ernährung der frühen Griechen und Römer war sehr einfach, ja geradezu anspruchslos. Ihre Hauptnahrungsmittel waren Obst und Gemüse mit Getreidebrei aus vollem Korn. Getreidekörner und der daraus hergestellte Brei waren von jeher das Grundlebensmittel aller Kulturvölker der Erde. Brot kam später als Speise der Reichen ergänzend zu Brei oder Mus hinzu. »Die getreideessenden Völker«, schreibt Herodot, »sind in Künsten, Wissenschaften, Volkszahl, geistiger und körperlicher Bildung denen weit voraus, die von Krieg, Jagd, Viehzucht und Fischfang leben.« Es war also schon immer ein Unterschied, ob sich der Mensch hauptsächlich von pflanzlicher oder von tierischer Kost ernährte.

Durch zunehmenden Handel und gewonnene Kriege bildete sich eine neue Schicht wohlhabender Leute, die aus anderen Ländern Nahrungsmittel mitbrachten und neue Essgewohnheiten einführten, die die einfache Lebensführung ablösten. In dieser Zeit der so genannten Zivilisation verlieren die Städter sowohl das Gefühl der Verbundenheit mit den Bauern als auch das natürliche Maß einer einfachen Ernährung.

Das Gefühl für die goldene Mitte zwischen Zuviel und Zuwenig ging verloren. Mit zunehmendem Luxus änderten sich sowohl in Griechenland als auch in Rom die wirtschaftlichen und politischen Verhältnisse, was auch in einer verhängnisvollen Veränderung der Ernährungsgewohnheiten, im Hang zu Genusssucht und Schlemmerei zum Ausdruck kam. Standen in den glänzenden griechischen und römischen Zeiten Geselligkeit und Kunst im Mittelpunkt, so waren es jetzt Speisen und Köche. »Der

Neureiche«, schreibt Maurizio, »entschädigt daher den Mangel an gefestigter Einsicht durch Nahrungsfülle. Er will zunächst genug haben; er überfrißt sich. Der unsinnig maßlos besetzte Tisch ist seine erste Kulturerrungenschaft und damit sein geistiger Niedergang. Die Tafelschwelgerei war einer der Begleitumstände, ja die Mitursache des tiefen allgemeinen Verfalls.«

Mit dem Verfall der Ernährungssitten änderten sich auch die Trinkgewohnheiten. Ursprünglich waren Wasser und Milch die Hauptgetränke. Weingenuss war Männern unter 35 und Frauen ganz verboten. Zudem wurde der Wein immer mit Wasser verdünnt, üblicherweise im Verhältnis drei Teile Wasser auf einen Teil Wein. Eine Mischung zu gleichen Teilen galt als das stärkste Maß, das ein Trinker nicht überschreiten durfte. In den letzten Tagen Roms und Griechenlands wurde auf Trinkgelagen unverdünnter Wein mit Käse, Salzkräckern, Feigen, Oliven und anderen scharfgewürzten Speisen angeboten, die den Durst anregten und zu unmäßigem Betrinken reizten.

Kein Wunder, dass Ärzte ausgerechnet in dieser Zeit die Bedeutung der Ernährung für die Gesundheit erkannten. Heilten sie früher nur mit Heilmitteln oder durch chirurgische Eingriffe, so versuchten sie jetzt auch durch eine Umstellung der Lebensweise Heilung herbeizuführen. Die Frage nach der Gesunderhaltung durch die richtige Ernährung ist für die Ärzte bis zum Ausgang der Antike genauso wichtig wie die Heilung des Kranken. Die philosophischen Schulen des Diogenes, Pythagoras und Aristoteles empfehlen eine einfache gesunde Kost auf der Basis von Brei und Brot aus Getreide, Obst und Gemüse mit gesundheitsfördernden Kräften. Neben dem Fasten als Therapie bei Verwundeten und Kranken gab es Fastenvorschriften für religiöse Übungen, ekstatisches Fasten, um Träume und Visionen herbeizuführen. Bei akuten Krankheiten verordnete Hippokrates eine sehr magere Diät. Entzündliche Krankheiten wurden durch eine strenge Diät ›ausgehungert‹. Zeitweise Diät und einfache Ernährung wurden zum Therapieprinzip, denn »Die Krankheiten überfallen den Menschen nicht wie aus heiterem Himmel, sondern sind die Folgen fortgesetzter Sünden wider die Natur.«

Bis zum Untergang der Antike haben sich die Völker jahrhundertelang mit einer einfachen, gesunden und kraftvollen Ernährung zufriedengegeben, die auf uralten Erfahrungen beruhte. Dies war die Grundlage ihrer Gesundheit, Leistungsfähigkeit und ihres Wohlergehens. Die Abkehr von der ursprünglichen Getreideernährung musste daher zu ernährungsbedingten Krankheiten führen. Bei einigen Völkern gab es beispielsweise bis in unser Jahrhundert hinein keine Zivilisationskrankheiten. Erst durch den Verzehr von Weizenauszugsmehl und Fabrikzucker breitete sich etwa die Zahnfäule auch in den entlegensten Alpentälern aus, obwohl die dort gelegenen Dörfer bis dahin kariesfrei geblieben waren.

Heute haben wir wieder ähnliche Verhältnisse wie im alten Rom. Vor allem amerikanische Ärzte warnen vor der Zivilisationskost. Zwei von drei Amerikanern sterben an den Folgen falscher Ernährung. Die großen Ernährungsgesellschaften sind sich weltweit einig, dass die wertlose Zivilisationskost mit zu viel tierischem Eiweiß, Fett, Zucker und Salz durch eine einfache vollwertige Kost aus Getreide, Obst und Gemüse ersetzt werden sollte.

So gesehen ist die 800 Jahre alte Ernährungstherapie der heiligen Hildegard wieder hochaktuell geworden. Die Edelkastanie und der Dinkel, den man zum Kochen und Backen verwenden kann und der das kräftige Habermus (warmer Dinkelbrei) und das wohlschmeckende Dinkelbrot liefert, stehen im Mittelpunkt der Hildegard-Küche. Dinkel und Edelkastanie können aufgrund des natürlichen Schutzes, den ihre harte Schale bietet, ohne umweltbelastende Chemie angebaut werden.

Im Vergleich zu anderen Vollwert- und Naturheildiäten wissen wir bei der Ernährungstherapie Hildegards um die Heilkraft von Obst und Gemüse, die richtige Anwendung von Heilkräutern und den heilenden Einfluss von Fleisch, Leber und Fisch. Das Ergebnis der Hildegard-Küche ist so einfach wie genial: Mit ein und derselben Dinkelernährung lassen sich die meisten ernährungsbedingten Krankheiten verhüten und heilen, soweit das noch möglich ist.

Die Dinkelkost zeichnet sich durch ihren außerordentlichen Wohlgeschmack aus und wird nicht nur von den Patienten, sondern auch von deren Familienangehörigen gern als lebenslange Lieblingskost beibehalten.

Die diesem Buch zugrunde liegenden Ratschläge über ein glückliches, kraftvolles und gesundes Leben basieren auf Hildegards neun lateinischen Büchern über die Heilkräfte der Lebensmittel in der Natur, bekannt als *Physica* und ihrem medizinischen Lehrbuch *Causae et Curae* über die Ursachen der Krankheiten und ihre Behandlung. Diese Ernährungslehre wurde von dem Konstanzer Arzt Dr. Gottfried Hertzka kurz nach dem Zweiten Weltkrieg zum ersten Mal entdeckt und systematisch in der ärztlichen Praxis angewendet. Seitdem hat sich diese Ernährungslehre im täglichen Leben tausendfach bewährt, selbst in aussichtslosen Situationen.

Lebensmittel sind die ›Mittel zum Leben‹ und ein Schlüssel zur Erhaltung und Wiederherstellung unserer Gesundheit. Zusammen mit einem harmonischen Lebensstil ist das Wissen von den heilenden Kräften in den Lebensmitteln die Grundlage für ein außergewöhnlich glückliches, sinnvolles, vitales und gesundes Leben. Das Maß an spiritueller Gesundheit in einer Gesellschaft ist aber auch von entscheidender Bedeutung für den wirtschaftlichen Erfolg, das Wachstum und den Wohlstand ihrer Menschen.

Unser bestehendes Krankensystem, das sich von den Krankheiten der Menschen und ihren zerstörerischen Fehlern finanziert, steht heute kurz vor dem Kollaps. Es ist darauf angewiesen, dass es eine ausreichende Zahl von Kranken und Krankheiten gibt. Diese Form von Krankensystem ist schon allein aus Gründen ihrer Unfinanzierbarkeit und menschenfeindlichen Ethik am Ende.

Der Wirtschaftswissenschaftler Leo Nefiodow von der Deutschen Fraunhofer-Gesellschaft hat das Volumen für den Gesamtschaden aus den psychosozialen Fehlern der heutigen globalen Gesellschaft mit weltweit 10.000 Mrd. € pro Jahr angegeben, eine Summe, die die Steuerzahler aufbringen, damit sich einige wenige davon schamlos bereichern. In mehreren Berechnungen hat Leo Nefiodow gezeigt, dass in der Überwindung der zerstörenden Kräfte die größten Produktivitätsreserven schlummern und dass die spirituelle Gesundheit die stärkste Dynamik für die Entfaltung von Wohlstand und Beschäftigung der kommenden 50 bis 60 Jahre darstellt. Dieser Wirtschaftsaufschwung wird der

6. Kondratieff-Zyklus genannt, nach dem russischen Mathematiker Nicolaij Kondratieff.

Nach dessen Untersuchungen bestehen zwischen der Volksgesundheit und dem Wachstum und Wohlstand der Menschen enge positive Zusammenhänge. Gesundheit an Körper *und* Geist gehört somit zu den Überlebensstrategien der zukünftigen Welt. Wo es keine Gesundheit gibt, gibt es auch keine Zukunftschancen.

Um so dringlicher stellt sich daher die Frage, wie Gesundheit unter den heutigen globalen Bedingungen erhalten und geschützt werden kann. Mehrere bedeutende Wissenschaftler aus allen fünf Kontinenten haben sich in den letzten Jahren mit diesen Fragen beschäftigt und festgestellt, dass eine gesunde Ernährung und ein vernünftiger Lebensstil zu 80% an der Erhaltung der Gesundheit beteiligt sind, der Rest ist Genetik und Umwelt.

## Hildegard-Heilkunde

Was wir dringend brauchen, sind neue Konzepte und Strategien, die die beiden Indikatoren spiritueller Gesundheit – Ernährung und Lebensstil – ganzheitlich zusammenfassen, wie z. B. das Gesundheitsprogramm Hildegard von Bingens. Hildegard verband in ihrem Gesundheitsprogramm Medizin, Theologie und Kosmologie. Sie kannte die Fundamente des Universums und die spirituellen Heilkräfte, mit denen sich das Leben kraftvoll entfaltet. Die erste deutsche Prophetin war eine gesuchte Beraterin für Kaiser, Könige, Päpste und das einfache Volk. Ihre Visionen sind heute wieder aktuell und ein Leitstern für die Hilflosigkeit unserer Zeit. In keinem anderen Gesundheitsprogramm finden sich so genaue Hinweise und Indikationen über die heilenden Kräfte in den Lebensmitteln und in der Natur. In dieser Hinsicht ist die Hildegard-Heilkunde originell und einzigartig, vergleichbar mit den großen Heilungssystemen der Ajurveda-Medizin oder der Chinesischen Traditionellen Medizin. Wer die Ratschläge der Hildegard-Heilkunde berücksichtigt, kann leicht auf das Diäten-Wirrwarr, die Vitamin- und Kalorientabellen und dergleichen verzichten, weil die Natur alles bereit hält, was der Mensch zum Leben braucht. Hildegard war von allen Modeerscheinungen frei, weil sie ihr Wissen aus visionärer und damit dauerhaft gültiger Quelle erhielt. Auch künftige Generationen werden von diesem zeitlos gültigen Wissen profitieren und von vielen Irrungen und Wirrungen verschont bleiben.

Heute bestätigen neueste Forschungsergebnisse, was Hildegard bereits schon vor 850 Jahren beschrieben hat, dass bereits eine ausgewogene Ernährung auf der Basis von Dinkel, Obst und Gemüse in der Lage ist, Krebs um 40–55% zu verhüten. Ähnliche Ergebnisse treffen auch für tausende andere Krankheiten zu. Jeder einzelne ist in der Lage, durch eine gesunde Ernährung und Lebensweise seine Gesundheit zu schützen, wenn das Wissen dazu bekannt ist. Mehr noch: Gesundheit kann nicht von den heutigen Experten oder vom Staat garantiert werden; wer gesund bleiben will, muss die Entscheidungen für sein eigenes Leben in die eigenen Hände nehmen. Die gute Botschaft heißt: die Krebsrate ließe sich durch eine gesunde Ernährung um die Hälfte reduzieren. Allein in Deutschland könnte man jährlich 200.000 Menschen vor dem Krebstod retten. Es gibt kein einziges Medikament, das zu einer derartigen Wirkung in der Lage ist!

Aus diesem Grund darf man die Auswahl der Lebensmittel nicht dem Zufall und schon gar nicht der Gewohnheit überlassen. Aber wo ist der Maßstab für die richtige Auswahl von Lebensmitteln? Eine Vollwertküche allein ist noch keine Garantie für eine gesunde Ernährung, besonders wenn Rohkost, Müsli oder so genannte ›Küchengifte‹ (Erdbeeren, Pfirsiche, Pflaumen oder Lauch) empfohlen werden – Lebensmittel, die bei Hildegard als krankheitsauslösend vermieden werden sollen.

Hildegard von Bingen gibt in ihrer Naturheilkunde eine Fülle von Diäthinweisen und beschreibt Heilkräfte, die in Lebensmitteln verborgen liegen (das so genannte Subtilitätsprinzip).
Aufgrund 20-jähriger Erfahrung mit dem Hildegard-Fasten und der Hildegard-Küche im Kurhaus in Allensbach am Bodensee und unter Einbeziehung der Heilungserfolge in der Hildegard-Praxis entstand ein Hildegard-Kurprogramm, das Tausenden von Patienten bei der Behandlung und Verhütung ernährungsbedingter Zivilisationskrankheiten erfolgreich geholfen hat. Dieses Buch hat drei Teile mit folgenden Schwerpunkten:

1. die heilenden Kräfte in den Lebensmitteln
2. die besten Rezepte aus der Hildegard-Küche
3. Kuren und Diäten für spezielle Krankheitsbilder.

Der praktische Teil enthält über 300 Rezepte, die von unseren Gästen als besonders schmackhaft und heilsam ausgewählt wurden und Kuren und Diäten, die sich erfolgreich zur Heilung von vielfältigen Krankheitsbildern bewährt haben, wie z. B. Herz-Kreislauf-Erkrankungen, Magen-Darm-Leiden, Diabetes, Hautkrankheiten, Allergien, Nervenleiden oder Präkanzerose (Vorstadium des Krebses) und Krebs. Außerdem gibt es Ernährungsrichtlinien für Säuglinge und Senioren, und zur Leistungssteigerung bei Sport und Spiel. Sie werden die richtige Anwendung von Kräutern und Gewürzen kennen lernen, die mindestens den gleichen Stellenwert einnehmen wie Vitamine, Eiweiße und Kohlehydrate.

Die Entdeckung der Hildegard-Heilkunde durch den Konstanzer Arzt Dr. med. Gottfried Hertzka gehört zu den schönsten Pionierleistungen der Naturheilkunde – eine Leistung, die sich allein schon wegen der großartigen Heilerfolge mit Dinkel als Universalheilmittel bei allen ernährungsbedingten Zivilisationskrankheiten gelohnt hat. Die Hildegard-Küche bietet eine abwechslungsreiche, vielseitige Kost mit Dinkel, Obst und Gemüse im Mittelpunkt und Fleisch, Milch und Milchprodukten als Beilage. Bei der Auswahl der Lebensmittel entscheiden nicht nur die analytischen Daten von Vitaminen und Spurenelementen und schon gar nicht die Kalorien, sondern vielmehr der Heilwert (die Subtilität), den die einzelnen Lebensmittel für den Menschen haben. Hinter den Aussagen Hildegards über die heilende Wirkung der Lebensmittel verbergen sich pharmakologische Wirkungsprinzipien, die wir erst heute im Lichte der modernen Forschung verstehen können.

## Die sechs goldenen Lebensregeln

Zu einer gesunden, vitalen Lebensführung gehören die sechs grundlegenden Lebensregeln, die dem Menschen nicht von Natur aus mitgegeben wurden. Diese Prinzipien sollte jeder aus der Selbstverantwortung für sein seelisches und körperliches Heil heraus täglich beachten, praktizieren und Folge leisten. Ohne diese Regeln ist die Erhaltung oder Wiederherstellung der Gesundheit unmöglich:

- Treffen Sie die richtige Auswahl der Lebensmittel.
- Leben Sie in Harmonie mit der Natur und dem Universum.
- Bringen Sie Bewegung und Ruhe, Gebet und Meditation in ein gesundes Gleichgewicht.
- Bringen Sie Schlafen und Wachen zur Regeneration überstrapazierter Nerven in ein ausgeglichenes Gleichgewicht.
- Fördern Sie die Ausleitung von Gift- und Schlackenstoffen aus Blut, Lymphe und Bindegewebe.
- Fördern Sie Ihre spirituelle Gesundheit und damit Ihre Abwehrkräfte, indem Sie die negativen Kräfte Ihrer Sorgen, Nöte und Süchte in positive Kräfte wie Liebe und Freude transformieren.

Hildegard sieht die Ursachen der Krankheiten in einem Mangel an guten Eigenschaften (Tugenden).

Das viele Essen und Trinken als Statussymbol unseres heutigen Lebens ist paradoxerweise zur größten Krankheitsursache geworden. Im Sinne einer ausgleichenden Gerechtigkeit verwendet die westliche Gesellschaft ihren materiellen Wohlstand, um sich krank zu essen und muss den Rest ihres Vermögens für ein Krankensystem ausgeben, um die dadurch entstandenen Krankheiten mit Mühe und Not wieder in den Griff zu bekommen. Aus ›Unwissenheit‹ erklärt die Schulmedizin diese ernährungsbedingten Krankheiten für ›unheilbar und chronisch‹, um damit viel Geld zu verdienen. Diese ›Killerkrankheiten‹ sind die Kassenschlager unseres Krankensystems: Arteriosklerose, Herzinfarkt, Schlaganfall, Krebs, Diabetes, Leberzirrhose und Allergien und viele Autoaggressionskrankheiten. Sie jagen jedem Angst und

Schrecken ein, weil sie an alleroberster Stelle der Todesursachen stehen.

Unsere Leistungsgesellschaft arbeitet sich buchstäblich tot und das Leben eilt spurlos an uns vorbei. Infolgedessen sterben viele Leute, ohne eigentlich gelebt zu haben. Arbeit und Leistung stehen in einem Ungleichgewicht und selbst die Freizeit artet zum Stress aus. Um am Leben teilzunehmen braucht der Mensch eine spirituelle Intelligenz, die ihm ermöglicht, über Sinn und Ziel des Lebens nachzudenken. Hildegard beschreibt 35 Lebenskräfte, Motivationen zum Lieben, die Kunst sich zu freuen und die Voraussetzungen, um glücklich zu sein. Die Kunst des Lebens besteht nun darin, diese Kräfte im Leben anzuwenden, zu verstärken und durch aktive Mitarbeit sichtbar zu machen. Eine ausgeglichene Energiebilanz entsteht, wenn das leistungsbetonte Leben mit dem kreativen Leben im Gleichgewicht ist. Schenken Sie Ihren persönlichen Interessen durch Meditieren, Wandern und Lesen genau so viel Zeit und Aufmerksamkeit wie Ihrer Arbeit.

Ein natürlicher Schlaf ist das beste Mittel für gute Nerven und die Voraussetzung für eine gute Gesundheit. In der Nacht wird die Gesundheit wiederhergestellt und alle Zellen, einschließlich die des Immunsystems, können sich regenerieren.

Das natürliche Schlaf- und Traumtraining ist von allergrößter Bedeutung für die Gesundheit, wobei die Traumqualität für die Tiefe des Schlafes verantwortlich ist.

Wer gesund schlafen will, sollte sich auf den Schlaf durch einen ›Count-down‹ vorbereiten und für gute Träume sorgen. Bewährte Schlafvorbereitungen sind:

- ein Spaziergang vor dem Schlafen
- ein gutes Buch lesen
- ein Lavendelbad
- Wassertreten
- ein Betonika-Schlafkissen
- ein Jaspisstein, hautnah aufs Herz gelegt
- Orangenblütentee
- 1–2 EL Mohnkörner in Apfelkompott
- Schlafen auf dem Dachs- oder Bärenfell (bewährt bei chronischer Schlaflosigkeit und bei Rückenschmerzen).

Ein Spaziergang ist ein gutes Herz-Kreislauf-Training. Jeden Tag mindestens eine Stunde in frischer Luft zu wandern, bewirkt mehr als jedes Medikament:

- das Immunsystem regeneriert sich
- Stress wird abgebaut
- die Seele beruhigt sich
- der Bluthochdruck sinkt
- Herz- und Lungenleistung werden verbessert
- der Stoffwechsel wird angeregt
- die Leistungsfähigkeit wird erhöht.

Pilgerväter, Philosophen, Dichter und Komponisten waren begeisterte Spaziergänger und kamen dabei auf ihre besten Einfälle. Gehen, Laufen, Tanzen, Skifahren, Radfahren Schwimmen und Gärtnern sind ideale Aktivitäten um fit und gesund zu bleiben. Wenn wir die durch Essen und Trinken angesammelten Kalorien nicht durch Bewegung abbauen, werden wir durch Übergewicht krank und fühlen uns nicht mehr wohl.

Hildegard berichtet, dass der fünfte Sinn, der Hautsinn, in den Füßen liegt. Wer seine Füße nicht gebraucht, wird krank und geistig träge.

Lesen Sie nun, wie die richtige Auswahl an Lebensmitteln und deren gezielter Einsatz Ihrem Körper zu optimaler Lebenskraft verhelfen kann.

# LEBENSMITTEL – MITTEL ZUM LEBEN

# Die Hildegard-Küche

Aufgrund einer abwechslungsreichen, ausgewogenen Kost aus allen Lebensmittelbereichen bietet die Hildegard-Küche die einfachste Möglichkeit, optimale Gesundheit, Leistungsfähigkeit und Vitalität zu erreichen. Basis der Hildegard-Küche ist Dinkel, Obst und Gemüse sowie der maßvolle Umgang mit Fleisch, Wild und Fisch, Milch und Milchprodukten, Kräutern, Gewürzen und Getränken. Hildegard beschrieb die Lebensmittel nicht nach Kalorien und Vitaminen, sondern nach ihren Heilwerten (Prinzip der Subtilität), sodass kein Unterschied zwischen einem Lebensmittel und einem Heilmittel zu sehen ist. Alle hundertprozentig gesunden Lebensmittel für Kranke und Gesunde sind gleichzeitig Heilmittel für den Körper, wobei der Körper immer als Ganzes gesehen werden muss. Wenn beispielsweise die Niere leidet, muss nicht nur die Niere kuriert werden, sondern der ganze Mensch.

Der erste große Schritt zu einer richtigen Ernährung ist daher die Auswahl aus den folgenden Lebensmittelgruppen:

- Dinkel enthält so gut wie alles, was der Mensch zum Leben braucht, Kohlehydrate für die Muskelenergie, Ausdauer und gute Stimmung sowie Protein zur Regeneration der Körperzellen, wenig aber ausreichend Fett für die Muskelenergie und zur Regeneration von Schutzhüllen für die Nervenzellen. Vor allem enthält Dinkel aber alle 45 Mineralien und Spurenelemente, die der Körper zum Aufbau von Knochen, Fasern und Gelenken, zur Aufrechterhaltung des Elektrolythaushalts und für eine normale Herzregulation, den Stoffwechsel und die Nervenimpulsübertragung benötigt.

  Ich empfehle meinen Patienten ausnahmslos, dreimal täglich Dinkel in irgendeiner Form zu sich zu nehmen: Dinkelbrei (Habermus), Dinkelreis, Dinkelnudeln, Dinkelgrießsuppe, Dinkelmehlsuppe, Dinkelknödel, Dinkelspätzle, Dinkelbrot, Kopfsalat mit Dinkel.

- Obst und Gemüse als Quelle wichtiger Vitamine, Mineralien und sekundärer Pflanzenheilstoffe, wie z. B. Antioxidantien und Ballaststoffe für eine gute Verdauung.
  Alles Gemüse soll jedoch immer gekocht, gedünstet oder gebeizt sein, niemals roh.
- Milch und Milchprodukte, Joghurt, Käse, Butter, Öle als Quelle gesättigter und ungesättigter Fette zur Energieversorgung und zum Aufbau von Zellen und Membranen.
- Fleisch und Fleischprodukte mit tierischem Eiweiß zur Regeneration von Hormonen, Nerven und Muskeln:
  Geflügel, Fisch, Rind, Lamm, Ziege, Wild.

# ›Küchengifte‹, Genussgifte und Rohkost

In der Hildegard-Küche gibt es nur wenige Einschränkungen, wenn man sie ohne Fanatismus und im rechten Maße betreibt. Viele Früchte und Gemüsearten sind von Hildegard nicht beschrieben, vor allem jene, die erst durch die Entdeckung Amerikas nach Europa gekommen sind. Dazu gehören die Nachtschattengewächse: Kartoffeln, Tomaten, Paprika und Auberginen, die aufgrund ihrer Inhaltsstoffe besonders zu psychotropen Einwirkungen führen können. Man kann Tomaten und Kartoffeln hin und wieder auch in der Hildegard-Küche verwenden, aber eine Heilwirkung im Sinne Hildegards wird man mit diesen Gemüsearten nicht erreichen. Auf dem Küchenzettel von krebskranken, insbesondere von Leukämiepatienten, haben Nachtschattengewächse allerdings nichts zu suchen, da sie diese Krankheiten noch verstärken können. Gemüsearten wie Artischocken, Schwarzwurzeln oder Früchte wie Avocados, Kiwis und ähnliche Exoten, über die es selbstverständlich keinen Hildegard-Kommentar gibt, sollten in der Hildegard-Küche nur eine untergeordnete Rolle spielen und eher selten eingesetzt werden.

Hildegard beschreibt eine Fülle von ernährungsbedingten Krankheiten, die nicht notwendigerweise zum Tode führen müssen, wie Migräne, Asthma, Kopfschmerzen, Bronchitis, Nervenkrankheiten und Erschöpfungen. Wahrscheinlich gibt es überhaupt keine Krankheiten, die nicht durch falsche Ernährung ausgelöst werden. Um hier ans Ziel zu gelangen, müssen allerdings einige ›heilige Kühe‹ nicht nur der gutbürgerlichen Küche, sondern auch der heutigen Naturheilkunde geschlachtet werden. Hildegard sieht in den so genannten ›Küchengiften‹ Erdbeeren, Pfirsiche, Pflaumen und Porree bzw. Lauch krankheitsauslösende Ursachenstoffe.

## Erdbeeren

»Erdbeeren führen zur Verschleimung und haben keine Heilkräfte in sich. Sie sind weder für Kranke noch für Gesunde gut, weil sie dicht über der Erde und sogar in (pilz-)fauler Luft wachsen.«

Unglaublich, was konnte Hildegard im 12. Jahrhundert über Pilzbefall und krebserregende Mykotoxine wissen, die durch Spritzinfektion die Erdbeeren verseuchen? Zu keiner Zeit gibt es so viele Allergien und Hautausschläge, Mittelohr- und Blinddarmentzündungen wie nach Erdbeergenuss im Mai und Juni. Darüber hinaus verschleimen die Erdbeeren und führen zu Belastungen der Atemwege.

## Pfirsiche

Pfirsiche lösen ebenso wie Erdbeeren Allergien und Hautausschläge aus. »Pfirsiche taugen weder für einen Gesunden noch einem Kranken zum Essen, weil sie die gute Säftemischung zerstören und den Magen verschleimen. Wer dennoch Pfirsiche essen will, entferne die Schale und den Kern und lege sie in Wein, etwas Pfeffer und Salz. So schaden sie nicht, haben aber auch ihren Geschmack verloren.«

## Pflaumen

Pflaumen vermehren die Melanche, die aus dem schwarzen Gallenfarbstoff Bilirubin und der Gallensäure besteht. Dieser Stoff wird bei Stress, Wut , Zorn und Ärger, aber auch bei Ernährungsfehlern von der Leber ausgeschüttet und fließt gleichzeitig ins Blut und in den Darm. Hier stellt die Säure eine starke Belastung für die Darmflora dar, da sie den optimalen pH-Wert verändert, der für das Bakterienwachstum notwendig ist. Zum anderen muss die Gallensäure im Blut durch die Mineralstoffreserven ständig neutralisiert werden, da das Blut ebenfalls einen konstanten pH-Wert von 7,4 einhalten muss. Bei der Entstehung von fast allen Krankheiten ist die Gallensäure beteiligt, und jede Übersäuerung kann zu Entzündungen oder Autoaggressionen führen.

»Pflaumen symbolisieren den Zorn. Sie sind schädlich und gefährlich sowohl für Gesunde als auch für Kranke. Sie treiben die Schwarzgalle in die Höhe und vermehren die bittere Säure, wodurch alle möglichen Krankheiten ausgelöst werden. Das Pflaumenessen ist genauso gefährlich wie giftige Pflanzen. Ein Gesunder soll, wenn er unbedingt will, nur mäßig davon essen, einem Kranken sind Pflaumen aber zu gefährlich.«

## Lauch

Lauch regt vermutlich durch seinen hohen Schwefelanteil die Eiterbildung durch die Leukozytenvermehrung an. Ich habe skeptischen Patienten häufig empfohlen, vier Wochen lang auf Lauch zu verzichten und danach täglich eine Lauchsuppe zu sich zu nehmen. Die Patienten haben das Lauchessen von allein aufgegeben, weil sie die dadurch ausgelösten Schmerzschübe vermeiden wollten.

»Lauch ... ist roh so gefährlich wie eine Giftpflanze, weil er das Blut und die Säfte in das Gegenteil verdreht, so daß sich das Blut nicht mehr richtig regeneriert und die Fäulnisstoffe nicht mehr reinigen.

Wer unbedingt Lauch essen will, beize ihn längere Zeit über Nacht in gesalzenem Wein oder Essig, damit seine schlechten Eigenschaften abgeschwächt werden. Nur so kann der Gesunde Lauch vertragen, aber besser roh als gekocht. Kranke sollen ihn weder roh noch gekocht essen, weil er nicht gut durchblutet ist.«

## Kaffee und koffeinhaltige Getränke

Kaffee ist ein Aufputschmittel und hat negative Einflüsse auf die Gesundheit:

- unerwünschter Reiz auf die Magenschleimhaut mit Sodbrennen
- gesundheitsschädigende Wirkung auf das Herz mit Herzrasen
- stimuliert das Nervensystem bis zur Erschöpfung
- macht süchtig, abhängig und nervös.

Darüber hinaus produzieren eine andere Reihe von koffeinhaltigen Getränken (schwarzer Tee, Schokolade) und colahaltigen Getränken zusätzlichen Dauerstress, wodurch die Erschöpfung vorprogrammiert wird. Chronischer Genuss von Koffein kann zu echten psychischen Erkrankungen (Koffeinismus) führen, mit Stimmungsschwankungen, Depressionen und Schlafstörungen. Typische Nebenwirkungen sind Kopfschmerzen, Magen- und Herzreizung und Durchfall.

| | | |
|---|---|---|
| Kaffee | 1 Tasse | 85–150 mg Koffein |
| Schwarztee | 1 Tasse | 60–75 mg Koffein |
| Cola | 1 Büchse | 35 mg Koffein |
| Heiße Schokolade | 200 ml | 15 mg Koffein |
| Milchschokolade | $^{1}/_{2}$ Tafel | 15 mg Koffein |

Man braucht sich nicht zu wundern, wenn man nach zwei Tassen Kaffee am Morgen plötzlich in eine Flaute gerät. Dinkelkaffee hat hingegen eine großartige Wirkung auf die Verdauung und erhöht die Vitalität. Kleine Änderungen in den Zwischenmahlzeiten können ebenfalls große Auswirkungen auf die Gesundheit haben.

| *Jederzeit kann man zu sich nehmen:* | *selten oder nie:* |
|---|---|
| Äpfel, Apfelkompott | Gebäck |
| frische Früchte, Desserts | Kuchen und Torten |
| Vollkornprodukte | gesalzene Erdnüsse |
| Joghurt, Fruchtsäfte | Kartoffelchips |
| Energiekekse (nach Hildegard) | Bonbons |
| Quendelkekse (nach Hildegard) | Schokolade |
| Quittenbrot | Cola-Getränke |

## Rohkost

Kein Müsli, kein Frischkornbrei, kein unangemachter Salat mit rohen Karotten, Zwiebeln oder Gurken! Im Unterschied zu vielen anderen Naturheilverfahren vermeidet die Hildegard-Heilkunde die Rohkost, denn »wenn der Mensch rohe Äpfel oder Birnen oder rohes Gemüse oder sonstige ungekochte Speisen genossen hat, die weder auf dem Feuer, noch mit irgendeinem Gewürz zurechtgemacht wurden, so können diese in seinem Magen nicht fertig gekocht werden, weil sie vorher nicht zurechtgemacht waren. So steigen die schlechten Säfte aus den Speisen, die eigentlich auf dem Feuer oder mit irgendeinem Gewürz wie Salz oder Essig hätten zubereitet und neutralisiert werden müssen, zur Milz auf und verwandeln diese möglicherweise in eine schmerzhafte Geschwulst.«

Viele Rohköstler leiden ständig unter furchtbaren Darmgasen (Fäulnisgasen), Durchblutungsstörungen und besonders an Gedächtnisstörungen, weil der Kopf durch Rohkost schlecht durchblutet wird. Die natürliche Darmflora wird durch Rohkost geschädigt, es siedeln sich Fäulniserreger an oder es bilden sich auch Pilzinfektionen, wodurch speziell das Abwehrsystem leidet.

Darüber hinaus enthält die ungekochte Vollwertkost Kleie aus Phytin, das erst durch den Back- oder Kochvorgang gespalten wird. Phytin blockiert die Aufnahme von Mineralien, Spurenelementen und Vitaminen. Auch die Eiweiße werden durch Phytin unverdaulich gemacht. Gelangen unverdaute Pflanzenreste in den Dickdarm, so fördern sie das Wachstum von Fäulniserregern, die große Gasmengen produzieren.

Man wird also gut daran tun, in der Hildegard-Küche alles zu kochen, zu dünsten bzw. mit Beizen oder so genannten Dressings vorher anzumachen um zu entgiften.

Nach Hildegard ist das Kochen aller Speisen, wozu auch die Zubereitung von Blattsalaten durch Beizen mit Essig, Salz und Öl gehört, eine notwendige Voraussetzung für eine gute Verdauung. Man wird zwar nicht gleich tot umfallen, wenn man Rohkost isst, aber man tut gut daran, Rohkost und ›Küchengifte‹ zu meiden.

# Getreide

In ihrer *Physica* beschreibt Hildegard von Bingen die Heilkräfte von sieben Getreidearten, wobei der Dinkel die absolute Spitzenstellung einnimmt. Wenn Dinkel optimal ist, kann kein Getreide besser sein als Dinkel, auch keine Sechskorn-Mischung! Dinkel als Spitzenreiter ist also hundertprozentig gut für die Erhaltung und Wiederherstellung der Gesundheit, alle anderen Getreidearten sind weniger gut, weil ihre Heilkräfte begrenzt sind. Hildegards Aussagen über den Dinkel sind von über 10.000 Patienten, oft in lebensbedrohlichen Situationen, in der Praxis bestätigt worden. Dinkel ist in den letzten Jahren nach allen Regeln der Kunst erforscht worden. Drei große wissenschaftliche Symposien – zwei an der landwirtschaftlichen Universität von Hohenheim bei Stuttgart und eins in Potenza in Süditalien haben sich intensiv mit Dinkel beschäftigt und die von Hildegard beschriebenen Angaben bestätigt: Dinkel ist das wertvollste Getreide und enthält alle Bestandteile, die der Mensch für seine Ernährung braucht. Wort für Wort können wir heute wissenschaftlich und praktisch beweisen, was Hildegard bereits vor 850 Jahren beschrieb: »Dinkel bereitet gutes Blut, stärkt das Muskelwachstum und die Gabe des Frohsinns …«

Das Radrennteam der Deutschen Telekom unter Führung von Jan Ullrich konnte seine Leistungen durch die intensive Dinkelküche außerordentlich verbessern, weil der Dinkel die Glykogenspeicher der Muskeln optimal anreichert. Der Greifswalder Professor Dr. Wolfgang Weuffen konnte im Dinkel Rhodanid (Thiocyanat), einen natürlichen Wachstumsfaktor entdecken. Rhodanid hat eine bedeutende medizinische wie biologische Wirkung. Es ist u. a. in der Lage, die Bildung von Stammzellen anzuregen. Aus diesen Stammzellen kann der Körper sämtliche anderen Körperzellen bilden: Keimzellen, Blutzellen, Muskelzellen,

Nervenzellen, Abwehrzellen, um nur die wichtigsten zu nennen. Es gibt kein Zellwachstum, das nicht durch Dinkel gefördert wird. Selbst das Wachstum der Haare und der Nägel wird durch Rhodanid angeregt. Darüber hinaus ist Rhodanid ein körpereigenes ›Antibiotikum‹, das in der Tränenflüssigkeit, dem Nasensekret, im Speichel und im Blut vorkommt, um den Körper vor sämtlichen Infektionen zu schützen. Die stillende Mutter überträgt Rhodanid in der Muttermilch, um die Abwehrkräfte des neugeborenen Babys zu stärken. Rhodanid ist antiallergisch, ein nicht zu unterschätzender Vorteil des Dinkels bei der Behandlung von Lebensmittelallergien. Und schließlich schützt die Dinkelkost vor Krebs, weil Rhodanid die Zellwände so stabilisiert, dass die krebserregenden Substanzen keine Chance haben, die Zellmembranen zu durchbrechen.

## Dinkel

Auch hinsichtlich seiner Anbaueigenschaften unterscheidet sich Dinkel wesentlich durch seine Anspruchslosigkeit, Robustheit, Winterhärte und geringe Krankheitsanfälligkeit vom Weizen. Dinkel wächst selbst in hohen Lagen über 1.000 m. Dinkel verträgt sowohl ein Zuviel als auch ein Zuwenig an Niederschlägen. Die Auswuchsfestigkeit des Dinkels ermöglicht den Anbau in Grenzlagen des Ackerbaus und bietet die Gewähr für eine gleichbleibende Qualität und Ernte.

Daher heißt es in einem alten Lehrbuch für Landwirtschaft:

»In rauhen Gebirgslagen, in denen auch die abgehärteten Neuzüchtungen des Weizens noch nicht gedeihen, wird man zunächst bei dem altgewohnten Spelz bleiben, der ebenso wie der nackte Weizen als Winter- und Sommersorte angebaut wird. Der Spelz gedeiht nicht nur in rauherem Klima; er verlangt auch nicht einen so tiefgründigen, lockeren und dauernd durchgefeuchteten Boden. Er übersteht trockene Zeiten auf flachgrundigem Gebirgsboden und macht keine besonderen Ansprüche an die Vorfrucht, gedeiht auch nach sich selbst, wie der Roggen, gut.«

Dinkel ist bis heute das reinste Lebensmittel, weil er ohne Chemie wachsen kann. Aufgrund seiner Robustheit hat er starke ökologische Vorteile. Dinkel benötigt weder chemische Stickstoffdüngung noch Pestizide oder Fungizide, sodass sowohl der Boden als auch das Grundwasser beim Dinkelanbau verschont bleiben. Die Spelzhülle schützt den Dinkel vor radioaktivem Fallout und Luftverseuchung. Durch Radioaktivitätsmessungen in Konstanz konnte gezeigt werden, dass der Dinkel nach der Tschernobyl-Katastrophe im April 1986 nur mit radioaktiven Spaltprodukten von 5 bzw. 7 Becquerel (Bq) pro Kilogramm belastet war, bei einer zulässigen Belastung von 600 Bq pro Kilogramm Nahrungsmittel.

Allein mit der Dinkelkost können wir allen Patienten helfen, egal in welchem Zustand sie sich befinden. Im Dinkelkorn ist die ganze Weisheit von Hildegards Ernährungslehre verborgen, die sich durch ihre Einfachheit und Vielseitigkeit auszeichnet. Dinkel enthält alle basischen Mittel zum Leben, die der menschliche Körper zur Gesunderhaltung benötigt: biologisch hochwertige Eiweiße, komplexe Kohlehydrate, lebensnotwendige Mineralien, schützende Vitamine und Spurenelemente. Im Dinkel befinden sich darüber hinaus vitale gesundheitsfördernde und krankheitsverhütende Inhaltsstoffe wie z. B. cyanogene Glykoside = Nitriloside und Rhodanid. Außerdem enthält der Dinkel Viridine (Grünstoffe), die bisher noch nicht isoliert wurden, sowie Assimilationsfaktoren, die für seine gute Wasserlöslichkeit verantwortlich sind.

Dadurch erhält der Dinkel magen- und darmfreundliche Eigenschaften, sodass er ohne große eigene Verdauungsarbeit im Blutserum resorbiert und transportiert werden kann. Das Geheimnis des Dinkelwunders können wir heute mit dem Begriff der Bioverfügbarkeit zusammenfassen. Aufgrund dieser hervorragenden Wasserlöslichkeit werden die vitalen Inhaltsstoffe des Dinkels wie flüssige Nahrung vom Körper rasch aufgenommen und dem gesamten Organismus zur Verfügung gestellt. Dadurch werden alle Körperzellen, Nerven-, Knochen-, Muskel- und Organzellen optimal ernährt, gestärkt und zu Höchstleistung gebracht. Der ganze Organismus wird durch den Dinkel derart mit Vitaminen und Vitalstoffen überflutet, dass sich die Gefäße erweitern und eine gute Verdauung einsetzt.

Dinkel (Triticum spelta) ist keine Weizenart (Triticum sativa), sondern ein hochentwickeltes Spelz-Getreide, das zu den ältesten Getreidearten der Menschheit gehört. Dabei ist Dreikorn-Dinkel der wertvollste Vertreter der Speltfamilie, mit einem dreifachen Chromosomensatz n = 3 mit je 14 Chromosomen, also insgesamt 42 Chromosomen, im Vergleich zum diploiden Emmer oder Zweikorn mit 2 x 14 = 28 Chromosomen und dem so genannten Einkorn oder Keltendinkel mit einem einfachen Chromosomensatz von 14 Chromosomen.

| |
|---|
| Einkorn – Triticum monococcum<br>Keltenkorn<br>Chromosomen: n = 14 |
| Zweikorn – Triticum duococcum<br>Emmer<br>Chromosomen: n= 2 x 14 = 28 |
| Dreikorn – Triticum spelta<br>Hildegard-Dinkel<br>Chromosomen: n = 3 x 14 = 42 |

Einkorn wird heute noch häufig in Frankreich angebaut und als kleiner Dinkel ›petit épautre‹ gehandelt. Er ist aufgrund seiner wenigen Chromosomen nicht so hochwertig wie Dinkel. Zweikorn oder Emmer wird heute noch in Süditalien als ›Farro‹ angebaut, weshalb hier auch das Brot und alle Teigwaren aus ›Farro‹ hergestellt werden und vorzüglich schmecken. Man wünschte sich, dass die ganze italienische Küche wie früher auch mit ›farro‹ anstatt mit Weizen backen und kochen würde, dann hätten wir in der Tat eine gesunde italienische Mittelmeerküche. Noch aber ist das italienische weiße Weizenbrot genauso minderwertig wie auf der ganzen übrigen Welt auch, weil die Bäcker mit ausgemahlenem Weizen arbeiten.

Dinkel war das Hauptgetreide der Alemannen und wurde im gesamten süddeutschen Raum, aber auch in der Schweiz und in Österreich angebaut. Noch vor hundert Jahren war Dinkel das Hauptlebensmittel der Schwaben, dem diese ihre Gesundheit, ihre sprichwörtliche Schaffenskraft und ihren Humor verdanken. Wege des geringen Ertrags fiel der Dinkel im 20. Jahrhundert dem Produktionswahn zum Opfer; er wurde vom Weizen verdrängt. Erst durch die Wiederentdeckung der Hildegard-Heilkunde durch Dr. Gottfried Hertzka und die fantastischen Heilungserfolge mit Dinkel hat sein Anbau wieder zugenommen. Im Vergleich zum Weizen ist Dinkel züchterisch wenig bearbeitet worden, wodurch die ursprüngliche Kraft seiner alten Stammsorten bis in unsere Zeit erhalten blieb.

Allen Spelt-Getreidearten ist die enorme Widerstandskraft gegen extreme Wetterbedingungen wie Hitze, Kälte, Trockenheit und Nässe, sowie ihre Anspruchslosigkeit an den Boden und die Fähigkeit gemeinsam, ohne Chemie angebaut werden zu können. Das Korn ist mit einer Hülse (Spelz) verkleidet, die den Dinkel vor saurem Regen und radioaktivem Fallout schützt. Daher ist Dinkel auch das reinste Lebensmittel. Er enthält keine Insektizide, Pestizide oder krebserzeugende Aflatoxine.

In Gegenden fernab von Autobahnen und Flughäfen kann man Dinkel ohne die Schwermetalle Quecksilber, Blei und Cadmium ernten. Dieser reine Dinkel trägt das Gütezeichen ›Dinkel nach Dr. Hertzka‹.

Neuerdings gibt es leider sowohl in der Schweiz als auch in Deutschland Bestrebungen, den Ertrag des Dinkels durch züchterische Maßnahmen, Düngung und Pestizide zu steigern. Dadurch werden Dinkel, Boden und Grundwasser mit zum Teil allergie- und krebserregenden Chemikalien verseucht. Mit Recht hat daher Dr. Gottfried Hertzka auf dem ersten Dinkel-Symposium am 29. Juli 1988 an der Universität Hohenheim gewarnt: »Hände weg vom Dinkel!«

Der *Förderkreis Hildegard von Bingen* hat für den biologisch angebauten Dinkel eine Schutzmarke *Dinkel nach Dr. Hertzka* herausgebracht, die alle Hersteller für ihre Dinkelprodukte erhalten können, wenn sie sich freiwillig einer staatlichen Qualitätskontrolle unterziehen und sich nachweislich keine Schadstoffe in ihrem Dinkel befinden. Wir können keine Heilerfolge erhoffen, wenn wir Dinkel mit zum Teil krebserregenden Schadstoffen einsetzen. Außerdem wollen wir uns auch in Zukunft nicht von der Agrochemie den Appetit verderben lassen.

Die Dinkel-Reinheit wird jährlich von einer staatlichen Lebensmittelkontrollstelle untersucht und bei Mängelfreiheit zum Verkauf freigegeben. Aufgrund der ausgezeichneten Analysenergebnisse kann man den so gekennzeichneten Dinkel als allerbeste Qualität bezeichnen.

## Dinkel – eine gute Eiweiß-, Vitamin- und Mineralienquelle

Der Gesamtproteingehalt des Dinkels variiert zwischen 10–18%, in Abhängigkeit vom Klima, der Sonneneinstrahlung und den Bodenbedingungen. Der Proteingehalt ist höher als der vom Weichweizen (10,5%) und Sommerweizen (9%), aber ähnlich dem Manitoba-Weizen (14–18%). Im Vergleich zu anderen Getreidearten enthält der Dinkel ganz allgemein mehr Vitamine und Mineralien.

***Durchschnittliche Vitamine / Mineralien in mg pro 100 g***

| | *Gerste* | *Roggen* | *Weizen* | *Hafer* | *Dinkel* |
|---|---|---|---|---|---|
| Vitamin B1 | 0,43 | 0,35 | 0,48 | 0,52 | 0,65 |
| Vitamin B2 | 0,18 | 0,17 | 0,14 | 0,17 | 0,23 |
| Kalium | – | – | 481,00 | 335,00 | 385,00 |
| Kalzium | 38,00 | 115,00 | 43,70 | 79,60 | 38,00 |
| Eisen | 2,80 | 5,10 | 3,30 | 5,80 | 4,17 |
| Magnesium | 1,70 | 2,40 | 2,40 | 3,70 | 2,90 |
| Kupfer | 0,30 | 0,50 | 0,44 | 0,47 | 0,62 |
| Zink | 2,70 | 1,30 | 3,36 | 4,00 | 3,40 |

Im Vergleich zu allen anderen Lebensmitteln verursacht Dinkel keine Allergien. Dinkel enthält das vor Allergie schützende Rhodanid, sodass Patienten mit Lebensmittelallergien Dinkel gut vertragen können. Der Dinkel profitiert von der Besonderheit, dass er auch unter Umweltstress, Hitze, Kälte, Feuchtigkeit, Trockenheit, keine ›stressauslösenden Eiweiße‹ bildet, wie beispielsweise der Weizen und die anderen Getreidearten. Diese allergieauslösenden Eiweiße sind insbesondere für die Weizenallergie verantwortlich, die mit Dinkelkost rasch verschwindet. Alle Allergien sind auf unverträgliche Eiweiße zurückzuführen, wobei die Unverträglichkeit fast immer als Folge einer gestörten Darmflora auftritt. Daher kann eine Allergie nur erfolgreich beseitigt werden, wenn man nach einer exakten Darmflora-Analyse eine gezielte Darmsanierung durchführt. Durch diese kunstgerechte Hildegardische Darmsanierung in Kombination mit einer konsequenten Dinkelkost ist es möglich, auch so genannte therapieresistente chronische Allergiekrankheiten in den Griff zu bekommen. Die Heilungserfolge liegen bei 70–80%, und die Ergebnisse sind für Patienten und deren Familienmitglieder eine große Erlösung. Besonders gute Heilerfolge traten bei chronischen Darmentzündungen, Neurodermitis und allergiebedingten Rheumakrankheiten auf. Ein besonderer Beweis für die Wirksamkeit der Methode sind die Heilungserfolge durch Dinkel bei Weizenunverträglichkeit, Zöliakie und Sprue. Bei Zöliakiepatienten erfolgt der Einstieg in die Dinkelkost sehr behutsam, wobei man täglich einen Esslöffel weich gekochten Dinkel in das Essen hineingibt. Ganz wichtig ist eine vorherige Hildegardische Darmsanierung.

Jedes Wort, das Hildegard über den Dinkel sagt, spiegelt ein pharmakologisches Prinzip wider, das wir erst heute durch die wissenschaftlichen Erkenntnisse der modernen Medizin erklären können. Meine eigene klinische Erfahrung mit Tausenden von Patienten über einen Zeitraum von fünfzig Jahren zeigt eine 90-prozentige Heilungsrate bei allen ernährungsbedingten Krankheiten durch Dinkelkost.

Ich wurde auf Dinkel aufmerksam, weil nur ganz wenige Mittel bei Hildegard von Bingen diätetisch ähnlich hochgeschätzt werden. Insgesamt kann man aus dem Hildegard-Text zehn Dinkel-Vorteile erkennen. Keine andere Getreideart kann mit so vielen wertvollen Eigenschaften aufwarten:

1. Dinkel ist das beste Getreide
2. wirkt wärmend (fördert die Durchblutung)
3. und fettend
4. ist hochwertig
5. ist milder als alle anderen Getreidekörner
6. fördert die Muskelbildung
7. führt zu einem guten Blutbild
8. hellt die Stimmung auf
9. ist bekömmlich und vielseitig
10. und ist leicht verdaulich.

1. Der Ernährungsforscher Professor Werner Kollath hat bereits 1964 in seinem Buch *Getreide und Mensch – eine Lebensgemeinschaft* darauf hingewiesen, dass enge Zusammenhänge zwischen Ernährungsgewohnheiten und Zivilisationskrankheiten bestehen, an denen über 80% der Bevölkerung sterben. Als Folge chronischer Fehlernährung ist der Organismus gezwungen, die in der Nahrung fehlenden Wirkstoffe den weniger wichtigen Organen wie Zähnen, Skelett, Bindegewebe zu entnehmen, damit die lebenswichtigen Funktionen erhalten bleiben. Die Folgen:

- Störung des Allgemeinbefindens wie Müdigkeit und Leistungsabfall
- Herz-Kreislauf-Schwäche mit Ödemneigung
- Gestörter Kalkstoffwechsel mit krankhafter Veränderung an Zähnen, Kiefer-, Skelett- und Gelenkdegeneration, Osteoporose
- Sklerotische Kalkablagerungen mit Angina-pectoris-Beschwerden und Gedächtnisverlust
- Allergien (Nahrungsmittelallergien, auch Weizen- und Sojaallergien)
- Infektionsanfälligkeit
- Lebererkrankungen
- Nierenfunktionsstörungen
- Augenleiden: Katarakt (grauer Star) und Netzhautschäden
- Magen- und Darmkrankheiten
- Zerstörung der Darmflora
- Über 20.000 Autoaggressionskrankheiten.

Es hat sich gezeigt, dass nur die Dinkelernährung als Basisdiät in der Lage ist, die ernährungsbedingten Gesundheitsschäden wieder voll auszugleichen. Das Dinkelkorn enthält nicht nur alle für den gesunden Organismus lebensnotwendigen Basisstoffe (Eiweiß, Fette, Kohlehydrate, Vitamine, Spurenelemente und Mineralien), sondern auch noch nicht isolierte vitale Wuchs- und Zellernährungsstoffe (Viridine) sowie einen noch nicht identifizierten Assimilationsfaktor, der für die rasche Aufnahme der Wertstoffe ins Blut verantwortlich ist.

Die heilende und wohltuende Wirkung der Dinkelkost erstreckt sich auf den ganzen Organismus mit einer von allen Patienten beobachteten guten Verdauung. Durch die Dinkelkost steigern sich das Allgemeinbefinden und die Leistungs- und Konzentrationsfähigkeit.

Lockere Zähne festigen sich, arthrotische Gelenkschmerzen verschwinden. Aufgrund seiner Ähnlichkeit mit menschlichem Plasma gelangt der Dinkelstoff rasch ins Blut und stimuliert dadurch nicht nur den Prozess der Zellerneuerung (Aufbauprozess), sondern sorgt gleichzeitig für eine Beseitigung der Stoffwechselschlacken durch die Nieren (Nierengängigkeit).

2. Ähnlich wie nach einer Kalzium-Injektion wird der gesamte Körper nach dem Genuss einer Dinkelmahlzeit von einem Wärmegefühl durchströmt. Diese Welle geht von Magen und Darm aus, offenbar weil Dinkel von Magen und Darm so gut aufgenommen wird. Eine Schockwirkung auf den Magen würde das Gegenteil auslösen. Da der Dinkel infolge seiner so guten Bioverfügbarkeit (gute Wasser- und Plasmalöslichkeit) so rasch ins Blut und zu den dafür zuständigen Nervenzentren gelangt, erweitern sich die Blutgefäße örtlich oder im ganzen Hautgebiet. Dadurch wird die Durchblutung gesteigert, und es resultiert das Wärmegefühl, eine wesentliche Voraussetzung für die Heilung von Haut- und Schleimhauterkrankungen.
3. Die Patienten erfahren durch Dinkelkost eine deutliche Zunahme ihrer Leistungsfähigkeit und Konzentrationskraft, besonders auffallend bei Schulkindern und Studenten. Der Dinkel aktiviert infolge seines hohen Anteils an ungesättigten Fettsäuren insbesondere die für die Nervenzellen notwendigen Lipoide zur Regeneration der nervenschützenden Myelinfasern. Infolgedessen ist Dinkel sehr hilfreich bei der Multiplen Sklerose.
4. Durch die industriellen Verarbeitungsprozesse gehen wichtige Nahrungsbestandteile (nahrungseigene Fermente, Wuchs- und Ballaststoffe sowie Vitamine) zum Zwecke der Haltbar-

keit verloren. Diese ›tote‹ Nahrung ist zwar in der Lage, vor Hunger zu schützen, verursacht aber ernährungsbedingte Mangel- und Zivilisationserkrankungen. Im Gegensatz dazu steht die Dinkelkost als vollwertig-hochwertiges Lebensmittel. Die meisten Patienten berichten, dass sie sich durch Dinkel viel wohler fühlen, dass sie leistungsfähiger und kräftiger geworden sind. Dinkel enthält alles, was der Mensch zum Leben braucht. Mit Dinkel gibt es daher keine Mangelzustände, weder an biologisch hochwertigen Eiweißbestandteilen (essenzielle Aminosäuren), Kohlehydraten, noch an Fetten, Mineralien und Vitaminen aus der B-Reihe.

5. Nach dem Genuss von warmem Dinkelbrei (Dinkelhabermus) fühlen sich die Patienten über längere Zeit gesättigt, ohne müde zu sein, während nach einem gewöhnlichen Frühstück nach 2–3 Stunden Hungergefühl und Ermüdung einsetzen. Das Sättigungsgefühl verhindert den Stop-and-go-Mechanismus der Verdauung. Dadurch wird der Verdauungsapparat entlastet und eine gute Verdauung erreicht. Die zarten Ballaststoffe des Dinkelkorns (verstärkt durch Kopfsalat mit Dinkelkörnern zum Mittagessen) regeln den Stuhlgang und reinigen den gesamten Körper. Gegenüber anderen Getreidearten wird der Dinkel ausnahmslos gut vertragen. Ursache ist die auffallend zarte Faserstruktur aus löslichen und unlöslichen Kohlehydraten, die von den Dünndarmbakterien zu einfachen Fettsäuren abgebaut werden. Diese Fettsäuren (Essigsäure, Propionsäure, Buttersäure) geben dem Darm den schwach sauren pH-Wert, in dem sich die Darmbakterien wohl fühlen. Eine anhaltende Darmsanierung ist daher nur mit Dinkelkost möglich. Viele Patienten berichten, dass sie allein mit Dinkel ihre Verdauung wieder vollkommen in Ordnung gebracht haben.
6. Dinkel ist reich an essenziellen Amino- und Fettsäuren, Mineralien und Spurenelementen. Diese Stoffe sind lebenswichtig für den Aufbau des menschlichen Organismus, namentlich für das Binde- und Stützgewebe, den Knochenaufbau und das Muskelgewebe. Von den Zellregenerationsstoffen des gesamten Dinkelkorns geht eine tiefgreifende Wirkung aus, die bei regelmäßiger Gabe den jugendlichen

Organismus zu gesundem Wachstum führt. Beim Erwachsenen sorgt die Dinkelkost für ständigen Ersatz verbrauchter und alternder Zellen, und im Alter wird die nachlassende Zellregenerationsfähigkeit ausgeglichen und durch Wuchsstoffe gefördert.

7. Dinkelkost trägt zur Verbesserung der Blutbildung und zur Normalisierung des Blutzuckers und Cholesterinstoffwechsels bei. Das kalkliebende Dinkelgetreide begünstigt die Ernährung des schlecht durchbluteten Knochenmarks, in dem die Stammzellenproduktion stattfindet. Diese Blutzellenbildung wird darüber hinaus noch durch Rhodanid, einen Inhaltsstoff des Dinkel zusätzlich stimuliert. Zum anderen steigt der Blutzuckerspiegel gleichmäßig und lang anhaltend an, im Vergleich zu einem normalen Brötchen-Frühstück mit hohem Anstieg und Abfall. Daher tritt nach Dinkel ein Sättigungsgefühl ein, das lange anhält und die Insulin-Produktion der Bauchspeicheldrüse nicht überlastet.

Diabetiker können durch Zusatz weich gekochten Dinkelkörnern (1–3 Esslöffel pro Mahlzeit) deutlich Insulin einsparen. Statt eine zu starke Insulin-Ausschüttung auszulösen, sorgen die Dinkelkörner über längere Zeit hinweg für einen anhaltenden Glukosespiegel im Körper. Wie beim Tempomat, der dem Motor genau die richtige Benzinmenge zur Verfügung stellt, garantieren auch die Dinkelkörner einen ausgeglichenen Kohlehydratspiegel, sodass es weder zu einer Über- noch zu einer Unterzuckerung kommen kann. Durch diesen Vorteil kann man sowohl Zuckertabletten als auch Insulin bis auf die Hälfte einsparen. Die Dinkelfaserstoffe sind für den verlangsamten Einstrom von Glukose in den Körper verantwortlich, da sie die Resorptionsgeschwindigkeit von Glukose behindern. Dinkelkörnerkost wird daher erfolgreich zur unterstützenden Behandlung der Zuckerkrankheit eingesetzt.

Ebenso konnte beobachtet werden, dass durch Dinkelkost der Cholesterinwert im Blut sinkt. Die löslichen Kohlehydrate im Dinkel sind in der Lage, aus dem Darm überschüssige Mengen Gallensäure zu entfernen, die für einen zu hohen Cholesterinspiegel verantwortlich sind. Gallensäure ist der

Ausgangsstoff für die Synthese von Cholesterin. Gleichzeitig wird die Gallensteinbildung verhindert, weil dadurch eine Übersättigung der Gallenflüssigkeit mit Cholesterin verhindert wird. So dürfte Hildegards Satz von der guten Blutbildung und dem ›aufgelockerten‹ Gemüt begründet sein.

Die wasserlöslichen pflanzlichen Polysaccharide im Dinkel sind immunstimulierend und immunmodulierend wirksam. Klinische Bedeutung hat die unspezifische Stimulation der körpereigenen Immunabwehr (gezielte Aktivierung von T-Lymphozyten, Killerzellen und Makrophagen).

Man weiß, dass auch die Reis-Polysaccharide Antitumorwirkung haben. Ähnliches ist vom Dinkel bekannt. Das Rhodanid im Dinkel verschließt die Zellmembranen, sodass die tumorauslösenden Stoffe und Viren nicht mehr in die Zellen eindringen können.

8. Mehrere im Dinkel vorhandenen Inhaltsstoffe sind für die Stimmungsaufhellung durch Dinkel verantwortlich. So hat der Dinkel im Vergleich zum Weizen einen höheren Gehalt an Phenylalanin und Tryptophan. Diese beiden essenziellen Aminosäuren sind wichtige Ausgangsstoffe für die so genannten Neurotransmitter, also die frohmachenden Botenstoffe, die für die Fortleitung von Nervenimpulsen im Organismus verantwortlich sind. Aus Phenylalanin entstehen zum Beispiel Dopamin und die beiden Nebennierenmarkhormone Noradrenalin und Adrenalin. Ein Mangel an Dopamin kann zu der gefürchteten Parkinsonschen Krankheit führen, während Noradrenalin und Adrenalin für die gute Stimmung verantwortlich sind. Hier kann ein Mangel zu schweren Depressionen führen. Adrenalin und Noradrenalin sind außerdem für andere vitale Funktionen, z. B. für die Blutdruckregulation des Körpers verantwortlich. Tryptophan regt seinerseits wiederum die Produktion des Stimmungshormons Serotonin an, das ausgleichend auf die Gemütslage einwirkt. Seelische Ausgeglichenheit ist jedoch der beste Schutz gegen Krankheiten. Dinkel steht deshalb ganz oben auf der Skala der Nahrungsmittel, welche die Stimmung heben, die Nerven stabilisieren und die spirituelle Gesundheit fördern.

Besonders die stimmungsaufhellende Wirkung des Dinkels

wird immer wieder von den Patienten gelobt, die zu Stimmungsschwankungen neigen. Dazu schreibt ein Benediktiner-Pater:

»Was mich aber am meisten in Erstaunen setzt, ist dies, daß die Dinkelkur bei Leuten, die zu Depressionen neigen, diese Menschen geradezu zum Frohsinn umwandelt. Zwei Fälle aus meinem Bekanntenkreis bestätigen dies, und sie bestätigen damit auch das Wort der heiligen Hildegard, daß der Dinkel dem Menschen ein frohes Gemüt verleiht. Gerade dieses Wort hatte ich zunächst für eine schöne rhetorische Floskel gehalten. Und es ist doch so viel daran! Man könnte demnach in unseren Apotheken eine Menge von Medikamenten, die nicht einmal harmlos sind, einsparen und den betreffenden Menschen wäre eine nicht zu unterschätzende Wohltat getan, wenn sie mit solch einfachem Mittel aus depressiven Zuständen befreit werden könnten.«

9. Aus Dinkel kann man alles herstellen, was man zum Backen und Kochen braucht.

- Dinkelkörner: immer in der doppelten Menge Wasser wie Reis kochen.
- Dinkelkernotto: geschälter Dinkel. Braucht eine kürzere Kochzeit, schmeckt nussartig.
- Dinkelhabermus: geschrotete Dinkelkörner ohne mehlige Anteile. Hauptbestandteil des berühmten Habermuses, dem Frühstück der Hildegard-Freunde.
- Dinkelschrot: voll ausgemahlene Dinkelkörner mit mehligen Anteilen.
- Dinkelvollkornmehl: voll ausgemahlenes Mehl mit allen Faseranteilen und dem Keim.
- Dinkelmehl-Type 1050, 603 und 405 zum Backen und Kochen; je kleiner die Zahl, um so mehr Faserstoffe sind vom Dinkelkorn abgetrennt. Im Unterschied zum Weizen enthält auch das weiße Dinkelmehl (Type 405) noch Eiweiß und Mineralien.
- Dinkelmikromehl: ultrafein ausgemahlenes Dinkelmehl, mit allen Faserstoffen und dem Keimling. Ideal für die

Säuglingsernährung. Extrem kurze Kochzeit von nur 2 Minuten.
- Dinkelnudeln und diverse Dinkelteigwaren gemischt mit Kräutern oder auch mit Edelkastanien – eine Delikatesse.
- Dinkelkaffee: geröstete Dinkelkörner. 80% braun (geben den Geschmack) und 20% schwarz (geben die Farbe). Dieser ideale Frühstückskaffee trägt zu einer guten Verdauung bei.

Dinkel ist im Unterschied zu allen anderen Getreidearten das einzige wohlschmeckende Koch- und Backgetreide. Weizen ist nur zum Backen geeignet, da er in gekochter Form verschleimt und unverdaulich ist. Ganz besonders verbreitet ist die Weizenallergie auf Weizengluten; reiner Dinkel ohne Weizeneinkreuzungen ist für Weizenallergie-Patienten gut verträglich.

Brei und Teigwaren aus (hochgezüchteten) Weizensorten haben oft pappigen Charakter, mit Wasser gekochter Dinkelbrei dagegen nicht. Er verschafft das Gefühl einer natürlichen Sättigung ohne Belastung (Völlegefühl). In meiner langjährigen Praxis hat sich erwiesen, dass sich andere Getreidearten weniger für Kranke und schon gar nicht für Frischoperierte eignen (Haferschleim verstopft). Der fast wasserlösliche Dinkelgrieß wird von der Magen- und Darmschleimhaut leicht aufgenommen und resorbiert.

Dinkelkost wird besonders von Schwerkranken auffallend gut vertragen. Eine ideale Krankenkost sind in Wasser weich gekochte Dinkelkörner mit etwas Butter, Eidotter und Salz.

### Grünkern

Grünkern, der unreife Dinkel, ist kein Lebensmittel, weil unreife Früchte ungenießbar sind, da sie nicht die gleichen Heilkräfte wie die reifen besitzen. Dasselbe gilt für ›Biosnacks‹, Keime, Sprossen und sonstige keimenden Gräser, dic als keimende Embryonen in der Ernährung nichts zu suchen haben, auch wenn sie noch so viele Enzyme und Vitamine besitzen.

## Hafer

Hafer ist fast so gut wie Dinkel, weil er Frohsinn, Gesundheit und Intelligenz fördert und für eine gesunde Haut sorgt. Kranke sollten keinen Hafer essen, da er zu Verstopfung führen kann. Auf meiner Wertungsskala ist Hafer infolgedessen nur 90-prozentig gut für die Gesundheit.

»Hafer erwärmt insbesondere die Geschmacksnerven und den Geruchsinn. Hafer fördert bei gesunden Menschen ein fröhliches Gemüt, eine reine und helle Aufgeschlossenheit (Intelligenz) , die Haut wird schön und das Fleisch kernig gesund.

Menschen, die nur zeitweise wenig durchblutet sind, leiden nicht durch die Haferkost, wenn sie Haferbrot oder Brei essen.

Wer aber krank und blutarm ist (Anämie), soll keinen Hafer essen, weil seine Verdauung eine gute Durchblutung voraussetzt. Der Hafer würde sich in seinem Magen verklumpen und verschleimen und keine Heilkräfte abgeben, weil er zu sehr ausgekühlt ist.«

Haferflocken sind eine Alternative, insbesondere wenn gerade kein Dinkel zu bekommen ist. So kann man sich auf Reisen sehr gut helfen:

***Rezept:*** Haferflocken mit kochendem Wasser begießen und mit Honig bzw. Rohrzucker und Zimt verfeinern. Fertig ist das sehr gesunde ›Porridge‹, die Frühstücksspezialität der Engländer.

## Weizen

Hildegard war ihrer Zeit weit voraus und hat bereits vor 850 Jahren die ganze Reformbewegung über die Vollwertkost in ihrem Weizenkapitel vorweggenommen. Es ist unglaublich, dass erst der amerikanische Arzt Dr. Graham Ende des 19. Jahrhunderts auf die Vollkorn-Weizenkost aufmerksam machte. In Deutschland wurde die Vollwertkost sogar erst nach dem Ersten Weltkrieg durch Dr. Kollath bekannt.

»Weizen erwärmt den Menschen und ist so vollkommen, daß er keine Zusatzstoffe braucht. Wenn man nämlich das Weizenvollkornmehl herstellt, ist das Brot aus diesem Vollmehl gut für

Gesunde und Kranke und führt im Menschen zu kräftigen Muskeln und gutem Blut.

Wenn dagegen der Müller den Grieß heraus siebt und aus diesem Weißmehl Brot backt, wirkt das Brot auf den Menschen krankmachender und schwächender als wenn man das Brot aus Vollkornmehl gebacken hätte. Dieses Weißmehl hat nämlich seinen Weizenwert verloren und bewirkt im Menschen starke Verschleimung. Wer sogar die Weizenkörner kocht und sie wie andere Speisen essen will, bildet weder rechtes Blut noch rechtes Fleisch, höchstens starke Verschleimung, weil gekochter Weizen kaum vertragen werden kann. Der Kranke hat davon nicht den geringsten Vorteil zu erwarten, wenn schon der Gesunde zur Not damit fertig werden kann.«

Weizen ist daher ein reines Backgetreide und eignet sich nicht zum Kochen, weder zur Herstellung von Grieß noch zur Zubereitung von Teigwaren. Als Kochgetreide sollte man nur Dinkel verwenden und keine Weizennudeln oder Weizengrieß. Auf der Werteskala bekommt der Weizen wegen der Kocheinschränkung nur noch 50 Punkte. Es ist ein großer Fehler, dass die gesamte westliche Welt auf den nur 50-prozentigen Weizen und nicht auf den Dinkel gesetzt hat. Wie Hildegard richtig betont, ist auch das weiße 405er Weizenmehl weder zur Brot- noch zur Kuchenbäckerei zu gebrauchen und führt zu schweren Vitamin- und Mineralmangelzuständen. Industrielles Weißbrot wird darüber hinaus auch noch mit Vitaminen und Mineralien sowie mit krankmachenden Backhilfsmitteln aus der chemischen Fabrik ›angereichert‹, damit die Brote nicht solange geknetet werden müssen, schneller aufgehen, besser riechen, länger haltbar sind, und dergleichen Unsinn mehr.

## Roggen

Roggen ist ein Schlankmacher für die Dicken, weil mit Roggen die Pfunde purzeln. Dünne, schlecht durchblutete Personen, besonders jene mit Gastritis, können Roggen nicht gut verdauen:

»Roggen erhitzt den Menschen, obwohl er mehr auskühlt als Weizen. Dafür hat er viele andere Werte. Gesunde essen mit Nutzen Roggenbrot, da es die Gesundheit stärkt. Roggenbrot sollten alle mit starkem Fettansatz essen, weil es sie kräftig macht und ihr Speckpolster mindert. Menschen mit schwachem Magen (Gastritis, mangelnde Magensäure) sollten kein Roggenbrot essen, weil sie es nicht verdauen können. Bei ihnen könnte Roggenbrot stürmische Verdauungserscheinungen auslösen, weil ihre Verdauung damit nicht fertig wird.«

Roggenbrot tut allen Dicken gut, wenn sie abnehmen wollen. Auf der Werteskala bekommt Roggen nur 50 Punkte, weil er zum Kochen ungeeignet ist.

## Gerste

»Gerste hat eine auskühlende Wirkung, die frostiger und schwächer macht als alle anderen Getreidekörner. Gerste, als Brot oder Suppe gegessen, verletzt gesunde und ausgekühlte, kreislaufschwache Menschen, denn die Gerste hat nicht die Heilkräfte der anderen Getreidearten.«

Gerste hat daher in der Küche nichts zu suchen, höchstens als Getränk für Kranke und Sterbende: je 3 EL Gerste, Fenchel und Haferflocken mit 1 l Wasser 5 Minuten abkochen, absieben und den Betroffenen zu trinken geben. Wird ausgezeichnet vertragen. In flüssiger Form ist Gerste als Bier gut und bekömmlich, weil es die Muskeln wachsen lässt. Dasselbe trifft natürlich noch mehr für Dinkelbier zu, ein gutes Kräftigungsmittel für alle Kranken und Gesunden.

## Hirse

Bei der Hirse unterscheidet Hildegard die Rispenhirse und die Kolbenhirse. Die Rispenhirse füllt nur den Magen und hat nur eine spezielle Heilwirkung bei der Sarkoidose (bösartige Geschwulst): »Rispenhirse wirkt auskühlend und nur etwas erwärmend, weil sie weder das Blut noch das Muskelfleisch ernährt und beide nicht kräftigt, sondern sie füllt nur den Magen und mindert den Hunger. Hirse fehlen die zur Regeneration notwendigen Wirkstoffe. Das Gehirn füllt sich bei Hirsekost mit Wasser. Die Verdauung wird träge und alle schlechten Säfte werden stürmisch aufgepeitscht. Hirse ist wie ein Unkraut und eignet sich nicht zum Essen.«

»Wer an der Lunge leidet, zerpulvere geröstete Rispenhirse und mische dieses Pulver mit der doppelten Menge Hirschzungenpulver und esse dieses Gemisch täglich vor und nach dem Essen auf Brot und er wird geheilt.«

Ausgerechnet in Afrika ist Rispenhirse sehr beliebt und gehört zu den Hauptnahrungsmitteln. Kein Wunder, dass hier durch Rispenhirsekost so viele Mangelkrankheiten auftreten. Es ist nur zu hoffen, dass sich auch hier die Angaben Hildegards bald durchsetzen.

Besser als die Rispenhirse ist die Kolbenhirse, die im Schwarzwald als Fennich und in Italien als Venich angebaut wird. Die Kolbenhirse ist teilweise in der Lage, die Regeneration des täglich sich erneuernden Blutes und der Körperzellen zu unterstützen:

»Kolbenhirse ist kalt und erwärmt nur ein wenig, sie eignet sich zur Ernährung, weil sie etwas Regenerationskraft besitzt und kräftigt. Auf keinen Fall schädigt die Kolbenhirse nicht so wie die Rispenhirse, weil sie die schlechten Säfte und Giftstoffe nicht so aufpeitscht.«

Hirse ist in keiner Weise ein wichtiges Lebensmittel, das gleiche gilt für Buchweizen, der nicht zu den Getreidearten gehört.

## Hanf

Obwohl Hanf kein Getreide ist, soll es hier als interessantes Heilmittel erörtert werden:

»Hanfsamen enthält Kräfte, die die Gesundheit erhalten und wirkt für Gesunde heilsam. Er ist leicht verdaulich und nützlich, weil er die Verschleimung beseitigt, die schlechten Säfte vermindert und die guten kräftigt. Bei Patienten mit einem leerem Gehirn (Demenz) verursacht Hanf Kopfschmerzen. Es schadet aber keinem, der eine gute Kopfgesundheit hat. Bei Schwerkranken treten Magenbeschwerden auf. Hanf schädigt einen leicht Kranken nicht.«

Hanfsamen ist, wie wir heute wissen, durchaus psychotrop und könnte zur Diagnose von Alzheimer und Demenz wertvolle Dienste leisten. Die Schulmedizin tut sich sehr schwer, schon im Vorfeld Gehirnschwäche zu erkennen und ist schon gar nicht in der Lage, diese Krankheiten zu verhindern. Hildegard empfiehlt hier das tägliche Essen von süßen Mandeln.

Alle anderen Getreidearten wie Reis, Quinoa, Amaranth und sonstige Exoten sind von Hildegard nicht beschrieben; der Einsatz in der Ernährung ist unserem gesunden Menschenverstand überlassen. Ganz generell ist dem Getreide der Vorzug zu geben, das in unseren Regionen wächst.

# Früchte

## Äpfel

Äpfel werden seit über 3.000 Jahren angebaut und wachsen in den gemäßigten Klimazonen aller fünf Erdteile. Der Apfel zählt wie die Birne und die Quitte zu den Kernobstarten. Während Äpfel im Unterschied zu Birnen nachts vom kräftigen Nachttau wachsen, bekommen die Birnen ihre Reife durch den Morgentau und werden erst durch Kochen und Braten bekömmlich. Äpfel können von Gesunden auch roh gegessen werden. Runzelige, abgelagerte und nachgereifte Äpfel werden auch von Kranken gut vertragen.

»Der Apfel wächst vom Tau der Nacht, wenn dieser in seiner vollen Kraft steht. Vom ersten Schlaf der Nacht bis beinahe gegen die Morgendämmerung, wachsen die erquickenden Äpfel. Äpfel sind auch roh gut zu essen, weil sie vom kraftvollen Tau vorgekocht wurden.«

»An apple a day keeps the doctor away.« Wer einen Apfel am Tag isst, braucht keinen Arzt, sagen die Amerikaner. Die wertvollen Säuren (Apfel- und Zitronensäure) verleihen dem Apfel seinen erfrischenden, aromatischen Geschmack und fördern den Speichelfluss und die Verdauung. Saure Äpfel haben eine milde, abführende Wirkung und regulieren die Darmtätigkeit. Gedünstete Äpfel verhindern das Wachstum von krankmachenden, unerwünschten Darmbakterien, die zu Durchfallerkrankungen führen könnten. Daher wird Apfelmus in der Durchfall- und Fiebertherapie erfolgreich eingesetzt.

Wertvolle Vitamine, Mineralien, Spurenelemente und Fruchtzucker (bis zu 12% Frucht- und Traubenzucker) verleihen den Äpfeln eine diätetische Wirkung bei Schwäche und Erkältungszuständen. Die im Apfel enthaltenen Pektine quellen sehr leicht und reinigen den Darm von krankmachenden Fäulnis- und Schlackenstoffen. Außer dem hohen Gehalt an löslichen Pflanzenfasern wird im Pektin auch eine cholesterinsenkende Eigenschaft festgestellt. Apfelkerne sind besonders reich an Quellstoffen und den immunstimulierenden cyanogenen Glykosiden; sie können daher ebenfalls mitgegessen werden.

Äpfel enthalten wie alle anderen Obstarten viel Wasser und eignen sich mit Dinkel zu schnell wirksamen Gewichtsreduktionskuren.

Alle Kranken vertragen Apfelkompott, weil sie das Wachstum krankmachender Fäulnisbakterien verhindern. Daher wird Apfelkompott als einzige Notfall-Nahrung bei der Behandlung von Durchfallkrankheiten besonders gut vertragen. Beim Kompott wird zuerst Wasser mit Zitronensaft, Vanille, Gewürznelken, Muskat und Galgant aufgekocht, dann die vorbereiteten Apfelschnitze hineingegeben. Nur ziehen lassen, nicht mitkochen. Besonders gut schmeckt das Kompott, wenn man das Kochwasser mit Weißwein mischt.

## Birnen

Der Tau gibt auch den Birnen ihre subtile Eigenheit, wobei diese im Unterschied zu den Äpfeln »... ihre Wachstumskräfte bloß von jenem Tau empfangen, dessen Kraft bei Tagesanbruch bereits dahinschwindet. Deshalb verursachen *Birnen* im Menschen schädliche Säfte, wenn sie nicht (vorher gar) gekocht werden, eben weil sie aus dem bereits zerrinnenden Tau wachsen. Wer daher Birnen essen will, koche sie in Wasser oder dörre sie am Feuer. Gekocht sind sie noch gesünder als gedörrt, weil das heiße Wasser den in ihnen enthaltenen schädlichen Saftstoff ganz allmählich garkocht, während das Feuer zu abrupt wirkt und beim Dörren nicht den ganzen Schadsaft unterdrückt.«

Birnen sind also ein gutes Karminativum, d. h. sie reinigen Magen und Darm. Besonders in der Kombination mit Bärwurzmischpulver und Honig eignet sich Birnenmus als Brotaufstrich und ist das beste Reinigungsmittel gegen Darmpilze. Die Heilerfolge bei der Darmsanierung mit diesem besten Heilmittel Hildegards liegen zwischen 70–80%.

Die Wirkung von Bärwurz-Birnen-Honig gegen Migräne ist ausgezeichnet, denn wenn der Darm saniert ist, gibt es auch keine Migräne mehr. In der Klinik ist Migräne unheilbar, weil nicht die Ursachen, sondern nur die Schmerzen beseitigt werden, wodurch der nächste Migräneschub schon wieder vorprogrammiert wird.

Rohe Birnen sind auch nicht gut für Lungen- und Leberleidende, da sie diese Organe schwer belasten, Migräne auslösen und schwer verdaut werden können. Erst gekocht, gebacken oder gedörrt sind sie gut verdaulich. Dann reinigen sie sogar den Darm radikal, wie ein gutes Abführmittel.

## Quitten

Quitten gehören bei Hildegard zu den wenigen Früchten, die sogar roh gegessen von Gesunden und Kranken vertragen werden. Sie haben sich hervorragend bei Rheuma und Gichtleiden bewährt, da sie den Harnsäurespiegel senken können.

»Diese Frucht ist warm und trocken und hat eine feine Ausgeglichenheit in sich, und wenn sie reif ist, verletzt sie, roh gegessen, weder den Kranken noch den Gesunden; gekocht und gedörrt aber hilft sie dem Kranken und dem Gesunden.«

»Wer vergichtigt ist (genau dieses deutsche Wort steht mitten im lateinischen Text), esse fleißig die Quittenfrucht, gekocht oder gedörrt, und sie räumt mit dem Giftstoff so (gründlich) in ihm auf, daß die Gicht sich weder auf sein Nervensystem schlägt noch seine Gelenke zerstört oder angreift.«

Ob die Quitte der Venus Klugheit verliehen hat, wissen wir nicht. Auf jeden Fall galt sie im Altertum als heilige Frucht, die ihrem Träger Glück und Liebe versprach. Auch die berühmten ›goldenen Äpfel‹ der Hesperiden, die Herakles pflückte, sollen Quitten gewesen sein.

Bis in den Spätherbst hinein reifen die Quitten und vertragen sogar die ersten Nachtfröste. Sie werden aber nicht weich, sondern steinhart und können roh, gerieben oder geraspelt gegessen werden. Mit Schlagsahne gemischt ist die rohe Quitte eine delikate Nachspeise. Erst durch das Kochen wird die Quitte weich und kann dann zu Kompott, Quittenmus, Quittenbrot, Kuchenbelag oder Quittenmarmelade weiterverarbeitet werden. Die Schalen und die Kerne werden mitgekocht, da sie das wertvolle

Pektin enthalten und der Quitte eine enorme Quellfähigkeit verleihen.

Es gibt drei Quittenarten: die Portugal-, die Apfel- und die Birnenquitte. Die Portugalquitte ist am ertragreichsten. Bei uns gedeiht jedoch die aromareiche Apfelquitte am besten.

Der Quittenschleim hat eine adstringierende, entzündungshemmende Wirkung bei Magen-Darmleiden und Durchfallerkrankungen und wird in der britischen Pharmakopöe (amtliches Arzneibuch) zur Herstellung von Emulsionen empfohlen. Da Quitten sehr eisenreich sind, wirken sie blutbildend bei Anämie. Am meisten haben sich die Quitten – jedoch kurmäßig eingesetzt –, bei Rheuma und Gichtleiden bewährt.

## Kirschen

Wenn man schon auf Pfirsiche und Pflaumen verzichten sollte, so kann man doch Kirschen genießen, ob es Süß- oder Sauerkirschen sind. Zwar beschreibt Hildegard keinen besonderen Heilwert der Kirsche:

»Die Kirschenfrucht ist zwar nicht besonders nützlich, aber auch nicht besonders schädlich, und es schadet einem Gesunden nicht, sie zu essen. Wenn aber ein Kranker und jemand mit schlechten Säften viel davon ißt, bekommt er dadurch etwas Beschwerden (Schmerzen).«

Kirschen sind reich an Vitaminen und Mineralien. 100 g Kirschen enthalten: 83 g Wasser, 13,8 g Kohlehydrate, 0,08 g Vitamin B1 (Thiamin), 0,08 g Vitamin B2 (Riboflavin), 0,3 g Nicotinamid (Niacin), 7 mg Vitamin C.

Ferner Schleimstoffe (Pektin), Apfel-, Zitronen-, Bernstein- und Milchsäure sowie rote Fruchtfarbstoffe aus der Gruppe der Bioflavanoide, die eine die Kapillargefäße regenerierende Wirkung auf die Zellwände ausüben (Vitamin P). Diese als Vitamin P bekannten Fruchtfarbstoffe üben eine Schutz- und Heilwirkung bei allen Erkrankungen aus, die eine gesteigerte Kapillarbrüchigkeit mit Blutungsneigung und Ödembildung zur Folge haben.

## Kornelkirschen

Aus den Kornelkirschen lässt sich eine ganz feine, aromatische und erfrischend-säuerliche Gesundheitsmarmelade herstellen. »Die Kornelkirsche verletzt keinen Menschen, denn sie reinigt und stärkt den schwachen und auch gesunden Magen und fördert so die Gesundheit.«

Die knallroten Fruchtfarbstoffe aus der Vitamin-P-Reihe üben eine ausgezeichnete Schutz- und Heilwirkung auf die entzündeten Schleimhäute des ganzen Verdauungsapparates aus. Aufgrund dieser entzündungshemmenden und gefäßschützenden Eigenschaft normalisieren die Bioflavanoidedie gesteigerte Gefäßbrüchigkeit bei Entzündungen der Mund- und Rachenschleimhaut und stimulieren die Wundheilung bei Gastritis, Magen- und Darmgeschwüren und verbessern die Kapillarbrüchigkeit bei der chronischen Veneninsuffizienz (CVI) infolge Diabetes mellitus, Arteriosklerose oder Bluthochdruck.

## Orangen und Zitronen

Die süße Orange (Citrus sinensis) und die Zitrone (Citrus limon) werden bei Hildegard als Bontzider-Baum beschrieben und beseitigen die Fieberstoffe. Wir wissen heute, dass die Wirkung der Zitrusfrüchte bei fieberhaften Zuständen auf das Vitamin C (Ascorbinsäure) zurückgeführt werden kann. Dieses Vitamin ist an der Biosynthese der Nebennierenhormone beteiligt und hilft daher bei allen Stresszuständen wie Infektionen, Verletzungen, Verbrennungen, Kälte, Schäden und Blutverlusten sowie bei starken körperlichen oder psychischen Belastungen. Allerdings ist die ganze Frucht zehnmal wirksamer als die gleiche in ihr enthaltene Menge Ascorbinsäure aus der chemischen Fabrik. Orangen- und Zitronensaft helfen bei allen Schwäche- und Erschöpfungszuständen mit oder ohne Fieber: »Das Essen der *Citrusfrucht* räumt im Menschen mit den Fieberstoffen auf.«

Orangen- und Zitronensaft fördern die Speichel- und Magensaftsekretion und helfen bei Blähungen, Brechreiz, Krämpfen und Übelkeit. Bei infektiöser Gelbsucht sind Orangen und Zitronen die beste Nahrung.

## Mispeln

Die Mispel ist eine heilkräftige Wildpflanze. Sie blüht schneeweiß im Frühjahr und wird erst im Herbst nach den ersten Nachtfrösten geerntet. Im Mittelalter war die Mispel ein beliebter Obstbaum und im Sankt Galler Klosterplan durch Karl den Großen in jedem Klostergarten vorgeschrieben. Daher gehört sie auch in jeden Hildegard-Garten. Im Mittelmeerraum ist sie sehr beliebt und verbreitet, sei es als ›Nespole‹ oder ›Nespola‹ oder ›Nespoli‹, je nach Land, in dem sie wächst.

Die Mispel lässt nicht nur die Muskelpartien wachsen, sondern reinigt auch das Blut. Bei Hildegard steht geschrieben:

»Die Frucht des Mispelbaumes ist für gesunde und kranke Menschen nützlich und gut, wieviel man auch davon ißt, weil sie dem Esser die Gewebe (carnes, Muskelfleisch, Zellen) wachsen läßt und sein Blut reinigt.«

Das Fruchtfleisch der Mispel wird erst nach dem ersten Nachtfrost weich und kann dann roh gegessen werden, nachdem man die vier großen Kerne ausgespuckt hat. Mispeln sind reich an wertvollen Gerbstoffen und Pektin und haben den höchsten Vitamin-C-Gehalt von allen Früchten. Sie werden auch von Patienten mit empfindlichem Magen und Darm sehr gut vertragen und eignen sich bei der Behandlung von abgemagerten Menschen sowie Krebs- und AIDS-Patienten. Mispelschleim entfernt die Fäulnis-, Juck- und Schlackenstoffe aus dem Darm und eignet sich daher besonders gut zur Behandlung von Neurodermitis. Mispelfrüchte oder auch Mispelmarmelade kräftigen und reinigen das Blut und lassen die Muskeln wachsen.

## Hagebutten

Die Heckenrosen sind die Großeltern der Gartenrose. Ihre scharlachroten Scheinfrüchte, die Hagebutten, reifen erst im Spätherbst. Die Hagebuttenschale ist reich an Vitamin C und Bioflavoniden, sodass sich Hagebutten bei Erkältungen und Entzündungen als Saft, Sirup oder auch als Marmelade bewährt haben. Hildegard lobt die verdauungsfördernde, magenreinigende Wirkung der Hagebutte.

»Wenn jemand (sonst) körperlich gesund und nur am Magen (Darm) erkrankt ist, der koche Hagebutten (in Wasser) und esse sie oft. Es reinigt den Magen und nimmt ihm den Schleim. Wem aber der ganze Körper krank ist, dem taugen gekochte Hagebutten nicht zum Essen, weil sie dem Magen schaden würden, da der Magen (Verdauungsapparat) in ihm sozusagen verwelkt ist.«

Ein Magenleiden bei einem (sonst) Gesunden ist das typische Beispiel für eine psychosomatische Erkrankung. Es gehört zum medizinischen Standardwissen, dass allzu ehrgeizige und überarbeitete Menschen Magengeschwüre bekommen.

Man fragt sich, wovon der ›Magen‹ solcher Menschen gereinigt werden muss. Wahrscheinlich von dem ›geistigen‹ Unrat, von den Stoffen, die durch eine seelische Fehlhaltung den Magen verunreinigt haben.

## Datteln

Als mein Großvater die Missionsstation von Hermannsburg in Zentralaustralien bewirtschaftete, legte er als erstes einen Dattelgarten an. Nicht nur wegen des kühlenden Schattens der Dattelpalmen, sondern vor allem wegen der Dattelfrüchte, die ihm und den Aboriginees als Brotersatz dienten. Da die Station gleichzeitig Endstation der Kamelkarawane war, die nur zweimal jährlich Post und notwendige Lebensmittel, aber auch Haushaltsgegenstände sowie das Harmonium für die Missionskirche brachte, konnten sich auch die Kamele mit Datteln wieder ›auftanken‹, denn Datteln sorgen für Muskelkraft:

»Wer Datteln ißt, bringt seinem Körper fast soviel Kraft wie durch Brot. Aber sehr leicht machen sie kurzatmig und beschweren, wenn man zuviel davon ißt.«

## Feigen

Vor Feigen wird bei Hildegard gewarnt, weil »sie den Gesunden lüstern und aufgeblasen machen, so daß ihn der Ehrgeiz packt und die Habgier, so daß er sittlich haltlos und unstetig wird. Alle Fleischpartien fließen auseinander und alle guten Säfte werden bös durcheinander gebracht. Einen schwachen Menschen, der körperlich herunter gekommen ist, sind Feigen gut zum Essen, bis es ihm besser geht und nachher nicht mehr. Will ein Gesunder unbedingt Feigen essen, soll er sie zuvor mit Wein oder Weinessig beizen, aber dennoch esse er wenig davon. Kranke müssen die Feigen vor dem Essen nicht beizen, sondern essen sie so.«

## Himbeeren

Himbeeren gehören zu den ältesten und beliebtesten Früchten der Welt. Sie waren schon den Pfahlbauern am Bodensee im Spätsteinzeitalter bekannt. Wegen ihrer Widerstandskraft können sie sogar im kalten Alaska angebaut werden. Himbeeren regen mit ihrem leicht säuerlichen, erfrischenden Geschmack die Speichel- und Magensaftsekretion an.

Hildegard beschreibt die appetitanregende Wirkung der Himbeere:

»Die Himbeere ist kalt und brauchbar gegen Fieber. Wer nämlich Fieber hat und appetitlos ist, koche Himbeeren in wenig Wasser und lasse die Himbeer(pflanze) im Wasser liegen und trinke so dieses Wasser (Himbeertee) morgens und zur Nacht und lege die in Wasser gekochten Pflanzen auf seinen Magen während einer Stunde (als Kompresse). Das soll er drei Tage lang machen, und die Fieber werden weichen.«

Himbeersirup-Wasser mit Galgant hat sich bei Kindern mit Fieber bei Virusgrippe-Infektion bewährt. Himbeeren fördern die Verdauung und haben schweißtreibende und kühlende Eigenschaften.

## Johannisbeeren

Neben den roten und den weißen Johannisbeeren (Ribes spicatum) werden die schwarzen wegen ihres Gehaltes an Vitamin C und P zur Herstellung von Marmeladen, Säften und Likören (Cassis) außerordentlich geschätzt. 100 Gramm schwarze Johannisbeeren enthalten bis zu 200 mg Vitamin C. Natürliches Vitamin C ist ein außerordentlich wirksamer Radikalfänger von stressbedingten Sauerstoffradikalen und eine Erfrischung für das stressgeplagte Gehirn. In der Volksheilkunde werden die schwarzen ›Ribiseln‹ (von lat. ribes) gegen Rheumaleiden eingesetzt. Hildegard nennt die schwarze Johannisbeere ›Gichtbaum‹ und empfiehlt auch die Blätter als Heilmittel, zum Beispiel in der Dachssalbe.

## Brombeeren

Die Brombeeren eignen sich gut zur Herstellung von Marmelade. Ein TL Brombeer- oder Himbeermarmelade enthält nur 17 Kalorien und absolut kein Fett oder Cholesterin. Brombeeren enthalten Bioflavanoide als Farbstoff, die sehr wertvolle Antioxidantien sind und stressbedingte Sauerstoffradikale absaugen.

»Die Brombeeren verletzen weder den gesunden noch kranken Menschen und werden leicht verdaut. Eine Heilwirkung ist aber nicht in ihnen zu finden.«

## Maulbeeren

»Die Maulbeere schadet weder Gesunden noch Kranken, nutzt aber mehr als sie schadet.«

»Wer an der Leber leidet, soll Maulbeerwein als Getränk oft trinken, weil das Leberleiden öfter von einer Blutüberfüllung entsteht, welche der Maulbeerwein wieder beruhigt ...«

Bei Leberleiden werden 3 EL Maulbeeren in 1 l Rotwein unter Zusatz von 2 EL Weinessig und 150 g Honig 5 Minuten gekocht, abgeschäumt, abgesiebt und dreimal täglich 1 Likörglas davon getrunken.

Wir verwenden zur Reinigung und Stärkung der Leber getrocknete Maulbeeren, die man wie Gummibärchen essen kann – im Orient als Delikatesse und Vitaminbombe sehr beliebt.

# Mandeln und Nüsse

## Mandeln

Mandeln verleihen nicht nur den Nerven, sondern auch den Lungen, der Leber und der Gesichtshaut neue Energie und Lebenskraft, da sie bei Hildegard die Fruchtbarkeit *(Viriditas)* symbolisieren:

»Aber wer ein leeres Gehirn hat und eine schlechte Gesichtsfarbe und daher Kopfweh, esse oft die *Mandelfrucht*, und es füllt das Gehirn und gibt ihm die richtige Farbe. Auch wer lungenkrank ist und einen Leberschaden hat, esse oft die Mandeln roh oder gekocht, und sie bringen der Lunge Kräfte, weil sie den Menschen in keiner Weise belasten oder austrocknen, sondern ihn stärken.«

Mandeln enthalten wertvolle Eiweiße und Fette und nur wenig Zucker, sodass sie auch für Diabetiker besonders gut geeignet sind.

100 g Mandeln enthalten: 20,8 g Eiweiß, 54 g Mandelöl und -fett, 10,5 g Faserstoffe, 230 mg Kalzium, 4,5 g Eisen und die Vitamine B1, B2, Nicotinamid und Vitamin C.

Mandeln gehören in die Diät von Patienten mit Nerven-, Lungen- und Leberleiden sowie ins tägliche Habermus zum Frühstück. Sie eignen sich auch besonders zum Schutz vor Nervenschwäche, Alzheimerscher Krankheit, MS, Morbus Parkinson und Osteoporose. Selbst Diabetiker profitieren von Mandeln wegen ihres geringen Kohlehydratgehaltes. Geschälte Mandeln verbinden sich püriert sehr leicht mit Wasser zu Mandelmilch, die sich auch bei Nieren- und Harnwegsinfektionen bewährt hat.

## Walnüsse

Walnüsse sind ein hochwertiges Lebensmittel. Sie lassen die Muskeln wachsen, stärken die Knochenbildung und regen den Stoffwechsel an. Ihr Nährwert ist viermal höher als der des Fleisches, weshalb sie in den südlichen Ländern ein beliebtes Volksnahrungsmittel sind. Nur die Lunge wird bei empfindlichen Patienten durch Walnüsse etwas belastet, was zu Verschleimung führen kann. Ansonsten tragen die Walnüsse aber zur Fröhlichkeit bei:

»Das Öl, das aus den (Wal-)Nüssen ausgepresst wird, ist warm und macht den Fleischansatz der Esser fett und seinen Geist fröhlich. Aber vom Nußöl nimmt der Schleim (Phlegma) etwas zu, so daß die Brust eines Menschen mit Schleim (Livor) erfüllt wird. Dennoch können Kranke sowohl wie Gesunde dieses Öl zu sich nehmen und damit fertig werden und es ertragen. Nur den Schwachen macht es etwas dämpfig in der Brust.«

Wegen ihres niedrigen Kohlehydratgehaltes sind Walnüsse wie auch Mandeln für Diabetiker besonders geeignet.

100 g Walnüsse enthalten: 15,6 g Eiweiß, 50 g Fett, 4,8 g Eisen, 100 mg Kalzium sowie wertvolle Vitamine und Spurenelemente.

Wegen des hohen Eisengehaltes sind sie bei der Blutbildung hilfreich. Kaltgepresstes (französisches) Walnussöl kann für Salate und zu Broten verwendet werden.

## Haselnüsse

»Haselnüsse sind mehr kalt als warm und taugen nicht sehr in der Heilkunst ... Gesunden schaden sie nicht sehr, nützen aber auch nicht, aber den Kranken schaden sie, weil sie ihn dämpfig machen (Atemnot).«

Das ist nicht gerade ein Kompliment, besonders nicht für den bei Kindern beliebten Haselnuss-Aufstrich.

# Gemüse

## Fenchel

Fenchel ist ein Wundermittel für Frauen. Er enthält Photohormone und ›powert‹ die Frauen im Klimakterium auf. Weil Fenchel die Milchproduktion anregt, hilft er den Müttern, ihre Säuglinge satt zu bekommen. Er ist das beste Deodorant gegen Körper- und Mundgeruch. 1 l Fencheltee pro Tag ist besser als jedes chemische Deo. Fenchel ist in jeder Form gut: Fenchelgemüse, Fencheltee, Fenchelöl, oder noch wirksamer, Fencheltabletten. In der Hildegard-Medizin ist Fenchel das Universalheilmittel, ein Karminativum, d. h., ein Sanierungsmittel für alle Magen-/Darmleiden. Wenn die Verdauung zu lange im Magen-Darmtrakt liegen bleibt, geht sie in Fäulnis über und es entstehen neben den Fäulnisstoffen die lästigen Darmgase. Diese werden vom Blut in die Lungen transportiert und ausgeatmet.

Genau das verhindert der Fenchel, denn er räumt mit den Fäulnisstoffen im Darm auf. Seine krampflösenden Eigenschaften sorgen dafür, dass sich unterdrückte Winde lösen. Daher wird er nicht nur in der Kinderheilkunde bei Krämpfen angewendet, sondern besonders auch bei Magen-Darmkoliken. Die Wirksamkeit des Fenchels kann durch Galgant verstärkt werden. Daher haben wir die Fenchel-Galgant-Tabletten (Fa. Jura) herstellen lassen. Sie bewirken eine angenehme Beseitigung der Gase entweder durch Aufstoßen oder dadurch, dass ein Wind abgeht.

Hildegard beschreibt in ihrer einfachen Sprache deutlich, was von der modernen Phytotherapie bestätigt wird:

»Wie auch immer Fenchel gegessen wird, macht er den Menschen fröhlich und vermittelt ihm gute Durchblutung, guten Körpergeruch und gute Verdauung … denn wer Fenchel oder seinen Samen täglich nüchtern ißt, vermindert den üblen Schleim oder die Fäulnisse in ihm, und er unterdrückt den üblen Geruch seines Atems …«

Fenchel hilft bei Verdauungsbeschwerden und Blähungen, gegen Übersäuerung des Magens und Sodbrennen nach Ernährungsfehlern und zu fetten Speisen.

Unter Fenchel, Fructus Foeniculi, versteht man die getrockneten, reifen Früchte verschiedener Kulturvarietäten von Foeniculum vulgare, die im Mittelmeerraum beheimatet waren und heute in zahlreichen anderen Ländern kultiviert werden. Fenchel ist eine uralte Kulturpflanze, die bereits im alten Ägypten angebaut wurde. Ihre verschiedenen Kulturrassen unterscheiden sich durch Größe, Geruch und Geschmack.

Fenchel kann süßlich schmecken und im Geschmack an Anis erinnern (Foeniculum dulce). Dieser Geschmack ist charakteristisch für den hohen Anteil von bis zu 50% Anethol im ätherischen Öl.

Gemüsefenchel ist eine gesunde, knackig-frische Vitamin- und Mineralstoffquelle, besonders in den Wintermonaten. 100 Gramm Fenchel decken bereits den gesamten Tagesbedarf an Vitamin A und C, neben wertvollen Mineralien und Spurenelementen.

100 g Frischfenchel enthält 0,8 mg Vitamin A, 93 mg Vitamin C, 109 mg Kalzium, 2,7 mg Eisen, 494 mg Kalium, 49 mg Magnesium und 51 mg Phosphor.

## Edelkastanien

Die Edelkastanie ist das unter den Bäumen, was der Fenchel unter den Stauden und der Dinkel beim Getreide sind: hundertprozentig gesund von der Wurzel bis in die Spitzen. Edelkastanien enthalten wertvolle Gerbstoffe (Tannine) und Bioflavanoide zur Beseitigung von Stress (Radikalfänger) und zur Reparatur von Gefäßen (Vitamin P).

Frische Früchte enthalten neben Stärke, Fett und Eiweiß auch viele hochwertige Kohlehydrate, die für alle Zellen, besonders aber für die Nerven Energielieferanten sind.

100 g Edelkastanien müssen mit 3 Broteinheiten (BE) angerechnet werden und enthalten viel Energie (724 kcal).

Die komplexen Kohlehydrate werden von den Dünndarmbakterien zu kurzkettigen Fettsäuren abgebaut, deren saures Milieu den optimalen pH-Wert für das Wachstum und Gedeihen dieser Mikroflora garantiert.

Edelkastanien enthalten wertvolle Mineralien und Spurenelemente, darunter Eisen, Zink, Kupfer, Mangan, Magnesium, Kalzium, Kalium und wenig Natrium.

Darüber hinaus enthalten die Früchte spezifische Wirkstoffe (Gammaamino-Buttersäure = GABA, biogene Amine, Neurotransmitter), die für die Nervenfortleitung und für die Muskelerregung notwendig sind.

In den Früchten befinden sich außerdem die Vitamine A, E, B1, B2, B3, B5, B6 und Vitamin C (ca. 27 mg/100g).

100 g frische Edelkastanien enthalten 36 g Kohlehydrate, 8 g Ballaststoffe, 2 g Fett, 2,5 g Eiweiß und 1,2 g Mineralstoffe.

In den Edelkastanien finden sich keine Monozucker vom Typ Glukose (Traubenzucker) oder Fruktose (Fruchtzucker), sondern lediglich 25% Stärke und 10% Saccharose (Rübenzucker).

Die Edelkastanie wird von Hildegard in ihrer *Physica* bei jeglicher Art von Schwächezuständen, auch bei Immunschwäche (AIDS, Krebs, Borreliose) empfohlen. Edelkastanien reifen in luftiger Höhe und speichern viel Sonnenenergie in Form von Biophotonen. Daher steht bei Hildegard geschrieben:

»Der Kastanienbaum ist sehr warm und hat aufgrund seiner Wärme eine große Kraft (Lebenskraft; viriditas), da er die discretio (das rechte Maß, die goldene Mitte) symbolisiert und alles, was in ihm ist, und auch seine Frucht ist nützlich gegen jede Schwäche, die im Menschen ist.«

Jeder Mensch, der sein eigenes Maß, seine Leistungsfähigkeit, seine Kräfte überschätzt (zu viel Essen, zu viel Alkohol, zu viel Drogen), fällt aus der Mitte. Als Folge davon nennt Hildegard: zu nichts Gutem führende Müdigkeit und Schwäche, Herzschwindel, Traurigkeit und Immunschwäche.

Da Leib und Seele als eine Einheit betrachtet werden, leidet auch der Körper unter dieser Maßlosigkeit, besonders die Leber, die mit Leberschwindel und Müdigkeit, Mangel an Lebenskraft reagiert, wie man es im extremen Fall bei allen Formen der Hepatitis beobachtet.

Die Leber ist für den Stoffwechsel und den Energiehaushalt des Menschen verantwortlich. Die von der Nahrung aufgenommenen Kohlehydrate werden hier als Glykogen gespeichert oder in Fette umgewandelt und deponiert. Bei den Leberkranken ist dieser Identitätsprozess verlorengegangen, weil der Mensch sein Maß überschritten hat. Wenn er wieder gesund werden will, muss er sein eigenes Maß erkennen und lieben lernen.

Damit kommt der Edelkastanie eine bedeutende Schlüsselrolle für Körper und Seele zu. Aufgrund ihrer Inhaltsstoffe und der gespeicherten Sonnenenergie ist sie in der Lage, den Menschen so vollständig und harmonisch zu ernähren, dass er seine Ausstrahlungs- und Widerstandskraft zurückerhält.

Die Edelkastanien haben sich bei allen auszehrenden Krankheiten (Krebs, AIDS) bestens bewährt. Ein entkräfteter, abgemagerter AIDS-Patient hat dadurch, dass er täglich Edelkastanien aß, innerhalb von vier Wochen wieder 18 Kilogramm zugenommen, konnte das Krankenhaus verlassen und kann heute wieder seiner Arbeit nachgehen. Das Krankheitsgefühl ist weg, solange er Edelkastanien zu sich nimmt.

Edelkastanien werden in verschiedenen Arten angeboten; frisch, geschält, gefroren, gegart im Glas, vakumiert, getrocknet und als Kastanienmehl. 1 kg frische Kastanien ergeben ca. 850 g geschälte Früchte. 500 g getrocknete Kastanien wiegen nach dem Einweichen ca. 750 g. Je nach Gericht rechnet man pro Person 200–250 g frische Kastanien.

### Leberleiden, Leberschmerzen: Edelkastanienhonig (20-prozentig)

3 EL Edelkastanienmehl und 100 g Honig miteinander mischen und täglich zweimal einen Teelöffel voll nehmen, evtl. auf Brot, mindestens zwei Monate lang. Auch nachher soll öfters noch ein Teelöffel davon gegessen werden. Diese Kur führt zu einer Ausheilung auch chronischer Leberleiden, wobei sich auch die Transaminasen wieder normalisieren.

## Milzschmerzen: Edelkastanien

Die Milz ist das wichtigste Abwehrorgan des Menschen. Nach Hildegard hat sie darüber hinaus die Funktion, das Herz zu entgiften. Besonders unter Rohkost kann die Milz leiden, sich vergrößern, entzünden und Herzschmerzen zur Folge haben. Milzleiden werden nach Hildegard nicht nur mit Maronen, sondern auch durch die Herzkur (Herzpillen, Herzsaft, Herzpulver) behandelt.

## Magen-Darmleiden, Bauchspeicheldrüsen-, Leber- und Gallenerkrankungen: Edelkastanien-Suppe

Mit dem ›Schmelz‹ der Edelkastanien kann man sogar die Magenschleimhaut wieder reparieren, wenn sie von Magengeschwüren zerstört worden ist. Gekochte Kastanien zerdrücken, mit Dinkelhabermus und etwas Süßholzpulver mischen und mit Wasser kochen.

»Wer Magenschmerzen hat, koche die Früchte lange in Wasser und zerkleinere sie zu Brei und mische dann in einer Schüssel etwas Dinkelhabermus unter Zugabe von Süßholzpulver und etwas weniger Engelsüßwurzelpulver, koche daraus nochmals ein Mus und esse es dann, und es wird seinen Magen reinigen und ihn warm und kräftig machen.«

Diese Kur wird erfolgreich mit weiteren Heilmitteln (Wasserlinsen-Elixier, Muskatellersalbei-Elixier und Poleiminze) zur Beseitigung von Helicobacter-Infektionen eingesetzt.

## Gastritis – Habermus mit Edelkastanien

Am besten essen Sie bei Gastritis oder Magengeschwüren morgens das präparierte Habermus. Fügen Sie einer Portion Habermus 1 EL Edelkastanienmehl oder 2–3 zerdrückte Edelkastanien zu sowie eine Mischung aus 40 g Engelsüßpulver und 60 g Süßholzpulver.

### Rheumatische Schmerzen, Gicht, Jähzorn, ›Paralyse‹: Edelkastanien-Sauna-Aufguss

Aufgrund der im Bindegewebe und in den Gelenken abgelagerten Stoffwechselschlacken werden von Zeit zu Zeit rheumatische Schmerzschübe und Gichtanfälle ausgelöst.

Die Schlackenstoffe sind entweder auf Ernährungsfehler (›Küchengifte‹) oder unzureichende Entgiftung durch eingeschränkte Nierenfunktion zurückzuführen. Man kann daher die Schlackenstoffe in der Sauna durch die Haut, die auch gerne die zweite Niere genannt wird, wieder ausschwitzen, wenn ein Edelkastanien-Extrakt über die heißen Steine gegossen und in der Sauna inhaliert wird.

### Kreislaufschwäche, Gefäß- und Venenmittel, allgemeine Bindegewebsschwäche: Edelkastanienholz und -saft

Zur Unterstützung der Sehnenscheidenkontraktion nehme man ein ca. 20 cm langes Edelkastanienholz, das man mit Edelkastaniensaft (Urtinktur) befeuchtet hat, und reibt sich damit die Hände ein.

Man kann auch einen Spazierstock aus Edelkastanien nehmen, welcher automatisch beim Wandern die Hand erwärmt. Durch den Hautkontakt kräftigt er den ganzen Körper, speziell die Gefäße. Der Duft dieses Holzes hilft auch gut bei Ermüdungszuständen.

### Konzentrationsschwäche, psychovegetatives Syndrom, Zerebralsklerose, Schutz vor Alzheimerscher Krankheit: gekochte Edelkastanien

Hildegard beschreibt in ihrem Buch *Divinorum operum*, dass der Hirnstoffwechsel, der mit dem Leberstoffwechsel in Zusammenhang steht, durch die Gedanken des Menschen beeinflusst wird. Das Schlüsselorgan ist das Gehör. Man kann sich also durch Lärm, Streit und/oder chaotische Musik einen Gehörschaden oder auch einen Leberschaden einhandeln. Wer sein Nervensystem auf diese Weise überstrapaziert, muss sich nicht wundern, dass er seine Nerven frühzeitig kaputt macht (Alzheimersche Krankheit). Auf der anderen Seite weiß man seit der Antike, dass man durch gute Musik heilen kann.

### Herzschmerzen (Folgen von Endocarditis), angeborene Herzschäden, Sportherz, durch vorzeitige Überanstrengung: Rohe Edelkastanien

Dieses Mittel empfiehlt sich, wenn die Herzinnenhaut (das Endokard) durch Entzündungen oder nach Herzinfarkt durch Narbenbildung verwundet und aufgeraut ist. Die Herzbelastung durch Traurigkeit kennen wir bereits aus den Zusammenhängen der seelischen Konflikte mit den Organbelastungen, wobei man nicht weiß, ob die Traurigkeit herzkrank oder die Herzkrankheit traurig macht.

Die rohen Edelkastanien oder noch besser Edelkastanienmehl (1–4 TL täglich über den Tag verteilt einspeicheln) haben sich bei Herzschmerzen nach schweren Herzleiden, ob es Herzmuskelentzündung oder sogar Herzklappenentzündung war, ausgezeichnet bewährt.

Der Patient spürt nach der Einnahme eine Steigerung seiner Herzleistung und ein inneres Wohlbefinden. Offenbar haben die Edelkastanien eine besondere Beziehung zu den Herzzellen, die sich wieder bis zu ihrer Leistungsfähigkeit regenerieren.

Die Herzzellen werden nämlich durch die Herzmuskelentzündung an ihrer Regeneration gehindert, und gerade diese Entzündung beseitigt die Edelkastanie. Mit der Digitalispeitsche kann hier ebenso wenig erreicht werden wie mit herzberuhigenden Psychopharmaka.

## Bohnen

Neben dem Dinkel stehen die Bohnen ernährungsphysiologisch gesehen an erster Stelle in der Hildegard-Küche. Bohnen gehören zu den preiswertesten und wohlschmeckendsten pflanzlichen Eiweißquellen (17–25% Eiweiß). In Kombination mit Dinkel erreicht das Eiweiß einer Bohnen-Dinkel-Mahlzeit die gleiche biologische Wertigkeit wie ein Fleischgericht, da alle essenziellen Aminosäuren vorhanden sind, aus denen der Körper dann jedes beliebige Eiweiß herstellen kann. Bohnen machen nicht dick, da die in der Bohne enthaltenen komplexen Kohlehydrate nur langsam verdaut werden und langanhaltend sättigen. Diabetiker können Bohnen gut vertragen, da die Kohlehydrate nur langsam ins Blut gelangen und keine Überzuckerung auslösen. Von Hildegard wird die leichte Verdaulichkeit der Bohnen gelobt, vor allem ihre heilende Wirkung auf entzündete Eingeweide, seien es Gastritis, Magen-Darmleiden, Nierenleiden oder sogar blutende Hämorrhoiden, wo Hildegards ›Bohnensuppe ohne Bohnen‹ den Menschen innerlich wieder ausheilt:

»Die Bohnen haben einen erwärmenden Stoff und sind eine gute Speise für gesunde und kräftige Menschen. Weit nützlicher als die Erbsen können auch Kranke Bohnen essen und werden davon kaum etwas zu leiden haben, weil Bohnengerichte in ihnen nicht soviel Schleim und Schleimiges entstehen lassen wie die Erbsen. Ganz besonders ist das Bohnenmehl gut und nützlich für kranke und gesunde Menschen, weil es leicht und gut verdaulich ist.«

Bohnen helfen auch, den Cholesterinspiegel zu senken, da sie lösliche Pflanzenfasern enthalten. Bohnengerichte enthalten kein Cholesterin und helfen, kalorienreiche tierische Fleisch- und Fettgerichte aus der Diät zu ersetzen. Sie eignen sich auch vorzüglich als Eintopfgerichte oder Bohnensalate für große Gesellschaften.

Wir verwenden in der Hildegard-Küche alle Bohnen, sowohl grüne Bohnen, Stangen- oder Buschbohnen als auch weiße, schwarze, rote oder trockene Bohnen. Streng genommen gehört auch die Sojabohne zu den Bohnen, aber achten sie beim Einkauf auf den biologischen Anbau.

Weiße Bohnen sind am einfachsten zu bekommen und schnell zubereitet. Schwarze Bohnen eignen sich besonders gut für Bohnensuppen.

Trockenbohnen enthalten nur noch 15% Feuchtigkeit und nehmen beim Einweichen wieder bis zu 60% Wasser auf. Daher muss man Bohnen vor dem Kochen zunächst verlesen, waschen und 8 Stunden (über Nacht) in Wasser einweichen. Für 500 g

Bohnen benötigt man 2 l Wasser und einen großen Topf, da Bohnen quellen. Einweichwasser weggießen und mit doppelter bis zweieinhalbfacher Wassermenge aufkochen. Die Garzeit beträgt dann immer noch 1–2 Stunden.

## Erbsen

Erbsen sind nicht für Lungenkranke geeignet, da sie verschleimen, und auch nicht für Menschen mit Kreislaufschwäche. Dafür helfen sie bei helfen schwachem Bindegewebe und bei Eingeweideschwäche: Hämorrhoiden, Bruchleiden, Krampfadern, Senkniere oder Senkmagen.

»Die *Erbsen* wirken durch ihren Inhaltsstoff kühlend und auch etwas verschleimend. Die Lunge wird davon beengt. Ein hitziger Mensch kann normalerweise Erbsen essen und wird dadurch draufgängerisch. Einem Menschen von kalter Veranlagung ebenso wie einem kreislaufschwachen Kranken bekommen Erbsen nicht gut, weil solches Essen in ihm zuviel Speichelwasser erzeugt. Bei Krankheiten, wie immer sie heißen mögen, schaden Erbsen. Sie haben nicht die Fähigkeit, das Krankmachende auszutreiben. Nur den Menschen, die schwache Eingeweide (Bruchleiden, Hämorrhoiden, Krampfadern) haben, wird es besser gehen, wenn sie oft eine warme Erbsensuppe schlürfen.«

## Kichererbsen

Kichererbsen sind eine orientalische Delikatesse und werden in Israel und im Vorderen Orient angebaut, wo sie zu dem bekannten Falafel oder Hummus zubereitet werden. Sie sind eine Wohltat für Kranke und Gesunde. Man kann Kichererbsen in der Pfanne auf dem Herd oder über offenem Holzkohlenfeuer rösten. Kichererbsen gehören zur Bohnenfamilie und enthalten wertvolles Eiweiß (bis zu 20 g in 100 g trockenen Erbsen). In Indien werden sie als Kraftspeise von Sportlern, besonders vor Ringkämpfen sehr geschätzt. Sie enthalten Vitamin B15, die Pangamsäure, der man eine Energie- und Vitalitätssteigerung nachsagt.

Die löslichen Faserstoffe der Kichererbsen haben eine blutfettsenkende Wirkung.

Hildegard lobt ihre gute Bekömmlichkeit und ihre fiebersenkende Wirkung: »Die *Kichererbse* ist warm und angenehm und leicht zu essen, und sie vermehrt nicht die üblen Säfte. Wer Fieber hat, brate die Kichererbse über frischen Kohlen und esse sie, und er wird geheilt werden.«

Man kann Kichererbsen wie Edelkastanien in der Pfanne, im Herd oder über offenem Feuer rösten. Zum Kochen muss man sie über Nacht einweichen und das Einweichwasser weggießen, damit eventuell unerwünschte Stoffe, die zu Blähungen führen können, entfernt werden.

Kichererbsen gehören zu den Bohnenarten. Sie fördern eine gute Gemütsstimmung. Aufgrund ihres Mineraliengehaltes sind sie das basischste Gemüse und neutralisieren Gallensäure.

## Rote Bete (Rote Rüben)

Rote Bete eignen sich als Heilmittel bei geschwüriger Haut, Akne (Hautfinne), Impetigo, eitrigem Hautausschlag, infiziertem Ekzem (Neurodermitis).

»Wer die Rübe roh essen will, der schäle ihre ganze äußere Schale ab, nämlich das, was derb ist, weil deren Kraft den Menschen verletzt. Ist die Schale entfernt, mag er das Innere essen. Gekocht ist sie aber besser als roh und führt nicht zu Fehlsäften. Wenn sich aber irgendwann mal der (Körper-)Saft zu Geschwürbildung (in der Haut) erhebt, dann soll (der Kranke) Rüben essen, und das Geschwürbildende wird vernichtet.«

Bei Hildegard steht nicht ausdrücklich etwas von roten Rüben (Beten). Nach der Subtilität können alle Rüben verwendet werden, auch gelbe oder weiße (Teltower Rübchen). Bei Patienten mit Hautleiden gab es jedoch mit roten Rüben die besten Erfahrungen. Der rote Farbstoff fängt die durch Stress entstandenen Sauerstoffradikale (Radikalfänger) und die enthaltenen Bioflavanoide reparieren entzündete Gefäße (Vitamin P Wirksamkeit). Hier eignet sich Rote-Rüben-Salat mit Quendel, um die Hautdurchblutung zu verbessern.

Wenn man die Schale entfernt, kann man auch die rohen Rüben verwenden, zum Beispiel als Rote-Bete-Saft, der sich bei der Behandlung von Krebspatienten bewährt hat. Beachtliche

Erfolge in der Krebstherapie sind von Dr. Alexander Ferenci aus Ungarn berichtet worden, der den Roten Beten eine starke Krebszellen auflösende Wirkung zuschreibt. Für die Wirkung wird der rote Farbstoff und Betain verantwortlich gemacht.

Rote Rüben sind wegen ihres hohen Gehaltes an Eisen eine gute Quelle für Patienten mit Eisenmangel-Anämie. 100 g Rote Bete enthalten: 25 g Ballaststoffe; 325 mg Kalium; 25 mg Magnesium; 29 mg Kalzium; 10 mg Vitamin C; 0,7 mg Eisen.

## Mohrrüben

Die Mohrrübe, Möhre oder Karotte gehört zu den ältesten und beliebtesten Gemüsearten. Sie hat sich aus dem wilden Moorkraut entwickelt. Da sie nicht schadet und satt macht, kann man sie in der Hildegard-Küche als Auffrischung und Vitaminstoß verwenden.

»Die Möhre ist kalt und eine Wiederauffrischung (Vitaminstoß) für den Menschen. Sie nutzt ihm weder viel zur Gesundheit noch schadet sie ihm. Sie füllt aber beim Essen den Magen.«

Zu den Rüben gehören auch die Teltower Rübchen, die sich wegen ihres pikanten Geschmacks großer Beliebtheit erfreuen. Ihre Heilwirkung ist mit der Mohrrübe vergleichbar. Auch die weiße Rübe oder Kohlrübe ist mit den Möhren verwandt und wird wie diese zubereitet.

## Pastinaken

Pastinaken sind ein uraltes Gemüse mit bis zu 30 cm langen weißen Wurzeln und einem süßlichen, sellerieähnlichen Geschmack. Sie sind wie Möhren gut für Gesunde und Kranke.

Pastinaken werden gegen Ende des Jahres geerntet und sind ein geeignetes kalorienarmes, mineralstoffhaltiges Wintergemüse.

## Sellerie

Frischer Knollensellerie ist sehr gesund, nicht nur wegen seiner reichen Mineralstoffe und kreislaufanregenden ätherischen Öle, sondern auch wegen der Selleriesamen, die in Hildegards rheumawirksamen Selleriesamenpulver Verwendung finden. Bereits nach einer Woche ist eine schmerzlindernde Wirkung festzustellen, besonders in Kombination mit Quittenmarmelade. Aber auch gekochter Sellerie vermehrt die guten Säfte:

»Sellerie hat mehr eine grüne Natur als eine trockene und hat viel Saftiges in sich. Roh taugt er den Menschen nicht zum Essen, weil er in ihm schlechte Säfte bereitet. Gekochten Sellerie zu essen, schadet dem Menschen nicht, sondern macht ihm vielmehr gesunde Säfte.«

Sellerie entwässert den Körper und treibt den Harn. Nach Hildegard kann die ganze Pflanze verwendet werden, also auch Staudensellerie, ein enger Verwandter des Knollenselleries. Doch auch die zarten grünen Stangen müssen wenigstens gedünstet werden.

## Kürbis

Kürbisse sind für Gesunde und Kranke ein Genuss:

»Kürbisse sind trocken und kalt. Dennoch haben sie ihr Wachstum aus der Luft. Sie sind zum Essen gut sowohl für die Kranken wie auch für die Gesunden.«

Kürbisse gibt es in vielen Variationen. Sie sind besonders beliebt als Kürbissuppen oder Kürbiskuchen.

Kürbiskerne werden zur Vorbeugung und zur Behandlung von Prostataleiden gekaut. Aus Kürbiskernen lässt sich ein sehr gutes Öl herstellen, das besonders in der Steiermark produziert wird. Die Wirkung der Kürbiskerne geht vermutlich auch auf ihre Inhaltsstoffe, hormonähnliche Steroide, Selen, und auf ihren hohen Zinkgehalt zurück. Die Prostatadrüse speichert mehr Zink als alle anderen Drüsen, und man hat festgestellt, dass Männer aus dem Balkan, die gewohnheitsmäßig Kürbissamen kauen, weniger an Prostata-Schwellungen leiden.

## Zucchini

Zucchini gehören botanisch zu den Kürbissen, obwohl sie wie Gurken aussehen. Die Zucchini sind reich an Provitamin A und C und fangen freie stressbedingte Sauerstoffradikale weg. Darüber hinaus hat das kalorienarme Gemüse viele Mineralien zur Neutralisation von Gallensäure.

## Zwiebeln

Obwohl Zwiebeln in keinem Essen fehlen sollten, werden sie von Magenkranken nicht gut vertragen, weil sie Blähungen, Bauchschmerzen und Aufstoßen verursachen können. Daher kann man Zwiebelsuppe auch als ein gutes Diagnostikum einsetzen. Wenn sie nicht vertragen wird, ist mit Sicherheit der Magen nicht in Ordnung. Dieser Magentest ist humaner als eine Endoskopie. Daher schreibt Hildegard über die Zwiebel:

»Roh gegessen, ist die Zwiebel so schädlich und giftig wie der Saft von Unkräutern; gekocht ist sie gesund, weil durch die Feuerhitze die in ihr vorhandenen Schädlichkeiten gemindert werden.

Für solche, die an Schüttelfrösten leiden oder Fieber oder Gicht haben, ist sie gekocht (besonders) gut. Den Magenkranken macht sie roh wie auch gekocht Schmerzen, weil sie (zu) feucht ist.«

Zwiebeln enthalten schwefelhaltige ätherische Öle, die die Speichel- und Magensekretion anregen und so der Verdauung helfen. Aufgrund ihres Gehaltes an Adenosin (ein gefäßerweiternder Wirkstoff) sind Zwiebeln blutdrucksenkend, herzstärkend und senken den Cholesterinspiegel.

Alle Teile der Zwiebel können verwendet werden – aber immer gekocht. Perlzwiebeln oder Schalotten muss man vorher in Wein beizen:

Zwiebeln enthalten schwefelhaltige ätherische Öle, die Augen und Nase reizen. Daher wird sie auch nach dem Ähnlichkeitsprinzip erfolgreich bei Heuschnupfen in der Homöopathie eingesetzt. Zwiebeln enthalten neben vielen Mineralien, Vitaminen auch Prostaglandin A, eine hormonähnliche hochaktive Substanz, die auch in Knoblauch vorhanden ist und blutdrucksenkende Eigenschaften hat. Darüber hinaus wirken Zwiebeln appetitanregend, schleimlösend bei Bronchitis und – wie Hildegard schreibt – fiebersenkend bei Grippe oder anderen Infektionskrankheiten. Hier hilft eine warme Zwiebelsuppe immer rasch.

Neuerdings wurden auch noch fett- und cholesterinsenkende Eigenschaften der Zwiebeln entdeckt. Zwiebeln verbessern die Durchblutung, da sie die Blutplättchen-Aggregation und das Anhaften der Blutplättchen an den Blutgefäßen verhindern.

## Knoblauch

Was ist Knoblauch, ein Gewürz oder eine Medizin? Knoblauch war schon bei den alten Ägyptern ein hochgeschätztes Gemüse und eine Medizin. Sie verwendeten ihn als Zahlungsmittel für die Arbeit an ihren Pyramiden; damit schützten sie gleichzeitig ihre Arbeiter vor Seuchen und Durchfallerkrankungen. Knoblauch hat starke Heilwirkungen, die auf seine große Zahl hochaktiver Inhaltsstoffe zurückgeführt werden: schwefelhaltiges, ätherisches Öl, Vitamine, viele Mineralien. Moderne pharmakologische Untersuchungen haben ergeben, dass der Knoblauch blutdrucksenkende, fett- und cholesterinspiegelsenkende und durchblutungsfördernde Eigenschaften hat, sodass er heute als vorbeugendes Mittel gegen Arteriosklerose, Herzinfarkt und Schlaganfall gepriesen wird. Außerdem stellt er eines der besten Mittel gegen Darmpilze dar. Tagesmenge: 1–2 Zehen Knoblauch.

Hildegard erwähnt seine durchblutungsfördernde Wirkung:

»Knoblauch hat die rechte Wärme und wächst und grünt aus der Kraft des Taues, d. h., vom Tau des ersten Nachtschlaf an bis fast gegen das Tagwerden. Für Gesunde und Kranke ist er gesünder zu essen als der Porree. Man muß ihn roh essen, weil er beim Kochen fast wie verdorbener Wein wird. Denn sein Saft ist wohlabgestimmt und er hat die rechte Wärme.«

Knoblauch hilft bei Verdauungsstörungen, Blähungen, Durchfall und chronischer Verstopfung, da er in der Lage ist, die normale Darmflora wiederherzustellen.

Ganze oder zerkleinerte Knoblauchzehen eignen sich zum Aromatisieren von Salatölen (Sonnenblumen-, Walnuss-, Kürbisöl), Die Zehen werden über Nacht eingelegt und ergeben ein zartes Knoblaucharoma. Ebenso kann man heißes Öl aromatisieren, indem man die Zehen nach kurzer Zeit wieder entfernt.

## Kohl und Kraut

Kraut und Kohl, Weißkohl, Rotkohl, Blumenkohl stehen bei Hildegard nicht hoch im Kurs, da »ihr Saft zu nichts nutzt. Aus ihnen entstehen Schwächezustände, weil sie schwaches Eingeweide verletzen. Nur Gesunde, die nicht sehr dick sind, können durch ihre Kräfte Kohl und Kraut verdauen. Für fette Menschen ist Kohl schädlich, weil er das Fleisch noch mehr aufschwemmt. Für Kranke ist er genauso schädlich. Als Gemüse oder mit Fleisch gekocht vermehrt Kohl die schlechten Säfte mehr als daß er sie mindert.«

Damit ist die Verwendung von Kohl und Sauerkraut in der Hildegard Küche stark eingeschränkt, außer Brokkoli, Kohlrabi und Blumenkohl, die einigermaßen gut vertragen werden.

## Meerrettich

Meerrettich ist aus der österreichischen Küche als Kren nicht wegzudenken. Alte, magere Menschen sollten nur wenig Meerrettich essen, da sie sonst noch mehr austrocknen.

»Wenn im März alle Pflanzen Grünen, wird auch der Meerrettich weich, aber nur für kurze Zeit, und ist dann gut für Gesunde und Kräftige zu essen, weil er in ihnen die Lebenskraft durch gute Säfte kräftigt.

Wenn er aber hart wird und seine Schale fest wird, ist er gefährlich, weil er dann keine Heilkraft mehr hat und den Menschen dürr macht, als ob er Holz essen würde.«

## Rettich

Der Name Rettich leitet sich vom Lateinischen *radix* = *Wurzel* ab. Rettich kann man auch roh essen, am besten mit etwas Fenchel- oder Galgantpulver, damit er nicht zu viele Blähungen bereitet.

»Gegessen reinigt Rettich das Gehirn und die schädlichen Verdauungssäfte. Ein kräftiger, dicker Mensch wird vom Rettich ausgeheilt und inwendig gereinigt, einem kranken und ausgetrockneten Menschen schadet er. Will ein Kranker Rettich essen, so trockne und pulverisiere ihn und füge Steinsalz bei sowie etwas Fenchelsamen und esse ihn dann auf Brot Das befreit innerlich von Blähungen und kräftigt ihn.«

## Spinat

Spinat wurde aus Melde gezüchtet, von der bei Hildegard steht, dass sie eine gute Verdauung bereitet. Mangold dagegen gehört als Schnittmangold zur veredelten Gattung der Runkelrübe. Das Blattwerk wird wie Spinat bereitet und hat einen herben Geschmack.

## Soja

Im weitesten Sinne gehören auch die Sojabohnen zu den Kichererbsen. Sie spielen in der fernöstlichen, asiatischen Küche eine große Rolle als wertvoller Fleischersatz, da sie bis zu 38% Eiweiß enthalten.

Vor einseitiger Soja-Ernährung muss man warnen, weil Sojabohnen meist in Monokulturen mit viel Chemie wachsen. Soja wird heute zum großen Teil genmanipuliert. Achten Sie daher auf Sojabohnen aus kontrolliert biologischem Anbau!

Beliebt ist Tofu (Sojaquark) aus Sojamehl. Tofu schmeckt vorzüglich in Suppen, Aufläufen und Salatsaucen, etwa als Ersatzstoff für fettfreie Mayonnaise. Tofu mit Sonnenblumenöl, Zitronensaft, Kräutern (Petersilie, Dill) und Weinessig im Mixer zerkleinert, ergibt eine feine Salatsauce.

## Salat

Kopfsalat ist ein Universalverdauungsmittel und hilft gegen Verdauungsschwäche, Verstopfung und Durchblutungsstörungen des Gehirns.

»Wenn einer Salat essen will, soll er die Blätter zuerst mit Dill oder Essig oder Knoblauch abschmecken, so daß der Salat noch kurz vor dem Essen Zeit hat, sich mit diesen Würzstoffen zu verbinden. Ißt man ihn so zubereitet, dann stärkt er das Gehirn und macht eine gute Verdauung.«

Kopfsalat sollte bei keinem Hildegard-Essen fehlen! Der Salat enthält neben vielen Vitalstoffen reichlich Vitamin A und C und ist, mit Dinkel zubereitet, ein kräftiger Vitaminstoß, da der Dinkel reichlich ergänzende B-Vitamine enthält. Täglich gegessen sorgt er für eine gute Verdauung und garantiert eine gute Durchblutung, besonders des Gehirns.

Heute gibt es eine Vielzahl von Salaten aus der Lactuca-Familie. Dazu zählen sowohl Bataviasalat, der Eissalat (Eisbergsalat, Krachsalat), Novita, Romanasalat, Schnittsalat und die bunten Blattsalate Lollo rosso als auch der Eichblattsalat. Hildegard empfiehlt weder Endiviensalat, Radicchio noch Zuckerhut, bei der Wahl dieser Salatsorten sind wir frei und vorurteilsfrei.

Unter dem Kapitel ›Sonnenwirbel‹ beschreibt Hildegard die verwandte Wegwarte, zu deren Familie auch Chicorée gehört:

»Die Wegwarte ist warm und feucht und symbolisiert den Anstand ... Wer sie jedoch bei sich trägt, zieht sich den Haß der anderen Menschen zu ...«

Das klingt nicht gerade einladend, weshalb wir Chicorée auch nicht in der Hildegard-Küche verwenden.

Chinakohl ist eine salatähnliche Kohlart und kann nur von sehr gesunden, mageren Menschen vertragen werden.

Feldsalat, Rapunzel oder Nüsslisalat ist ein Baldriangewächs und wird von Hildegard sogar als Heilmittel gegen Gicht und Brustfellentzündung empfohlen.

# Fleisch

Im Vergleich zu allen anderen zuvor beschriebenen Lebensmitteln bricht Hildegard nicht gerade in Jubel aus, wenn sie von den Heilwerten in den Tieren berichtet. Ganz im Gegenteil gibt es deutliche Warnungen und Zurückhaltung vor Fleisch, weil Tierfleisch den Menschen verfettet und Krankheiten auslösen kann. Wir wissen heute, dass der übertriebene Fleischkonsum für die chronischen Zivilisationskrankheiten verantwortlich ist, an denen zwei Drittel der Bevölkerung leiden und sterben: Herz-Kreislaufkrankheiten, Krebskrankheiten, Rheuma, Osteoporose und viele andere mehr. Zum einen wird tierisches Eiweiß immer zu Harnsäure abgebaut, die den Körper übersäuert und zu vielen Entzündungen führen kann, zum anderen entsteht am Ende des Eiweißstoffwechsels im Enddarm Ammoniak, der nicht nur nerventoxisch, sondern auch krebserregend ist. Viele Rheumapatienten berichten immer wieder, dass sie durch die Eiweißmast in Rheumakliniken – morgens, mittags und abends Wurst, Käse und Fleisch – gezwungen waren, immer mehr Kortison und Schmerztabletten einzusetzen. Man ist gut beraten, wenn man das Fleisch nur maßvoll als heilende Beilage und nicht als Hauptgericht einsetzt.

Es gibt Fleisch, das Gesunde wie Kranke essen können, wie etwa Lamm, Ziege, Hirsch, Reh und einige Fischarten (Hecht und Barsch); Fleisch nur für Gesunde, wie Rind und Gans, Ente und Hühnchen, Lachs und Forelle sowie krankmachendes Fleisch, wie z. B. Schweinefleisch.

Ohne Cholesterin und gesättigte Fette zu kennen, warnt auch Hildegard vor der übermäßigen Fleischmast, da Fleisch den Menschen mehr als alle anderen Speisen verfetten kann:

»Wenn jemand Fleisch und andere überfette Speisen zu essen gewöhnt ist oder durch ihren Blutreichtum verfettete Speisen gern ißt, dem strömt daraus mehr Krankmachung als Gesundmachung zu, weil solche Kost nicht so lange im Magen-Darm verweilen kann, wie es zu einer richtigen und heilsamen Verdauung der überfetten und schlüpfrigen Feuchtigkeit notwendig wäre ... Tierfleisch verfettet das Fleisch der Menschen, wenn es gegessen wird, mehr als andere Speisen oder auch die Getränke.«

Da es in keinem anderen Ernährungssystem dermaßen präzise Aussagen über die heilende Wirkung der Fleischarten gibt, tun wir gut daran, uns von Hildegard in der Auswahl der Fleischsorten beraten zu lassen.

## Geflügel

Huhn, Gans, Ente, Pute und auch Straußenfleisch, ohne Haut gegessen, sind nicht nur wohlbekömmliche Diätetika, sondern auch eine Krankenkost für Gesunde und Kranke, die leicht verdaulich ist. Der Kranke meide gebratene Hühnchen, weil sie nicht nur schwer verdaulich sind, sondern auch die Leber belasten.

### Huhn

Hennen sind für Kranke besser als das Fleisch des Hahnes ... gebraten soll es der Kranke meiden:

»Hühnerfleisch ist für gesunde Menschen gut, aber gegessen macht es sie nicht fett, die Kranken aber erfrischt es ein wenig. ... Gebraten aber soll er es meiden, weil er es kaum verdauen könnte. Die Henne ist zur Speise für Kranke besser als der Hahn, weil das Hennenfleisch zarter ist. Wer aber gesund ist, kann von beiden essen. Und die Leber der Henne und des Hahnes, oft gegessen, taugt gegen alle Krankheiten, die den Menschen innerlich schädigen.«

### Fasan

Zum Geflügel gehört auch der Fasan, der ein Wildhuhn ist. Wegen seines charakteristischen Geschmackes ist das zarte Fasanenfleisch sehr beliebt. Fasane werden von Oktober bis Januar gejagt.

## Pute

Von der Pute schreibt Hildegard nichts; sie ist ähnlich dem Hühnerfleisch als Diät- und Schonkost gut zu essen.

## Ente

Die Hausente wird nicht empfohlen, da sie sich von Unreinem ernährt. Besser ist dagegen die Wild- und Flugente, die für den Menschen heilsamer ist als die Hausente, weil sie sich öfter auch am Wasser aufhält.

»Gesunde werden mit dem Fleisch der Hausente fertig. Kranken aber taugt sie nicht. Eine Ente esse man nie gekocht, sondern nur gebraten ... Wildente ist gesünder als die zahme Hausente, da sie sich am Wasser aufhält.«

## Gans

»Gänsebraten ist nur für Gesunde zu verkraften, für Kranke aber nicht geeignet, weil die Gans im Menschen Schleim und Geschwüre hervorruft. ... Das Gänsefett soll man nicht essen, da es den Magen des Menschen durch seine falschen Säfte krank macht.

## Strauß

Bei Hildegard steht geschrieben: »Wenn ein Mensch die ›fallende Sucht‹ hat, der esse oft Fleisch vom Vogel Strauß und es bringt ihm (die Herrschaft über seine) Körperkräfte und die Gesundheit wieder. Denn die Wärme und Stärke des Straußenfleisches stärkt und bringt die Stärke dieser Krankheit zur Ruhe.«

Das dunkelrote Straußenfleisch ist in Farbe und Qualität dem Rindfleisch ähnlich und ein ideales Diätmittel, da es von allen Fleischarten das wenigste Fett enthält:

Lammkotelett 32%, Schweinekotelett 25%, Rindslende 10%, Straußenfleisch 0,2%.

Straußenfleisch lässt sich wie Putenfleisch zubereiten. Wir verwenden bevorzugt artgerecht aufgezogene Strauße aus Australien oder Südafrika.

## Lamm

Lammfleisch ist nicht nur eine besondere Delikatesse, sondern wird von Hildegard auch bei Kraftlosigkeit, Krampfaderleiden und Bindegewebsschwäche empfohlen:

»Das Fleisch ist im Sommer gut zu essen, weil es die Hitze wärmt; im Winter taugt es aber nicht zum Essen, weil es kalt ist.«

Schafslunge wird notfallmäßig bei Atemnot, Asthma, Bronchialhusten, Brusthusten und Lungenemphysem als saure Lunge zubereitet und erfolgreich eingesetzt.

## Ziege

Hildegard empfiehlt Ziegenfleisch besonders bei schwachem Bindegewebe und Eingeweideleiden (Hernien, Brüche, Senkungen, Divertikel):

»Das Fleisch der Ziege ist gesunden und kranken Menschen gut zum Essen, und wenn es oft gegessen wird, heilt es gestörte und beschädigte Eingeweide; den Magen der Esser macht es gesund und stark.«

## Wild

Reh, Hirsch, Wildschwein werden als universales Diätfleisch von Hildegard besonders bei Verschleimungen, Blähungen, Verdauungsschwäche, Magen-Darmschwäche und Magen-Darmleiden bevorzugt, wobei die Rehleber ein Heilmittel für die von Hildegard so eindrücklich beschriebene ›Vichtkrankheit‹ (Krebs-Vorstadium) ist:

»Das Reh ist gemäßigt und sanft und hat eine reine Natur, und es steigt gern auf Berge ... Und auf den Bergen sucht es die Kräuter, die von der Luft wachsen, und so frißt es gutes und gesundes Futter. Sein Fleisch ist für gesunde und kranke Menschen gut.«

Auch Hirsch ist als Diätfleisch geeignet bei Magen-Darmleiden, Gastritis, Blähungen und Verschleimungen:

»Der Hirsch hat plötzliche Wärme in sich, und er ist mehr warm und frißt reines Futter. Sein Fleisch ist für Kranke und Gesunde gut zu essen.«

Wildschwein könnte besonders geeignet sein, wenn es in Edelkastanienwäldern aufwächst, beispielsweise in Korsika. Dieses Fleisch wird bei abgemagerten Patienten mit schweren Krankheiten (Krebs), bei Kraftlosigkeit und Kräfteverfall verwendet, um die Lebensgeister wieder in Schwung zu bringen.

## Rind und Kalb

Bei Hildegard steht geschrieben: »Das Rindfleisch taugt wegen der Kälte, die es in sich hat, nicht zum Essen für den kalten (schlecht durchbluteten) Menschen. Für den gut durchbluteten aber, der von Natur aus warm ist, ist es wegen der Kälte, die im Fleisch ist, gut zu essen.«

Rindfleisch enthält große Mengen Cholesterin und gesättigte Fettsäuren, ist daher für Herz-Kreislauf-Patienten nicht geeignet. Hildegard empfiehlt darüber hinaus das Fleisch über Nacht in Wasser zu legen, um es zu entschleimen.

Ebenso verhält es sich mit dem Kalbfleisch, wobei man heute darauf achten muss, dass es weder mit Hormonen noch mit Antibiotika oder Anabolika gemästet wurde. Ganz berühmt ist Hildegards Kalbsfuß- oder Rindsfußsuppe, die sich bei Osteoporose, Arthrose oder Gelenkschmerzen und Arthritis hervorragend bewährt hat.

# Fisch

Hildegard hat mit viel Liebe zum Detail das Leben der Fische, ihre Ernährungs- und Lebensgewohnheiten beschrieben. Nach Aufenthaltsort und Ernährungsgewohnheiten unterscheidet Hildegard drei unterschiedliche Fischqualitäten und weist auch auf das Fischfutter hin, von dem die Fleischqualität abhängt, z. B. den Heilwert der Algen:

»Einige Fische gibt es, die sich von Natur aus am Grunde des Meeres und der Flüsse aufhalten, und dort suchen sie ihre Nahrung und durchwühlen den Grund wie die Schweine die Erde. Das Fleisch dieser Fische ist etwas weich und schwach, und sie sind nicht gesund zum Essen.«

»Aber es gibt andere Fische, die sich hauptsächlich in der Mitte und in der Reinheit des Meeres und anderer Flüsse aufhalten und dort ihre Nahrung suchen, und dort finden sie auch gewisse sehr gesunde Pflanzen (Algen) ..., von denen sie sich ernähren. Sie haben nämlich solche Gesundheit in sich, daß der Mensch, wenn er sie schöpfen könnte, er durch sie alle Krankheit von sich austreiben könnte. Diese Fische sind gesund zum Essen.

Und es gibt andere Fische, die sich an der Oberfläche des Meeres und anderer Flüsse aufzuhalten pflegen, und dort suchen sie ihre Nahrung im Schaum und in viel Schmutz der Oberfläche ... und daher ist ihr Fleisch schwach und weich, und sie sind nicht gesund zum Essen.

Fische sind Fastenkünstler, weil sie gewisse Pflanzen und Wurzeln in den Gewässern kennen, ... durch deren Kraft und Natur, wenn sie sie gekostet haben, brauchen sie ein halbes Jahr oder (mindestens) vier Monate keine Nahrung mehr. Und wenn der Mensch diese Pflanzen und Wurzeln wüßte und äße, könnte er ebenfalls vier oder fünf Monate ohne andere Speise auskommen.«

Aufgrund ihrer Subtilität unterscheidet Hildegard:

1. Fische, die für Kranke und Gesunde gut sind. Es handelt sich hier vorwiegend um Raubfische, die von anderen Fischen oder von gesunden Algen oder Wasserpflanzen leben: Barsch, Dorsch, Gold-, Rotbarsch, Kabeljau, Renke, Hecht, Zander, Saibling, Wels, Äsche und Hering.

   »Hecht hat festes gesundes Fleisch, das gut ist für gesunde und Kranke. Die Leber oft gegessen, bereitet eine gute und leichte Verdauung.«

   »Der Barsch schwimmt um Klippen und Steine und manchmal in Grotten, wo er gute und heilsame Kräuter sucht. Darum ist sein Fleisch für Kranke und Gesunde gut.«
2. Bei Fischen, die nur für Gesunde gut sind, entscheidet nicht nur die Nahrung der Fische über ihre Fleischqualität, sondern die Feinstofflichkeit: Stör, Bachforelle, Bitterling, Blicke, Koppe, Karpfen, Blaufelchen und Lachs:

   »Forellen nützen Kranken nicht viel, können aber von Gesunden gegessen werden.«

   »(See-)Lachs hat gesünderes Fleisch als der Salm, das Gesunde gut essen können, die Kranken aber etwas erschöpft.«

   Gemästete und gezüchtete Forellen und Lachse sollte man nicht kaufen, weil oft Antibiotika und Hormone mitgefüttert werden. Gänzlich abzulehnen sind gentechnisch gezüchtete Riesenfisch, die dadurch eine schlechte Fleischqualität gekennzeichnet sind.
3. Fische, die weder für Kranke noch für Gesunde gut sind: Hering (roh), Aal, Scholle und Salm:

   »Frischgefangener Hering taugt nicht zum Essen, weil er den Körper zum Anschwellen bringt und eitrig macht. Grün gegessen ist er Gesunden und Kranken schädlich. Salzhering schadet weniger ... Gesunde können damit fertig werden, Kranken schadet er aber. Gebratener Hering ist heilsamer als gekochter.«

   »Salm (Sommerlachs) hat weiches und schwaches Fleisch und ist für keinen Menschen gut zu essen, weil er alle schlechten Säfte im Menschen weckt.«

»Aal nützt dem Menschen sowenig wie Schweinefleisch, doch schadet er nicht viel. Im Kranken rührt er aber alle schlechten Säfte auf, verursacht Fieber und Schwächeanfälle.«

»Scholle frißt unreines Fressen und eignet sich nicht zum Verzehr, weder für Gesunde noch für Kranke.«

Fische enthalten biologisch hochwertiges Eiweiß und lebensnotwendige Mineralien und Vitamine (A, B, D). Im Vergleich zum Fleisch ist der Fettanteil meistens wesentlich geringer, sodass sie sich als Schonkost bei hohem Cholesterin- oder Neutralfettspiegel sowie bei Übergewicht ganz hervorragend eignen. Fische sind leicht verdaulich und eignen sich als Krankenkost. Fischesser leiden darüber hinaus weniger an Herz-Kreislauf-Krankheiten und sind seltener vom Herzinfarkt bedroht. Mit einer Fischdiät wird nicht nur der Cholesterin- und der Triglycerid-Spiegel gesenkt, sondern auch das Blut verdünnt, weil die Blutplättchen nicht mehr so eng aneinander kleben und sich daher keine Thrombosen bilden können.

Heute weiß man, dass Fisch polyungesättigte Fettsäure, das so genannte Omega-3-Fischöl enthält, dem diese Wirkung zugeschrieben wird. Fisch, einige Male pro Woche gegessen, kann vor Herzattacken schützen.

Ein Fisch ist nur gut, wenn er möglichst frisch zubereitet und gegessen wird. Der heutige Fischmarkt ist aber so ausgezeichnet organisiert, dass man auch die Fische, die tot auf den Markt gelangen, auch als ›fangfrisch‹ bezeichnen kann. Die modernen Tiefkühlanlagen und das rapide Lieferungstempo lassen keine Möglichkeit zum Verderben der Ware aufkommen.

Beim Einkaufen ist es ratsam, sich den Fisch richtig anzuschauen. Das Fleisch soll beim Anfassen festen Widerstand geben, die Haut straff anliegen und die Schuppen schönen Glanz aufweisen. Die Augen sollen klar sein, die Kiemen rötlich.

Bei allen Fischzubereitungen, außer ›Fisch blau‹, sollte man nach dem ›Drei-S-System‹ vorgehen:

*Säubern:* Flossen abschneiden, mit dem Fischschupper abschuppen, die dunkle Haut im Innern entfernen, kurz waschen, aber nicht im Wasser liegen lassen.

*Säuern:* mit Kräuteressig oder Zitronensaft beträufeln und

kurz durchziehen lassen. Durch die Säure wird die Struktur des Fleisches gefestigt und der Fischgeruch wird gemildert.

*Salzen:* kurz vor der Zubereitung mit Salz bestreuen.

Fisch kann auf dem Herd gekocht oder gedünstet, im Backofen gedünstet, auf der Kochstelle gebraten, im Backofen gebacken, gegrillt und gratiniert werden.

Fisch ist leicht verdaulich und eignet sich vorzüglich als Reduktionskost. Er enthält hochwertiges Eiweiß und die wertvollen polyungesättigten Fettsäuren 1-Omega-3-Fischöl, womit nicht nur der Fettstoffspiegel im Blut gesenkt werden kann, sondern auch das Blut bessere Fließeigenschaften bekommt. Die Qualität der Fische hängt vom Futter ab. Raubfisch sind besonders wertvoll; Fische, die vom Schlamm und Schleim auf dem Grund der Seen fressen, haben wabbliges Fleisch.

# Milch, Käse und Eier

Milch soll nur maßvoll getrunken werden. Auf keinen Fall werden ›müde Männer durch Milch munter‹! Zur Milchverdauung braucht der Magen Labferment, das nur Kälber und Kleinkinder haben. Bei Erwachsenen fehlt dieses Ferment, sodass Milch wie ein ›toter Hund‹ im sauren Magen liegen bleibt und ihn belastet. Viele Manager trinken wegen ihrer Magengeschwüre gerne Milch, besser helfen hier Fencheltabletten, um die stressbedingte Gallensäure zu neutralisieren. Einige Völker wie Japaner, Chinesen oder Inder können traditionell keine Milch und Milchprodukte vertragen. Neuerdings treten auch bei Weißen gehäuft Milchzuckerintoleranzen (Laktoseintoleranz) auf. Diesen Menschen fehlt das Enzym Laktase. Durch Zusatz von Laktase (in der Apotheke besorgen) kann man diese Unverträglichkeit wieder ausgleichen.

## Sauermilchprodukte und Sahne

Sauermilchprodukte und Sahne werden von Hildegard nicht beschrieben, aber aufgrund ihrer guten Verträglichkeit setzen wir sie in der Hildegard-Küche ein.

Saure Sahne mit mindestens 15% Fettgehalt wird von uns in den meisten Rezepten verwendet. Milchsäurebakterien verleihen ihr den leicht säuerlichen Geschmack und die dickflüssige Beschaffenheit. Sie eignet sich vorzüglich zur Verfeinerung von Suppen und Saucen, aber auch Fleisch, Fisch, Geflügel, Gemüse und Salat.

Selbst Joghurt wird gut vertragen, besonders Naturjoghurt ohne Aromen und Konservierungsstoffe, Dickungsmittel und dergleichen. Einige empfindliche Patienten reagieren allergisch auf die im Joghurt enthaltenen künstlichen Aromen und die Zitronensäure, die durch Fermentation aus Schimmelpilzkulturen gewonnen wird. Dabei gelangen Toxine in die Zitronensäure und können Allergien auslösen.

Bei alten Menschen werden Kräuterquark, Sauermilch und Joghurt hervorragend vertragen, da sie für eine gute Verdauung sorgen.

## Käse

Gesunde, normalgewichtige Menschen können harten Käse (Emmentaler, Gouda, Tilsiter) essen, während die Dicken lieber weichen Käse, Quark, Frischkäse, Kräuterkäse, Hüttenkäse, Gervais, Camembert vorziehen sollten:

»Der Käse aus der Milch verschiedener Tiere hat einen ihnen charakteristischen Geschmack (Ziegen-, Schafs-, Kuhkäse). Ein normalgewichtiger gesunder Mensch mit gutem Muskelfleisch und Bindegewebe kann ohne Schaden harten Käse essen. Übergewichtige mit weichem, fettem Fleisch essen nach Möglichkeit weichen und frischen Käse.«

Lungenkranke und Menschen mit Lungenschwäche (Bronchitis, Asthma) sollten sich vor überbackenen Käse hüten, da sie von derartigen Speisen (Pizza, Käseauflauf, Käsespätzle, Fondue usw.) verschleimen (siehe auch ›Lungen-Diät‹). Bei Käseunverträglichkeit, meistens als Eiweißallergie auftretend, kann man durch Würzen mit Mutterkümmel den Käse verträglich machen.

## Eier

Sehr erstaunlich, Ernährungsfachleute warnen heute vor übermäßigem Eierverzehr und bestätigen ausdrücklich die Hildegardischen Warnungen vor dem zu häufigen Eierkonsum. Entscheidend ist nicht etwa der hohe Cholesteringehalt im Eigelb, sondern die schlechte Verträglichkeit.

Wie Hildegard schreibt, werden rohe Eier besonders schlecht verdaut und können zu Koliken führen. Wir wissen erst heute, dass das Eiklar erhebliche Mengen an Antitrypsin enthält, ein Ferment, das das Enzym Trypsin im Darm blockiert und die Eiweißverdauung behindert. Im Hühnereiweiß ist außerdem Avidin, ein Antivitamin, das im Magen und Darm das Vitamin Biotin blockiert, wodurch schwere Hautstoffwechselstörungen auftreten können.

Bereits vor 850 Jahren warnt Hildegard vor zu hohem Eierverbrauch, »weil sie die Eingeweide des Menschen schädigen, Schleim und Fäulnis in Magen und Darm hervorrufen«. Die ernährungsphysiologischen Erkenntnisse unserer Zeit werden also bereits von Hildegard erwähnt, wobei sie die Eierspeisen nicht total aus ihrer Ernährungslehre ausschließt, sondern nur auf besondere Zubereitungen hinweist:

»Hühnereier können gegessen werden, aber doch nur mit Maß, weil sie schwachen Eingeweiden des Menschen so schädlich sind ... Ein Mensch, der gesunde Eingeweide hat, kann jedoch mit den Eiern fertig werden, doch soll er sie nur mäßig essen, weil auch er von ihnen leicht krank werden kann. Auch für einen gesunden Menschen sind weiche Eier eher gesund als harte, die im Magen Beschwerden machen. Einem Kranken aber taugen weder weiche noch harte Eier zum Essen ...

Der Dotter des Eies ist gesünder zu essen als das Weiße. Und der Eidotter, mäßig hart gekocht, ist gesünder zur Speise als der weiche. Wenn ein Mensch das Ei roh ißt, dann schadet er sich sehr, weil es in ihm Fäulnis hervorruft.«

Eier werden daher auch in der Hildegard-Küche maßvoll verwendet und nach den Beschreibungen Hildegards zubereitet. Sie sind nicht nur wegen ihrer vielseitigen Zubereitungsmöglichkeiten sehr beliebt, sondern auch wegen ihres Wohlgeschmacks und weil sie hochwertige und doch preisgünstige Lebensmittel sind. Dennoch werden heute viel zu viele Eier gegessen. Der hohe Cholesterinverbrauch bei Männern von 600 mg pro Tag (in Deutschland) wird zu 35% durch Eigelb verursacht. Wurst und Fleisch sind zu 37%, Butter, Milch und Käse zu 20% am Gesamtcholesterinverbrauch beteiligt.

Ein Eigelb mittlerer Größe enthält einen Teelöffel (ungefähr 6 g) Fett, dieselbe Menge wie in einer Tasse Milch und ca. 200 mg Cholesterin.

Am besten aber ist es daher, den Eierverbrauch einzuschränken. Beim Kauf von Eiern sollte man auf die Herkunft achten und Eier von Hühnern mit artgerechter biologischer Aufzucht bevorzugen. Keineswegs sollte man Eier aus eingeengter ›Freilaufhaltung‹ kaufen, schon gar nicht aus Boden- oder Käfighaltung.

Für Leber- und Gallekranke sind rohe oder hartgekochte Eier verboten, da sie den Gallefluss provozieren und zu Koliken führen können. Erlaubt sind dagegen weichgekochte Eier, gelegentlich auch ein leichtes Rührei ohne Fett oder ein pochiertes Ei, auch bekannt als ›verlorenes‹ Ei.

Bei Durchfallkrankheiten hat sich das medizinisch präparierte, so genannte Durchfall-Ei tausendfach bewährt. Dazu wird das Mutterkümmelmischpulver, hergestellt aus Kreuzkümmel und weißem Pfeffer mit Eigelb zu einem Omelett verbacken und portionsweise über den Tag verteilt mit Dinkelweißbrot gegessen. Heute wissen wir, dass speziell im Hühner-Eigelb Abwehrstoffe (Antikörper) vorhanden sind, die den menschlichen Immunoglobulinen ähnlich sind und als Abwehrstoffe gegen gefährliche Bakterien, z. B. Salmonellen wirksam sind. Hühner wehren sich, wenn man sie in Legebatterien einsperrt dadurch, dass sie in den Eiern Salmonellen entwickeln. Salmonellen verseuchte Eier, roh oder in Mayonnaise verzehrt, führen zu schlimmen Durchfällen.

Hunderte von Durchfall-Patienten haben mit dem Durchfall-Ei, zusammen mit einer Dinkelweißmehlsuppe und der Durchfall-Diät ihren Darm wieder in Ordnung bekommen, egal wie unangenehm der Durchfall auch war, selbst bei Blutstuhl, Colitis, Morbus Crohn, Ruhr oder Dysenteritis gibt es ausgezeichnete Erfolge.

# Fette und Öle

## Butter

Butter – in Maßen gegessen – ist ein wichtiges Heilmittel, besonders bei alten und schwachen Menschen mit Atemnot. Die Butter enthält neben vielen Mineralien ca. 76 natürliche Fettsäuren, davon 58–65% gesättigte, 29–37% ungesättigte, 3–4% zweifach ungesättigte und 1–2% mehrfach ungesättigte Fettsäuren, die vom Körper gut verstoffwechselt werden können. Butter kann ohne Beteiligung der Leber aufgrund seiner natürlichen Emulsionsstruktur sofort vom Blut aufgenommen und in die Körperzellen transportiert werden. Maßlos gegessen erhöht Butter bei den Übergewichtigen den Fettansatz. Sparsam eingesetzt erhöht Butter auch nicht den Cholesterinspiegel des Blutes. Es gibt auch keine einzige glaubhafte wissenschaftliche Studie, dass durch Butter Herzinfarkt ausgelöst wird. Ganz im Gegenteil ist die Herzinfarktrate durch den geringeren Butterverzehr ist in den letzten Jahren nicht gesunken, sondern geradezu noch angestiegen. Herzinfarkt ist eine Autoaggressionskrankheit, abhängig vom Lebensstil und Fehlernährung mit Margarine sowie zu viel tierischem Eiweiß und hat herzlich wenig mit Butteressen zu tun! Besonders magere und lungenschwache Menschen profitieren von der Butter:

»Ein abgemagerter Mensch mit Husten und Atemnot esse jegliche Art von Butter und sie heilt ihn innerlich und trägt zu seiner Erholung bei. Einem normal gewichtigen Menschen ist es gut Butter zu essen. Wer aber Übergewicht hat, esse nur wenig Butter, damit er nicht noch dicker wird. Ein Gesunder und Kranker können Milch, Butter und Käse von der Kuh essen, wenn sie das nötige Maß einhalten. Andernfalls würde ihr Leib an Umfang zunehmen.«

Butter ist außergewöhnlich gut bekömmlich und verträglich, besonders auch für Kranke. Wenn sie den Speisen kurz nach dem

Kochen zugesetzt wird, können selbst Gallen-, Leber- und Bauchspeicheldrüsenkranke Butter problemlos vertragen. Sobald die Butter aber erhitzt oder gebraten wird, verliert sie ihre Bekömmlichkeit und kann bei diesen Patienten sogar Koliken auslösen. Das Gleiche gilt auch für den gehärteten Butterschmalz, das beim Erhitzen der Butter seinen Proteinstruktur verliert und dadurch schwerer verdaulich wird.

## Margarine

Margarine ist – wie Plastik – industriell gehärtetes Pflanzenöl und enthält gesundheitsgefährdende Transfettsäuren, die die Blutgefäße verstopfen und zu Herzinfarkt, Schlaganfall und Thrombose, Übergewicht und Diabetes führen können. In Amerika müssen die Transfettsäuren wegen ihrer Gesundheitsgefahr auf allen Packungen als Zusatzstoffe deklariert werden, Es wird höchste Zeit, das auch bei uns vor Margarine gewarnt wird. Margarine hat in der Hildegard-Küche nichts zu suchen.

Margarine ist ein künstlicher Buttterersatz und wurde durch die Margarine-Industrie mit Hilfe von viel Geld und einer korrupten Pseudo-Wissenschaft, allen voran von Prof. Dr. med. Gotthard Schettler, Direktor der Medizinischen Klinik der Universität Heidelberg, in den siebziger Jahren unter dem Motto ›Butter macht Herzinfarkt‹ allen Patienten mit zu hohem Cholesterinspiegel medizinisch empfohlen. Dr. M. O. Bruker hat über diesen Bestechungsskandal geschrieben und bereits 1991 vor dem Konsum von Margarine gewarnt. Inzwischen ist auch in Amerika die Verteufelungskampagne gegen Butter gescheitert und die Margarine aufgrund ihrer Inhaltsstoffe in Verdacht geraten, Herzinfarkt, Schlaganfälle und Thrombose auszulösen. In einer kürzlich veröffentlichten Zusammenfassung berichtet das amerikanische Journal ›Science‹, dass die 50 Jahre alte Kampagne der Dämonisierung von Butter gescheitert sei und Hunderte von Millionen Forschungsgelder umsonst verschwendet wurden. Danach gibt es keine einzige wissenschaftliche Studie, in der nachgewiesen werden konnte, dass die Herzinfarktrate durch eine fettfreie Diät sinkt. Ganz im Gegenteil ist der Butterverbrauch zwar erheblich gesenkt worden, aber die Herzinfarktrate und der Margarineverbrauch gestiegen. Als Nebeneffekt der fettfreien Diät hat die Zahl der Übergewichtigen dramatisch zugenommen. Was war passiert?

Cholesterin ist eine körpereigene Substanz, von der täglich in der Leber ca. 1 g hergestellt wird. Cholesterin gehört biochemisch zu den Steroiden, mit denen der Körper lebensnotwendige Prozesse steuert. Zu den Steroiden gehören die Gallensäure, wichtig für den Fettstoffwechsel, das körpereigene Kortison, wirksam als Reparaturhormon und die Sexualhormone. Cholesterin ist Baustein für die Körperzellwände und transportiert die Fettsäuren aus dem Darm ins Blut und vom Blut in die Körperzellen. Aus Cholesterin werden die Sexualhormone synthetisiert. Aus Gründen der Vermarktung von Margarine wurde fälschlicherweise Cholesterin für die Entstehung der Arteriosklerose und damit für den Herzinfarkt verantwortlich gemacht, obwohl der Herzinfarkt und die Arteriosklerose durch einen autoaggressiven Entzündungsprozess ausgelöst werden, wobei sich die Gefäßinnenwände entzünden und durch die Reparatur mit Cholesterin und Fetten verstopfen. Diese Zusammenhängen sind in der Schulmedizin weitgehend unbekannt und so hat man willkürlich einen Sündenbock Cholesterin gewählt und verteufelt. Die Pharmaindustrie hat sogar versucht, durch den Einsatz von so genannten Cholesterinspiegelsenkern, den Cholesterinwert weit unter 200 zu senken, bis eben weltweit die ersten Todesfälle auftraten. Durch die krankmachende Senkung des Cholesterins werden die Zellwände porös und krebserregende Viren und Substanzen, können ins Innere des Zellkerns gelangen und Krebs auslösen. Inzwischen gibt es Sammelklagen gegen die Bayerwerke, die diese Cholesterinspiegelsenker hergestellt haben. Aus Angst vor weiteren Gefahren, wurden die Cholesterinnormalwerte wieder angehoben. Studien aus aller Welt belegen, dass Frauen umso länger leben, je höher ihr Cholesterinwert ist. Erst bei Werten über 280 steigt die Sterblichkeit wieder an. Das Gleiche gilt für zu niedrige Cholesterinwerte, bei denen besonders Männer rascher an Krebs, Verdauungs- und Atemwegserkrankungen sterben, wenn der Cholesterin-Spiegel unter 160 mg pro Deziliter absinkt. Mit anderen Worten, es gilt wieder als grober Richtwert, was früher galt: 200 plus Alter, d. h., ein 50-jähriger

Mann kann einen normalen Cholesterinspiegel von 250 mg/dl haben. Cholesterin hat keinen Einfluss auf den Herzinfarkt, Herzinfarkt ist eine Folge der Autoaggression und diese ist abhängig vom Lebensstil und von der Ernährung. Das bestätigte auch eine große französische Studie bei 605 Herzinfarktpatienten, bei der dreimal so viel Patienten mit einer gutbürgerlichen Fleischkost starben im Vergleich zu der Gruppe, die sich von Gemüse und Obst ernährten.

Überraschenderweise hatten irische Bauern in einer zehnjährigen Zwei-Länder-Studie trotz cholesterinreicher Nahrung mit fettem Fleisch, Butter, Eier, Sahne und Käse die gesünderen Herzen und im Vergleich zu ihren amerikanischen Brüdern mit einer fettarmen Diät mit Margarine. Tägliche körperliche Arbeit und Bewegung hielten die irischen Bauern gesund. Körperbewegung baut das überschüssige Cholesterin wieder ab. Eine cholesterinreiche Diät hat nur geringen Einfluss auf den tatsächlichen Blutcholesterinspiegel und schon gar nicht auf Herzinfarkt.

Tierische Fette (Schmalz, Butter und Fleisch) enthalten viel gesättigte Fette, die bei Raumtemperatur fest sind. Es gibt auch einige Pflanzen, die reich an gesättigten Fettsäuren sind, wie etwa Kokos- oder Palmöl, die aus Kostengründen gern von der Backwarenindustrie zur Herstellung von Keksen und Biskuits verwendet werden. Industriebackwaren werden daher nicht empfohlen. Einige Pflanzenöle enthalten je nach ihrer chemischen Zusammensetzung außer den gesättigten auch mono- und polyungesättigte Fettsäuren, die arteriosklerotische Ablagerungen aus den Blutgefäßen abbauen können und so vor Herzinfarkt und Schlaganfall schützen. Besonders monoungesättigte Fettsäuren können nicht nur die Ablagerungen abtragen, sondern auch den HDL-Spiegel erhöhen. HDL ist eine Abkürzung für ein dünnflüssiges Lipoprotein (high density lipoproteine), das dafür sorgt, dass Cholesterin aus den Zellen in die Leben transportiert wird, um dort zu Gallensäure abzubauen und über den Darm auszuscheiden. Im Unterschied dazu ist das LDL (low density lipoproteine) wachsartig und transportiert Cholesterin in die Zellen, um sie mit lebenswichtigen Cholesterin zu versorgen. Erst bei einer Störung des Fettstoffwechsels durch zu wenig HDL wird Cholesterin nicht mehr abgebaut und lagert sich mit dem wachsartigen LDL in den Gefäßen ab, vorzugsweise an Stellen, die durch Autoaggression entzündet sind.

## Die Auswahl von Pflanzenölen

Die Auswahl der richtigen Pflanzenöle stellt eine große Herausforderung für die Hildegard-Küche dar, da Hildegard von den meisten Pflanzenölen abrät oder sie nur eingeschränkt empfiehlt. Einige Pflanzenöle werden von ihr gar nicht beschrieben, beispielsweise das Sonnenblumenöl. Auch die chemische Analyse hilft uns nicht wesentlich weiter, da die Empfehlung nur den derzeitig wissenschaftlichen Stand und nicht den Heilwert widerspiegelt. In der folgenden Tabelle ist der Prozentsatz an gesättigten, monoungesättigten und polyungesättigten Fetten der Pflanzenöle und tierischen Fette wiedergegeben.

***Fettsäure ausgewählter Fette und Öle (in %)***

| *Ölsorte* | *Gesättigt* | *Einfach ungesättigt* | *Mehrfach ungesättigt* |
|---|---|---|---|
| Canola (Rapsöl) | 7 | 55 | 33 |
| Safloröl (Distelöl) | 9 | 12 | 74 |
| Maiskeimöl | 13 | 24 | 59 |
| Olivenöl | 14 | 72 | 9 |
| Sonnenblumenöl | 12,5 | 24 | 63 |
| Sesamöl | 15 | 23 | 58 |
| Erdnussöl | 19 | 46 | 30 |
| Traubenkernöl | 10,5 | 19 | 70 |
| Walnussöl | 8 | 20 | 60 |
| Palmöl | 49 | 37 | 9 |
| Tierisches Fett | 50 | 42 | 4 |
| Palmkernfett | 81 | 11 | 2 |
| Kokosfett | 86 | 6 | 2 |
| Butterfett | 65 | 28,5 | 2,5 |

Das von der Industrie hochgelobte Rapsöl belastet nach Hildegard den Magen:

»Raps ist mehr warm als kalt und liegt schwer im Magen, aber dennoch kann er leicht verdaut werden.«

Zum Anmachen von Wurzelgemüsesalaten schmeckt vorzüglich Kürbiskernöl, zumal die Kürbisse von Hildegard noch besonders empfohlen werden:

»Kürbisse sind zum Essen gut sowohl für Kranke als auch für Gesunde.«

Das Palmkernöl mit einem hohen Anteil an gesättigten Fettsäuren wird ebenfalls von Hildegard nur mit Einschränkung für schwache Menschen empfohlen:

»Wenn jemand die Palmbaumfrucht kocht und ißt, verschafft sie seinem Leib beinahe soviel Kraft wie das Brot. Jedoch macht sie ihn leicht schweratmig und beschwert ihn, wenn er zu viel davon ißt.«

Besser ist dann schon das Walnussöl, aber nur für Leute, die kein Lungenleiden haben:

»Walnußöl ist warm und macht den Fleischansatz fett und seinen Geist fröhlich. Aber vom Nußöl nimmt der Schleim etwas zu, so daß die Brust verschleimt. Dennoch können es Kranke und Gesunde ertragen. Schwache Menschen werden schweratmig.«

Besser wäre dann schon das süße Mandelöl, das aber bei uns sehr schwer zu haben und sehr teuer ist.

»Die ganze Kraft steckt in der Mandelfrucht. Wer ein leeres Gehirn hat und schlechte Gesichtsfarbe und daher Kopfweh, esse oft die Mandelkerne, und es füllt ihm das Gehirn und gibt ihm die richtige Farbe. Wer lungenkrank ist und einen Leberschaden hat, der esse die Kerne oft roh oder gekocht, und sie bringen der Lunge Kräfte, weil sie den Menschen in keiner Weise beschweren, sondern ihn stark machen.«

Von Olivenöl hält Hildegard nicht sehr viel; Mandelöl wäre der beste Ersatz für Olivenöl, denn beide enthalten einen hohen Anteil an monoungesättigten Fettsäuren. Wenn die Mandeln so viel Lebenskraft und Energie verleihen und besonders den Nerven der Lunge und der Leber Gesundheit zuführen, müsste das Mandelöl das beste Diätöl sein.

Für Patienten mit Kuhmilch-Allergie kann man aus Mandeln

und Wasser eine Mandelmilch herstellen, die dann als Milchersatz verwendet werden kann.

Über Distelöl und Sonnenblumenöl schreibt Hildegard nichts, obwohl beide Öle gut vertragen werden. Wir bevorzugen in der Hildegard-Küche das Sonnenblumenöl, weil es von Kranken gut vertragen wird und keine unangenehmen Nebenwirkungen zeigt. Grundsätzlich verwende man nur kaltgepresste Pflanzenöle, die durch Auspressen der Pflanzensamen bei Raumtemperatur gewonnen werden. Eine Extraktion mit organischen Lösungsmitteln, wie sie bei der Herstellung des Distelöls verwendet wird, ist nicht zu empfehlen, da beim Eindampfen des Lösungsmittels organische Rückstände im Öl verbleiben, die ein gesundheitliches Risiko darstellen können.

# Essig und Salz

## Weinessig

Der Weinessig hat für alle Speisen eine wichtige entgiftende Funktion, wenn man nur die Essigregel beachtet, dass der Essig den Eigengeschmack der Speisen nicht übertreffen soll:

»Weinessig taugt als Zusatz zu allen Speisen, und zwar dann, wenn er den Gerichten so beigefügt wird, daß er einen nicht den Eigengeschmack nimmt, sondern man nur ganz wenig vom Essig Geschmack merkt. Auf solche Weise reinigt er das Stinkende (Blähungen, Gase, besonders bei Pilzinfektionen) im Menschen und reduziert in ihnen die schlechten Säfte und sorgt dafür, daß es richtig verdaut wird.«

Besonders wichtig ist der Hinweis, dass Weinessig die schlechten Säfte der Speisen beseitigt, die die Milz schädigen. Die Milz ist nicht nur ein wichtiges Organ zum Abbau und zur Regeneration von Blut, sondern ein Filter für alle Stoffe, die für den Herzstoffwechsel wichtig sind. Bei Hildegard spielen Milzschäden als Vorkrankheit für schwere Herzleiden eine große Rolle und der bekannte Herzwein aus Petersilie und Honig ist unser bestes Milz- und Herzschutzmittel:

In der Hildegard-Küche verwenden wir ausschließlich Weinessig und keinen Apfelessig, weil Wein mit seinen 600 Inhaltsstoffen im Vergleich zu Äpfeln eine engere Beziehung zum menschlichen Blut hat.

Mit Essig und Salz haben wir eine einzigartige Möglichkeit, rohes Obst, Salat oder Gemüse zu entgiften und in einigen Fällen auch haltbar zu machen. Das bedeutet aber keinesfalls, dass man alle Schadstoffe beseitigen kann, wie z. B. bei den Gurken, sie bleiben auch als Essiggurken unbekömmlich:

»Gurken wachsen aus der Feuchtigkeit der Erde und aktivieren die Säure und das Bittere im Blut. Sie eignen sich nicht zum Essen bei Kranken.«

Besser sind da schon die süßsauer eingelegten Kürbisse. Kürbis geschält und gewürfelt in einer Beize aus Weinessig, Zucker und Wasser mit Gewürznelken, Zimt und Sternanis kochen. Einen Tag und eine Nacht in der Beize ziehen lassen, Beize abgießen, eindicken und wieder hinzugeben. In Gläser abfüllen.

## Salz

Mit Salz sind viele Geschäfte gemacht worden, früher wie heute, wo eine wahre Flut von ›Salzaposteln ‹ auftreten, die mit dem Salz auch viel Schaden anrichten. Das gilt besonders für Salz aus dem Himalaja und seine Wunderwirkung, die man auch noch mit 20 € pro Kilo bezahlen muss. Um es gleich vorweg zu sagen: Das beste und billigste Salz ist das unbehandelte Ur-Steinsalz aus den Salzbergwerken unserer Heimat. Denn auch unsere Salzlager sind von der Sonne eingetrocknete Weltmeere, als sie noch nicht mit Schwermetallen belastet waren, wie z. B. das eingetrocknete Mittelmeersalz. Geglühtes Steinsalz wäre am besten, wobei man das Steinsalz über Nacht im Backofen bei 150°C austrocknet. Zu viel Salz und Salz-Solekuren belasten die Schleimhäute und verstärken Heuschnupfen, Sinusitis und Bronchitis.

Salz darf niemals den Eigengeschmack der Speisen übertreffen, weil es sonst die Lungen und die Leber schädigt:

»Salz ist sehr warm, etwas feucht und dem Menschen zu vielem nützlich. Wer Speisen ohne Salz ißt, wird innerlich schwach. Wer sie daher mit Salz anmacht oder würzt, den stärken und heilen diese Speisen. Allzu stark gesalzene Kost macht innen trocken und schädigt. Denn das zu reichliche Salz fällt wie Sand über die Lungen her und trocknet sie aus. Daher schädigt und belastet das viele Salz die Lungen. Anschließend greift es sogar die Leber an und verletzt sie. Darum soll jede Speise so gesalzen werden, daß man die Speise vor dem Salz herausschmeckt. Das Siedesalz, das über dem Feuer geröstet ist, ist gesünder als feuchtes Meeres-Salz.«

Heute wird bestätigt, dass zu viel Salz gefährlich und sogar giftig sein kann. Bereits 15 g Salz auf einmal gegessen könnten zum Tod führen. Auch hier gilt: Die Dosis entscheidet, ob ein Stoff Heilmittel oder Gift ist.

In Übereinstimmung mit der modernen Ernährungsmedizin soll man nach Hildegard Salz nicht mehr und nicht weniger verwenden, als der Speisegeschmack den Salzgeschmack übertrifft, sodass das Salz nicht vorschmeckt.

Auf alle Gewürze kann man also notfalls verzichten, auf Salz aber nicht, weil man dann innerlich schwach wird. Ohne Salz kann der Mensch nicht leben. Salz ist lebensnotwendig wie Wasser und ist durch nichts zu ersetzen. Unser Körper braucht täglich drei Gramm Salz, Bluthochdruckpatienten nur ein Gramm. Wird diese Menge unterschritten, kann es zu lebensbedrohlichen Schäden kommen. Auch eine Überdosis führt zu gesundheitlichen Schäden. Die lebensnotwendigen Salzmengen sind in vielen Lebensmitteln bereits enthalten, etwa in Brot, Käse, Gemüse und Fisch.

Jodiertes Speisesalz wird in unseren Breitengraden vorbeugend gegen Kropfkrankheit eingenommen. Es hat sich jedoch gezeigt, dass das zugesetzte Kaliumjodid die Schilddrüse entzündet und die Hashimotosche Krankheit auslösen kann. Steinsalz, im Feuer geröstet, ist gesünder als feuchtes – besonders Meersalz, das heutzutage oft eine Menge Umweltgifte enthält.

# Tierisches und pflanzliches Eiweiß

Zum Aufbau und zum Bestand gesunder Muskulatur benötigt der Mensch 24 Aminosäuren als Bausteine des körpereigenen Eiweißes. Für den Eiweißbedarf stehen sowohl tierische als auch pflanzliche Eiweißquellen zur Verfügung, wobei die Frage nach der wünschenswerten Eiweißmenge immer wieder die Gemüter bewegt hat, da sie von zentraler Bedeutung für die gesamte Ernährung ist. Sowohl eine Über- als auch eine Unterernährung mit Eiweiß kann zu folgenschweren Erkrankungen führen. Die Ernährungsexperten sind sich heute einig, dass 0,8 g Eiweiß pro Kilogramm Körpergewicht vollkommen ausreichend für den durchschnittlichen Tagesbedarf des erwachsenen Menschen ist. Das bedeutet, dass eine Frau mit 55 kg Körpergewicht rund 44 g Protein pro Tag zu sich nehmen müsste, eine Menge, die in ca. 200 g magerem Rind-, Lamm-, Hühnchen- oder Putenfleisch enthalten wäre. Ein Mann mit 70 kg durchschnittlichem Körpergewicht benötigt pro Tag etwas mehr, 56 g Eiweiß, die in 300 Gramm magerem Fleisch vorhanden sind. Besser ist es jedoch, seinen täglichen Proteinbedarf mit Dinkeleiweiß zu decken. Dafür wären ein Habermus (50 g Dinkel mit 7,5 g Protein), 100 g Dinkelnudeln (mit 15 g Protein) und 200 g Dinkelbrot (mit 30 g Protein), also insgesamt 53,5 g Protein vollkommen ausreichend. Am besten ist aber eine ausgewogene Mischkost mit Dinkel, Obst und Gemüse, wobei das Fleisch nur eine Beilage oder der Höhepunkt eines Festtagsessens sein soll.

Die Warnung vor zu viel Eiweiß ist die große Überraschung aus den amerikanischen Ernährungsstudien, da man früher glaubte, je mehr Eiweiß, um so besser. Unter dem Motto ›Fleisch ist Lebenskraft‹ ist Fleischessen in den letzten Jahrzehnten zum Statussymbol geworden. Auch heute noch gibt es einige gefährliche eiweißreiche Diätkuren, allen voran die von Dr. Robert

Atkins. In dieser Diät wird auf Kohlehydrate verzichtet, damit der Körper seine Fettpolster abbaut und mit Fleisch, Eiern, Butter, und Käse in unbegrenzten Mengen wieder auffüllt. Diese Atkins-Diät ist sehr gefährlich, weil das Risiko steigt, an Rheuma oder Gicht zu erkranken.

## Arteriosklerose – Folge der Eiweißmast?

Bei einer Überernährung mit tierischem Eiweiß werden aber nicht nur große Mengen Cholesterin und gesättigte Fettsäuren aufgenommen, sondern darüber hinaus wird das überschüssige Eiweiß in den Gefäßwänden der Arterien als so genannte Eiweißspeicher eingebaut. Als Folge werden die Blutkapillaren für den Gesamtstoffwechsel undurchlässig, sodass nur wenig Sauerstoff und Nährstoffe das Gewebe versorgen können und auch die Entsorgung der Schlacken zum Erliegen kommt.

Besonders das tierische Eiweiß ist am Aufbau dieser Eiweißspeicher beteiligt, während pflanzliches Eiweiß meist verdaut wird, ohne am Aufbau des menschlichen Eiweißes beteiligt zu sein. Tierisches Eiweiß ist dem menschlichen Eiweiß nämlich besonders ähnlich und wird hauptsächlich zur körpereigenen Synthese verwendet. Pflanzliches Eiweiß wird vom Körper weniger genutzt, da meist nicht alle neun lebensnotwendigen Aminosäuren gleichzeitig in ausreichender Menge zur Verfügung stehen, sodass der Körper die fehlenden Aminosäuren aus seinem Eiweißspeicher holen muss, um die körpereigene Eiweißsynthese zu vervollständigen. Aus diesem Grund ist die Dinkel-Obst-Gemüse-Diät vorzüglich für Fastenkuren, Aufbaukuren und Reduktionskuren geeignet.

Tierisches Eiweiß wird heute auch für die Entstehung der Zivilisationskrankheiten Arteriosklerose, Dickdarm- und Brustkrebs verantwortlich gemacht. Bei einer vergleichenden Ernährungsstudie, die im Auftrag der Weltgesundheitsorganisation in den OECD-Ländern durchgeführt wurde, konnte in der Gruppe der 45–75-jährigen festgestellt werden, dass besonders das Milcheiweiß mit 93% an der Entstehung von arteriosklerotischen Gefäßveränderungen beteiligt ist, mehr noch als Fleisch mit 58% und Zucker mit 84%.

***Anteil einzelner Lebensmittel an der Entstehung von Gefäßveränderungen***

| *Lebensmittel* | % |
|---|---|
| Fleisch | 58 |
| Eier | 60 |
| Tierisches Fett | 76 |
| Tierisches Eiweiß | 81 |
| Zucker | 84 |
| Milchfett (Butter, Sahne) | 88 |
| Milchprodukte (Käse) | 88 |
| Milchprotein ohne Käse | 93 |

Infolge der Eiweiß-Überernährung verstopfen aber nicht nur die Kapillaren, sondern auch die Blutplättchen (Thrombozyten) kleben aneinander und verdicken das Blut. Je dicker das Blut, um so größer die Gefahr der Thrombose-Bildung, des Herzinfarktes oder des Schlaganfalls. Genau genommen fließt das Blut nicht mehr so gut, und sobald das Blut zähflüssig wird, kommt es wiederum zu einer Unterversorgung des Gewebes mit Sauerstoff und Ernährungsstoffen und von einer Anhäufung von Stoffwechselschlacken. Das Blut wird deshalb dick, weil insbesondere die Zahl der roten Blutkörperchen steigt (der Hämatokrit-Wert nimmt zu).

In einer großen Studie mit über 800 Patienten konnte nachgewiesen werden, dass durch die Erhöhung des Hämatokrit-Wertes ein größeres Herzinfarkt- und Schlaganfallrisiko entsteht. Ein guter Schutz vor Herzinfarkt ist der Aderlass nach Hildegard. Hierbei wird nicht nur das Blut verdünnt, sondern auch auf einen Schlag etwa 100 g Eiweiß entfernt, da 200 ml Blut mit einem Hämatokrit-Wert von 50% etwa 100 g körperliches Eiweiß enthalten. Durch diese einfache Methode erzielt man ungefähr die gleiche Wirkung wie ein zehntägiges Fasten, bei dem ja ebenfalls Eiweißspeicher abgebaut werden.

## Dinkel als beste und preiswerteste Eiweißquelle

Ein Blick auf die chemische Zusammensetzung unserer Lebensmittel genügt, um zu sehen, dass der Dinkel nicht nur die preiswerteste, sondern auch die gesündeste Eiweißquelle von allen ist. Der Dinkel erfüllt selbst die Anforderungen der modernen Ernährungslehre, da er wenig Fett, dafür aber die essenziellen Fettsäuren enthält, reich ist an Vitaminen, Mineralien und Spurenelementen, kein Cholesterin enthält und ein Übermaß an wertvollen komplexen Kohlehydraten besitzt, aus denen der Körper die notwendigen Fette selber herstellen kann. Kein anderes Diätetikum übertrifft den Dinkel in dieser Vielfältigkeit. Fleisch und Milchprodukte enthalten je nach ihrer Herkunft 3,5–20% Eiweiß, viel Wasser und sind mit Cholesterin und gesättigten Fettsäuren überladen. Man muss sich also wundern, dass ein Steak immer noch das Statussymbol einer gutbürgerlichen Küche sein soll. Bei Hildegard ist man vor Über- und Untertreibungen sicher, da sie eine abwechslungsreiche Mischkost empfiehlt. Dinkel mit Obst und Gemüse und Fleisch als heilende Beilage ist die Grundlage dieser Mischkost. Die Kombination von Dinkel und Bohnen stellt eine wertvolle Eiweißquelle dar.

***Eiweißquellen in Nahrungsmitteln***

| *Lebensmittel pro 100 g* | *Protein g* | *Fett, gesätt. g* | *Cholesterin mg* | *Kohlehydrate* | *Eisen* | *Wasser g* | *kcal* |
|---|---|---|---|---|---|---|---|
| Dinkel | 14,26 | 2,94 | 0 | 74,51 | 4,17 | 12,0 | 382 |
| Bohnen weiß, getr. | 21,0 | 1,5 | | 50,3 | 6,3 | | 306 |
| Mandeln | 17,9 | 53,9 | | 12,3 | 4,3 | | 625 |
| Bohnen | 22,1 | | | | 6,1 | 11,0 | 31 |
| Rind, mager | 20,3 | 5,0 | 70,0 | 0 | 3,1 | 61,0 | 130 |
| Leber | 16,0 | | 4,1 | 4,1 | 7,9 | 74,0 | 134 |
| Schwein | 11,2 | 22,7 | 78,0 | 0 | 1,8 | 42,0 | 164 |
| Rehkeule | 21,4 | 1,2 | | 0 | 3,0 | | 106 |
| Lammkeule | 20,0 | 50,0 | 79,0 | 0 | 1,4 | | 175 |
| Hühnchen o. Haut | 20,0 | 4,0 | 64,0 | 0 | 1,1 | 66,0 | 131 |
| -Leber | 22,0 | 4,0 | | | 1,2 | | 147 |
| Putenbrust o. Haut | 22,1 | 2,3 | | 0 | 1,2 | 66,0 | 112 |
| Rotbarsch | 18,9 | 3,0 | | 0 | 0,3 | | 105 |
| Dorsch | 17,9 | 0,1 | | | 0,6 | | 74 |
| Frischfisch | 18,8 | | 60,0 | 0 | 1,0 | 74,0 | 100 |
| Eigelb | 16,1 | 31,5 | 219,0 | 0,2 | 6,2 | 50,0 | 360 |
| Eiweiß | 11,1 | 0,1 | | 0,4 | 0,1 | 87,3 | 46 |
| Muttermilch | 1,2 | 1,9 | | 6,4 | 0,05 | 87,6 | 55 |
| Vollmilch | 3,5 | 3,5 | | 6,4 | 0,05 | 87,3 | 66 |

***Menge und Preis in € von Lebensmitteln, die 100 g Eiweiß enthalten***

| | | | |
|---|---|---|---|
| Dinkel | 0,7 kg | = | 1,50 |
| Bohnen | 0,5 kg | = | 1,50 |
| Huhn | 0,5 kg | = | 2,00 |
| Mandeln | 0,5 kg | = | 3,00 |
| Fisch | 0,5 kg | = | 4,00 |
| Lamm | 0,5 kg | = | 8,00 |
| Rinderfilet | 0,5 kg | = | 13,00 |
| Milch | 33 l | = | 16,00 |

## Aminosäuren – Bausteine des Lebens

Die von der Nahrung aufgenommenen Eiweiße werden vom Organismus aufgenommen und in der Leber in ihre Urbausteine, die Aminosäuren, zerlegt, woraus der Körper sein körpereigenes Eiweiß aufbaut. Aus diesen Urbausteinen wird nach dem in jedem Menschen liegenden Bauplan des Lebens, den die Wissenschaftler ›genetischen Code‹ nennen, jeder individuelle Körper aufgebaut, der unverwechselbar und einzigartig ist, der aber auch seine Grenzen hat. So ist jeder einmalig, und doch ist alles mit dem Ursprung verbunden *(religio)*.

Aminosäuren, die so genannten essenziellen oder lebensnotwendigen Aminosäuren, kann der Körper selbst nicht synthetisieren; sie müssen über die Nahrung aufgenommen werden. Sie sind im Dinkel reichlich vertreten, sogar mehr als in anderen Getreidearten (etwa im Weizen).

# Getränke

## Wasser

Unser Leitungswasser ist meistens Grundwasser und gut zum Trinken, wenn es nicht durch die Agrarchemie verseucht ist. Wer an der Wasserqualität zweifelt, sollte einen Keramikfilter verwenden. Das damit gewonnene Osmosewasser wird von den Körperzellen begierig aufgenommen, weil sich das Zellwasser nach dem Prinzip der Osmose verdünnen möchte. Dadurch werden alle Zellen und Schleimhäute ›feucht‹ und Stoffwechselprodukte können aufgenommen und ausgeleitet werden. Mineralwasser mit einer höheren Konzentration als Zellwasser mit einer Konzentration von ca. 0,94 g pro Liter trocknen die Körperzellen aus, weil sie den Zellen Wasser entziehen, um sich selbst nach dem selben Osmoseprinzip zu verdünnen. Infolgedessen trocknen die Körperzellen und Schleimhäute aus und der Stoffwechsel kommt zum Erliegen. Meiden Sie daher Mineralwasser und bevorzugen Sie Wasser, das möglichst wenig Mineralien enthält. Auch Kohlensäure hat nichts im Wasser zu suchen, weil es aus dem Blut Sauerstoff verdrängt und dadurch den Kreislauf ›müde‹ macht.

Nach Hildegard gibt es zwölf verschiedene Wasserqualitäten und viele Gefahrenquellen, die auf das Wasser einen Einfluss haben können. Dabei spielt der Ursprung des Wassers, das Klima und die Luftverschmutzung eine große Bedeutung. Im Besonderen ist Brunnenwasser gut zum Trinken und Kochen:

»Das Wasser aus Brunnen, die tief in die Erde hinein gegraben sind, so daß das Wasser darin steht, ist besser und angenehmer für Speisen und Getränke und den sonstigen menschlichen Gebrauch.«

*Quellwasser ist gut zum Trinken*

»Quellwasser ist weniger konzentriert und reiner wie Flußwasser, weil es da, wo es entspringt durch Erde, Sand und Gestein gereinigt und sauber wird. Es ist für den Menschen gut als Getränk, weil es schmutzfrei ist.«

Oberflächenwasser taugt nicht zum Trinken, zumal es heute noch zusätzlich fast alle Drogen und Arzneimittel enthält, die die Kläranlagen passieren. Die Universität Konstanz hat im Oberflächenwasser fast alles gefunden, was in der Apotheke zu haben ist: Kortison, Antibiotika, Hormone, Aspirin, Rheumamittel und noch vieles mehr. Das Tiefenwasser des Bodensees ist bislang noch gut zum Trinken, weil diese Stoffe und die Agrarchemikalien in 80 bis 200 m Tiefe noch nicht anzutreffen sind. Im Zweifelsfalle empfiehlt Hildegard das Abkochen.

Heute verunsichern viele selbsternannten Wasserapostel die Menschen mit Angst vor ›totem, giftigem und schädlichem Wasser‹, um ihnen ihre Billigartikel für viel Geld aufzuschwatzen. Seien sie kritisch und unterscheiden Sie, ob es um eigenes Geschäftemachen oder wirklich um die Gesundheit geht. Hildegards Angaben sind auch hier wieder einmal ein zuverlässiger Ratgeber. Zum Beispiel, dass ein durstiger Mensch besonders im Sommer zum Durstlöschen lauwarmes Wasser trinken soll. Dazu gehören auch Tees, die bei Hildegard sonst nur selten empfohlen werden.

## Tee

Alle Teearten haben auch eine medizinische Wirkung, weshalb sie gezielt und nicht zum Durstlöschen eingesetzt werden sollen. Dazu gehört Salbeitee, der alle schlechten Säfte reinigt und heilsam ist für alle Beschwerden und Schmerzen der Harnwege und der Blase sowie auch bei Rheumatikern zur Milderung von Rheumaschmerzen und Lähmungen. Salbeitee soll man bei der Zubereitung kurz, nicht mehr als eine Minute aufkochen und schluckweise warm trinken, meistens nicht länger als vier Wochen hintereinander. Ringelblumen- und Lavendeltee sind ausgezeichnet wirksam zur Beseitigung von Giftstoffen in der Leber. Besonders Ringelblumentee hat sich bei Lebensmittel-, Pilz-, Fleisch-, Drogen-, Alkohol- und Arzneimittelvergiftungen außerordentlich gut bewährt.

Als Haustee kann man nur Fencheltee empfehlen, der für alle unbedenklich auch literweise vertragen wird. Außer Fencheltee kann man noch unbedenklich Hagebuttentee trinken.

Auf kurze Zeit harmlos (nicht länger als vier Wochen) und gut sind auch Tees von Himbeer- und Brombeerblättern, Melisse, Pfefferminze und Brennnesseltee.

Auch Apfelschalentee und Apfelkompott sind gesund und gut als Durstlöscher.

Über schwarzen und grünen Tee finden wir nichts bei Hildegard, weshalb wir hier nach eigenem Erfahrungen handeln können, wobei grüner Tee bekömmlicher ist als Schwarztee.

## Dinkelkaffee

Dinkelkaffee ist sehr ergiebig ist und kann mehrmals abgekocht werden. Dinkelkaffee (80% braune und 20% schwarzgebrannte Dinkelkörner gemischt) regelmäßig zum Frühstück getrunken, ist ein guter Abführtrank.

Der Körnerkaffee wird mit Wasser aufgekocht, die Körner abgesiebt und so lange wieder mit frischen Körnern vermischt und aufgekocht, bis die ersten Körner platzen.

## Obstsäfte

Apfel-, Orangen- und Zitronensaft eignen sich gut als Getränk, besonders wenn man dazu Brot oder Zwieback reicht. Birnensaft ist ungeeignet, da er zu Kopfschmerzen führen kann.

## Dinkelbier

Bier ist ein universales Lebens- und Genussmittel und ein Entschlackungsmittel bei Rheuma und Gicht, nach großer körperlicher und sportlicher Anstrengung, bei Durchblutungsstörungen von Nieren, Bindegewebe und Haut, Hautausschlägen, schlechter Gesichtsfarbe, Bronchitis, Lungenleiden, Herz- und Kreislaufschwäche, niedrigem Blutdruck, Erschöpfung und Schwächezuständen und Kraftlosigkeit.

Es wirkt besonders gegen Stress, Schlaflosigkeit, Muskelschwäche, Muskelschwund, Nervenleiden, Depressionen, Neurosen und Epilepsie.

Bei Hildegard steht geschrieben:

»Bier läßt die Fleischpartien des Menschen wachsen und bewirkt wegen der Stärke und Güte dieses Getreidesaftes eine schöne Färbung seines Gesichtes.«

Wenn schon Gerste und Roggen verwendet werden können, wäre das aus Dinkel gebraute Bier natürlich das beste.

Es gibt ein echtes Gesundheitsbier nach Hildegard – das Dinkelbier. Inzwischen haben verschiedene Brauereien gutes Dinkelbier, zum Teil aus biologisch angebautem Dinkel, hergestellt, wie z. B. das Riedenburger Brauhaus.

Als Heilmittel wirkt Bier besonders bei Hautekzemen, die durch reichliches Essen, durch Fleisch, Milch und starken Wein ausgelöst worden sind. In solchen Fällen ist eine Umstellung auf Dinkel, Obst, Gemüse und Bier nützlich. Selbst für Lungenleidende ist Bier besser als Wein. Auch bei Neurosen und Nervenleiden (Schizophrenie) ist Bier dem Wein als Heilmittel vorzuziehen. Bei Epilepsie eignen sich Wein und Bier besser als Wasser.

In den letzten Jahren ist Bier als kulinarischer Rohstoff wieder in viele gepflegte Küchen eingezogen. Die besten und berühmtesten Köche benutzen Bier zum Kochen und Würzen.. Einige von ihnen haben wir nach ihren Rezepten mit Bier befragt, siehe im Rezeptteil.

## Wein

Allgemein wird der Wein als die älteste Medizin der Menschheit bezeichnet, von dem schon der heilige Augustinus schreibt:
»In vielen Fällen braucht der Mensch den Wein. Er stärkt den schwachen Magen, erfrischt die ermatteten Kräfte, heilt die Wunden an Leib und Seele, verscheucht Trübsal und Traurigkeit, verjagt die Müdigkeit der Seele, bringt Freude und entfacht unter Freunden die Lust zum Gespräch.«

Heute zeigen mehrere wissenschaftliche Studien, dass der mäßige Weingenuss (bei Frauen nicht mehr als 0,25 l/Tag und bei Männern nicht mehr als 0,5 l/Tag) eine positive Wirkung auf die Gesundheit hat. Besonders schützt wenig Wein vor Arteriosklerose und ihren Folgen, Herzinfarkt oder Gehirnschlag. Wein erhöht nämlich das gute HDL-Cholesterin, das die Gefäße vor Verkalkung bewahrt, und senkt das schädliche LDL-Cholesterin, das auch zur Arteriosklerosebildung führt.

Ein Glas Wein kann nicht nur Herz und Kreislauf, sondern auch die Hirndurchblutung verbessern, wodurch das körperliche und das seelische Wohlbefinden gestärkt wird und innere Verspannungen, Stress, Angst und Traurigkeit verschwinden. Durch seine Wirkung auf das Nervensystem bewirkt besonders Rotwein eine leichte, beruhigende, schlaffördernde Wirkung, während die grundigen, trockenen Weißweine (Riesling, Silvaner, Gutedel, Müller-Thurgau) Herz und Kreislauf anregen und das Gemüt aufmuntern.

Der liebe Gott scheint kein Antialkoholiker zu sein, sonst hätte Jesus bei der Hochzeit in Kanaan nicht Wasser in Wein verwandelt, sondern Wein in Wasser.

Wein hilft bei Altersschwäche, Appetitmangel, Durchblutungsstörungen, Kreislaufschwäche, Magenschwäche (Anregung von Verdauungssäften), Nervenschwäche, nervösen Depressionen, Angst, Schlaflosigkeit und macht die Augen hell.

Hildegard schreibt von der Anregung der *venae*, Gewebsbahnen, worunter sie die Lymphbahnen oder Lymphräume versteht. Damit diese Anregung aber in Maßen geschieht, soll der Wein immer ›hildegardisiert‹ werden. Schon mit wenigen Tropfen Wasser oder durch das Eintauchen eines Brotes wird der Wein temperiert. Auffallend ist, dass Hildegard den Wein nicht als durstlöschendes Getränk, sondern als Heilmittel empfiehlt. Auch die meisten ihrer Elixiere, bei denen der Alkohol verkocht wird, werden mit Wein angesetzt.

*Gelöschter Wein*

Eine ganz besonders frohmachende, den Zorn und die Traurigkeit beseitigende Wirkung hat der gelöschte Wein, den man warm und schluckweise trinken soll, an manchen Tagen sogar bis zu 1 l als mildes Antidepressivum. Er enthält ebenfalls kaum Alkohol (Restalkoholgehalt ca. 3%).

Man nimmt ein Glas weißen oder roten Wein und erhitzt ihn zum Sieden, bis Bläschen erscheinen. Dabei verlässt der Alkohol den Wein, denn er siedet bereits bei 80°C. Wenn man die Bläschen sieht, gießt man sofort einen Schuss kaltes Wasser in den erhitzten Wein, nimmt den Wein vom Feuer und trinkt ihn warm und schluckweise. Wenn sich die ganze Familie geärgert hat, bringt der gelöschte Wein sogleich wieder den Frieden ins Haus. Die Wirkung ist nicht von der Menge und auch nicht vom Alkoholgehalt abhängig, da der Alkohol verkocht ist. Wein- und alkoholempfindliche Menschen oder Kinder bekommen ein Likörglas oder einige Esslöffel oder Teelöffel voll.

# ABC der Kräuter und Gewürze

Wer sein Leben lang nur Pfeffer und Salz zum Würzen verwendet, hat bestimmt keine feine Zunge mehr, sondern verkümmerte Riech- und Geschmacksorgane, weil er seine Sinne gar nicht trainiert hat.

Das Wissen um die Heilkraft der Gewürze und Kräuter ist durch die Überbetonung von Kalorienzählerei und Vitamintabellen fast verloren gegangen. Dabei bringen die Gewürze im Essen nicht nur eine willkommene Abwechslung einer faden Küche, sondern auch eine gute Verdauung und Durchblutung. Bereits 812 hat Karl der Große durch einen Erlass in seinem Sankt Galler Klosterplan den Anbau von nützlichen Kräutern in jedem Kloster vorgeschrieben, und durch Hildegard kennen wir die vielseitigen Heilkräfte, die in den Kräutern und Gewürzen stecken.

**Ackerminze** (Mentha arvensis)

»Aber auch, wer einen kalten, schlecht durchbluteten Magen hat und die Speisen nicht verdauen kann, der esse diese Minze entweder roh oder mit Fleisch oder mit Fischen gekocht, und sie wärmt seinen Magen und verhilft ihm zur Verdauung.«

*Anwendung:* Bei Gastritis, Verdauungsschwäche, Dyspepsie.

*Verwendung:* Fein gewiegte Minzeblätter und zarte junge Triebe für Saucen zu Lammbraten, Quark, grünem Salat.

*Kultur:* Jungpflanzen ab Mai an einem schattigen Platz im Garten, im Topf auf dem Balkon, im Winter am Küchenfenster. Mehrjährige Staude.

*Ernte:* Ab Juni die frischen Blätter, zum Trocknen kurz vor der Blüte.

*Aufbewahrung:* In Schraubgläsern, in der Tüte oder in der Tiefkühltruhe.

### **Bach-Ehrenpreis** (Veronica Beccabunga)

»Wenn durch schlechte und wäßrige Säfte gereizt die Hämorrhoiden zu bluten anfangen, und zwar das Blut mit dem Stuhlgang austritt, soll der Mensch es (zunächst) nicht zurückhalten, weil es purgiert und wie eine Purgier(kur) wirkt. Wenn es aber mit der Verdauung zu stark auftritt, dann soll der Kranke Gamander den Gemüsen beifügen und andere gute Kräuter, aus denen man etwas zum Essen machen kann (d. h., die eßbar sind, also beispielsweise Kräutertunken). Das soll er in mäßiger Weise essen. Denn Gamander mindert solche Blutung und hält sie zurück; Gemüse und andere Kräuter (als Beigaben) machen, daß er sich wieder erholt.«

*Anwendung:* Bei Hämorrhoidal-Blutungen, Blutungsanämie.

*Verwendung:* Die fleischigen Frischblätter wie Spinat in wenig Wasser dünsten, mit Knoblauch und Salz abschmecken.

Wenn man keine Frischpflanzen hat, kann man auch Beccabunga-Urtinktur mit Gemüse kochen: 40 Tropfen oder 1 TL ins heiße Essen, einmal täglich 4 Wochen lang.

*Kultur:* In fließenden Bachläufen oder bewässerten Kübeln im Garten und in Feuchtbiotopen. Selbstvermehrend durch Wurzelausläufer.

*Ernte:* Ganzjährig.

### **Bachminze** (Mentha aquitana)

»Wer vom vielen Essen und Trinken einen schweren (verfetteten) Magen-Darmtrakt hat, der esse oft rohe Bachminze oder gekocht mit Fleisch, in Suppe oder im Gemüse und seine dumpfe Beschwernis wird vergehen, weil es die fetten und kalorischen Eingeweide und seine Verfettung etwas kühlt und so die Dämpfigkeit mindert.

Wenn jemand wegen seines Lungenleidens kurzatmig ist, der hat viel Auswurf und hustet bei der geringsten Bewegung. Wer aber wegen Verfettung und vielem Essen und Trinken kurzatmig ist, der hat nur Atembeschwerden und hustet nichts aus. So erkennt man den Unterschied, wann man Bachminze wie beschrieben einsetzen kann.«

*Anwendung:* Bei Übergewicht, Völlegefühl, Blähungen, Magenkrämpfen, Verdauungsschwäche.

*Verwendung:* Fein gewiegte Frischblätter oder Pulver in Saucen, Suppen, Gemüsen, Fleischgerichten.

*Kultur:* In Bachläufen oder in feuchter Erde, mehrjährig.

*Ernte:* Ab Juni die frischen Blätter vor der Blüte.

*Aufbewahrung:* Schraubglas, Tüte, Tiefkühltruhe.

### **Bärwurz** (Meum athamanticum)

»Ein Mensch, der starke und brennende Fieber hat (Scharlach, Masern, Röteln, Ruhr, Typhus), soll Bärwurz pulvern und dieses Pulver mit Brot essen und zwar auf leeren Magen und nach dem Essen, und es wird ihm besser gehen. Wer Gicht hat, esse dieses Pulver oft (3mal täglich 1–3 Messerspitzen), und die Gicht wird in ihm weichen. Wer Gelbsucht hat, zerkleinere die noch frische Wurzel in Essig und würze damit eine (Dinkelgrieß-)Suppe und esse sie oft (täglich 1–3mal), und er wird geheilt.«

*Anwendung:* Hildegard empfiehlt den Bärwurz zum Schutz vor schweren Infektionen mit hohem Fieber, Gicht und Gelbsucht.

*Verwendung:* Der Bärwurz ist Hauptbestandteil des ›Bärwurz-Birnen-Honigs‹.

*Vorkommen:* Bärwurz findet man in Deutschland nur noch selten in Höhenlagen der Mittelgebirge.

### **Basilikum** (Ocinum basilicum)

»Ein Mensch, dessen Zunge gelähmt ist, so daß er nicht mehr sprechen kann, lege Basilikum unter seine Zunge, und er wird die Sprache wiedererlangen. Aber auch wer starke Fieber hat, entweder Drei- oder Viertagefieber, koche Basilikum in Wein und gebe Honig bei, siebe ab und trinke oft nüchtern und nach dem Essen abends, und die Fieber werden weichen.«

*Anwendung:* Bei Zungenlähmung, Schlaganfall, Fieber.

*Verwendung:* Gemüseeintöpfe, Minestrone, grüner Salat, Basilikumsauce, Fisch, Lamm, Wild, Kräuterbutter, Mayonnaise und die berühmte Sauce Vinaigrette (siehe Rezeptteil) für Fleisch, Sülze, Schwarzwurzel und Spargel.

*Kräuteressig:* Klein geschnittener Dill, Basilikum und Estragon (150–200 g) mit 1 l Weinessig übergießen, 3–4 Wochen stehen lassen. Einige Spritzer an Salate und Saucen.
*Kultur:* Im Blumentopf am Küchenfenster oder auf dem Balkon. Einjährig, muss jedes Jahr neu ausgesät werden. Anpflanzen erst nach den Eisheiligen.

### **Beifuß** (Artemisia vulgaris)

»Wenn jemand vom Essen und Trinken Schmerzen bekommt, dann soll er mit Fleischgerichten oder Schmalz (Gebackenem) oder im Gemüse oder mit irgendeiner anderen Zukost zum Ausgleich Beifuß (mit)kochen und essen. Das nimmt die Vereiterung, welche er sich durch vorhergehende Speisen und Getränke zugezogen hatte und vertreibt (sie).«
*Anwendung:* Bei Magen- und Zwölffingerdarmgeschwüren, Ernährungsfehlern, Sodbrennen, Gastritis, Magenempfindlichkeit, Bindegewebsschwäche, Hämorrhoiden, Krampfadern.
*Verwendung:* Frische, klein gewiegte Blätter oder 1–3 Messerspitzen Beifußpulver in Geflügel-, Fleisch- und Fischgerichten mitkochen. Beifuß hilft Fett besser verdauen (Gänse- und Entenbraten), auch in Kräutersuppen und Salat.
*Kultur:* An sonnigen Plätzen. Mehrjährige Staude.
*Ernte:* Blütenknospen, Blätter nur vor der Blüte.

### **Bertram** (Anacyclus pyrethrum)

»Einem gesunden Menschen ist es gut, Bertram zu essen, weil er die Fäulnis in ihm vermindert und das gute Blut vermehrt und im Menschen den Intellekt reinigt. Einen Kranken, der körperlich fast ganz heruntergekommen ist, bringt er (wieder) zu Kräften. Er läßt im Menschen nichts unverdaut, sondern bereitet gute Verdauung, wenn man ihn fleißig ißt, weil er durch seine gute Kalorität jede Speise verdaut.

Ob man ihn trocken ißt oder in Speisen (verkocht), ist Bertram nützlich und gut einem kranken und einem gesunden Menschen. Er scheucht das Kranksein von ihm und hindert das Krankwerden.«

*Anwendung:* Bei Verdauungsstörungen, als Resorptionsmittel, bei perniziöser Anämie (bösartiger Blutarmut), Fehlernährung, Diabetes, Dyspepsie, Verschleimung.

*Verwendung:* 1–3 Messerspitzen gemahlenen Bertram über jedes Essen streuen oder mitkochen (für Saucen, Suppen, Dinkelgerichte, auf Brot).

Die römische Bertramwurzel *(Radix Pyrethri romani)* stammt vom *Anacyclus Pyrethrum* DC., einer Komposite, die im Mittelmeergebiet, in Nordafrika, Syrien und im Kaukasus heimisch ist. Die deutsche Bertramwurzel von *Anacyclus officinarum (Radix Pyrethri germanici)* gilt als Verfälschung. Der Geschmack der Wurzel ist zunächst neutral, dann scharf brennend aufgrund eines scharf schmeckenden Harzes, aus dem auch das Alkaloid Pyrethrin isoliert wurde. Außerdem enthält die Wurzel ätherische Öle und ungefähr 33–40% des Abwehr stimulierenden Polysaccharids Insulin.

*Aufbewahrung:* Als Gewürzpulver.

### **Bohnenkraut** (Satureja hortensis)

»Ein Mensch, der von Gicht geplagt wird, so daß seine Glieder ständig bewegt werden (Parkinson), der pulverisiere Bohnenkraut, und diesem Pulver gebe er weniger Kümmelpulver bei als Salbeipulver, und so mische er dieses Pulver gleichzeitig in Honigwürze, und er trinke das oft nach dem Essen, und es wird ihm besser gehen.«

*Anwendung:* Bei Parkinson, Gicht, Rheuma.

*Verwendung:* Zu grünen und trockenen Bohnen, Eintöpfen, Gemüsesuppen, Fisch, Lamm und Ziegenfleisch, Saucen und Salat, Kräuterdinkelbratlingen. Frische Stengel und Blätter 5–10 Minuten mitkochen.

*Kultur:* Ab April ins Frühbeet, ab Mai ins Freiland an einen sonnigen Standort, im Topf auf dem Balkon oder am Küchenfenster. Das Kraut schützt Bohnen vor Läusebefall, wenn man es neben Bohnen anbaut. Einjährig, muss jedes Jahr neu ausgesät werden.

*Ernte:* Ab Juni, kurz vor der Blüte ist die Würzkraft am stärksten.

*Aufbewahrung:* Schraubglas, Kräuterstrauß, Tüte.

## **Brennnessel** (Urtica dioica L.)

»Auf keinen Fall taugt die Brennessel roh gegessen. Wenn sie aber frisch aus der Erde sprießt, ist sie gekocht zu Speisen nützlich, weil sie den Magen (Darm) reinigt und ihm den Schleim nimmt. Jede Art von Brennessel macht das.«

*Anwendung:* Bei Magenverschleimung (Gastritis), als Blutreinigungskur (Frühjahr).

*Verwendung:* Wenn man frische Brennnesseln, junge Triebe, hat, kann man daraus sogar ein Gemüse (wie Spinat) bereiten. Der Hildegard-Text lässt aber auch die Deutung zu, dass man Brennnessel(pulver) anderen Speisen zusetzt – auf alle Fälle aber nur gekocht bzw. mitgekocht. Da die Brennnesseln in der Karwoche meist noch jung sind – ältere werden durch die holzigen Fasern ungenießbar –, ist eine Frühlingskur (Blutreinigungskur) mit einem Brennnessel-Spinat-Omelett am Gründonnerstag zweckmäßig und jedem nur wärmsten zu empfehlen.

*Vorkommen: Brennnesseln* wachsen an Flussufern, Wegrändern und in Gärten.

*Ernte:* im Mai / Juni.

## **Brunnenkresse** (Nasturtium officinale)

»Und wer gegessene Speisen kaum verdauen kann, der dünste Brunnenkresse in einer Schüssel (mit etwas Wasser im Dampftopf, damit das Senföl entweicht), weil ihre Kräfte aus dem Wasser stammen, und so esse er (sie), und sie wird ihm helfen.«

*Anwendung:* Bei Verdauungsschwäche, Colitis, Diabetes.

*Verwendung:* Mit etwas Butter oder Öl in der Pfanne wie Spinat dünsten.

*Vorkommen:* In fließenden Bachläufen.

*Ernte:* Im Frühjahr, vor der Blüte.

*Aufbewahrung:* Frisch eingefroren in der Tiefkühltruhe.

### **Dill** (Herba Aneti)

»Roh taugt er nicht zum Essen, weil er mehr von der Erdfeuchte als der Fenchel in sich hat, und er zieht sogar noch etwas von den Erdfetten an sich. Daher ist es schlecht für den Menschen, Dill roh zu essen. Wenn er aber gekocht gegessen wird, dann räumt Dill mit dem Rheuma auf. In dieser Form ist es also nützlich, Dill zu essen.«

*Anwendung:* Als Diätkur bei Rheuma.

*Verwendung:* Am zweckmäßigsten isst man Dill in Sauce, etwa in der bekannten Grünen Sauce. Dillsauce schmeckt vorzüglich zu gekochtem Fleisch und Fisch und gilt bei den Schweden als Nationalgewürz.

*Kultur:* Aussaat ab April, alle 4–6 Wochen Folgesaaten, im Topf auf dem Balkon und am Küchenfenster. Jedes Jahr neu aussäen.

*Ernte:* Blättchen, sobald die Pflanzen 20 cm groß sind, ständig frisch schneiden.

*Aufbewahrung:* Tiefkühltruhe.

### **Diptam** (Dictamnus albus)

»Aber auch wer im Herzen Schmerzen hat, esse das aus Diptam gemachte Pulver, und der Herzschmerz wird weichen.«

*Anwendung:* Bei Arteriosklerose, Blutfett.

*Verwendung:* 1 TL pro Tag über das Essen streuen, in Gemüsesuppen, Saucen und auf Kräuterbrot.

*Kultur:* Aussaat im Herbst, Frostkeimer, schönblühende rosenfarbige Schmuckpflanze, blüht im Juni/Juli. Die ganze Pflanze hat einen zitronenartigen Geruch. Mehrjährige Staude.

*Aufbewahrung:* Als Diptampulver.

### **(Gelber) Enzian** (Gentiana lutea L.)

»Wer aber solchen Schmerz des Herzens leidet, wie wenn es kaum an seinem Strang hinge, der pulverisiere Enzian, und er esse dieses Pulver in Suppen, und es stärkt sein Herz.«

»Und wer ein Magenfieber hat *(febris in stomacho),* der trinke oft vom Enzianpulver in noch warmem, durch Eintauchen von glühendem Stahl warm gemachtem Wein, und das wird seinen Magen/Darm vom Fieber(stoff) reinigen.«

*Anwendung:* Herzdauerschmerz, Intensivschmerz, Herzschwäche.

*Verwendung:* 1–3 Messerspitzen Enzianpulver werden über heiße Dinkelgrießsuppe gestreut. Dann löffelt man zunächst den Enzian ab und spült ihn anschließend mit der restlichen Suppe hinunter, damit der bittere Enziangeschmack wieder verschwindet. Ein- bis zweimal wöchentlich kräftigt der Enzian so den Herzmuskel, dass er nicht mehr wehtut.

### **Estragon** (Artemisia dracunculus)

Estragon wurde in Hildegards *Physica* bisher noch nicht entdeckt, gehört aber zu den besten Küchenkräutern und sollte in keinem Kräutergarten fehlen. Keine Speise, keine Sauce béarnaise ohne Estragon. Sein charakteristisches Aroma will man nicht mehr missen.

*Verwendung:* Estragon schmeckt vorzüglich in Marinaden für Geflügel-, Fisch- und Fleischgerichten, zum Einreiben des Bratens und zu grünem Salat. Estragon-Weinessig (150 g Estragon in 1 l Weinessig 3–4 Wochen einlegen) ist eine Delikatesse und macht grünen Salat und Kürbis süßsauer.

*Kultur:* Estragon braucht einen sehr sonnigen, humusreichen und gut bewässerten Standort. Man vermehrt ihn durch verwurzelte Schösslinge. 3–4 Ableger pflanzt man im Frühjahr oder Herbst im Abstand von 40 cm. Alle vier Jahre im Frühjahr die Pflanze teilen und frisch verpflanzen. Im Winter mit Kiefernreisig abdecken. Mehrjährige Staude.

*Ernte:* Verwendet werden die frischen Blätter und Zweigspitzen.

### **Galgant** (Alpinia officinarum Hance)

Galgant ist ein Gewächs aus der Ingwerfamilie, mit starker verdauungsfördernder und schmerzlösender Wirkung. Galgant hat aufgrund seiner Inhaltsstoffe – Scharfstoffe, ätherische Öle und Bioflavanoide – krampflösende, verdauungsfördernde und stressbeseitigende Eigenschaften.

»Wer Herzschmerzen hat und wem von Seiten des Herzens ein Schwächeanfall (Ohnmacht) droht, der nehme sogleich genügend Galgant und es wird ihm besser gehen …«

*Anwendung:* Bei Kopfschmerzen, Herzschmerzen, Herzschwäche, Angina-pectoris-Anfällen. Zur Nachbehandlung und Verhütung von Infarkt, bei Magen-Darmkrämpfen (Roemheld-Syndrom), Menstruationsbeschwerden, Durchblutungsstörungen, pseudoepileptischen Anfällen, Erschöpfungs- und Schwächezuständen.

Galgant ist ein hundertprozentig wirksames Mittel gegen alle akuten Herzschmerzen vom Typ Angina pectoris. Es wirkt rasch und erlösend wie ein Nitroglycerinpräparat (ohne dessen unangenehme Nebenwirkungen) bei Herzschmerzen, Herzschwäche und Herzschwindel (›Ohnmacht‹). 1–2 Galgant-Tabletten auf der Zunge zergehen lassen und der Druck lässt sofort nach. Galgant-Tabletten sind so wertvoll, dass sie auf der Positiv-Liste stehen, vom Arzt verordnet und von der Kasse bezahlt werden.

*Verwendung:* 1–3 Messerspitzen Galgantpulver ins Essen gestreut, verleiht besonders Fleischgerichten eine angenehme prickelnd-scharfe Würze und sorgt für eine gute Durchblutung und Vitalisierung. Quitten-Galgant-Konfekt mit 5–10% Galgant-Anteil schmeckt lecker und wirkt wie Galgant, wobei der Zucker Energie für die Nervenzellen liefert. Galgant als Pulver oder Wurzelstücke kann auch für Marinaden, Kürbis und Obstsalate, Kompott und Marmeladen verwendet werden, wo es mit 3–7% Anteil für eine natürliche Konservierung sorgt.

*Kultur:* In Südchina, Indonesien und Indien als Galgantwurzel.

**Garam Marsala** (nach Hildegard)

1 TL Muskatnuss, gemahlen
5 EL Koriander
2 EL Kreuzkümmel
8 Kapseln Kardamom
5 Nelken
1 EL schwarzer Pfeffer
2 TL Anis
1 TL Fenchelsamen
1 EL Zimt, gemahlen
2 Lorbeerblätter

Die ganzen Gewürze lassen sich am besten in einer gebrauchten elektrischen Kaffeemühle mahlen. Alle Gewürze gut mischen und in einem Schraubglas aufbewahren.

### **Gewürznelken** (Caryophyllus aromaticus)

»Wenn die Gicht im Menschen zunimmt und er dann oft Gewürznelken ißt, dann marschiert die Subtilität dieser Gewürznelken in das Mark (›Nebenniere‹?) jenes Menschen und macht, daß es sich nicht weiter entwickelt, wenn es bereits angefangen hat. ... Wer im Kopf leidet, so daß ihm der Kopf brummt, fast wie beim Tauben, der esse oft Gewürznelken, und das Brummen, das im Kopf ist, mindert es ... Kranke Innereien schwellen manchmal im Menschen an. Dann geschieht es oftmals, daß diese Anschwellung der Innereien in ihm Wassersucht wachsen läßt. Wenn daher die Wassersucht (der Hydrops) im Menschen schon (merklich) zu wachsen anfängt, dann esse er oft Gewürznelken, und diese räumen mit dem Ursprung der Krankheit auf.«

*Anwendung:* Bei echter Gicht, Podagra (Harnsäurewerterhöhung), Arteriosklerose, Nierensklerose (Nierenwassersucht), Kopfbrummen (arteriosklerotischem Hochdruck).

*Verwendung:* Bei Gicht und Wassersucht 3–4 Gewürznelken täglich kauen. Ganz oder gemahlen nimmt man Nelken zu Fleischgerichten, zu Ragout, Kompott und zum Backen.

*Kultur:* Ihre Heimat sind die Molukkeninseln, die Heimat des Muskats. Im Mittelalter wurden sie als erlesene Kostbarkeit mit Gold aufgewogen.

### **Gundelrebe** (Herb. Glechomae)

»Die Gundelrebe ... hat die Kräfte von Gewürzen, weil ihre Grünkraft *(Viriditas)* sanft und nützlich ist, so daß ein Mensch, der schon lange leidet und vom Fleisch gefallen ist, in einem mit Gundelrebe warm gemachten Wasser baden soll, und er soll auch (dieses Kraut) in einem Breigericht (Habermus) oder mit Fleischgerichten oder in Pfannkuchen gekocht oft essen, und es wird ihm gar viel nützen, weil der gute Saft (dieser Pflanze) den Menschen innerlich ausheilt.«

Die Gundelrebe wird von Hildegard als eine Pflanze mit großen Heilungsmöglichkeiten beschrieben.

*Anwendung:* Bei Kraftlosigkeit im Alter.

*Verwendung:* Besonders im Alter, wenn Gewicht und Verstand abnehmen, kann die Gundelrebe helfen, wenn sie in Speisen und als Vitalisierungsbad eingesetzt wird. Die Wirkung ist vermutlich auf das im grünen Gundermann enthaltene Thiocyanat zurückzuführen, das eine vitalisierende Wirkung über die Haut haben kann.

*Vorkommen:* Die unscheinbare Gundelrebe oder der Gundermann ist ein weitverbreitetes mehrjähriges Kraut, das unter Gebüsch und an Waldrändern wächst und schöne, violettblaue Blüten hat.

*Ernte:* Man verwendet klein gewiegte frische Gundelrebe, die während der langen Blühperiode von Frühling bis Sommer gesammelt werden kann.

### **Ingwer** (Zingiber officinale Roscol)

»Wenn jemand am Körper dürr (geworden) ist und schon beinahe hinschwindet, der pulvere Ingwer(wurzel) und nehme dieses Pulver in Suppe bei leerem Magen in dieser Zeit ein, aber nur mäßig, und ebenso auf Brot, aber auch nur mäßig, und es wird besser.

Sobald es ihm besser geht, esse er nicht mehr länger Ingwer, damit er davon nicht zu leiden hat.«

*Anwendung:* Bei Magerkeit, Abmagerung, Appetitlosigkeit.

Hildegard hat Ingwer in vielen Rezepten angegeben, aber entweder nur in Verbindung mit anderen Ingredienzien innerlich oder nur äußerlich. Man muss nämlich wissen, warum bei Hildegard vor dem Ingwer gewarnt wird: Ingwer ist extrem psychotrop, d. h. er greift in die Psyche des Menschen ein, und das nicht immer zu seinem Nutzen. Er macht den Menschen zu dem, was man sich unter einem trottelhaften Alten vorstellt, zu einem, der nichts anderes mehr im Kopf hat als das Animalische. Was den Menschen zum Menschen macht, ist aber das Rationale. Eben dieses zerstört der Ingwer. Es gibt allerdings eine Ausnahme: Wenn der Mensch schon fast am

Dahinschwinden ist, kann das ›Animalische‹ noch einmal einen ›Stoß‹ brauchen ..., dann esse er Ingwersuppe und Ingwerbrot.

*Kultur:* Ingwer, *Zingiber officinale Roscol*, wird aus dem getrockneten Wurzelstock der Ingwerart *Rhizoma Zingiberis* gewonnen, die im tropischen Asien, in Indien, China und Amerika vorkommt. Der bengalische Ingwer mit einem Gehalt von 2–3% ätherischem Öl gilt als die beste Sorte. Ingwer ist ein indisches Gewürz, das schon in ältesten Zeiten angebaut und auch medizinisch verwendet wurde. Nur Hildegard warnt vor dem Gebrauch beim Gesunden. Wie der Galgant, mit dem die Ingwerfamilie verwandt ist, enthält der Ingwer aromatische und ätherische Öle.

*Verwendung:* Der Ingwer ist das stärkste Heilmittel der Ajurveda-Medizin und wird als solches in der Hildegard-Heilkunde z. B. im Wasserlinsen-Elixier verwendet. Ingwer ist eins der stärksten Medikamente zur Stärkung der körpereigenen Abwehrkraft. Als Gewürz taugt er nur zur Appetitanregung, ansonsten macht er dick und gefräßig.

### **Knoblauch** (Allium sativum)

»Für Gesunde und Kranke ist er heilsamer als der Lauch. Und er muß roh gegessen werden, denn wenn er ihn kochen würde, macht man daraus sozusagen verdorbenen Wein.«

*Anwendung:* Bei Arteriosklerose und als Mittel zur Senkung des Blutdrucks sowie zur Stärkung und Vitalisierung im Alter.

*Verwendung:* Trotz seines charakteristisch scharfen Geschmacks und seines leicht schwefligen Geruchs hat der Knoblauch mehr Freunde als Feinde. Der sparsame Umgang mit Knoblauch will jedoch gelernt sein – am besten von den Franzosen. Um einen Salat köstlich anzumachen, genügt es beispielsweise, eine Schüssel mit Knoblauch auszureiben. 1–2 Zehen reichen aus, um einen Lamm oder Rehbraten schmackhaft zu würzen. Alles gewinnt durch Knoblauch: der Gemüseeintopf, die Suppe, das Butterbrot. Mit Brot, Schafskäse und Knoblauch ist schon mancher steinalt geworden.

*Kultur:* Die Knoblauchzehen werden im August an einem sonnigen Platz in feuchte Erde gepflanzt und im Sommer geerntet. So werden sie größer, als wenn man sie im Frühling pflanzt.

### **Krauseminze** (Mentha crispa)

»Wie das Salz, mäßig beigefügt, jede Speise mäßigt, weil es schlecht ist, wenn zuviel oder zu wenig der Speise beigefügt wird, so gibt die Krauseminze, wenn sie dem Fleisch, den Fischen oder Speisen oder dem Mus beigefügt wird, jener Speise einen guten Geschmack und eine gute Würze, und so erwärmt sie auch gegessen den Magen und verschafft eine gute Verdauung.«

*Anwendung:* Bei Gastritis und Verdauungsschwäche.

*Verwendung:* Frische klein gehackte Krauseminzenblätter vor der Blüte zu Suppen und Kräutersaucen, Salat, Omeletts, Lamm- und Wildgerichten.

*Kultur:* Krauseminze wächst wild und in Kräutergärten als mehrjährige Staude und blüht von Juli bis August. Wurzelableger besorgen, da Minze keine Samen bildet, und in 25 cm Abstand im Halbschatten pflanzen.

### **(Mutter- oder Kreuz-)Kümmel** (Fructus Cumini)

»Für einen kurzatmigen Menschen ist Kümmel gut und nützlich zu essen und gesund – wie immer man davon isst ... Für den Gesunden aber ist es gut, Kümmel zu essen, weil das bei ihm zu einem klaren Denken führt und ihm Ausgeglichenheit einträgt und die Überhitzung in ihm löscht ... und weil die Kalorität des Kümmels nicht zu groß und nicht zu klein ist, sondern wohl abgestimmt ... Kümmel schadet aber jedem Kranken, wenn er ihn ißt, weil er das Angeschlagene *(pestis)* in ihm aufscheucht – nur nicht bei dem, der an der Lunge leidet.

Ein Mensch, der gekochten oder harten *(assum)* Käse essen will, nehme dazu Kümmel (darüberstreuen), damit er davon nicht zu schaden kommt; so mag er ihn essen und die wohlabgestimmte Kalorität des Kümmels löst wieder auf, was von dem Käsegerinnsel zu Unrecht zusammengezogen wurde.«

*Anwendung:* Bei Allergie, Käseunverträglichkeit, Lebensmittelallergie.

*Verwendung:* Über das Essen streuen.

*Kultur:* Kreuzkümmel wird im Frühsommer an einem warmen, sonnigen Platz gesät. Die Saat wird auf einen Abstand von 15 cm vereinzelt. In strengen Wintern mit Kiefernreisig oder Stroh schützen. Im zweiten Jahr werden die Samenkapseln gepflückt, bevor sie aufspringen.

### **Lavendel** (Lavendula officinalis)

»Wenn einer Speiklavendel (drei Eßlöffel) in Wein (1 l) kocht und oft lauwarm trinkt, so besänftigt das ein Leber-Lungenleiden und mildert das dumpfe Gefühl in seiner Brust und macht eine reine Erkenntnisfähigkeit und eine reine Kombinationsgabe. Wenn einer keinen Wein hat, koche er in Wasser mit Honigzusatz.«

*Anwendung:* Bei Leberleiden als Tee trinken.

*Verwendung:* Vor der Blüte geerntet, eignet sich Lavendel als Würze oder Marinade zu Fisch- und Fleischgerichten, Kräutersaucen, Gemüseeintopf und vor allem zu Lammfleisch. Mit Lavendel und Salbei, fein gehackt, lässt sich eine Kräuterbutter herstellen.

*Kultur:* Im Kräutergarten.

### **Liebstöckel** (Levisticum officinale)

»Eine Frau, die an verhaltenem Monatsfluß leidet, mache auch eine Suppe aus Eiern und hinreichend Butterschmalz unter Zugabe von etwas Liebstöckelsaft (und Wein). Davon mache sie Gebrauch vor und nach dem Essen.«

*Anwendung:* Bei verhaltener oder ausbleibender Menstruation, prämenstruellen Beschwerden, Krämpfen.

*Basis-Diät:* 2 EL Liebstöckelsaft (Urtinktur), 2 Eier verquirlt in 250 ml Hühnerbouillon, 250 ml Wein dazugeben. Alles zusammen aufkochen. Einmal täglich eine Tasse vor und nach dem Essen; 14 Tage vor der zu erwartenden Mens.

*Verwendung:* Im Mittelalter durfte Liebstöckel an keiner Speise fehlen. Heute verwendet man es vor allem zu Suppen, Saucen und Fleischgerichten, insbesondere Lammbraten. Alle Teile der Pflanzen sind zu verwenden.

*Kultur:* Liebstöckel wird im Frühjahr durch Wurzelteilung vermehrt und im Abstand von 60 cm in gute feuchte Gartenerde an einen sonnigen Standort gepflanzt. Auch die Aussaat ist möglich.

### **Lorbeer** (Laurus nobilis)

»Die Lorbeerfrucht ... ist für Arzneigebrauch nützlich. Denn wenn jemand sie fleißig roh ißt, räumt sie in ihm mit allen Fiebern auf.«

»Wenn du am Magen leidest, dann koche diese Lorbeeren in Wein und trinke den Wein warm. Das nimmt den Schleim von deinem Magen und vertreibt aus ihm das Fieber.«

Der Lorbeerwein ist leicht zuzubereiten. Man kocht einen Teelöffel Lorbeerfrüchte mit 250 ml Wein kurz auf und trinkt ihn warm. Wenn man sicher ist, dass nichts ›Ernstes‹ (Magen-Darm-Geschwür, Magenkrebs) dahintersteckt, hilft dieser Lorbeerwein prompt und sicher bei Magenschmerzen und -drücken, besonders auch bei Patienten mit Gastritis. Gute Erfolge kann man auch bei Patienten mit Narbenschmerzen nach Magen-Darm-Geschwüren beobachten. Hier verschwindet der Schmerz bereits innerhalb von 15 Minuten. Die Lorbeerfrüchte enthalten wertvolle ätherische Öle, Fette, Stärke und Zucker. Lorbeeren werden zur Appetitanregung als Aromatikum in der Küche verwendet.

*Anwendung:* Bei Magenschmerzen.

*Verwendung:* Für Marinaden und Fischsud verwendet man Lorbeerblätter genauso wie für Fleischgerichte und Eintöpfe und zum Aromatisieren von Weinessig.

### **Melde** (Atriplex hortense L.)

»Gegessen bewirkt sie eine gute Verdauung.«

Wer hätte je gedacht, dass die als Unkraut verschriene Melde als Salat oder roh gegessen die Abwehr dermaßen stimuliert und die Verdauung in Gang hält. Da eine gute Verdauung Voraussetzung für eine gute Gesundheit ist, wird die Melde im Volksmund auch als ›Scheißmelde‹ bezeichnet. Einjährige Pflanze.

*Anwendung:* Bei Verdauungsschwäche, Verstopfung, als Blutreinigungsmittel bei Lymphknotenschwellungen durch Virusinfektionen (Abwehrschwäche).
*Verwendung:* Als Salat oder roh.

**Mohn** (Papaver somniferum)

»Die Mohnkörner führen, wenn man sie ißt, den Schlaf herbei und verhindern den Juckreiz ... aber roh sind sie besser und nützlicher zu essen als gekocht.«
*Anwendung:* Bei Juckreiz, bei Neurodermitis, Schlaflosigkeit.
*Verwendung:* 1 EL Schlafmohn mit einem Apfel in Scheiben geschnitten vor dem Schlafen gegessen bewirkt guten Schlaf und lebhafte Träume. Die Mohnsamen, die keine narkotischen Stoffe enthalten und daher auch keine Droge sind, werden als Mohnstrudel, Mohnkuchen oder Mohnbrötchen gebacken.
*Kultur:* Aussaat im Frühsommer, ergibt zweijährige Staude.

**Muskatnuss** (Myristica fragrans)

Muskatnuß hat große Kalorienwirkung *(calor)* und eine feine Abgestimmtheit in ihren Kräften. Wenn ein Mensch Muskatnuß ißt, öffnet es sein Herz und putzt seine Sinnesschärfe und trägt ihm etwas Geniales ein.«
*Anwendung:* Als Universal-Nervenmittel, gegen Trübsinn; zur Blutreinigung, Entgiftung, bei Ermüdbarkeit, Trägheit, Konzentrationsschwäche, Unbegabtheit, Gehemmtheit; Herzdruck.

Neben ihrer entzündungshemmenden, blutgerinnungshemmenden, verdauungsfördernden und antimikrobiellen Wirkung hat die Muskatnuss auch psychotrope und psychoaktive Eigenschaften, die bei Überdosierung und Missbrauch zu leichten Bewusstseinsveränderungen bis hin zu Halluzinationen führen können.
*Verwendung:* Viele Gerichte erhalten erst durch einen Hauch geriebene Muskatnuss ihren richtigen Pfiff: Fleisch- und Gemüsegerichte, Käseauflauf, Kürbissuppe, Obstsalat und Pasteten.
*Kultur:* Auf den Molukken.

### **Petersilie** (Herba Petroselini)

»Petersilie ist für den Menschen besser und nützlicher roh zu essen als gekocht. Denn wenn sie gekocht (erhitzt) wird, wird die Kraft ihrer Viridität etwas verletzt.«

*Anwendung:* Bei Fieber. Und tausendfach bewährt hat sich der Petersilien-Honigwein als Universal-Herzmittel.

»Wer im Herzen oder in der Milz oder in der Seite Schmerzen leidet, der koche Petersilie in Wein unter Zugabe von etwas (Wein-)Essig und reichlich Honig und seihe durch ein Tuch (Filter) ab. Den so zubereiteten (Herz-)Wein trinke er oft, und es heilt ihn.«

*Verwendung:* Petersilie ist das beliebteste Gewürzkraut und kommt in zwei Arten vor: die sehr aromatische mit glatten Blättern und eine weniger würzige mit krausen Blättern, die zum Garnieren gedacht ist. Fein gewiegte Petersilie passt zu Salaten, Suppen und Eintopfgerichten. Petersiliensauce ist eine Delikatesse für Fleisch- und Fischgerichte. Petersilie darf nicht mitgekocht werden, weil sie dann leicht ihre Würze verliert. Wurzelpetersilie wird zur Verstärkung des Aromas im Herzwein, in Suppen und Fleischgerichten mitgekocht.

*Kultur:* Die zweijährige Petersilie sät man im Sommer in gute Gartenerde im Halbschatten. Da sie sich nicht mit sich selber verträgt, muss man sie in jedem Jahr an einen anderen Standort säen. Petersilie wächst um so besser, je öfter man ihre Blätter schneidet.

### **Pfeffer** (Piper nigr./alb.)

»Wenn aber einer spleenig ist (*spleneticus*, milzsüchtig, verschroben), und wer sich vor dem Essen ekelt, so daß ihn das Essen nicht freut, der esse in mäßiger Menge Pfeffer in einer Speise und Brot dazu, und es wird ihm mit der Milz besser gehen und er wird den Ekel vor dem Essen ablegen.«

»Wenn man zuviel davon ißt, schädigt er den Menschen und bereitet Pleuritis (Brustfellentzündung) und zersetzt in ihm die (wohl abgestimmten) Säfte.«

*Anwendung:* Bei Appetitlosigkeit, psychisch bedingter Magersucht.

*Verwendung:* Durch die Inhaltsstoffe des Pfeffers wird nicht nur der Wohlgeschmack der Speisen erhöht, sondern auch der Appetit. Die Magensaftsekretion und damit die Verdauung werden angeregt. Der Organismus ist also imstande, die zugeführte Nahrung besser zu verdauen. Bei geringer Magensaftsekretion, geringem Salzsäuregehalt im Magen und wenig Verdauungsfermenten bleibt die Nahrung zu lange im Magen-Darmtrakt liegen und kann in Gärung übergehen. Die Folge davon können Dyspepsie, Blähungen und Verstopfung sein. Als ›Magensaftlocker‹ ist Pfeffer daher ein wichtiges Gewürz für eine gute Verdauung.

### **Pfefferkraut (Bohnenkraut)** (Satureja hortensis)

»Wenn ein Mensch ein schwach gewordenes Herz hat und einen kranken Magen, der esse dieses Kraut roh, und es macht ihn wieder kräftig. Auch wer ein trauriges Gemüt hat, den macht es froh, wenn er es ißt. Gegessen heilt und klärt es außerdem die Augen des Menschen.«

*Anwendung:* Wirksamer Bestandteil des Bärwurz-Birnen-Honigs zur Darmsanierung. Bei Traurigkeit, Melancholie, Stimmungsschwankungen besonders bei älteren Menschen mit Sehschwäche (Grauer Star).

*Verwendung.* Die Droge hat blutdrucksenkende Eigenschaften und wird auch als Karminativum bei Magen- und Darmbeschwerden empfohlen.

*Kultur:* Heimisch in Europa in Heilkräuter- und Bauerngärten. Eine Verwandte ist das Gebirgsbohnenkraut.

### **Poleiminze** (Mentha pulegium L.)

»Die Polei hat angenehme Wärme ... und von folgenden 15 Kräutern hat sie eine Kraft in sich: Zitwer, Gewürznelke, Galgant, Ingwer, Basilikum, Beinwell, Lungenwurz, Osterluzei, Schafgarbe, Eberraute, Engelsüß, Odermennig, Stur, Storchenschnabel, Bachminze.«

*Anwendung:* Bei Gastritis, Magengeschwüren, Anacidität (das Fehlen von freier Salzsäure im Magensaft), Colitis (Entzündung des Dickdarms), Aufstoßen, Sodbrennen.
*Verwendung:* In Saucen, für Gemüse, Lamm- und Ziegenfleisch, Marinade, Sülze oder Kräuteressig.
*Kultur:* Im Kräutergarten in voller Sonne oder Halbschatten als Setzlinge anpflanzen. Mehrjährige Staude.
*Aufbewahrung:* Als Kräuterstrauß, im Schraubglas.

### **Quendel** (**Gartenthymian**) (Thymus serpyllum)

»Wenn ein Mensch krankes Fleisch (Gewebe) hat, so daß sein Fleisch (Haut) wie räudig ausblüht, der nehme Quendel und esse es mit Fleisch oder Gemüse gekocht oft, und das Gewebe seines Körpers wird von innen heraus geheilt und gereinigt werden.«
*Anwendung:* Bei Hautausschlägen, Akne, Neurodermitis, zur Blutreinigung.
*Verwendung:* Quendel kann wie Gartenthymian als Würze in Fleisch-, besonders Lammgerichten, Gemüseeintöpfen, Leberknödeln oder auch in Salaten verwendet werden.
*Kultur:* Jungpflanzen kann man im Frühjahr an sehr sonnigen Standorten in magerem, ungedüngtem Boden kultivieren und im Winter mit Stroh oder Kiefernzweigen vor Frost schützen.
*Ernte:* Die kleinen Triebe kann man das ganze Jahr über ernten und fein gehackt verwenden.
*Aufbewahrung:* Als Kräuterstrauß.

### **Rainfarn** (Chrysanthemi vulgaris herba sine florib.)

»Rainfarn nützt gegen alle überflüssigen und ausfließenden Säfte. Wenn nämlich jemand Schnupfen (Katarrh) hat und dabei (auch) hustet, der esse Rainfarn, entweder in Suppen oder in (Pfann-)Kuchen oder mit Fleischgerichten oder auf eine andere Weise. Das räumt mit den Säften auf, daß sie in ihm nicht überhandnehmen, und so vergehen sie.«
*Anwendung:* Bei Erkältung, chronischen Katarrhen, Familienschnupfen, Polypen, Adenoide, Lymphatismus, Fluor.
Bestes Mittel bei gutartigen Prostata-Vergrößerungen: 1–3-mal

täglich 5–10 Tropfen Rainfarnsaft (Fa. Jura) in einem Likörglas Wein einnehmen.

*Verwendung:* Wir verwenden Rainfarn (der kein Farnkraut ist, sondern nur so heißt) immer ohne Blüten. Wer das Heilkraut im Garten hat, kann die frischen Blätter wie angegeben kochen. Wenn man die Blüten weglässt, ist das Kraut in diesen kleinen Mengen ungiftig. Gegen chronischen Familienkatarrh, wenn also die ganze Familie immer wieder an Schnupfen erkrankt, wirkt es bei regelmäßiger Verwendung in kleinen Mengen (eine Messerspitze pro Person täglich als Gewürz in allen Speisen mitgekocht) sehr sicher, wenn man es lang genug anwendet (einige Monate). Die Suppe hilft rasch bei Husten (Dinkelgrieß- oder dünne Dinkelmehlsuppe mit Rainfarngewürz).

Eine Wirkung gegen Fluor (Weißfluss) ist auch möglich, vor allem wenn keine spezifische Infektion vorliegt. Dazu mischt man eine Messerspitze Rainfarnpulver mit einem Esslöffel Dinkelmehlsuppe. Wenn man diese Suppe täglich einmal isst, verschwindet der Ausfluss normalerweise nach 14 Tagen.

Bei der angegebenen Dosierung und Verwendung der Rainfarnblätter *(Chrysanthemi vulgaris herba)* ist keine Giftwirkung zu befürchten, zumal Rainfarn immer mitgekocht wird und sich eventuelle Mengen Thujon über den Wasserdampf verflüchtigen.

*Kultur:* Jungpflanzen oder Aussaat an einen sonnigen Platz mit sandigem, magerem Boden anbauen. Winterharte Pflanzen, kommen im Frühling wieder.

*Ernte:* Blätter, solange die Pflanze noch nicht blüht.

*Aufbewahrung:* Getrocknet als Strauß, im Schraubglas oder frische grüne Blattspitzen im Tiefkühlfach.

**Salbei** (Salvia officinalis)

»Wenn jemand Überfluß von Schadsäften oder einen übelriechenden Atem hat, der koche Salbei-(Blätter) in Wein, seihe durch ein (Filter-)Tuch ab und trinke es oft, und die Fehlsäfte und der Schleim werden in ihm abgebaut. Ist aber der solcherart Leidende rheumatisch-paralytisch, dann koche er Salbei in Wasser und trinke (diesen Salbeitee), und es vermindert (Fehl-)Säfte und Phlegma in ihm. Denn in Wein gekocht, würde das die rheumatischen Säfte in ihm übermäßig aufsprengen.«

*Anwendung:* Bei Atemgeruch, Verschleimung durch Umweltgifte, Ernährungsfehlern, Infektionskrankheiten, Magengeschwüren, Blutbrechen.

Salbei ist eine der wichtigsten Arzneipflanzen, nicht nur bei Hildegard, sondern in der gesamten Naturheilkunde. Sein lateinischer Name Salvia (von *salvus* = heil) deutet auf seine große Heilkraft hin. Nach Hildegard beseitigt er die Krankheitsursachen, da sein Rezept im Lehrbuch und gleichzeitig in der Physika angegeben wird; er reguliert den gesamten Säftehaushalt, weil er für ›boni humores‹ im Blut, in der Lymphe und in den Hormondrüsen sorgt. Das Wort ›humores‹ steht bei Hildegard für Hormondrüsen, in denen die Säfte gebildet werden. Der Salbei beseitigt alle drei krankmachenden Säfte:

*mali humores:* Fehlsäfte, durch Ernährungsfehler (Rohkost, zu viel Essen, ›Küchengifte‹);

*noxii humores:* schädliche Säfte durch Hormonentgleisungen (Histaminausschüttung bei Allergien, Entzündungen);

*infirmi humores:* durch Infektionskrankheiten, Toxine, Stoffwechselschlacken bedingte Säfte.

*Verwendung:* Klein gehackte Blätter zu Suppen und Saucen, für Fisch, Geflügel, Lamm und Wild. Macht alles schmackhafter. Hühnerleber mit Salbei zubereitet ist eine Delikatesse und ein Heilmittel gegen Blutarmut. Sogar ein Gebäck lässt sich aus Salbei zubereiten.

*Kultur:* Aussaat oder Jungpflanzen auf leichtem Boden in voller Sonne.

**Taubnessel** (Lamium album)

»Die Binsuga (Taubnessel) ist warm, und wer sie isst, lacht gern, weil ihre Wärme die Milz berührt und daher das Herz erfreut.« Wenn die Abwehrkräfte der Milz zunehmen, wird das Herz gestärkt, und die Herztraurigkeit nimmt ab.

*Anwendung:* Bei Traurigkeit.

*Verwendung:* Fein gehackte Taubnesselblätter kann man in Frühlings- und Gemüsesuppen, Kräutersaucen und Salaten essen.

**Weinraute** (Ruta graveolens)

»Die Weinraute ist gut gegen die trockenen Bitterkeiten, die in jenem Menschen wachsen, in dem die richtigen Säfte fehlen. Sie ist aber besser und nützlicher roh (täglich ein Blatt nach dem Essen) als pulverisiert (täglich eine Tablette nach dem Essen) zu essen. Und wenn sie gegessen ist, unterdrückt sie die unrechte Hitze des Blutes im Menschen. Denn die Wärme der Raute vermindert die unrechte Wärme der Melancholie und mäßigt die unrechte Kälte der Melancholie. Und so wird es dem Menschen, der melancholisch ist, besser gehen, wenn er sie nach anderen Speisen ißt. Aber auch, wenn jemand eine andere Speise gegessen hat, die ihm Schmerzen bereitet, esse er hernach Raute, und es schmerzt ihn weniger.«

Weinraute gehört, neben anderen mit Weinraute gemischten Heilmitteln, zu den Solitärdrogen, jenen Pflanzen nämlich, die auch für sich allein schon eine Heilwirkung haben. Dabei ist die Rohpflanze, also frische Weinrautenblättchen, gesünder als die getrocknete Pflanze, sodass man dieses Stöcklein in seinem Kräutergarten haben sollte. Es ist etwas frostempfindlich und liebt Sonne und Wärme.

Gegen Hitzewallungen und Zwölffingerdarmgeschwüre isst man die (frischen) Blätter nach dem Essen. Das ist wichtig. Beim Zwölffingerdarmgeschwür tritt der ›Magen‹ Schmerz typischerweise bald nach dem Essen auf (im Unterschied zum Magengeschwür), das bei leerem Magen und oft erst Stunden nach dem Essen schmerzt. Vielleicht hängen die Wallungen mit dem Übergehen der Galle zusammen. Jedenfalls wirkt Weinraute, frisch gegessen, gegen gestörten Gallen- und Säftefluss (so genannte Stoffwechselstörung).

*Anwendung:* Bei Depressionen, Hitzewallungen, Zwischenblutungen, Diabetes, Hormonregulationsstörungen, Verdauungsstörungen, Gallenstau, Zwölffingerdarmgeschwür, zu starker, schmerzhafter Menstruation.

Durch ihren bitteren Geschmack hat die Weinraute eine kräftige tonisierende Wirkung auf den ganzen Organismus. Frisch oder in Tablettenform nach dem Essen eingenommen, fördert sie nicht nur die Verdauung, sondern bewirkt auch eine ›Aufhellung‹ der Stimmung. Aufgrund ihrer hohen Vitamin-P-Eigenschaften übt sie bei Krampfaderleiden nicht nur eine kapillarabdichtende, sondern auch eine protektive Wirkung auf die Gefäße aus.

Bei Melancholikern wirkt die Weinraute wie ein Konstitutionsmittel.

*Verwendung:* Klein gehackt eignen sich die stark aromatischen Blätter als Zugabe zu Spinat, Käse- und Quarkspeisen, auf Butterbrot, in Wildbretbeize, zu gekochtem Fisch und Lammfleisch.

Weinraute nur in geringen Maßen als Gewürz verwenden, nicht während der Schwangerschaft, weil sie die Östrogenbildung fördert.

*Kultur:* Als Setzlinge ab Frühjahr an einen sehr sonnigen Platz mit guter Gartenerde pflanzen.

*Aufbewahrung:* Frische Blätter an luftiger Stelle rasch trocknen oder in der Tiefkühltruhe aufbewahren.

### **Ysop** (Hyssopus officinalis)

»Ysop ist nützlich bei jeder Speise. Und zwar ist er gekocht und gepulvert nützlicher als roh. Gegessen macht er die Leber querk (lebendig) und reinigt auch etwas die Lunge. (Besonders) wer hustet und an der Leber leidet, und wer von der Lunge her an Kurzatmigkeit leidet, in beiden Fällen soll man Ysop mit Fleischgerichten oder Eingebranntem (Gemüse) essen, und der Leidende wird Erleichterung finden. Wenn aber jemand (ein Gesunder) Ysop allein, also nur in Wein oder Wasser (d. h. als Tee) einnehmen würde, wird er davon mehr zu leiden haben, als es ihm hülfe.«

*Anwendung:* Als Idealgewürz (Leber, Lunge, Husten), zur Blutreinigung, als Krankendiät gegen Depressionen und Traurigkeit (Ursache für Leber- und Magen-Darmleiden).

*Verwendung:* Gekocht oder gepulvert ist er als Gewürz nützlicher als roh für Geflügel, an Suppen und Saucen, Käsequark, Gemüseeintopf und Kalbsragout. Gibt würzige Strenge.

*Kultur:* Jungpflanzen auf lockeren, kalkhaltigen Boden an sonnigen, warmen Plätzen im Frühjahr auspflanzen. Im Winter mit Kiefernreisig abdecken.

*Ernte:* Ständig junge Triebe und Blätter.

*Aufbewahrung:* Schnell an luftigem Ort trocknen und im Schraubglas aufbewahren, frisch gefroren in der Tiefkühltruhe.

### **Zimt** (Cinnamomum ceylanicum)

»Wer ihn oft ißt, dem mindert Zimt die Fehlsäfte und führt Heilsäfte herbei. Wenn daher ein Mensch von gichtiger Lähmung (echte Gicht!) erschöpft wird, und wer tägliche, dreitägliche und viertägliche Fieber (Malaria!) hat, der nehme ein Stahlgefäß und gieße guten Wein darein, und in diesen lege er die Blätter und das Holz des Zimtbaumes, solange sie noch den Saft in sich haben, und lasse das am Feuer wallen (kochen). Er soll es warm und oft trinken, und er wird geheilt werden.«

*Anwendung:* Gegen Fehlsäfte, bei hormonellen Fehlsteuerungen, Stoffwechselstörungen (Harnsäuregicht), Diabetes, Malaria.

*Verwendung:* Im täglichen Habermus, zu Milch und Mehlspeisen, Kompott und Küchen (Lebkuchen). In kleinen Prisen zu Lamm- und Geflügelbraten. Ideal als Apfel-, Bratapfel, Apfelsaftgewürz beim Fasten. Im Winter zu Glühwein und Punsch mit zugehörigen Zimtsternen.

*Kultur:* Der beste Zimt kommt aus Ceylon. Er wird aus der zarten Innenrinde der jungen Zimtbäume herausgeschält und zur Zimtstange aufgerollt. Je dünner und heller die Zimtrinde, desto teurer ist sie. Der Ceylon-Zimt ist feiner im Aroma als der leicht-herbe bittere Kassia oder China-Zimt.

# Der eigene Hildegard-Kräutergarten

Kräuter kann man im Garten, auf dem Balkon oder im Topf auf der Fensterbank ziehen. Sie haben die beste Würzkraft, wenn sie taufrisch verwendet und vor Tau und Tag geschnitten werden. Während der heißen Mittagszeit ist ihr Gehalt an ätherischen Ölen am geringsten. Bei abnehmendem Mond sollte man keine Kräuter ernten, auch nicht zum Aufbewahren, weil dann ihre Heilkräfte fehlen.

Hildegard schreibt von der Ernte der Kräuter:

»Edle und heilsame Kräuter, die bei wachsendem Mond von der Erde abgeschnitten oder mit der Wurzel ausgezogen werden, eignen sich, weil sie dann vollsaftig sind, besser zur Bereitung von Latwergen (Arznei-Mus), Salben und jeglicher Arznei, als wenn man sie bei abnehmendem Mond sammelt.«

Für Gartenbesitzer ist das Anlegen eines Kräutergartens ein Vergnügen. Auf drei bis vier Quadratmetern kann man bereits die zwölf wichtigsten Hildegard-Kräuter anbauen. Das Kräuterbeet teilt man in ein- bis zwei- und mehrjährige Kräuter. Die einjährigen Kräuter sollen den Standort jährlich wechseln.

Die meisten Kräuter gedeihen am besten in humusreichen, lockeren Böden an sonnigen Standorten. Ein- und zweijährige Kräuter werden im März entweder ins Freie oder ins Frühbeet gesät. Im Blumentopf auf der Fensterbank kann man die Samen vorziehen.

Kälteempfindliche Kräuter (Basilikum, Rosmarin, Weinraute, Ysop) setzt man ab Mai als Jungpflanze, aber gesät und gepflanzt wird bei zunehmendem Mond:

»Überhaupt geht jede Art von Samen, der bei zunehmendem Mond in die Erde kommt, schneller auf, wächst rascher und bringt auch, weil er bei zunehmendem Mond sich entwickelt, mehr Grün, als wenn er bei abnehmendem Mond ausgesät würde.«

Die folgende Tabelle enthält genaue Angaben über Anbau und Ernte der Kräuter zusammengefasst.

*Trocknen:* Auf keinen Fall in der Sonne. Kräuter zu Sträußen binden und kopfunter aufhängen. Die getrockneten Kräuter von den Stielen abribbeln und in Schraubgläsern aufbewahren.

*Einfrieren:* Frisch geerntete Kräuter klein schneiden, mit wenig Wasser in Eiswürfelbehältern einfrieren und portionsweise verwenden oder unzerschnitten mit Stielen in Beuteln einfrieren. Gefrorene Kräuter mit der Hand zerdrücken und in Tiefkühldosen aufbewahren.

**Zeichenerklärung:**

| | | | |
|---|---|---|---|
| 🪴 | Topfpflanze, Blumenkasten | **I** | einjährig |
| | | **II** | zweijährig |
| ✲ | sonniger Standort | ✿ | als Zierpflanze geeignet |
| ◗ | Halbschatten | **A** | ausdauernd |

| | |
|---|---|
| **Basilikum**<br>🪴 I ✲<br>◗ | Frühbeetaussaat ab April<br>Pflanzzeit ab Mitte Mai (Basilikum ist frostempfindlich)<br>Höhe 30 cm<br>Blätter für den laufenden Bedarf können jederzeit entnommen werden. Ernte zum Trocknen bei Blühbeginn im Juli, Zweiternte im September.<br>Kleinblättrige Pflanzen sind würzkräftiger. |
| **Beifuß**<br>✲ ◗ A | Frühbeetaussaat März oder Direktaussaat<br>Pflanzzeit Ende April<br>Höhe 1 m<br>Beifuß anzupflanzen lohnt sich kaum, er wächst wild auf Ödland, an Hecken und Feldern.<br>Man verwendet die jungen Blütenrispen frisch und getrocknet kurz vor dem Aufblühen oder junge Blätter. |
| **Bohnenkraut**<br>🪴 ✲ I | Frühbeetaussaat März/April<br>oder Direktaussaat Anfang Mai<br>Freilandaussaat ab Mitte Mai (Bohnenkraut ist frostempfindlich) |

| | |
|---|---|
| | Pflanzzeit Mai (2–4 zarte Jungpflanzen zusammennehmen)<br>Höhe 25 cm<br>Juni bis Oktober steht Bohnenkraut frisch zur Verfügung.<br>Kurz vor Knospenansatz und während der Vollblüte hat es die höchste Würzkraft und kann zum Trocknen verwendet werden. |
| **Dill**<br>**I** | Freilandaussaat März bis Anfang August<br>Folgeaussaaten alle vier Wochen<br>Höhe bis zu 1 m<br>Zur Frischkost werden nur die jungen Triebe verwendet, sodass man den Dill auf dem Balkon nicht so hoch schießen zu lassen braucht. Getrocknet büßen die Dillblättchen sehr viel von ihrem Aroma ein. Das alte Kraut mit Blüten wird zum Einlegen von Gurken verwendet. |
| **Estragon**<br>✿ **A** | Pflanzzeit April (Stockteilung)<br>Höhe 75 cm (öfters Boden lockern)<br>Ernte der jungen Blätter und Triebe von April bis Oktober, im ersten Jahr nur wenig entnehmen. Beim Trocknen verliert Estragon viel an Aroma. Eine Pflanze genügt für eine vierköpfige Familie. |
| **Fenchel**<br>**II A** | Frühbeetaussaat März<br>Pflanzzeit Mai<br>Höhe 1,50 m<br>Wer auf Fenchelkraut Wert legt, sollte einige wenige Fenchelsamen aussäen. Fenchelsamen (Fencheltee) ist jederzeit käuflich zu erwerben, sodass auf das umständliche Überwintern der Pflanzen in Frühbeetkästen oder im Keller verzichtet werden kann. |
| **Kapuzinerkresse**<br>✲ **I** ✿ | Frühbeetaussaat im März oder ab Mitte Mai im Freien<br>Pflanzzeit Mitte Mai (wenig gießen)<br>Ernte Juni bis Oktober (Blätter, Blütenknospen, Blüten)<br>Zum Trocknen ungeeignet. |

| | |
|---|---|
| **Kerbel**<br><br>🌱 I | Freilandaussaat ab März bis Ende April. (Nicht zu dicht säen!) Folgeaussaaten alle 4 Wochen<br>Ernte, sobald das Kraut 25–30 cm hoch ist, dann schmeckt es am besten. Blühender Kerbel ist wertlos. Eine Handbreit über dem Boden abgeschnitten, treibt er ein zweites Mal. Kerbel kann wie Gartenkresse im Winter am Küchenfenster gezogen werden. Bis sich die Sämlinge zeigen, kann er dunkel stehen.<br>Getrocknet hat Kerbel nur wenig Würzkraft. |
| **Koriander**<br><br>🌱 ✲ I | Freilandaussaat März/April<br>Höhe bis zu 60 cm<br>Koriander reift in unseren Breiten nur unter sehr günstigen Bedingungen. In den Mittelmeerländern wird das Kraut auch frisch zu Salaten verwendet. Wer Wert darauf legt, kann Koriander auch im Blumentopf ziehen. Vor der Samenreife die Pflanze herausziehen. Die Dolden trocknen und die abfallenden Früchte sammeln. |
| **Mutterkümmel**<br>(Kreuzkümmel)<br><br>🌱 II | Freilandaussaat April<br>Ernte im zweiten Jahr Ende Juni<br>Kümmel selbst anzubauen lohnt sich nicht, es sei denn, man legt Wert auf die jungen grünen Blätter, die zu grünen Salaten passen. Der als Gewürz verkaufte Kümmel eignet sich wegen zu geringer Keimfähigkeit nicht zum Säen. |
| **Lavendel**<br><br>🌱 ✿ ✲ A | Frühbeetaussaat März/April<br>Pflanzzeit Mitte bis Ende Mai<br>Leichter ist die Anzucht durch Stockteilung<br>Höhe 50 cm<br>Ernte der Blätter und Triebspitzen den ganzen Sommer. Eine Pflanze deckt den Bedarf einer vierköpfigen Familie. |
| **Liebstöckel**<br><br>🌱 ✿ A | Pflanzzeit März/April<br>Aussaat März ins Frühbeet<br>Höhe 1,50 m |

| | |
|---|---|
| | Junge Pflanzen kann man auch in einem Blumentopf oder -kasten ziehen und den Sommer über Blätter entnehmen. Die Pflanze wuchert allerdings stark und eignet sich besser für den Garten, wo sie auch im Halbschatten zufrieden ist.<br>Getrocknet ist Liebstöckel noch würzkräftig. Auch die Wurzeln sind getrocknet für Suppen zu gebrauchen. Eine Pflanze deckt den Bedarf einer vierköpfigen Familie. |
| **Majoran**<br>I ✿ A | Frühbeetaussaat März/April<br>Pflanzzeit Mitte Mai (oft harken, braucht viel Sauerstoff)<br>Höhe 30 cm<br>Ende Juli – nach Entwicklung der Blütenknospen – erfolgt die Ernte, da die Pflanze zu dieser Zeit am würzkräftigsten ist. Bis auf 3 cm zurückschneiden, dann treibt sie nochmals aus. Bis zu drei Ernten im Jahr. Zehn Pflanzen reichen für eine vierköpfige Familie. |
| **Melisse**<br>✲ A | Frühbeetaussaat März/April<br>Pflanzzeit Mai (feucht halten)<br>Höhe 50–60 cm<br>Ernte den ganzen Sommer über.Für den Wintervorrat und als Tee kurz vor der Blüte die Triebe abschneiden und nach dem Trocknen die Blätter abstreifen. |
| **Petersilie**<br>II | Freilandaussaat März bis April, falls Boden frostfrei, schon im Februar<br>Es gibt Blattpetersilie mit gekrausten und Wurzelpetersilie mit glatten Blättern. Letztere ist kräftiger im Geschmack. Im September kann die Petersilie in Töpfe gepflanzt und ans Küchenfenster gestellt werden. |
| **Pfefferminze**<br>A | Pflanzzeit April<br>Ernte einzelner Blätter jederzeit, zum Trocknen kurz vor der Entwicklung der Knospen. Pfefferminze kann 2–3 mal im Jahr geerntet werden. 5–6 Pflanzen genügen für eine vierköpfige Familie. |

| | |
|---|---|
| **Pimpinelle**<br>✲ A | Freilandaussaat April<br>Höhe 40 cm<br>Ernte der jungen Blätter das ganze Jahr über (Blütenansätze entfernen).<br>Im September Pflanzen eintopfen und ans Küchenfenster stellen.<br>Zum Trocknen ungeeignet. |
| **Portulak**<br>✲ I ✿ | Freilandaussaat Mitte Mai bis August<br>Höhe 15 cm<br>Ernte vor Blühbeginn, etwa drei Wochen nach dem Aufgehen der Saat.<br>Portulak braucht reichlich Feuchtigkeit und Sonne.<br>Zum Trocknen ungeeignet. |
| **Rosmarin**<br>✲ ✿ A | Pflanzzeit Mitte Mai<br>Höhe 60–70 cm<br>Die jungen Blättchen und Triebspitzen stehen das ganze Jahr über zur Verfügung. Ernte zum Trocknen vor der Blüte.<br>Der immergrüne Rosmarin ist frostempfindlich. Es ist besser, ihn im Herbst einzutopfen und den Winter über auf ein sonniges Fensterbrett zu stellen.<br>Eine Pflanze genügt für eine vierköpfige Familie. |
| **Salbei**<br>✿ A | Frühbeetaussaat März<br>Pflanzzeit April/Mai (auch Stockteilung)<br>Höhe 50 cm<br>Ab Mai bis September können die behaarten, leicht bitter schmeckenden Blätter frisch verwendet werden. Nach dem Trocknen – vor der Blüte – ist das Aroma intensiver. Eine Pflanze ist ausreichend für eine vierköpfige Familie. |
| **Schnittlauch**<br>A | Frühbeetaussaat März oder ab April ins Freiland<br>Pflanzzeit Mai (am besten Stockteilung)<br>Kräftige Schnittlauchbüschel pflanzt man im September in Töpfe für den Wintervorrat. Er lässt sich aber auch im Winter im warmen Zimmer neu ziehen. |

| | |
|---|---|
| | Man schneidet ihn dicht über der Erde ab und lässt vor einem neuen Schnitt die Röhren voll auswachsen. |
| **Thymian**<br>✱ ✿ A | Frühbeetaussaat März/April<br>Pflanzzeit Mai<br>Höhe 25 cm<br>Von Mai bis August können jederzeit für den laufenden Bedarf Triebe entnommen werden. Mai/Juni und Ende August werden sie zum Trocknen abgeschnitten. Es genügen 1–2 Pflanzen, die man beim Gärtner erhält und sich somit die Anzucht sparen kann. |
| **Weinraute**<br>A | Pflanzzeit April<br>Höhe 70–80 cm<br>Einzelne Blätter können bereits ab Mai entnommen werden, die beblätterten Triebe werden vor Blühbeginn 15 cm über dem Erdboden abgeschnitten. Nur in kleinen Mengen als Gewürz zu verwenden.<br>Eine Pflanze genügt für eine vierköpfige Familie. |
| **Ysop**<br>✿ A | Frühbeetaussaat März<br>Freilandaussaat April<br>Höhe 50 cm<br>Einzelne Blättchen können den ganzen Sommer über von der Pflanze entnommen werden; im ersten Jahr darf man jedoch noch keine Triebe abschneiden.<br>Da zwei Pflanzen für eine vierköpfige Familie bereits genügen, ist es einfacher, sich diese vom Gärtner zu besorgen. |

Der Heilkräutergarten vor dem Hildegard-Kurhaus ist ein besonders schön angelegter historischer Kräutergarten, in dem die wichtigsten Hildegard-Pflanzen zu sehen sind.

# Dinkel, Obst und Gemüse: komplexe Kohlehydrate

In einer Dinkel-Obst-und-Gemüse-Diät sind wertvolle, komplexe Kohlehydrate und Pflanzenfasern vorhanden, die vor ernährungsbedingten Zivilisationskrankheiten schützen. Alle großen Gesundheitsorganisationen sind sich heute darin einig, dass eine pflanzenfaserreiche Ernährung (30–40 g Pflanzenfasern pro Tag und 60–65% komplexe Kohlehydrate von der Gesamtkalorienmenge) lebensnotwendige Schutzfaktoren enthält. Eine solche Ernährung hilft, das Gewicht zu reduzieren, Herz-Kreislauf-Krankheiten zu verhindern und vor verschiedenen Krebsarten (Brust-, Darm-, Prostata-, auch Speicheldrüsen-, Gebärmutter- und Eierstockkrebs) zu schützen. 80% aller Krebsarten sind von Faktoren verursacht, die in der eigenen Verantwortung liegen, im Lebensstil und in der Ernährung. Bildung, Religion, Kultur und sozialer Status haben einen außerordentlichen starken Einfluss auf einen untrennbaren Zusammenhang von Ernährungsgewohnheiten und Gesundheitszustand. Für diese wissenschaftlichen Erkenntnisse haben die Amerikaner in den letzten fünf Jahren mehr als 1,2 Milliarden Dollar ausgegeben. Hildegard von Bingen hat diese Wahrheiten bereits vor 850 Jahren geoffenbart.

Dinkel, Obst und Gemüse sind eine reiche Quelle für komplexe Kohlehydrate und Pflanzenfasern, während Fleisch, Geflügel und Milchprodukte weder Kohlehydrate noch Pflanzenfasern enthalten. Vollkorn und Vollkornprodukte, Brot und Nudeln liefern ebenso Kohlehydrate und Pflanzenfasern wie Obst und Gemüse, trockene Bohnen, Erbsen, Kichererbsen, Fenchel, Sellerie, Karotten und Rüben und ganz besonders die von Hildegard hochgeschätzten Edelkastanien. Darüber hinaus kommen komplexe Kohlehydrate und Pflanzenfasern nie allein vor, sondern immer zusammen mit wertvollen Vitaminen, Mineralien und

Spurenelementen, die für den geregelten Ablauf des Lebens unentbehrlich sind.

*Zucker, Honig und Kohlehydrate*

Alle Kohlehydrate kommen einfach *(Monosaccharide)*, zweifach *(Disaccharide)* oder komplex *(Polysaccharide)* vor und bestehen aus einem, mehreren oder vielen Zuckermolekülen. Glukose, Fructose und Galaktose sind die am häufigsten vorkommenden Saccharide. Glukose (Traubenzucker, Blutzucker oder Dextrose) ist das wichtigste Monosaccharid des tierischen Organismus. Sie findet sich in freier Form in fast allen süßen Früchten, Trauben, Äpfeln, Kirschen, Himbeeren, in Honig, Honigtau und Nektar. Zu den einfachen Zuckern gehört auch die Fructose (Fruchtzucker), die ebenfalls in süßen Früchten und Honig gemeinsam mit Glukose vorkommt. Sie schmeckt zweimal süßer als Glukose und kann daher von Diabetikern zur Einsparung von Glukose verwendet werden. In der Natur kommen Disaccharide in drei Formen vor: Saccharose (Rohrzucker), Laktose (Milchzucker) und Maltose (Malzzucker). Milchzucker besteht aus den beiden Monosacchariden Galaktose und Glukose und kommen in der Milch der Säugetiere vor. Frauenmilch enthält 5–8% Milchzucker, während die Kuhmilch nur zu 4–6% aus Laktose besteht. Galaktose hat eine ganz wichtige Bedeutung beim Aufbau des Zentralnervensystems, den so genannten Cerebrosiden und Gangliosiden in den ersten Tagen nach der Geburt. Daher ist Muttermilch so bedeutsam für die Entwicklung des zentralen Nervensystems und kann nicht ohne weiteres durch Kuhmilch ersetzt werden.

*Laktoseintoleranz – eine neue Modeerkrankung*

Milchzucker ist eine körpereigene Substanz und wird bei der Käsezubereitung aus Kuhmilch in großen Mengen gewonnen. Laktose (Milchzucker) kommt ebenfalls in Milch und allen Milchprodukten vor. Sie wird im Dünndarm von dem Enzym Laktase (D-Galaktosidase) in ihre Bestandteile Galaktose und Glukose zerlegt und fördert so das Wachstum der natürlichen Dünndarmflora spezieller Milchsäurebakterien.

Wenn das Enzym Laktase fehlt, kommt es zu Milchzuckerunverträglichkeiten, die sich wie allergische Reaktionen bemerkbar machen. Durch Zusatz von Laktase-Enzym in Form von Lactase-Plus können Milch und Milchprodukte wieder gut vertragen werden. Es reichen täglich 1–3 EL Lactase-Plus, eingerührt in die Milchprodukte, um diesen Mangel vollständig auszugleichen.

*Sorbit – natürlicher Süßstoff*
Zu den einfachen Zuckern gehört auch das Sorbit (Zuckeralkohol) D-Sorbitol, das als Süßungsmittel für Diabetiker geeignet ist, weil es kein Insulin verbraucht. Es findet sich in den meisten Früchten, besonders reichlich in den Rosengewächsen (Kirschen, Äpfeln, Birnen und Mispeln) und ist ein typischer Bestandteil von Obstsäften und Obstweinen. Das wichtigste Disaccharid ist der Rohr- oder Rübenzucker, der aus einem Glukose- und einem Fruktosemolekül besteht. Süße Früchte, Bonbons, Honig, Sirups, Softdrinks und Fruchtgetränke enthalten große Mengen Saccharose. Der Malzzucker oder die Maltose besteht aus zwei Glukosemolekülen und spielt eine wichtige Rolle bei der Bier- und Branntweinherstellung, wo er in der süßen Maische reichlich als Darrmalz vorkommt.

## Komplexe und einfache Kohlehydrate

Komplexe Kohlehydrate bestehen aus Hunderten, ja sogar Tausenden von Kohlehydraten, den so genannten Polysacchariden und sind die wichtigsten Bestandteile der menschlichen Ernährung. Zu ihnen gehört die Stärke, das Reserve-Kohlehydrat der meisten Pflanzen, die vom Körper relativ leicht in lösliche Zucker umgewandelt werden kann, sowie die Gerüstsubstanzen der Pflanzen (Zellulose, Hemi-Zellulose, Pektine, die wasserunlöslich sind und daher vom Menschen nicht verwertet oder verdaut werden können). Sie sind aber wertvolle Pflanzenfaserstoffe, die in der Zellwand der Getreidekörner, vom Obst und in den Gemüseschalen anzutreffen sind.

Zuckerhaltige Lebensmittel wie Kuchen, Kekse, Bonbons und Desserts enthalten viele Mono- und Disaccharide und werden vom Körper als Energiequelle für das Nervensystem gebraucht, obwohl sie wenig Vitamine und Mineralien enthalten. Stärkehaltige Lebensmittel wie Brot, Getreideprodukte, Bohnen, Nudeln enthalten meistens viele Vitamine und Mineralien. Im Vergleich zu ihrer geringen Kalorienmenge werden sie daher komplexe Kohlehydrate genannt und sind besonders wertvoll, da sie wenig Fett und kein Cholesterin enthalten. Dennoch geht es nicht ohne einfache Zucker. Zucker, auch Blutzucker genannt, wird vom menschlichen Körper als Energiequelle für das Gehirn und das Nervensystem benötigt. Glukose hält die Körpertemperatur aufrecht, liefert die Energie für die Muskelbewegung, die Verdauung, die Atmung, den Zellaufbau und die Zellreparatur und ist für die Aufrechterhaltung des Immunsystems notwendig. Ein großer Teil der Glukose in unserer Nahrung, ob sie nun aus dem Zucker oder aus der Stärke stammt, wird in der Leber und in den Muskeln als komplexes Kohlehydrat Glucogen (Leberstärke) gespeichert. Das Glucogen ist das Reservekohlehydrat der Tiere und wird bei Bedarf als Energiequelle wieder in Glukose umgewandelt. Überschüssige Kohlehydrate werden vom Körper als Fette gespeichert. Da Mono- und Disaccharide rasch ins Blut gelangen, geben sie einen momentanen starken Energiestoß und verbrauchen eine entsprechend hohe Insulinmenge. Da Insulin den Blutzuckerspiegel senkt, kann es besonders nach sportlicher Leistung, die ebenfalls Glukose verbraucht, rasch zu einem Blutzuckermangel kommen (Unterzuckerung) mit einem Gefühl von Müdigkeit und Schwäche. Obwohl Zucker von einigen modernen Naturheilern vermieden, ja sogar verteufelt wird, hat Hildegard nichts gegen einen gemäßigten Zuckerverbrauch einzuwenden.

Zu Hildegards Zeiten gab es nur Zucker aus Zuckerrohr, nicht den heute üblichen Rübenzucker. Durch Pressen erhält man aus den gequetschten Rohren einen Dicksaft mit 14% Saccharose. Der kristallisierte braune Rohrzucker wird von der Mutterlauge (Melasse) durch Zentrifugieren abgetrennt. Dieser Vollrohrzucker (95% Saccharose) enthält zehnmal mehr Mineralien als der weiße, raffinierte Industriezucker. Wir empfehlen nur den von Hildegard beschriebenen braunen Vollrohrzucker, z. B. Rapadura.

Raffinierter weißer Industriezucker sollte gemieden werden, da er bei seiner Passage durch den Organismus wertvolle Mineralien und Vitamine aus dem Körper verbraucht. Durch übermäßigen Zuckerverbrauch und mangelhafte Zahnpflege entstehen außerdem Karies und Parodontose. Daher ist auch der übermäßige Verbrauch hochkonzentrierter Süßwaren wie Schokolade, Bonbons, Marmelade, Konfitüren und Obstsäften einzuschränken.

*Abgeschäumter Bienen-Blütenhonig*

Das Gleiche gilt auch für Bienenhonig. Übergewichtige, besonders solche mit hohem Cholesterinspiegel, sollten Honig und ganz besonders Butter und Honig meiden, da beide den Cholesterinspiegel ansteigen lassen. Für Kranke und Magere empfiehlt Hildegard die Verwendung von abgeschäumtem Honig, der in der Apotheke als *Mel depuratum* gehandelt wird:

»Im Menschen, der fettleibig ist und zu starkem Fleischansatz neigt, erzeugt der Honig, oft gegessen, einen Faulstoff . Wer aber mager und dürr ist, wird nicht zu leiden haben, wenn der Honig erhitzt wird (Mel depuratum). Wird aber der Honig in der Wabe mit dem Wachs gekaut, rührt er das Schwarzgallige im Menschen auf und läßt diesen so leiden, daß in ihm Schwerfälligkeit (Beschwerden) und Melancholie anwachsen.«

Stärkehaltige Lebensmittel wie Dinkel, Obst und Gemüse sind deshalb bessere und billigere pflanzliche Eiweißquellen als tierisches Eiweiß, weil sie darüber hinaus noch viele Vitamine und Mineralien sowie die wertvollen Pflanzenfasern enthalten. Im Gegensatz zu ihrem Ruf sind komplexe Kohlehydrate (Nudeln, Brot, Bohnen) ideale Lebensmittel zur Gewichtsabnahme, wenn sie nicht mit Butter, saurer Sahne, Crème fraîche und anderen Fetten überladen werden. Stärkereiche Lebensmittel machen nicht dick, da sie, wie Eiweiß, nicht mehr als vier Kalorien pro Gramm aufweisen, während ein Gramm Fett bereits neun Kalorien enthält.

Vergleicht man jeweils 100 Kalorien stärkehaltige Lebensmitteln und Fett, so werden von den Kohlehydraten nur 75% vom Körper aufgenommen, weil 25% für den Stoffwechsel verbraucht werden. Von den 100 Kalorien Fett gehen 97% direkt und sofort ins menschliche Körperfett über, während nur 3% für den Stoffwechsel verbraucht werden. Daher machen komplexe

Kohlehydrate nicht so leicht dick. Von dieser Tatsache machen wir in unseren Dinkel-Reduktionsdiäten Gebrauch, wo an jedem zweiten Tag nur Dinkel, Obst und Gemüse über längeren Zeitraum das Übergewicht abbaut.

*Macht Brot wirklich dick?*
Vor einigen Jahren wurde an einer amerikanischen Universität bewiesen, dass man mit einer Brotdiät Gewicht verlieren kann. Mehrere Studenten mussten acht Wochen lang täglich zwölf Scheiben Brot zusätzlich zu ihrer normalen Kost essen. Nach der Kur verlor jeder Student durchschnittlich sieben Kilogramm Körpergewicht. Vergleicht man die Kalorienmenge der täglich verputzten Süß- und Knabberwaren mit der gleichen Kalorienmenge Dinkelbrot, so müsste man mehr als ein Dinkelbrot essen. Während Dinkelbrot darüber hinaus reichlich komplexe Kohlehydrate, Eiweiß, viele Vitamine, Mineralien und Spurenelemente enthält, enthalten die Süßwaren nur minderwertigen Fabrikzucker und dickmachendes Fett und keine Vitamine!

| | | |
|---|---|---|
| 1 Tasse Vollmilch-Kakao | = 120 kcal | = 1 Scheibe Dinkelbrot |
| 100 g Erdnüsse | = 622 kcal | = ca. 5 Scheiben Dinkelbrot |
| 100 g Cracker | = 194 kcal | = ca. 4 Scheiben Dinkelbrot |
| 100 g Kartoffelchips | = 572 kcal | = 4 1/2 Scheiben Dinkelbrot |
| 100 g Schokoladenriegel | = 462 kcal | = 3 1/2 Scheiben Dinkelbrot |
| 100 g Vanilleeis | = 208 kcal | = 1 1/2 Scheiben Dinkelbrot |
| 100 g Süß- und Knabberwaren | = 2178 kcal | = 19 1/2 Scheiben Dinkelbrot |

## Pflanzenfasern – Schutz vor Über- und Unterernährung

Lösliche und unlösliche Pflanzenfasern, wie sie in Haferkleie (löslich) und Weizenkleie (unlöslich) entdeckt wurden, sind aufgrund ihrer unterschiedlichen Wirksamkeit im Magen-Darmtrakt für die Gesundheit von entscheidender Bedeutung. Dinkelkleie enthält sowohl lösliche als auch unlösliche Faserstoffe, sodass sie sowohl die Eigenschaften der Haferkleie als auch die der Weizenkleie in sich vereinigt.

Wissenschaftliche Studien zeigen sogar, dass der einseitige Verbrauch von Haferkleie die Entstehung von Darmkrebs stimulieren kann, da durch die lösliche Haferkleie ein Anstieg von Gallensäure im Darm zu verzeichnen ist.

Pflanzenfasern sind stärkehaltige Polysaccharide, also langkettige Kohlehydrate wie Zellulose, Hemi-Zellulose, Lignin, Pektine, Pentosen, die wegen ihrer Unlöslichkeit beim Verdauungsvorgang vom Menschen nicht aufgenommen oder abgebaut werden können.

Man nennt sie auch deswegen unlösliche Pflanzenfasern, weil sie sich nicht in Wasser lösen, sondern nur quellen und für eine rasche Darmpassage des Speisebreis sorgen.

Nach Dr. Denis P. Burkitt, dem Pionier auf dem Gebiet der unlöslichen Pflanzenfasern, schützen diese Ballaststoffe vor Verstopfung; sie spielen auch eine wichtige Rolle bei der Verhütung von Hämorrhoiden, Divertikulose (Ausbuchtungen im Darm), Magen-Darmkrebs, Krampfadern und Hiatus-Hernie (Bruch eines Gefäßes).

Nach Dr. Burkitt schützen die unlöslichen Pflanzenfasern vor Darmkrebs, weil sie:

- die Stuhlmenge erhöhen und dadurch im Darm die krebserregenden oder präkanzerösen Substanzen im Darm verdünnen und ausscheiden helfen
- die Darmpassagezeit verkürzen und so auch die Kontaktzeit der krebserregenden Stoffe mit der Darmschleimhaut verringern
- die Darmbakterien wachsen lassen, indem sie für den richtigen schwach sauren pH-Wert im Darm sorgen. Ein hoher basischer pH-Wert, verursacht durch Ammoniak und die organischen, aus zu viel tierischer Eiweißkost entstandenen Amine Skatol und Indol, geht Hand in Hand mit dem Risiko von Darmkrebs.

Ganz besonders schützen die unlöslichen Pflanzenfasern vor Diabetes mellitus. Pflanzenfasern und komplexe Kohlehydrate werden wegen ihres langkettigen Kohlehydrat-Gerüstes nur langsam im Körper verwertet, sodass es nach den Mahlzeiten nicht mehr zu einem raschen Blutanstieg kommt, der zu einer Über- oder Unterzuckerung führen kann.

Durch eine fettreiche und kohlehydratarme Ernährung kommt es oft zur Bildung von Gallensteinen, deren Hauptbestandteil das Cholesterin ist. Eine an komplexen Kohlehydraten reiche Nahrung reduziert nicht nur die Entstehung von Cholesterin, sondern ist durch ihren Gehalt an unlöslichen Fasern auch in der Lage, die Gallensäure, die aus Cholesterin entsteht, im Darm aufzusaugen und so für eine niedrige Cholesterin-Konzentration zu sorgen.

Die meisten Stoffwechselkrankheiten beginnen mit Übergewicht. Eine an Pflanzenfasern reiche Nahrung muss länger gekaut werden, wodurch sich ein leichteres Sättigungsgefühl einstellt und sich mehr Speichel bildet, der die Verdauung fördert. Pflanzenfasern füllen den Magen ohne viel Energiezuwachs und führen dadurch zu einer schnelleren Sättigung, ohne dick zu machen.

## Ernährungstherapie mit Dinkel, Obst und Gemüse

Die Entdeckung der löslichen Pflanzenfasern und ihrer therapeutischen Möglichkeiten hat in letzter Zeit größere Erfolge erzielt als die Arzneimitteltherapie bei den gleichen Stoffwechselerkrankungen. Nach so viel Theorie nun die Praxis, und es ist wirklich revolutionär: mit einer Ernährung aus Dinkel, Obst und Gemüse fühlen Sie sich sehr wohl und gesättigt. Sie können mehr essen und nehmen an Gewicht langsam aber sicher ab, weil Sie weniger Kalorien verbrauchen.

Das Geheimnis dieser Wunderkost liegt in der Energiedichte. Bei einer Kost mit Fett, Fleisch und Süßigkeiten und einer hohen Energiedichte nehmen Sie viel Energie auf, ohne dass Sie viel gegessen haben. Ein TL Butter hat die gleiche Energie wie zehn Salatköpfe! Das Gleiche gilt für Obst und Gemüse, von dem man fast unbegrenzte Mengen essen kann, ohne dick zu werden. Dinkel ist das beste Gemüse und enthält alles, was der Mensch zum Leben braucht: Eiweiß, komplexe Kohlehydrate, Fett, Mineralien und Vitamine.

*So wird's gemacht*
Wählen Sie aus den folgenden Rezepten, nach dem Habermus zum Frühstück, mittags nach einer schmackhaften Gemüsecremesuppe und einem Dinkel-Salat ein Dinkelessen mit viel Gemüse und einem fruchtigen Nachtisch. Abends essen Sie Dinkelbrot mit vegetarischen Brotaufstrichen.

Auf diese Weise senken Sie die Energiedichte und können so viel essen bis Sie sich satt und wohl fühlen. Gleichzeitig verlieren Sie Übergewicht, beseitigen zu hohe Cholesterin- und Blutfettspiegel und normalisieren den Bluthochdruck. Wer noch mehr tun will, reichere das Essen mit Dinkelkleie an. Alle Getreidearten, Früchte, Obst und Gemüse, die lösliche Pflanzenfasern enthalten, können diese wertvolle therapeutische Wirkung ausüben. Lösliche Pflanzenfasern findet man besonders in Haferflocken, in noch reinerer Form in Haferkleie, Gerste, Kichererbsen, Zitrusfrüchten, Äpfeln, Birnen, Karotten, Mais und wahrscheinlich zusammen mit unlöslichen Pflanzenfasern besonders im Dinkel. Mehrfach konnte ich beobachten, dass sich durch diese Kost in 1–3 Wochen der Cholesterin-, Triglycerid- und Blutzuckerspiegel normalisierte und das Übergewicht abnahm. Auch der Bluthochdruck konnte durch ein Dinkelflocken-Frühstück bei mehreren Patienten gesenkt werden. Es ist für jeden vernünftigen Menschen ganz klar, dass dieser Kost aus Dinkel, Obst und Gemüse die Zukunft gehört – ganz im Gegensatz zu einer Normalkost mit Blutdrucksenkern, Lipidsenkern und noch so gut gemeinten Rohkost- und Wohlstandsdiäten, die immer mit gesundheitsschädlichen Nebenwirkungen verbunden sind.

Bereits 25 g Dinkelkleie täglich (das entspricht 7,5 g löslicher Pflanzenfaser) können den Cholesterinspiegel um durchschnittlich 3% senken. Kaltes Müsli ist Rohkost und kann für cholesterinsenkende Zwecke nicht eingesetzt werden, da die unlöslichen Fasern aus dem Dinkelbrei vom Körper schlechter aufgenommen werden. Diese Beobachtung steht in Übereinstimmung mit Hildegards Empfehlung, zum Frühstück stets einen warmen Getreidebrei zu sich zu nehmen und kein kaltes Müsli.

Eine Kleietherapie mit Dinkelkleie sollte sehr langsam mit täglich nur einem Teelöffel Kleie (entsprechend 5 g Fasern) beginnen. Langsam sollte die Menge auf zwei 2–3 Esslöffel (entsprechend 30–40 g Pflanzenfasern) gesteigert werden. Dabei ist auf reichliche Flüssigkeitszufuhr zu achten, wobei pro Esslöffel Kleie mindestens 200 ml Flüssigkeit zugefügt werden sollte.

**Wie erhält man die notwendigen 30–40 g Pflanzenfasern in seiner Ernährung?**

| | | |
|---|---|---|
| 2–3 EL Kleie (in ca. 4 Scheiben Dinkelbrot) | = | 30–40 g Pflanzenfasern |
| 200 g Dinkelvollkorn | = | 15 g Pflanzenfasern |
| 1 Schüssel Habermus (50 g) | = | 14 g Pflanzenfasern |
| 1 Banane | = | 3 g Pflanzenfasern |
| 1 mittlerer Apfel | = | 3–4 g Pflanzenfasern |
| 1 Tasse Bohnensuppe, Erbsen oder Kichererbsen | = | 5 g Pflanzenfasern |
| 3 Schalen Salat | = | 5 g Pflanzenfasern |

Eine Ernährung mit Dinkel, Obst und Gemüse enthält unlösliche und lösliche Pflanzenfasern immer im ausgewogenen Verhältnis und bietet dank der vielseitigen und ausgewogenen Diätempfehlungen Hildegards optimalen Schutz.

# DIE BESTEN REZEPTE AUS DER HILDEGARD-KÜCHE

# Die Dinkel-Basis-Diät

Im Dinkelkorn ist die ganze Weisheit von Hildegards Ernährungslehre verborgen, die sich durch ihre Einfachheit und Vielseitigkeit auszeichnet. Dinkel enthält alle basischen Mittel zum Leben, die der menschliche Körper zur Gesunderhaltung benötigt: biologisch hochwertige Eiweiße, komplexe Kohlehydrate, lebensnotwendige Mineralien, gesunderhaltende Vitamine und Spurenelemente. Im Dinkel befinden sich darüber hinaus vitale Inhaltsstoffe (cyanogene Glykoside = Nitriloside) und Thiocyanat, die das Immunsystem stimulieren und die Gesundheit erhalten. Außerdem enthält der Dinkel Viridine (Grünstoffe), die bisher noch nicht isoliert wurden, sowie Assimilationsfaktoren, die für seine gute Wasserlöslichkeit verantwortlich sind.

Dadurch erhält der Dinkel wertvolle, magen-darmfreundliche Eigenschaften, sodass er ohne große eigene Verdauungsarbeit im Blutserum resorbiert und transportiert werden kann. Das Geheimnis des Dinkelwunders können wir heute mit dem Begriff der Bioverfügbarkeit beschreiben. Aufgrund dieser hervorragenden Wasserlöslichkeit werden die vitalen Inhaltsstoffe des Dinkels wie flüssige Nahrung vom Körper rasch aufgenommen und dem gesamten Organismus zur Verfügung gestellt. Dadurch werden alle Körperzellen, Nerven-, Knochen-, Muskel- und Organzellen optimal ernährt, gestärkt und zu Höchstleistungen befähigt. Der ganze Organismus wird durch den Dinkel derart mit Vitaminen und Vitalstoffen überflutet, dass sich dadurch die Gefäße erweitern und eine gute Verdauung einsetzt.

# Frühstück

## Habermus

2 Tassen Dinkelhabermus (-grütze, -schrot, -flocken)
Rosinen nach Belieben
2 Messerspitzen Galgant, Bertram
4 Tassen Wasser
1 TL Zimt
1 Apfel, geschnitten
2 TL Honig
1 TL Mandelblättchen
1 TL Flohsamen
Saft einer $^1/_2$ Zitrone

Dinkelhabermus in Wasser einrühren; unter ständigem Rühren zum Kochen bringen. Honig und Gewürze dazugeben und weiter quellen lassen. Kochzeit: 5–10 Minuten; Äpfel in den letzten 4 Minuten dazu tun. Mandeln und Flohsamen auf das fertig gekochte Mus streuen. Würzen nach eigenem Geschmack. Saft einer $^1/_2$ Zitrone darüber ausdrücken.
Habermus fördert die Durchblutung.

## Dinkelkörner-Kur

Habermus (für 2 Personen)
1 Tasse weich gekochte Dinkelkörner
$^1/_2$ TL Fruchtzucker (statt Honig)
1 TL süße gehackte Mandeln
1 TL Flohsamen

Zubereitung wie oben unter Habermus, mit Zusatz von gekochten Dinkelkörnern. Anstelle von Äpfeln kann man auch anderes Obst verwenden: Quitten, Himbeeren, Brombeeren oder Johannisbeeren.

Mit der Dinkelkörner-Kur kann man die Schwankungen des Blutzuckers vermeiden. Da die Körner im Darm nur ganz langsam verdaut werden, tritt auch keine Unterzuckerung auf. Der Körper bekommt nur so viel Kohlenhydrate, wie das Insulin gerade verstoffwechseln kann. Dadurch kann man Insulin oder Zuckertabletten meistens um die Hälfte einsparen. Blutzucker ständig überprüfen!

Es hat sich bewährt, einen 3-Tage-Vorrat Dinkelkörner im Kühlschrank aufzubewahren, und dreimal täglich 1–3 gekochte Dinkelkörner unter das Essen zu mischen. Die Kur ist einfach und genial, spart Kosten und schützt vor den gefürchteten Unter- oder Überzuckerungszuständen.

## Arme Ritter

| | |
|---|---|
| $^1/_2$ Tasse Milch; | weißes Dinkelbrot |
| 1 Ei | in Scheiben) |

Ei in der Mich verrühren und durchschlagen. Dinkelbrot in die Mischung legen, wenden und in eingeölter Pfanne braten. Mit Zucker und Zimt, Quittenmus, Zitrone oder Ahornsirup servieren.

## Dinkelflocken-Frühstück

Eine halbe Tasse Dinkelflocken mit einer Tasse kochendem Wasser übergießen. Nach Belieben mit Galgant, Zimt und Honig abschmecken. Gut bei Bluthochdruck.

## Porridge

| | |
|---|---|
| 4 EL Haferflocken | 1 Apfel, klein geschnitten |
| Rohrzucker oder Honig | Salz |

Die Haferflocken in etwas Wasser mit einer Prise Salz aufkochen. Nach Belieben durch Zusatz von Wasser verdünnen. Den kurz durchgequollenen Haferbrei auf einen vorgewärmten Teller geben. Mit Rohrzucker bestreuen.

Anstelle von Äpfeln kann man auch anderes Obst verwenden: Quitten, Himbeeren, Brombeeren, Johannisbeeren oder deren Marmelade (aber dann ohne Honig).

## Dinkelkleie-Brötchen

150 g Dinkelkleie
150 g Dinkelschrot
50 g brauner Rohrzucker (oder Fruchtzucker bei Diabetikern)
15 g = 1 EL (Weinstein-)Backpulver
1/2 TL Salz
250 ml fettarme Milch (1,5% Fett)
3 Eier (oder Eiweiß)
1 EL Sonnenblumenöl
nach Geschmack: Rosinen, Sultaninen, gehackte Mandeln.

Ofen auf 225°C vorheizen; trockene Backzutaten vermischen. Milch, Ei, Öl hineinrühren. Teig in ein Muffin-Blech füllen und bei 225°C 20 Minuten lang backen. Bei Diabetes den Rohrzucker weglassen.

Dinkelkleiebrötchen senken den Cholesterin- und Blutzuckerserumspiegel. Sie regeln auch die Verdauung und den Stuhlgang.

## Dinkelkaffee

Dinkelkaffee ist ein Ganzkornkaffee. Die Körner dürfen nicht gemahlen werden. Zur Anregung der Darmfunktion und als milder Abführtrank ohne unangenehme Nebenwirkungen hat sich der morgendliche Dinkelkaffee bewährt.

## Die Dinkelkaffee-Kur

**1. Tag** 2 EL Dinkelkaffeekörner in 500 ml Wasser gut 5 Minuten kochen lassen und abgießen. Die Körner im Kühlschrank aufheben. Der Kaffee ist noch sehr dünn.

**2. Tag** 2 EL Dinkelkaffeekörner in 500 ml Wasser mit den Dinkelkörnern des Vortags gut 5 Minuten kochen lassen und abgießen. Die Körner wieder aufheben. Der Kaffee ist jetzt schon viel dunkler.

**3. Tag** 2 EL Dinkelkaffeekörner in 500 ml Wasser mit den Dinkelkörnern der Vortage gut 5 Minuten kochen lassen und abgießen. Die Körner wieder aufheben. Der Kaffee hat jetzt seine gewünschte Farbe.

**4.–6. Tag** Jeden weiteren Tag 2 EL Dinkelkaffeekörner zu denen vom Vortag geben und kochen. Das kann man so lange machen bis die ersten Körner aufplatzen. Dann muss man alle wegwerfen und am nächsten Tag wieder von vorne beginnen.

Bei Bedarf die 6-Tage-Kur wiederholen. Eine Gewöhnung tritt nicht ein.

In den Kaffee kann auch Dinkelbrot eingebrockt werden. Die Brotstücke sollten sich aber mit der Flüssigkeit gut voll saugen.

# Suppen

## Dinkel-Fastenbrühe

1 l Wasser
2 EL Dinkelgrieß
300 g Gemüse (z. B. Fenchelknolle, grüne Bohnen, Karotten, Sellerie, Kürbis, Zucchini, Petersilienwurzel)
Kräuter, gehackt: Petersilie, Kerbel, Beifuß, Gundelrebe, Liebstöckel, Kerbel
Gewürze: Bertram, Quendel, Galgant, Muskat,
1 Prise Salz

Das Gemüse putzen und grob zerkleinern. Im kochendem Salzwasser weich kochen. Kräuter und Gewürze zugeben. Alles fein pürieren nochmals abschmecken und den Dinkelgrieß rieselnd einrühren. Nochmals ein paar Minuten köcheln lassen.

## Klare Hühnerbrühe

1 Suppenhuhn
2 l Wasser
Salz
Wurzelgemüse (Sellerie, Karotten, Fenchel, Petersilienwurzel, Zwiebel, Knoblauch)
Gewürze: Bertram, Muskat, Galgant, Quendel, Pfeffer
Suppeneinlage: Dinkelkörner, Dinkelgrieß, Leberspätzle, Gemüsestreifen, Dinkelnudeln, Dinkelflädle, Dinkelklöße.

Das Suppenhuhn enthäuten und unter kaltem Wasser gut waschen. Mit kaltem Salzwasser bedeckt aufsetzen, aufkochen lassen und dann 1 Stunde ganz leicht weiter köcheln. Das geputzte und klein geschnittene Gemüse, die Kräuter und Gewürze dazugeben. So lange weiterkochen, bis das Huhn weich ist. Mit dem Messer in die Keule stechen; es muss leicht eindringen und klare Flüssigkeit austreten (kein Blut). Das Fleisch als Frikassee verwenden oder etwas davon in die Suppe schneiden. Als Bouillon mit diversen Suppeneinlagen in Tassen servieren. Das Fett vorher abschöpfen.

## Gemüsebrühe

40 g Butter
1 kleine Zwiebel
1 Knoblauchzehe
50 g Sellerie
150 g Gemüse der Jahreszeit (z. B. Bohnen etc.)
20 g Petersilienwurzeln
100 g gelbe Rüben
1 1/2 l Wasser
Salz
Kräuter, gehackt

Das Gemüse ganz fein schneiden und bei offenem Topf in der Butter dünsten. Mit dem kalten Wasser ablöschen und kochen lassen, bis alles weich ist. Kräuter und Gewürze 1/4 bis 1/2 Stunde vor Schluss dazutun. Kann als klare Brühe mit Suppeneinlage (siehe oben) serviert werden (wozu sich auch gekochte Dinkelkörner sehr gut eignen) oder mit einer Dinkelschrot-Mehlschwitze gebunden werden. Diese Gemüsebrühe kann als Ersatz für Fleischbrühen dienen oder zur Ergänzung von Suppen und Saucen. Sie schmeckt nicht nur gut, sondern ist auch gesünder als Fleischbrühe.

## Selleriecremesuppe

250 g Sellerie (geputzt)
1 EL Butter
40 g Dinkelmehl
1 l Gemüsebrühe
1 EL Sahne
Saft einer 1/2 Zitrone
Gewürze: Salz, weißer Pfeffer, Bertram
etwas Zucker

Den geschälten Sellerie in Scheiben schneiden und gleich danach mit dem Wasser, Salz und Zitronensaft zum Kochen bringen (um das Braunwerden zu verhindern). Nach dem Aufwallen auf kleiner Stufe weiter köcheln lassen. Den weich gekochten Sellerie pürieren. Aus Butter, Dinkelmehl und etwas Selleriebrühe eine Mehlschwitze bereiten. Restliche Brühe dazugeben und nochmals aufkochen lassen. Sahne und Gewürze hinzufügen.

## Zwiebelsuppe mit Dinkelschrot

3 große Zwiebeln
1 EL Butter
1 EL Dinkelmehl
1 l Fleischbrühe
3 EL herber Weißwein
1 Likörglas Weinbrand
Gewürze: 1 Lorbeerblatt, weißer Pfeffer, Galgant, Mutterkümmel (Kreuzkümmel), Salz

Die geschälten Zwiebeln in Scheiben schneiden und in Butter anbräunen. Dinkelmehl darüber streuen und mitrösten. Die Fleischbrühe hinzufügen, würzen und eine Viertelstunde kochen lassen, bis die Zwiebeln weich sind. Mit Gewürzen abschmecke und den Weinbrand zugeben.

Diese Suppe empfiehlt sich bei fieberhafter Erkältung.

## Variation: Französische Zwiebelsuppe

Stechen Sie ein getoastetes Dinkelbrot so aus, dass es genau in die Suppentasse passt. Füllen Sie die Suppentasse mit der hellen Zwiebelsuppe dreiviertel voll, legen das Toastbrot darauf und streuen geriebenen Käse darüber. Suppe im Backofen bei 180°C (Oberhitze) goldbraun überbacken.

## Geröstete Dinkelgrießsuppe mit Kräutern

60 g Dinkelgrieß
1 Zwiebel, geschnitten
1 EL Butter
1 l Hühnerbrühe oder Wasser
Salz
Suppengrün
1 EL Kräuter, gehackt

Den Grieß und die Zwiebel in der Butter goldgelb anrösten. Mit der Brühe (oder Wasser) ablöschen und die Gewürze hinzufügen. Nach dem Aufkochen, Topf vom Herd nehmen, und die Suppe ausquellen lassen. Die Kräuter am Schluss unterheben.

## Brunnenkressesuppe

1 EL Butter
2 EL Sahne
30 g Dinkelmehl
1 l Wasser oder Hühnerbrühe
50 g Brunnenkresse
1 Bund Suppengrün
1/2 TL Salz

Die geputzten Brunnenkresseblätter in der heißen Hühnerbrühe zwei Minuten aufkochen und absieben. Die Butter mit dem Dinkelmehl zu goldgelber Schwitze erhitzen. Das geputzte und klein geschnittene Suppengrün und die Sahne hinzufügen und langsam mit der obigen Hühnerbrühe auffüllen. Erhitzen und kurz aufkochen lassen (5 Minuten). Abgesiebte, klein gehackte Brunnenkresse hinzugeben und 20 Minuten zugedeckt köcheln lassen.

Gut bei Verdauungsstörungen und zur Förderung des Stoffwechsels.

## Brunnenkressecremesuppe

1 EL Butter
1 mittelgroße Zwiebel, gehackt
4 gehäufte EL Mehl
1 l Gemüsebrühe
4 Tassen frische Brunnenkresseblätter
1 Tasse Sahne
1 EL Zitronensaft
Salz
Pfeffer, nach Geschmack
2 Eier

In einem Topf die Zwiebeln in Butter andünsten, das Mehl dazugeben und unter ständigem Rühren hell anschwitzen. Mit der warmen Gemüsebrühe ablöschen und unter ständigem Rühren zum Kochen bringen. Die gewaschenen Kresseblätter zufügen und 10 Minuten leicht köcheln lassen. Im Mixer pürieren und durch ein feines Sieb in einen Topf streichen. Sahne und Eier verquirlen und zwei Tassen der Kressebrühe mit dem Schneebesen schnell einrühren. Diese Legierung jetzt in die nicht mehr kochende Suppe gießen. Mit Zitronensaft, Salz und Pfeffer abschmecken und noch einmal kurz vor den Siedepunkt bringen.

## Minestrone mit Dinkelkörnern

1 l Wasser (Hühnerbrühe)
3 EL weich gekochte Dinkelkörner
1 Fenchelknolle
2 Karotten
100 g grüne Bohnen
1 kleiner Sellerie
1 große Zwiebel
1 Knoblauchzehe
Gewürze: Salz, Pfeffer
Kräuter: 2 EL Petersilie, gehackt,
Salbei, Basilikum
geriebener Parmesankäse

Das geputzte, geschnittene Gemüse in der Brühe 15 Minuten kochen bis es weich ist. Mit Salz und Pfeffer abschmecken. Dinkelkörner und Kräuter dazugeben. Mit Parmesankäse bestreuen.

## Dinkelmehlsuppe mit Quendel

50 g Dinkelmehl Type 405
1 l Wasser oder Gemüsebrühe
30 g frischer Quendel, klein gehackt oder
2 TL Quendelpulver
1 Messerspitze Salz

Dinkelmehl mit kaltem Wasser glatt rühren und in das kochende Salzwasser bzw. in die Gemüsebrühe einrühren, Quendel hinzufügen und 2 Minuten aufkochen.

Diese Suppe hilft schlagartig bei Durchfall und fördert die Durchblutung der Haut.

## Fenchelcremesuppe

2 Fenchelknollen
1 l Gemüsebrühe
2 EL Butter
2 EL Dinkelmehl Type 405
100 ml Sahne
Gewürze: Fenchelkörner, gemahlen,
Salz, Galgant, Garam Marsala

Den Fenchel waschen, in Scheiben schneiden, in der Gemüsebrühe weich kochen und pürieren.

Mit Butter und Mehl eine Mehlschwitze herstellen und den Fenchel einrühren. Die Fenchelbrühe zugeben und mit der Sahne verfeinern. Mit den Gewürzen abschmecken.

## Kürbissuppe

500 g Kürbis
$1^1/_2$ l Wasser oder Mandelmilch
500 g Sellerie, Karotten, Fenchel
Gewürze: Salz, Garam Marsala (siehe Gewürze)
200 ml Sahne

Am besten schmecken Hokkaidokürbisse, sie sind besonders saftig und lagerfähig. Man verwendet sie mit samt der Schale. Gleiche Teile Kürbis und Gemüse putzen und in Stücke schneiden. In Salzwasser 30 Minuten weich kochen und pürieren. Sahne hinzugeben und mit Garam Marsala abschmecken.

*Variante:* mit Kastanienpüree verfeinern.

## Spargelcremesuppe

Nutzen Sie die Spargelzeit als Frühjahrskur bei Gicht und Nierenleiden. Spargel ist kalorienarm, entwässert und treibt den Harn.

Grüner Spargel ist besonders reich an Vitamin A und C. Er enthält besonders viel Chlorophyll, weil er außerhalb der Erde wächst. Die zarten grünen Stiele nur unten schälen. Spargel ist teuer, ersetzt aber gut eine ebenso teure Fleischmahlzeit.

250 g Spargel
500 ml Wasser
30 g Butter
40 g Dinkelmehl Type 405
1 l Gemüse- oder Hühnerbrühe
1 Eigelb
2 EL Sahne
2 EL herber Weißwein
Gewürze: 1 Messerspitze Zucker, Salz, Muskat oder Zitronensaft
Kräuter: 1 EL fein gehackte Petersilie und Thymian

Spargel unter fließendem Wasser säubern, von den Spitzen ausgehend schälen, in 2–3 cm lange Stücke schneiden und in siedendem Salzwasser 10 Minuten garen. Aus Butter und Mehl eine goldgelbe Schwitze bereiten, mit Gemüsebrühe löschen. Eigelb mit Sahne und Wein verquirlen und der Suppe beifügen. Mit Zitronensaft und Gewürzen abschmecken. Zuletzt die Spargelstücke mit den Kräutern in die Suppe geben.

### Schwarzwurzelcremesuppe

Im vorhergehenden Rezpt kann man anstatt Spargel auch 250 g Schwarzwurzeln nehmen. Die unter Wasser geschälten Schwarzwurzeln in mit etwas Mehl und Essig vermischtes Wasser legen, damit sie nicht braun werden.

Die Schwarzwurzel ist botanisch eher mit dem Löwenzahn verwandt, doch ähnelt sie geschält dem Spargel. Schwarzwurzeln sind besonders im gemüsearmen Winter zu haben und eine erdig-würzige Delikatesse.

### Suppe mit Mandelmilch

| | |
|---|---|
| 150 g Mandeln, ungeschält | 1 EL Butter |
| 1 l Wasser | 250 g Zwiebeln |

Die Zwiebeln schälen, in Streifen schneiden und im Wasser 20 Minuten weich kochen, herausnehmen und beiseite stellen.

Die Mandeln mit dem Zwiebelwasser im Mixer mixen, durch ein Tuch filtern und in einen Topf geben. Die gekochten Zwiebeln klein hacken und mit der Butter zugeben. Alles noch einmal aufkochen und abschmecken.

### Rehlebercremesuppe

| | |
|---|---|
| 400 g Leber (Hühner-, Rinder-, Hirsch-, Rehleber) | $1^1/_2$ l Brühe |
| | 2 EL Dinkelmehl |
| 1 Möhre | 250 ml Sahne |
| 1 Petersilienwurzel | 1 Ei |
| 5 EL Butter | Salz |

Leber häuten, waschen, in kleine Würfel schneiden. Mit fein geschnittenem Gemüse in 2 EL Butter 15–20 Minuten zugedeckt auf kleiner Flamme dünsten, wobei 125 ml Brühe zugegossen wird. Die Masse pürieren. Inzwischen 2 EL Mehl in 2 EL Butter goldgelb anschwitzen. 1 l Brühe darüber gießen und 2–3 Minuten kochen lassen. Durchsieben, die Leber-Gemüse-Masse darunter mischen und zum Kochen bringen, wobei etwas Brühe hinzu-

gefügt wird, falls die Suppe zu dick ist. Mit in Sahne vermischtem Eigelb sowie etwas Butter anrichten. Mit Salz abschmecken.
Dazu schmeckt vorzüglich Dinkeltoastbrot.
Gut bei Abwehrschwäche und Anämie.

## Hühnerlebercremesuppe

Wie Rehlebercremesuppe, aber mit Hühnerleber.
Gutes Mittel bei Blutarmut.

# Nudeln und andere Teigwaren

## Selbstgemachte Nudeln

350 g Dinkelmehl Type 630
150 g Dinkeldunst
(oder 500 g Dinkelmehl
Type 630)
3 Eier
2 EL Sonnenblumenöl
5 EL Wasser
1 TL Salz

Das Mehl auf ein Brett sieben, in die Mitte eine Mulde drücken und die mit Öl und Salz verquirlten Eier hineingeben. Mit den bemehlten Händen alles schnell durchkneten. Teig so lange bearbeiten, bis er sehr elastisch, glatt und glänzend ist und nicht mehr an den Händen kleben bleibt. Teig in ein bemehltes Tuch einschlagen und 30 Minuten ruhen lassen. Danach auf einer bemehlten Arbeitsfläche von der Mitte ausgehend dünn und gleichmäßig ausrollen, mit Dinkelgrieß einmehlen und zusammenrollen. Mit einem sehr scharfen Messer 1 cm breite Streifen schneiden. Nudeln auf einem bemehlten Tuch ausbreiten und 2 Stunden trocknen lassen.

Besser geht es mit einer Nudelmaschine: Teig in mehrere kleine Portionen teilen, flach drücken und durch eine Nudelmaschine drehen. Maschine auf die dünnste Stufe stellen und nochmals durchdrehen. Die durchgelassenen Platten ein wenig trocknen lassen und anschließend mit der Schneidemaschine zu Nudeln schneiden.

*Variation:* Nudeln mit je 3 EL Rote Betesaft, oder Spinat rot bzw. grün einfärben.

## Edelkastanien-Nudeln

zusätzlich 50 g Edelkastanienmehl hinzufügen.

### Nudeln ›bissfest‹

2 l Wasser
250 g Nudeln
1 TL Salz
1 EL Sonnenblumenöl

Öl in Wasser geben und sprudelnd kochen lassen. Nudeln in sprudelndes Salzwasser geben und umrühren. 8–10 Minuten kochen lassen. Selbstgemachte Nudeln brauchen nur die halbe Garzeit.

Mit Holzlöffel umrühren und probieren, ob die Nudeln bissfest ›al dente‹ gegart sind. (Nudeln dürfen nie verkocht sein und sollten auch nicht mehr nach Mehl schmecken.) Kurz heiß abspülen und durch ein Sieb abgießen.

Für Salat und Auflauf abkühlen, sonst abtropfen lassen und mit Sauce mischen oder gleich mit Butterflocken servieren.

### Dinkel-Lasagne – vegetarisch

*(für 6 Personen)*

*Für die Lasagne-Nudeln:*
300 g Dinkel-Vollkornmehl
2 Eier
2 EL Sonnenblumenöl
Gewürze: 1 TL Salz,
2 TL Quendel
*Füllung:*
4 Knoblauchzehen, gewürfelt
2 Zwiebeln, gewürfelt
2 Möhren, in Scheiben
2 Stangen Sellerie, geschnitten
300 g grober Dinkelschrot
oder Dinkelkernotto
2 Fleischtomaten
ca. 500 ml Wasser oder Brühe
Gewürze: jeweils 3 Messerspitzen Bertram, Galgant, Oregano, Basilikum, je 1 Messerspitze Salz und Pfeffer
*Für den Belag:*
4 EL geriebener Parmesankäse
200 g Mozzarella

*Lasagne-Nudeln-Variation:* Den Teig mit scharfem Messer in Teigstreifen von etwa 7 cm Breite und 15 cm Länge schneiden. Lasagne auf einem bemehlten Tuch ausbreiten und trocknen lassen. Die Lasagne-Nudeln in 4 l Wasser mit 2 TL Salz und 1 EL Sonnenblumenöl etwa 5 Minuten aufkochen, abtropfen lassen.

*Lasagne-Sauce:* Die gewürfelten Zwiebeln in Sonnenblumenöl

leicht bräunen, das fein gehackte Gemüse und den groben Dinkelschrot hinzugeben, mit Wasser übergießen und unter ständigem Rühren 10 Minuten quellen lassen. Tomaten in Würfel schneiden und unter den Brei ziehen. Alles mit frischen Kräutern und Gewürzen abschmecken und nochmals 3 Minuten kochen. Frische klein gehackte Knoblauchzehen darüber streuen. Backofen auf 200°C vorheizen. Auflaufform mit 1 EL Butter ausfetten, den Boden mit Lasagne-Nudeln auslegen. Gemüseschrotbrei, Käse und Lasagne-Nudeln im Wechsel schichtweise einfüllen, bis die Form etwa 10 cm hoch ist. Die letzte Schicht sollen die Lasagne-Nudeln sein. Oberfläche mit dem restlichen Käse bestreuen. Die Lasagne 20–30 Minuten überbacken, bis der Käse bräunlich wird. Portionsweise schneiden und mit Kopfsalat mit Dinkel servieren.

### Dinkelgrieß-Klöße

750 ml Milch
40 g Butter
Gewürze: Salz, Muskat,
1 Prise Pfeffer,
375 g Dinkelgrieß
3 Eier
1–2 EL Kräuter
(Petersilie, Schnittlauch)

Milch, Butter und Gewürze zum Kochen bringen, dann den Grieß einstreuen. Die Masse bei ausgeschalteter Kochplatte so lange rühren, bis sich der Teig kloßartig zusammenballt. In die heiße Masse die Eier einzeln unterrühren, ebenso die gehackten Kräuter (und 1–2 EL Reibkäse nach Belieben). Die Masse gut durcharbeiten. Nun mit feuchten Händen Klöße formen und in kochendes Salzwasser oder Suppe legen und vom Aufkochen an 10–12 Minuten auf kleiner Stufe köcheln; dann 5 Minuten ziehen lassen.

*Variation:* Süße Grießklöße: Anstelle von Pfeffer, Muskat, Kräutern und Käse, 30 g Zucker und 500 ml Zitronengelb zugeben. Die gegarten Klöße mit in Butter gerösteten Semmelbröseln bestreuen und frisches oder eingelegtes Obst dazu reichen.

## Leberklößchen für Suppe

500 g Hühner- oder Kalbsleber
2–3 Zwiebeln
1 EL Butter
1 TL Oregano, getrocknet
2 Brötchen oder
3 Scheiben Weißbrot
50 g Semmelmehl
2 Eier
Gewürze: Salz, Galgant,
Pfeffer, Muskat,
etwas Pastetengewürz,
etwas Hildegard-Suppenwürze
Petersilie, fein geschnitten
2 l Gemüsebrühe

Rohe Leber klein schneiden. Zwiebeln in Butter dünsten, Oregano zugeben. Brötchen oder Brot in Wasser einweichen, ausdrücken. Leber, Zwiebeln und Brötchen/Brot durch den Fleischwolf drehen. Mit Eier und Semmelmehl zu einer lockeren Masse verarbeiten. Mit den Gewürzen abschmecken, Petersilie untermischen. Die Gemüsebrühe für die Suppe zum Kochen bringen, kleine Klößchen formen, in die kochende Brühe geben, etwas 15 Minuten leicht kochen lassen. Probe machen, ob sie durch sind.

## Dinkelspätzle

250 g Dinkelmehl und
100 g Dinkeldunst oder
350 g Dinkelmehl Type 630
3 Eier
$^1/_2$ TL Salz
150 ml lauwarmes Wasser
2 l kochendes Salzwasser
1 EL Sonnenblumenöl

Dinkelmehl mit Salz, Eiern und 150 ml lauwarmem Wasser verrühren und glatt schlagen. Teig etwas ruhen lassen, dann kräftig mit Knethaken durchschlagen, bis Blasen entstehen. Teig ruhen lassen. Etwas Teig dünn auf ein angefeuchtetes Brett streichen, 1 Sekunde in kochendes Wasser halten, dann Spätzle ins Wasser schaben. Aufkochen bis die Spätzle aufsteigen. Oder mit dem Spätzleschaber sofort in 2 l kochendes Salzwasser schaben; ab und zu umrühren, damit die Spätzle nicht zusammenkleben. Einmal aufkochen. Wenn die Spätzle oben schwimmen, mit dem Schaumlöffel herausnehmen oder in ein Sieb gießen. Kurz mit kaltem Wasser abschrecken, warm stellen. Mit gedünstetem Gemüse, Salat und Fisch servieren.

## Dinkelknödel

2–3 Scheiben weißes Dinkelbrot
250 g Dinkelschrot
100 g Dinkelgrieß
250 ml Milch
2 l Brühe
2 Eier
3 EL Parmesan
1 Zwiebel
50 g Butter
1 Bund Petersilie
Gewürze: 1/2 TL Muskat
1 TL Bertram,
1 TL Majoran,
1 TL Salz
2 EL Schnittlauch
3 EL Sonnenblumenöl

Jeweils 250 ml Milch und Brühe mit Dinkelschrot und Dinkelgrieß vermischen und unter ständigem Rühren bei milder Hitze aufkochen. Herd abschalten und 30 Minuten quellen lassen. Zwiebel in Butter glasig dünsten. Das klein gewürfelte Dinkelbrot zugeben und anrösten. Alles mit Eiern, Gewürzen, Kräutern, Parmesan unter die Dinkelmasse rühren. Zu festem Teig verkneten und 30 Minuten ruhen lassen. Mit nassen Händen Knödel formen und in 2 l siedender Brühe etwa 15 Minuten aufkochen. Wenn sie an die Oberfläche steigen noch 10 Minuten garen lassen. Durch ein Sieb abgießen, mit Käse bestreuen und heiß zu Gemüse servieren.

## Leberknödel

500 g Leber (vom Huhn, Lamm, Kalb, Reh, Hirsch oder Rind)
5 altbackene Dinkelbrötchen
1/2 Tasse Milch
2 EL Butter
2 Zwiebeln, fein gehackt
3 Eier
Gewürze: je 1/2 TL Salz, Bertram, Galgant, Majoran und Pfeffer
2 EL Petersilie, fein gehackt
1/2 Tasse Dinkelbrösel

Zwiebeln schälen und in Butter glasig andünsten, Majoran dazugeben. Dinkelbrötchen in Scheiben schneiden und mit kochender Milch übergießen. Stehen lassen. Leber in Stücke schneiden und 30 Minuten einfrieren. Danach mit den Zwiebeln durch den Fleischwolf drehen. Eier, Salz, Pfeffer und Petersilie dazugeben und zum Schluss mit Semmelbrösel verkneten. Die Mischung darf nicht zu teigig werden. 2 l Wasser salzen und zum Kochen bringen, bei kleiner Hitze sieden lassen.

Mit nassen Händen einen Knödel von 2–3 cm Durchmesser formen und etwa 7–10 Minuten Probe kochen lassen, bis er an die Oberfläche steigt. Genau auf die Uhr sehen. Danach die restlichen Knödel formen und genauso wie den Probierknödel gar ziehen lassen.

### Wiener Topfenknödel (Quarkknödel)

250 g Magerquark
1 Ei
4 EL Dinkelschrotmehl
100 g Butter
1 TL Zucker
1 Prise Salz
1/2 Tasse Dinkelbrösel

Quark, zerlassene Butter, Zucker und Salz sorgfältig zu einem Teig verkneten. Löffelweise Mehl zugeben und weiterkneten, bis der Teig elastisch ist. Mit einem Esslöffel Knödeldreiecke abstechen. 2 l Wasser mit 1 TL Salz aufkochen und Knödel 15 Minuten köcheln lassen, bis sie an die Oberfläche kommen. Mit dem Schaumlöffel herausnehmen und abtropfen lassen. Mit Dinkelbrösel übersprenkeln und in einer gusseisernen Pfanne in Butter schnell von allen Seiten überbräunen.

Die Knödel werden heiß und je nach Belieben mit Kompott, Marmelade, Zimt, Nelken, Galgant, Muskat serviert oder einem Spritzer Wein übergossen.

### Hefeklöße (Dampfnudeln)

500 g Mehl
30 g Hefe
250 ml Milch
1 EL Zucker
Salz
1 Ei
50 g Sonnenblumenöl
Butter, Semmelbrösel

Aus diesen Zutaten einen Hefeteig bereiten und daraus Klöße formen. In eine möglichst höhere Deckelpfanne mit Einsatzrost gut 250 ml Wasser gießen. Das Wasser soll jedoch nicht bis zum

Rost reichen. Den Rost mit einem mehrfach durchstochenem Backpapier bedecken. Eine Reihe Klöße darauf legen, den Deckel aufsetzen und auf großer Stufe das Wasser zum Dampfen bringen. Danach auf niedriger Stufe 10 Minuten garen lassen und weitere 5 Minuten bei abgedrehter Flamme. Die Klöße nach dem Herausnehmen mit zwei Gabeln auseinanderreißen, damit der Dampf entweichen kann. Die in Butter gebräunten Semmelbrösel darüber geben und mit Frucht-, Vanille-, Weinschaumsauce oder Kompott servieren.

*Variation:* Statt der süßen Beilagen kann man auch Gemüse zu den Klößen reichen. Hierfür den Zucker im Teig weglassen, die Klöße in einem breiten Topf über Gemüse garen lassen und zusammen servieren.

# Dinkel

## Dinkelkörner gekocht

*(Grundrezept)*

1 Tasse Dinkelkörner
(Tasse randvoll = 250 ml)
750 ml Wasser
(oder Gemüse-, Hühnerbrühe)
Salz

Dinkelkörner in kochendes Salzwasser geben und bei kleiner Hitze 30 Minuten langsam gar kochen. Danach noch 60 Minuten quellen lassen, bis sie weich sind. Heiß und eventuell mit etwas Butter und Kräutern servieren. Zur Geschmacksverstärkung eventuell Zwiebeln und Knoblauchzehen im Wasser mitkochen. Süß mit Apfeldicksaft abgeschmeckt passen Zimt, Galgant, Vanille, süße Mandeln und Rosinen.

Abgekühlt kann man sie 3 Tage im Kühlschrank aufbewahren und portionsweise unter das Essen, Habermus oder Salat geben.

## Dinkelkernotto gedünstet

*(geschrotete Dinkelkörner, sie brauchen nicht so lange gekocht werden)*

1 Tasse Dinkelkernotto
(250 ml)
3 EL Butter
1 Zwiebeln, gewürfelt
Gewürze: Bertram, Galgant,
Salz
2 Tassen Gemüse- oder
Hühnerbrühe

Zwiebeln schälen und in Würfel schneiden. Butter erhitzen und Zwiebeln andünsten. Dinkelkernotto zugeben und 5–10 Minuten rösten lassen, mit Bertram und Galgant würzen. Mit Brühe unter Rühren ablöschen, bei geschlossenem Deckel köcheln und 20 Minuten weich dünsten. Mit Salz abschmecken.

Dinkelkernotto als Beilage zu Geflügel, Lamm, Ziege, Rind oder Wild servieren.

## Dinkel-Bratlinge

500 ml Gemüse- oder Hühnerbrühe
1 Tasse Dinkelschrot, grob (250 ml)
3 EL Butter
2 Zwiebeln
2 Eier
Gewürze: Bertram, Muskat, Galgant, 1 Prise Salz
Kräuter: Majoran, Petersilie
Knoblauch

Zwiebeln schälen und in Würfel schneiden. In Butter erhitzen und andünsten. Dinkelschrot zugeben und 5 Minuten unter Rühren mitrösten. Mit Brühe unter Rühren ablöschen. 15 Minuten köcheln und bei geschlossenem Topf 15 Minuten ausquellen lassen. Eier, Gewürze, Kräuter unter die Dinkelmasse heben, zu kleinen Bratlingen formen und mit wenig Öl von jeder Seite 10–15 Minuten goldbraun backen. Sollte die Masse nicht genügend binden, mit Dinkelkleie anreichern.

## Dinkel-Gemüsebratlinge

250 ml Wasser
Suppenwürze
100 g Dinkelschrot
200 g Dinkelgrütze
3 TL Oregano (getrocknet)
1 TL Thymian (getrocknet)
Gewürze: Salz, Pfeffer, Galgant, Muskat, Bertram, Griechenklee
200 g Karotten, geschält, geraspelt
200 g Sellerie, geschält, geraspelt
200 g Zucchini, geraspelt
4–6 Knoblauchzehen
4 Zwiebeln
2 EL Butter
4 Eier
Frische Kräuter, gehackt: Petersilie, Dill, Schnittlauch
Öl

Wasser in einem Topf zum Kochen bringen, Suppenwürze zugeben, Dinkelschrot einrühren und zu einem festen Brei kochen. Dinkelgrütze kochen und abkühlen lassen.

Karotten, Sellerie und Zucchini kurz dünsten (al dente). Knoblauchzehen fein hacken und mit Salz zerdrücken. Zwiebeln fein hacken und in Butter andünsten. Alles in eine große Schüssel geben, Eier und Gewürze zugeben und gut vermischen. Abschmecken. Zuletzt die frischen Kräuter untermischen.

In einer Teflon-Pfanne Öl erhitzen (halbe Hitze). Bratlinge formen und auf jeder Seite goldbraun backen.

## Dinkelauflauf mit Gemüse

1 Tasse Dinkelschrot (250 ml)
2 EL Dinkelkörner, kalt, gekocht
500 ml Gemüsebrühe, Wasser oder Milch
3 EL Butter
1 Zwiebel
300 g Gemüsewürfel (Möhren, Fenchel, Sellerie)
1 Ei
1 EL saure Sahne
Gewürze: Bertram, Galgant, Muskat, Nelke, Salz
Kräuter: Poleiminze, Petersilie, Basilikum
Paniermehl
50 g geriebener Käse

Zwiebel schälen, würfeln, in heißer Butter mit Dinkel und Gemüse andünsten, mit Flüssigkeit unter Rühren ablöschen. In der Gemüsebrühe 15 Minuten köcheln und ausquellen lassen. Würze und Kräuter dazugeben und die ganze Masse in eine gefettete Auflaufform geben. Ei-Sahne-Mischung verquirlen und den Auflauf damit übergießen, mit Paniermehl und Käse überstreuen. Bei 225–250°C 20–25 Minuten goldbraun backen.

## Dinkelauflauf mit Äpfeln

2 Tassen Dinkelschrot
3 EL Dinkelkörner, kalt, gekocht
2 EL Butter
2 Eier, getrennt
1 l Milch
50 g Mandeln, gehackt
50 g Sultaninen
Zitronensaft mit Zitronenschale
500 g Äpfel, gewaschen, geschält, zerkleinert
Gewürze: Zimt, Muskat, Nelken
2 EL Honig oder Rohrzucker

Dinkel in kochende Milch einrühren, aufkochen und 20–30 Minuten bei ausgeschalteter Kochstelle ausquellen lassen. Zitronenschale, Zitronensaft, Eigelb, Sultaninen, Mandeln mit Äpfeln verrühren und unter die Dinkelmasse heben; gut durchkneten. In gefettete Auflaufform geben, mit steifem Eischnee unterschichten und bei 225–250°C 20–25 Minuten überbacken.

### Pikante Dinkelgrütze

250 g Dinkelgrütze
1 Zwiebel
3 EL Butter
750 ml Gemüse- oder Hühnerbrühe
Gewürze: Bertram, Galgant, Muskat, Nelken, Salz

*Variationen:*
200 g gebräunte Zwiebelwürfel
100 g gehackte Kräuter
100 g geröstete Mandelblätter
200 g Erbsen oder Mais

Zwiebeln schälen, in Würfel schneiden, in heißer Butter andünsten. Grütze zugeben, unter Rühren andünsten, mit Brühe ablöschen, würzen, 10 Minuten köcheln und 15 Minuten bei ausgeschalteter Kochstelle quellen lassen. Man kann die Dinkelgrütze mit den Variationen verfeinern.

### Süße Dinkelgrütze

mit Apfel-, Quitten- oder Kirschkompott
250 g Dinkelgrütze (-grieß)
500 ml Milch
2 EL Butter
2 EL Rohrzucker oder Sirup
Zimt, Muskat, Nelken
1 Prise Salz
500 g Apfel- oder Quittenkompott

Milch mit Salz aufkochen, Grütze zugeben, 10 Minuten köcheln und 15 Minuten ausquellen lassen. Mit erhitzter Butter übergießen und mit Zucker und Zimt bestreuen. Zu Quitten- oder Apfelkompott servieren (Alternative: Kirschkompott).

### Dinkelpfannkuchen

250 g Dinkelmehl Type 630
1 Prise Salz (bei süßem Pfannkuchen 2 TL Vollrohrzucker)
Milch
2 Eier
Sonnenblumenöl

Das gesiebte Mehl mit dem Salz und evtl. dem Zucker vermengen und mit so viel Milch verrühren, dass ein glatter, dickflüssiger Teig entsteht. Danach die Eier unterrühren und die Pfannkuchen in einer nur leicht geölten Pfanne ausbacken.

### Dinkelpfannkuchen mit Grippepulver

4 EL Dinkelschrot, in 250 ml Wasser eingeweicht
1 EL Dinkelmehl Type 405
1 Ei
30 g Butter, zerlassen
1/2 TL Salz
2 TL Grippepulver (oder Königskerzenblüten)

Alle Zutaten zu Brei vermischen, langsam in leicht gefetteter Pfanne auf beiden Seiten goldbraun backen. Dazu frischen servieren.

### Dinkelpfannkuchen mit Quarkfüllung

*Pfannkuchen:*
2 Eier
125 ml Milch
125 ml Wasser
1 EL Öl
1 Prise Salz
1 Tasse Dinkelmehl
*Die Füllung:*
250 g Quark
100 g Ricotta oder Hüttenkäse
50 g Rosinen
1 Eigelb
1 TL Zucker
1/2 geriebene Zitronenschale
1–2 EL Dinkelmehl
Öl oder Butter zum Backen
1 Becher saure Sahne

Eier schlagen und mit Milch, Wasser, Öl und Salz verrühren. Allmählich das Mehl hinzufügen und gut verrühren, bis man eine glatte Masse erhält. Etwa 1 Stunde lang stehen lassen.

Eine Pfanne mit ein wenig Öl einfetten, auf kleiner Flamme erhitzen und eine dünne Schicht Teigmasse hineingeben, die den Pfannenboden bedeckt. Einige Minuten lang backen, bis der Pfannkuchen Blasen wirft, dann herausnehmen und auf eine Arbeitsplatte legen. Auf diese Weise den ganzen Teig zu Pfannkuchen backen. Alle Zutaten der Füllung miteinander vermischen. Von der Füllung ein wenig auf jeden Pfannkuchen geben und die

Ränder dabei freilassen. Dann zuerst den rechten Rand über die Füllung klappen und danach den linken Rand. Von unten nach oben zusammenrollen, bis man eine Rolle erhält.

Die gefüllten Pfannkuchen in Öl oder Butter backen oder im vorgeheizten Backofen bei mittlerer Hitze backen, bis sie goldgelb sind.

Heiß servieren – mit der sauren Sahne als Beilage.

### Dünne Pfannkuchen

1 Tasse Dinkelmehl Type 630
$1^1/_2$ TL Backpulver
$^1/_2$ TL Salz
1–2 TL (Rohr-)Zucker
1 geschlagenes Ei
1 Tasse Milch oder Milch-Wasser-Gemisch
3 EL geschmolzene Butter (oder Sonnenblumenöl)

Alle trockenen Zutaten vermischen. Milch mit Ei verrühren und dem Mehlgemisch hinzufügen. Zuletzt das Fett hineinrühren. Besser wird der Teig, wenn man ihn vor dem Backen mindestens 1 Stunde stehen lässt. Eine Pfanne mit ein wenig Öl einfetten (nur beim ersten Pfannkuchen), erhitzen und eine dünne Schicht Teigmasse hineingeben, die den Pfannenboden bedeckt. Dann den Pfannkuchen ausbacken, bis er Blasen wirft, anschließend wenden. Die fertigen Pfannkuchen in der erhitzten Backofenröhre aufbewahren, damit sie schön warm bleiben.

Alle Zutaten der Füllung miteinander vermischen. Von der Füllung ein wenig auf jeden Pfannkuchen geben und die Ränder dabei freilassen. Dann zuerst den rechten Rand über die Füllung klappen und danach den linken Rand. Von unten nach oben zusammenrollen, bis man eine Rolle erhält.

Die gefüllten Pfannkuchen mit saurer Sahne übergießen und im vorgeheizten Backofen bei mittlerer Hitze backen, bis sie goldgelb sind. Heiß servieren!

*Quarkfüllung:* 250 g Quark, 100 g Ricotta oder Hüttenkäse, 50 g Rosinen, 1 Eigelb, 1 TL Zucker, $^1/_2$ geriebene Zitronenschale, 1–2 EL Dinkelmehl, Öl oder Butter zum Backen, 1 Becher saure Sahne

*Hackfleischfüllung:* 250 g Hackfleisch mit geschnittenen Zwiebeln anbraten und mit etwas Wasser oder Wein verquirlen.

*Gemüsefüllung:* Spinat, Spargel oder Erbsen; mit wenig Butter, Dinkelmehl und Milch eine weiße Sauce kochen.

## Äpfel in Pfannkuchenteig

Säuerliche Äpfel entkernen, in Ringe schneiden, in Pfannkuchenteig eintauchen und goldbraun backen. Mit Zucker, Zimt und Zitrone servieren.

*Pilzfüllung:* Gehackte Zwiebeln in Butter braten, bis sie glasig sind, Champignons dazugeben und mitbraten. Mit Salz und Gewürze abschmecken. Eventuell mit Dinkelmehl und Wasser zu einer Sauce binden.

## Apfelkrapfen in Bierteig

*Bierteig:*
300 g Dinkelmehl
2 EL Sonnenblumenöl
250 ml Dinkelbier
1 Ei
1 Prise Salz, Zimtpulver
*Füllung:*
Äpfel (Kirschen mit Stiel)

Mehl, Öl, Ei, Bier, Salz und Zimt zu einem glatten Teig verrühren und 1 Stunde stehen lassen. Zur Verfeinerung kann das Eiweiß getrennt zu steifem Schnee geschlagen und untergehoben werden.

Äpfel schälen, in kleine Stücke schneiden (Kerngehäuse entfernen). Die Apfelstücke in den Bierteig rühren. Mit einem großen Löffel Portionen des Apfelteiges ins schwimmende Fett geben und goldgelb anrösten. Anschließend mit Zucker bestreuen.

*Variation:* Statt Äpfeln kann man auch frische Kirschen mit Stiel in den Teig tunken, wobei der Stiel nur als Haltevorrichtung dient. Jede Kirsche einzeln in den Teig tauchen.

# Gemüse

## Edelkastanien (Maroni)

Edelkastanien werden in verschiedenen Arten angeboten; frisch, geschält, gefroren, gegart im Glas, vakuumiert, getrocknet und als Kastanienmehl. 1 kg frische Kastanien ergeben ca. 850 g geschälte Früchte. 500 g getrocknete Kastanien wiegen nach dem Einweichen ca. 750 g. Je nach Gericht rechnet man pro Person 200–250 g frische Kastanien.

Kastanien vakuumiert oder aus dem Glas gleich weiterverarbeiten. Gefrorene Kastanien vorher 10 Minuten kochen. Getrocknete Kastanien mehrere Stunden, am besten über Nacht, einweichen und 25 Minuten kochen.

*Kastanienzubereitung:*
Die Edelkastanien müssen vor der Zubereitung heiß und geschält sein: Rohe Kastanien vorher rundum einritzen und in sprudelndem Wasser 3–6 Minuten kochen lassen. Die abgetropften Kastanien möglichst heiß mit Handschuhen schälen. Leichter ist es, von geschälten getrockneten Edelkastanien auszugehen, die wie Gemüse 20 Minuten in Wasser gekocht werden. Zwiebeln schälen, würfeln und in heißer Butter andünsten, mit Hühnerbrühe ablöschen und mit den heißen, geschälten Edelkastanien 10 Minuten weich schmoren lassen. Mit gehackten Kräutern garnieren. Zu Geflügel, Lamm oder Wild servieren.

*Maroni:*
Rohe Kastanien vorher rundum einritzen und auf dem Backblech mit etwas Wasser 10 Minuten bei 200°C rösten, sofort schälen, auch die hellere Innenhaut entfernen.

### Habermus mit Edelkastanien

Am besten essen Sie bei Gastritis oder Magengeschwüren morgens das präparierte Habermus. Fügen Sie einer Portion Habermus 1 EL Edelkastanienmehl oder 2–3 zerdrückte Edelkastanien zu sowie eine Mischung aus 40 g Engelsüßpulver und 60 g Süßholzpulver.

Gut bei Magenschleimhautentzündung.

### Edelkastanien-Zwiebelgemüse

1 kg Edelkastanien (gefroren oder vakuumverpackt)
2 EL Butter
500 g Zwiebeln
2 TL Oregano
Weißwein
Gemüsebrühe
2 EL Dinkelmehl Type 405
Gewürze: Salz, Galgant, Poleiminze, Garam Marsala
Sahne
Petersilie, gehackt

Die Edelkastanien in einem Topf mit wenig Wasser bei geschlossenem Deckel 20 Minuten dünsten. Zwiebeln grob schneiden, in einem Topf mit Butter andünsten. Oregano kurz mitdünsten. Mit Weißwein ablöschen, mit Gemüsebrühe auffüllen und 3–5 Minuten köcheln lassen. Die gekochten Edelkastanien dazugeben. 2 EL Dinkelmehl mit kaltem Wasser verrühren und die Kochflüssigkeit damit binden. Noch einmal alles kurz aufkochen und mit den Gewürzen abschmecken. Mit Sahne verfeinern und mit gehackter Petersilie garnieren.

Gut bei Abwehrschwäche.

### Edelkastaniencremesuppe

1 kg Edelkastanien (gefroren oder vakuumverpackt)
3 Zwiebeln, gehackt
2 EL Butter
3 TL Oregano
500 ml Gemüsebrühe
Gewürze: Salz, Bertram, Galgant, Muskat, Garam Marsala
50 ml Sahne
Weißwein

Die gehackten Zwiebeln in Butter andünsten. Oregano zugeben, kurz mitdünsten. Edelkastanien zugeben, mit Gemüsebrühe oder Wasser auffüllen und weich kochen. Im Mixer fein pürieren. Die Suppe sollte eine sämige Konsistenz haben. Falls sie zu dünn ist, Edelkastanienmehl mit kaltem Wasser anrühren, in die Suppe geben und kurz aufkochen. Mit den Gewürzen abschmecken, mit Sahne und Weißwein verfeinern.

### Maroni-Gnocchi

400 g Maroni = Edelkastanien (gefroren oder vakuumverpackt)
1 EL Butter
1 Zwiebel, fein gehackt
1 TL Oregano (getrocknet)
100 g Dinkelschrot
250 ml Gemüsebrühe
2 Eier
Gewürze: Salz, Galgant, Garam Marsala
2 EL Butter
1 große Zwiebel

Edelkastanien weich kochen. Zwiebel in Butter andünsten. Oregano zugeben und kurz mitdünsten. Dinkelschrot in die kochende Gemüsebrühe rühren, ca. 10 Minuten zu einem festen Brandteig köcheln und abkühlen lassen.

Edelkastanien und Zwiebel mit dem Stabmixer pürieren. Den Schrotteig in eine Schüssel geben, Edelkastanienpüree, Eier und Gewürze zugeben, vermengen und abschmecken. Salzwasser zum Kochen bringen, mit einem Teelöffel Klößchen abstechen, ins kochende Wasser geben. Sobald sie an die Oberfläche steigen, sind sie gar. Herausnehmen.

Eine große Zwiebel in feine Scheiben schneiden, in 2 EL Butter andünsten. Eine Gratinform mit Butter fetten, die Klöße einschichten, mit den kurz angedünsteten Zwiebelringen bestreuen. Im Backofen bei 180°C hellbraun überbacken.

### Leber mit Edelkastaniensauce

750 g Kalbs- oder Geflügelleber
1 Zwiebel
1 Apfel
1 EL Edelkastanienmehl
250 ml Gemüsebrühe
Gewürze: Salz, Pfeffer, Galgant, Bertram
Balsamico-Essig

Leber von allen Adern und Häuten befreien und klein schneiden. In heißem Öl kurz anbraten, nicht salzen, nicht würzen. Leber aus der Pfanne nehmen und beiseite stellen.

Geschnittene Zwiebel und Apfel in Öl andünsten, mit Kastanienmehl bestreuen. Mit Gemüsebrühe ablöschen und schnell umrühren. Die Sauce mit Balsamico-Essig und Gewürzen abschmecken.

Die angebratene Leber dazugeben und kurz mitkochen.

## Kastanienhörnchen

300 g Dinkelmehl Type 630
100 g Butter
15 g Hefe
60 g Zucker
1 Eigelb
saure Sahne

*Füllung:*
500 g Edelkastanien, gekocht
30 g Butter
2 gehäufte EL Zucker
1 EL Rum
2 EL Milch

Die zerbröckelte Hefe in eine Tasse geben mit 1 EL Zucker und 2 EL lauwarmer Milch in einer Tasse verrühren, bis die Hefe aufgelöst ist. Aufgehen lassen.

In einer Backschüssel das Mehl hineingeben und eine Mulde bilden. Dahinein die aufgelöste Hefe geben und alles abgedeckt 20 Minuten stehen lassen.

Danach die Butter zerlassen, Zucker und Eigelb und genügend saure Sahne hinzufügen, bis ein weicher, geschmeidig-fester Teig entstanden ist. Nochmals 20 Minuten zugedeckt aufgehen lassen.

*Füllung*: Gekochte und geschälte Kastanien mit der Butter, dem Zucker und dem Rum pürieren und zu einer weichen Masse verrühren.

Den Teig auf einer bemehlten Arbeitsplatte streichholzdünn ausrollen und in 10 x 10 cm große Vierecke schneiden. Einen guten Esslöffel voll von der Kastanienfülle auf jedes Viereck geben, aufrollen und die Enden zusammendrücken. Hörnchen daraus bilden. Auf ein mit Backpapier belegtes Backblech legen und die Oberfläche mit Milch anpinseln. Bei 180°C ca. 15 Minuten backen.

## Kastanienhörnchen pikant

250 g Dinkelmehl
90 g kalte Butter
1 TL Salz
4 EL Sauerrahm
20 g Hefe
1 EL Zucker
*Füllung:*
250 g Edelkastanien (gefroren oder vakuumverpackt)
1 Zwiebel, gehackt
Butter
1 TL Oregano getrocknet
Gewürze: Salz, Pfeffer, Galgant, Garam Marsala
Petersilie, fein gehackt
3–5 Blätter Rauke (Rucola)

Das Mehl auf ein Backblech sieben, die kalte Butter in kleinen Würfeln darauf verteilen, salzen. Den Sauerrahm mit Hefe und Zucker verrühren und in die Mehlgrube geben. Den Teig rasch zusammenkneten, zugedeckt eine halbe Stunde im Kühlschrank gehen lassen.

*Füllung:* Edelkastanien weich kochen. Gehackte Zwiebel in Butter goldgelb dünsten. Oregano zu den Zwiebeln geben und kurz mitdünsten. Edelkastanien und Zwiebeln mit dem Stabmixer pürieren. Mit Salz, Pfeffer, Galgant und Garam Marsala abschmecken. Petersilie und Rauke zugeben.

Den Teig dünn auswellen, Dreiecke schneiden. 1 EL der Fülle auf die breite Seite geben, zur Spitze hin aufrollen und Hörnchen formen. Bei 200°C etwa 20 Minuten goldbraun backen.

## Maronen in Weinsauce

500 g Edelkastanien
250 g Zucker
Saft 1 Zitrone
4 EL Weißwein, 4 EL Wasser

Kastanien tief einschneiden und in einem heißen Ofen etwa 10 Minuten rösten lassen. Schalen entfernen. In einer Saucenschüssel Zucker, Zitronensaft und Wasser anrühren und unter ständigem Umrühren bei mittlerer Hitze zum Kochen bringen. Kastanien dazugeben, zudecken und ca. 15 Minuten köcheln lassen. Danach den Wein dazugeben, nochmals aufkochen lassen und servieren.

## Gekochte, glasierte Kastanien

750 g Kastanien, gegart
etwas Gemüsebrühe
Salz
1 EL Butter
1 EL Zucker
Gewürze: Salz, Galgant

Zucker in heißer Butter hell bräunen. In die Gemüsebrühe bissfest vorgekochte Kastanien hineingeben und darin glasig schmoren. Mit Gewürzen abschmecken.

## Edelkastanienspätzle

350 g Dinkelmehl
(besser: 250 g Mehl und
100 g Dinkeldunst)
3 EL Edelkastanienmehl
3 Eier
1 EL Öl
Salz

Dinkelmehl, Edelkastanienmehl, Eier, Öl und Salz mit so viel Wasser verrühren, dass ein glatter Teig entsteht. So lange mit einem Holzlöffel oder den Knethaken der Küchenmaschine weiterschlagen, bis der Teig Blasen wirft. Den Teig ruhen lassen. Viel Wasser zum Kochen bringen, Salz und etwas Öl zugeben.

Den Spätzleteig durch eine Presse drücken oder vom Brett in das Wasser schaben und einmal aufkochen lassen. Mit einem Schaumlöffel herausnehmen oder durch ein Sieb schütten, kurz kalt abspülen und warm stellen.

## Maroni-Fenchel-Pastete Nr. 1 – Falscher Hase

*(für eine Kastenform 30 cm)*

1 EL Butter
2 mittlere Zwiebeln
1 TL Oregano
1 TL Thymian
500 g Edelkastanien, geschält
Gemüsebrühe
2 Fenchelknollen
2–3 Eier
200 g Mandeln, gemahlen
frisches Basilikum
50 g Semmelbrösel
2 EL Sauerrahm
2 EL Petersilie, gehackt
Gewürze: Salz, Pfeffer,
Galgant, Bertram, Koriander,
Muskat

Die Zwiebeln schälen, klein schneiden und in der Butter andünsten. Oregano und Thymian zugeben, kurz mitdünsten. Die Edelkastanien dazutun, mit Gemüsebrühe angießen und weich kochen. Fenchel waschen und in der Gemüsebrühe weich kochen. Die Edelkastanien und den Fenchel durch den Fleischwolf drehen oder mit dem Stabmixer pürieren. Die restlichen Zutaten dazugeben und zu einer gleichmäßigen Masse verarbeiten. Mit den Kräutern und Gewürzen abschmecken. Die Masse sollte die Konsistenz von einem Hackbraten haben. Die Form mit Backpapier auslegen, die Masse einfüllen und im vorgeheizten Backofen bei 180°C ca. 30 Minuten backen.

### Maroni-Fenchel-Pastete Nr. 2

*(für eine Kastenform 30 cm)*

600 g Edelkastanien (gefroren oder vakuumverpackt)
2 mittelgroße Fenchelknollen
1 EL Butter
1 mittelgroße Zwiebeln
1 TL Oregano getrocknet
1 TL Hildegard-Suppenwürze
Gewürze: Salz, Galgant, Muskat, Garam Marsala
2 Eier
Kräuter: Petersilie, Basilikum
200 g Mandeln, gemahlen
50 g Semmelbrösel

Edelkastanien und Fenchel weich kochen. Zwiebeln schälen, klein schneiden und in der Butter andünsten. Oregano kurz mitdünsten. Alles in eine Schüssel geben und mit dem Stabmixer pürieren. Gewürze, Eier, Kräuter, Mandeln und Semmelbrösel zugeben und eine geschmeidige Masse herstellen.

Form mit Öl auspinseln, mit Backpapier auslegen, die Masse einfüllen und im vorgeheizten Backofen auf mittlerer Schiene bei 200°C 30 Minuten backen.

Schmeckt auch kalt sehr gut.

## Maroni-Bratlinge

500 g geschälte Kastanien
1 Zwiebel
Butter
1 TL Oregano, getrocknet
2 Eier
Gewürze: Salz, Pfeffer,
Muskat, Galgant, Bertram,
Quendel
Dinkelmehl Type 630 oder
Kastanienmehl
Semmelbrösel
Sonnenblumenöl

Die Zwiebel schälen, in Streifen schneiden und in Butter glasig braten, Oregano und Thymian zugeben und kurz mitdünsten. Die Edelkastanien dazutun, etwas Wasser angießen und zugedeckt ca. 10 Minuten köcheln lassen.

Alles durch den Fleischwolf geben oder mit dem Stabmixer pürieren, die Eier zugeben und mit den Gewürzen abschmecken. Wenn die Masse zu weich ist, mit Dinkel- oder Kastanienmehl andicken.

Bratlinge formen, in Semmelbrösel wenden und in Sonnenblumenöl bei nicht zu großer Hitze braten.

## Kastanien-Brot-Fülle für Geflügel

750 g Dinkelbrot
Milch oder Wasser
3 Zwiebeln
Sellerie
Gewürze: 3 TL Salz,
1–2 TL schwarzer Pfeffer,
2 EL Salbei (oder Ysop)
500 g Edelkastanien (gekocht und zerkleinert)
2 geschlagene Eier

Brot in Stückchen schneiden und in genügend Milch oder Wasser einweichen. Zwiebeln und Sellerie klein hacken und in Butter braten (eventuell mit geschnittenen Innereien). Alle Zutaten vermengen und gut kneten. Zum Schluss die Eier untermischen.

Die Füllung muss nicht unbedingt im Geflügel gebacken werden. Wenn das Geflügel zu klein oder etwas Füllung übrig ist, kann man sie separat backen.

## Hähnchen-Kastanien-Salat

(1 Tasse randvoll = 250 ml)
1 Tasse gekochtes, zerkleinertes Hühnerfleisch
1/2 Tasse gekochte, zerkleinerte Edelkastanien
1 Tasse zerkleinerte Sellerie
2 hart gekochte Eigelb (zerdrückt)
1/2 Tasse Ananas
1/2 Tasse Mayonnaise oder Salatsauce

Die Zutaten zu einem Salat zusammenmengen.

## Sellerie-Maronen-Salat

1 mittlere Knolle Sellerie
Zitronensaft
250 g Maronen, geschält, gegart
Vinaigrette-Salatsauce
Petersilie, gehackt

Den Sellerie schälen und in Stäbchen schneiden. In Salzwasser mit etwas Zitronensaft weich kochen. Wasser abschütten und Sellerie nach dem Kaltwerden mit den Maronen vermischen. Mit Vinaigrette-Salatsauce übergießen und nochmals vermengen. Mit Petersilie bestreuen.

## Kastanien-Marmelade

1 kg geschälte Edelkastanien
700 g Zucker
Saft einer Zitrone

Geschälte Kastanien mit etwas Wasser und Zitronensaft aufkochen.

400 ml Wasser aufkochen und den Zucker vollständig darin auflösen. Kastanien dazugeben und 15 Minuten unter ständigen Rühren breiig kochen, abschäumen. In heiße sterile Gläser abfüllen.

## Kastanien-Vermicelli

| | |
|---|---|
| 500 g Edelkastanien, geschält | Vanille, Zimt |
| Zucker nach Belieben | Sahne |

Die Kastanien in Zuckerwasser weich kochen. Mit Zimt und Vanille würzen. Abkochwasser abschütten und auffangen. Die Kastanien pürieren und mit dem Abkochwasser zu einer weichen Masse verrühren. Durch eine Spätzlepresse direkt auf den Teller in kleine spaghetti-ähnliche Häufchen pressen.

## Kastanientorte mit Schokoladenglasur

*(für eine Springform von 22 cm Durchmesser)*

| | |
|---|---|
| 500 g Edelkastanien, geschält | 250 g Mandeln, gemahlen |
| 5 EL Kastanien- oder | 1 Prise Salz |
| Mandellikör oder Orangensaft | 1 P. Backpulver |
| 4 EL (Akazien-)Honig | *Schokoladenüberzug:* |
| 6 Eier | 50 g dunkle Schokolade |
| 1 EL (Akazien-)Honig | 100 g Schlagsahne |
| 1 TL Vanillepulver | Mandelblättchen |

Die Kastanien in Zuckerwasser weich kochen und zusammen mit dem Likör und 4 EL Honig pürieren. Abkühlen lassen.

Die Eier trennen und das Eigelb, 1 EL Honig, die Vanille und das Backpulver zu einer cremigen Masse aufschlagen. Das Eiweiß mit einer Prise Salz zu Schnee schlagen. Das Eigelb, Kastanienpüree und die Mandeln gut vermengen und zum Schluss den Eischnee vorsichtig unterheben.

Die Springform mit Backpapier auslegen und den Rand mit Butter einstreichen. Die Masse einfüllen und im vorgeheizten Backofen bei 180°C ca. 45 Minuten backen.

*Schokoladenüberzug*: Die Schokolade und die Sahne nur so lange erwärmen, bis die Schokolade geschmolzen ist. Die noch warme Torte damit überziehen. Mit den gerösteten Mandelblättchen bestreuen. Wenn man am Anfang ein paar (12 Stück) schöne gegarte Maronen übrig gelassen hat, kann man sie jetzt zum Verzieren auf den Kuchen legen. Auskühlen lassen.

### Edelkastanien-Honig-Brotaufstrich

| | |
|---|---|
| 150 g Edelkastanien | Gewürze: Galgant, |
| 500 g Blütenhonig | Zimt, 1/2 TL Vanilleextrakt |

Edelkastanien wie oben beschrieben in reichlich Wasser 20 Minuten weich kochen, absieben und pürieren. Honig im Wasserbad erhitzen und mit Gewürzen und Püree gut mischen. In ausgekochten Gläsern abfüllen.

Bei Leberschwäche: Je 1 TL auf Brot, in Fencheltee oder Dinkelkaffee vor- und nachmittags.

Universal-Leberheilmittel: Gibt sofort Energie und heilt die Leber aus.

## Fenchel

### Fenchelgemüse

| | |
|---|---|
| 3–4 Fenchelknollen | Gewürze: Bertram, Muskat, |
| 500 ml Gemüsebrühe | gemahlener Fenchel |
| 1 EL Butter | Salz |
| 1 EL Dinkelmehl Type 405 | Sahne |

Fenchel waschen, putzen, halbieren und in Scheiben schneiden. Fenchelgrün zum Dekorieren aufheben. Fenchel in kochende Gemüsebrühe geben und etwa 20 Minuten gar kochen und abtropfen lassen. Das Fenchelwasser aufbewahren.

Butter zergehen lassen, Mehl einrühren und eine Mehlschwitze zubereiten. So viel Brühe und Sahne hinzugeben, bis eine Sauce entstanden ist. Mit Gewürzen abschmecken und den gekochten Fenchel dazugeben, kurz aufkochen.

Mit Fenchelgrün garnieren und zu Dinkelreis, Geflügel oder Wild servieren.

Gut bei Magen-Darmleiden, Verdauungsschwäche.

## Überbackener Fenchel

4 Fenchelknollen (etwa 1 kg)
500 ml Brühe oder Salzwasser
Gewürze: Galgant, Muskat, Salz
1 Zwiebel
1 EL Butter
Saft einer $^1/_2$ Zitrone
200 g geriebener Käse (Appenzeller, Emmentaler)
1 EL (gehäuft) Dinkelmehl
etwas Sahne

Fenchelknollen waschen, putzen und halbieren. Mit kochendem Salzwasser (oder Brühe) und Zitronensaft 20 Minuten aufkochen, würzen und nochmals 5 Minuten aufkochen, abtropfen lassen. Flacher Topf oder Pfanne wählen, damit die Fenchel alle nebeneinander passen. Zwiebeln in kleine Würfel schneiden und in Butter andünsten: Fenchel darauf legen.

Fenchelbrühe, Käse, Sahne und Dinkelmehl verrühren und über die Fenchelknollen gießen.

Bei 200°C 20 Minuten goldgelb überbacken. Mit Fenchelgrün garnieren. Zu Dinkelreis oder Dinkelnudeln servieren.

## Fenchel mit Gemüse

2 Fenchelknollen (etwa 500 g)
300 g Gemüse (Karotten, Sellerie o. ä.)
3 EL Butter oder Sonnenblumenöl
2 Zwiebeln
3 Knoblauchzehen
500 ml Brühe oder Wasser
1 Glas Weißwein
50 g Parmesan
Gewürze: Bertram, Galgant, Salz, Pfeffer
Kräuter: Beifuß, Kerbel, Basilikum, Petersilie, Thymian

Fenchelknollen waschen, putzen, halbieren und in Scheiben schneiden. Fenchelgrün aufheben. Zwiebeln schälen und würfeln. Gemüse putzen, würfeln und in heißer Butter oder Öl andünsten. Mit Brühe ablöschen und Fenchel hinzufügen. Im geschlossenen Topf bei kleiner Hitze etwa 15 Minuten gar kochen. Mit Gewürzen und Kräutern abschmecken, mit Parmesan bestreuen. Zu Dinkelnudeln servieren.

### Fenchel mit Fisch

4 Felchen oder Äschen
1 Fenchelknolle
1 TL Fenchelsamen
Zitronensaft
2 EL Butter oder Sonnenblumenöl
1 Zwiebel
Gewürze: Bertram, Galgant, Salz
Kräuter: Thymian, Salbei, Petersilie, Minze, Dill

Fische mit kaltem Wasser waschen, ausnehmen, gut trocknen, mit Zitronensaft beträufeln, innen und außen würzen und 15 Minuten ziehen lassen.

Fenchel waschen, putzen, halbieren und mit Zwiebel und Salbeiblättern und Kräutern fein hacken und mit Fenchelsamen mischen. Die Hälfte vom Mischgemüse in einen Römertopf geben. Fische auf das Gemüse legen und mit restlicher Mischung bedecken. Den Topf schließen und bei 220°C 45 Minuten braten.

Zu Salat und Dinkelreis servieren.

### Fenchelquiche

200 g Dinkelvollkornmehl
100 g Butter
1 TL Salz
3–4 EL Wasser
1 Ei
3 Fenchelknollen
200 g Emmentaler
100 g Frischkäse
3 Eier
200 g Crème fraîche
etwas Knoblauch
viel Petersilie
Gewürze: Salz, Pfeffer, Muskat

Aus dem Mehl, Butter, Salz, Wasser und dem Ei einen Mürbeteig herstellen und im Kühlschrank eine halbe Stunde ruhen lassen. Den Fenchel waschen, putzen, in dünne Streifen schneiden oder hobeln und im Salzwasser fast weich kochen. Den geriebenen Käse, den Frischkäse, die Eier, die Crème fraîche, den klein geschnittenen Knoblauch, die Petersilie und die Gewürze im Mixer verquirlen.

Den Mürbeteig auswellen und eine feuerfeste Form oder Backform mit 22 cm Durchmesser auslegen. Einen 3 cm hohen

Rand festdrücken. Den Fenchel darauf gleichmäßig verteilen und das Käse-Eiergemisch darüber geben. Im Ofen bei 220°C ca. 30 Minuten (bei Heißluft 20 Minuten) backen.

### Fenchelsalat mit Orangen und Käse

2 Fenchelknollen
2 Orangen
2 Äpfel rot und grün
100 g Appenzeller Käse
1 Becher Joghurt
1 EL Mandelöl

Gewürze: je 1 TL Galgant, Bertram, etwas Salbei
2 TL Zitronensaft
1 EL Honig
50 g Mandelsplitter

Fenchel in Streifen schneiden und das fenchelgrün zum Garnieren aufbewahren. Den Saft einer Orange ausdrücken, die andere Orange schälen und in Scheiben schneiden. Die Äpfel in Würfel schneiden, ebenso den Käse. Alle Zutaten mischen. Aus Joghurt, Öl, Gewürzen, Zitronensaft und Honig eien Marinade herstellen und über den Salat giessen. Mit Fenchelgrün und Mandelsplittern garnieren.

### Fenchelsalat mit Käse

400 g Gemüsefenchel (mit Fenchelgrün)
etwa 300 g Ananas oder zwei große Orangen
1 Apfel (Boskop)
200 g Emmentaler

*Für die Marinade:*
1 Becher Joghurt
2 EL Sonnenblumenöl
Gewürze: Salz, Bertram, Galgant

Fenchel putzen und in feine kleine Streifen schneiden. Fenchelgrün aufheben. Die Ananas-Frucht in Würfel schneiden. Den ungeschälten, aber gewaschenen Apfel ebenfalls in kleine Stücke schneiden, nachdem vorher das Kerngehäuse und der Stengel entfernt worden sind. Den Schnittkäse in feine Streifen schneiden. Alle Zutaten mischen und mit der aus den genannten Zutaten hergestellten Marinade abschmecken. Zum Schluss mit dem fein gehackten Fenchelgrün den Salat garnieren.

## Bohnen

*Weiße* Bohnen sind am leichtesten zu haben und schnell zubereitet. *Schwarze* Bohnen eignen sich besonders gut für Bohnensuppen. *Kidney*-Bohnen sind groß und rot. *Adzuki*-Bohnen sind klein und rot und kommen aus Japan, wo sie ›Königin der Bohnen‹ genannt werden. *Lima*-Bohnen sind länglich und rötlich gefärbt.

Trockenbohnen enthalten nur noch 15% Feuchtigkeit und nehmen beim Einweichen wieder bis zu 60% Wasser auf. Daher muss man Bohnen vor dem Kochen zunächst verlesen, waschen und 8 Stunden in Wasser (über Nacht) einweichen. Für 500 g Bohnen benötigt man 2$^1/_2$ l Wasser und einen großen Topf, da Bohnen quellen. Einweichwasser weggießen und mit doppelter bis zweieinhalbfacher Wassermenge aufkochen. Die Garzeit beträgt dann immer noch 1–2 Stunden oder 5–10 Minuten und 2–4 Stunden in der Wärmeisolierbox zum Nachquellen.

### Grüne Bohnen in Butter

750 g grüne Bohnen
250 ml Wasser oder Brühe
2 EL Butter
1 Zwiebel, gewürfelt
2 Knoblauchzehen
Bohnenkraut
Gewürze: Salz, Bertram, Galgant, Quendel, Muskat
Kräuter zum Garnieren: gehackte Petersilie, Bohnenkraut, Beifuß

Die grünen Bohnen abfädeln, waschen, im ganzen mit Bohnenkraut in Salzwasser geben, bei mäßiger Hitze 10–15 Minuten kochen, bis sie weich sind. Bohnenwasser abgießen, gegebenenfalls als ›Bohnensuppe ohne Bohnen‹ trinken. Bohnenkraut herausnehmen.

In ausgelassener Butter Zwiebelwürfel und Knoblauchzehen 5 Minuten andünsten und die Bohnen übergießen. Mit Kräutern und Gewürzen abschmecken.

Mit Dinkelkörnern zu Lamm oder Geflügel servieren.

## Weiße Bohnen

300 g weiße Bohnen,
getrocknet
1 l Gemüsebrühe
3 EL Butter
1 Zwiebel
1 Knoblauchzehe
Gewürze: Galgant, Quendel,
Bertram, Muskat, Salz
Kräuter: Basilikum, Petersilie

Weiße Bohnen 12 Stunden lang einweichen. Das Einweichwasser wegschütten. In der Gemüsebrühe $1^1/_2$–2 Stunden weich kochen. Zwiebel in Butter andünsten, mit Bohnenwasser ablöschen, abgezogene Knoblauchzehe zerdrücken und zusammen mit den Gewürzen, Kräutern und Bohnen bei schwacher Hitze nochmals 5 Minuten ziehen lassen.

*Variation:* Mit 250 g grünen Bohnen (zubereitet wie oben beschrieben) zusammen servieren.

Mit heller Sauce oder ausgelassener Butter übergießen.

## Weiße Bohnen mit Fenchel

500 g weiße Bohnen,
gegart (wie oben beschrieben
zubereitet)
2 Fenchelknollen
2 EL Butter oder
Sonnenblumenöl
1 l Gemüsebrühe oder
Wasser

Fenchel waschen, putzen, halbieren, in Scheiben schneiden und in Butter andünsten. Mit Flüssigkeit ablöschen. 15 Minuten gar kochen lassen. Weiße Bohnen hinzugeben, nochmals 5–10 Minuten köcheln lassen und mit Kräutern und Gewürzen gut abschmecken.

Zu Dinkel servieren.

## Rote Bohnensuppe

500 g rote Bohnen
250 g Zwiebeln
4 EL Butter oder Öl
1 Knoblauchzehe, zerdrückt
Gewürze: Galgant, Bertram,
Muskat
Kräuter: Petersilie, Beifuß,
Bohnenkraut

Bohnen über Nacht (12 Stunden) in 1 1/2 l Wasser einweichen. Bei kleiner Hitze mit Gewürzen, 1 Zwiebel und Knoblauch gar kochen. Restliche Zwiebeln schälen, würfeln, in heißer Butter oder Öl unter ständigem Rühren andünsten und zu den Bohnen geben. Einmal kurz aufkochen. Mit Kräutern servieren, gegebenenfalls 2 EL Sauerrahm unterziehen.

Mit Dinkelkörnern zu Lamm servieren.

### Mailänder Bohnensuppe

1 1/2 EL Butter
1 Zwiebel
2 EL Paniermehl oder Brösel
1 EL Dinkelmehl
1 1/2 l kräftige Gemüsebrühe
500 g grüne Bohnen, gekocht
1 Eigelb
Petersilie, fein gehackt
Gewürze: Galgant, Bertram, Salz, Muskat, Bohnenkraut

Die Butter erhitzen, die fein gehackte Zwiebel darin gelblich anrösten, die Brösel und das Dinkelmehl zugeben und unter mehrmaligem Wenden gelbbraun braten. Mit der heißen Brühe ablöschen und unter Zugabe der in schräge Stückchen geschnittenen Bohnen 5 Minuten kochen. Die Suppe mit dem Eigelb binden und mit den gehackten Kräutern garnieren. Mit Gewürzen abschmecken.

### Grüne Bohnen mit Putenschinken

1 Zwiebel
1 EL Butter
750 g grüne Bohnen
2 Knoblauchzehen
Kräuter: Bohnenkraut, Beifuß
250 g Putenschinken
Gewürze: Salz, Muskat, Galgant, Bertram

Die fein geschnittene Zwiebel röstet man in der heißen Butter hellgelb an, gibt Bohnen, Knoblauch, Fleisch und Kräuter bei, wendet das Gemüse, gießt wenig Wasser zu und dünstet alles 50 Minuten lang. 15 Minuten vor dem Anrichten würzen.

Hierzu Dinkelkörner servieren.

## Bunter Bohnensalat mit Dinkelkörnern

Grüne und weiße Bohnen, gegart
Dinkelkörner, gekocht
Vinaigrette-Salatsauce
Sonnenblumenöl
Balsamico-Essig
Zucker
Knoblauch
1 Zwiebel
Kräuter: Bohnenkraut, Petersilie
Gewürze: Salz, Muskat, Galgant, Bertram, weißer Pfeffer

Weich gekochte grüne und weiße Bohnen (oder eine Kombination von verschiedenen Bohnen) und gekochte Dinkelkörner nach dem Erkalten sorgfältig mit einer Grund-Salatsauce aus Essig, Sonnenblumenöl, Zucker, Salz und zerdrückten Knoblauchzehen anrichten.

Zusätzlich kann man noch angedünstete Zwiebelringe oder klein gehackte Zwiebeln sowie die angegebenen Kräuter und Gewürze hinzufügen.

## Bohneneintopf mit Lammfleisch und Dinkelkörnern

2 Zwiebeln
1 EL Sonnenblumenöl
500 g Lammfleisch
750 ml Gemüsebrühe
1 kg grüne Bohnen
3 Knoblauchzehen
Bohnenkraut, Rosmarin
1 Tasse Dinkelkörner
300 g Gemüse (Karotten, Sellerie, Petersilienwurzel o. Ä.)
Gewürze: 1 gestrichener TL Galgantpulver, Bertrampulver, Muskat, Salz

Die Zwiebel hackt man fein und dünstet sie im erhitzten Öl an. Danach gibt man das in Würfel geschnittene Fleisch dazu und lässt es von allen Seiten kurz anbraten. Man löscht es mit der Brühe oder mit Wasser ab und kocht das Fleisch bei geschlossenem Deckel eine gute Viertelstunde. Die gewaschenen Bohnen werden zusammen mit Knoblauch (zerdrückt oder fein gehackt) und Bohnenkraut sowie Dinkelkörnern hinzugegeben; gesäubertes, in dünne Scheiben geschnittenes Gemüse wird beigefügt.

Gewürze und nach Belieben weitere passende Kräuter hinzufügen und alles zusammen gar kochen lassen.

Nach Belieben kann mit einem EL Essig oder mit Sauerrahm verfeinert werden.

### Dinkel-Bohnensuppe italienische Art

300–400 g weiße Bohnen (über Nacht in Wasser einweichen)
1 Zwiebel
1 kleiner Sellerie
1 Karotte
1 Knoblauchzehe
5 Salbeiblätter
1 Tasse Dinkel (ca. 250 g), gekocht
Gewürze: Salz, Galgant, Bertram, Muskat
etwas Putenschinken, klein gehackt
zum Garnieren: frische Petersilie, gehackt

Bohnen, Zwiebel, Sellerie, Karotte, Knoblauch, Salbei kochen. Dinkelkörner ebenfalls kochen (ca. 20 Minuten). Ein paar ganze weiße Bohnen werden beiseite gegeben, der Rest wird durchpassiert, zusammen mit dem gekochten Dinkel samt beider Kochwasser. Die zurückgebliebenen Bohnen werden zur Suppe gegeben. Den gut gebrutzelten Schinken und etwas frische Petersilie darüber geben.

## Erbsen

### Französisches Erbsengemüse

500 g frische zarte Erbsen
6 Zwiebeln
2 EL Butter
1 TL Dinkelmehl Type 405
Salz
1 Messerspitze Zucker
Petersilie, fein gehackt

Geschälte und gehackte Zwiebeln in Butter andünsten, die Erbsen zugeben und bei kleiner Flamme gar dünsten. Dinkelmehl in Wasser aufnehmen und Gemüse damit andicken, umrühren. Mit Salz und Zucker abschmecken. Mit fein gehackter Petersilie garnieren.

### Leipziger Allerlei

| | |
|---|---|
| 250 g frische Zuckerschoten | 2 EL Dinkelmehl Type 405 |
| 250 g Karotten | 2 EL Petersilie, fein gehackt |
| 250 g Brokkoli | Gewürze: 1 Messerspitze Salz, |
| 250 g Spargel | Galgant |
| 2 EL Butter | 1 Prise Zucker |

Das geputzte und geschnittene Gemüse in wenig Salzwasser gar dünsten. Mit Butter und Mehl eine helle Mehlschwitze bereiten und mit Gemüsewasser auffüllen, über das Gemüse geben und kurz aufkochen. Mit den Gewürzen abschmecken. Fein gehackte Petersilie unterheben.

Mit Dinkelkernotto servieren.

## Kichererbsen Gorbanza (Cicer arietium)

### Kichererbseneintopf

| | |
|---|---|
| 250 g Kichererbsen | Butter oder Sonnenblumenöl |
| Kräuter: Petersilie, Dill, Minze | Gewürze: Bertram, Galgant, |
| 750 g Gemüse (Möhren, | Muskat, Mutterkümmel, |
| Sellerie, Kürbis, grüne Bohnen) | Quendel, Salz |
| Knoblauch | evtl. Hühnerfleisch, gegart |
| Zwiebeln | Lorbeerblatt |

Kichererbsen am Abend vor der Zubereitung in 2 l Wasser einweichen; Einweichwasser weggießen. Suppengrün putzen, waschen, zerkleinern. Kichererbsen erneut mit 2 l Wasser und Suppengrün $^3/_4$ Stunde im Schnellkochtopf (sonst $1^1/_2$ Stunden) weich kochen. Gemüse erst in der letzten halben Stunde mitkochen lassen.

Zwiebeln und Knoblauch in Butter oder Sonnenblumenöl andünsten. Mit etwas Brühe auffüllen, ankochen und den Kichererbsen-Gemüse-Eintopf zugeben und nochmals kurz aufkochen. Mit Gewürzen abschmecken. Eventuell klein geschnittenes Hühnerfleisch als Einlage in die Suppe geben.

### Kichererbsen-Kastanien-Dip

250 g Kichererbsen (über Nacht in 2 l Wasser einweichen)
5–10 Edelkastanien
$1^1/_2$ l Wasser
50 g Butter oder Sonnenblumenöl
1 Zwiebel, gewürfelt
3 Knoblauchzehen, gepresst
Saft von 2 Zitronen
Gewürze: Bertram, Galgant,
1 TL Mutterkümmel
Salz

Die eingeweichten Kichererbsen abtropfen lassen und mit den Edelkastanien in $1^1/_2$ l Wasser 1–2 Stunden weich kochen (im Schnellkochtopf 1 Stunde). Kochwasser abgießen. Zwiebel in Butter oder Sonnenblumenöl andünsten. Kichererbsen zusammen mit Edelkastanien, Zwiebel, Knoblauch und Zitronensaft pürieren. Den Dip anstelle von Mayonnaise oder Ketchup in Schüsseln servieren, sodass man darin Dinkelfladen eintauchen oder Dinkelbrot damit bestreichen kann.

### Kichererbsen-Dinkelbällchen

500 g Kichererbsen
2 l Einweichwasser
8 EL Dinkelschrot
2 Knoblauchzehen
Gewürze: Mutterkümmel, Bertram, Galgant, Muskat
1 Prise Salz
Sonnenblumenöl zum Frittieren

Kichererbsen am Abend vor der Zubereitung einweichen, abgießen, abtropfen lassen, Einweichwasser weggießen. Mit frischem Wasser weich kochen. Durch die dünnste Scheibe des Fleischwolfes passieren, mit Dinkelschrot und Gewürzen zu Teig vermischen und zu 3 cm dicken Bällchen formen. In heißem Sonnenblumenöl goldbraun backen, abtropfen lassen und heiß oder kalt mit etwas Saurem oder Mandelsauce servieren.

### Mandelsauce

100 g Mandelmus
Saft von 2 Zitronen
2 Knoblauchzehen
100 ml Brühe oder Wasser
je 1 Prise Salz und Pfeffer

Knoblauch zerdrücken, mit Mandelmus, Brühe, Zitronensaft und Gewürz im Mixer oder mit dem Rührbesen glatt pürieren.

### Kichererbsen-Bratlinge (Falafel)

| | |
|---|---|
| 1 kg Kichererbsen | 80 g Paniermehl |
| Gemüsebrühe | Gewürze: Salz, Pfeffer, |
| 4 Zwiebeln, gehackt | Muskat, Bertram, Quendel, |
| 2 EL Butter | Mutterkümmel, Koriander |
| 1 EL Oregano | Petersilie, fein gehackt |
| 8 Knoblauchzehen | 2–3 EL Dinkelmehl Type 405 |
| 4 Eier | Öl |

Kichererbsen über Nacht in 3 l Wasser einweichen, Wasser wegschütten und in Gemüsebrühe mindestens 1½ Stunden weich kochen.

Gehackte Zwiebeln in Butter andünsten, Oregano kurz mitdünsten. Das Kochwasser der Kichererbsen abseien. Kichererbsen zusammen mit den Zwiebeln durch den Fleischwolf (feinste Scheibe) drehen. In eine Schüssel geben, Knoblauchzehen fein hacken, mit Salz zerdrücken. Alle Zutaten gut vermischen. Abschmecken. Mit Mehl binden und die Petersilie untermischen. In einer Teflonpfanne Öl erhitzen (halbe Hitze), Bratlinge formen und auf jeder Seite goldbraun backen.

Mit Salat und Basilikum-Joghurt-Dip reichen.

### Kichererbsen ›Herzogin-Art‹

| | |
|---|---|
| 500 g Kichererbsen | Galgant, Bertram, Muskat |
| Gemüsebrühe | Petersilie, gehackt |
| Knoblauch | 1 Ei |
| Gewürze: Mutterkümmel, | Sahne |
| Koriander, Salz, Pfeffer, | |

Kichererbsen über Nacht einweichen, Wasser wegschütten und in Gemüsebrühe mindestens 1½ Stunden weich kochen. Kichererbsen durch ein Sieb schütten und die Brühe aufheben. Die Kichererbsen durch die feinste Scheibe des Fleischwolfes lassen. Mit einem 250 ml der Abkochbrühe die Kichererbsen zu einem Brei verrühren. Eventuell noch so viel Brühe zugeben, bis die gewünschte Konsistenz erreicht ist. Mit Knoblauch, Mutterkümmel, Koriander und den anderen Gewürzen abschmecken, zum Schluss die gehackte Petersilie untermischen. Mit einem Spritzsack und einer großen Sterntülle Rosetten oder Zöpfe auf ein mit Backpapier ausgelegtes Backblech spritzen. Mit Ei-Sahne-Gemisch bestreichen und im Ofen bei 180°C einige Minuten goldgelb gratinieren.

### Kichererbsensalat

250 g Kichererbsen
1 Prise Natron
3 EL Sonnenblumenöl
Saft von 2 Zitronen
2 Knoblauchzehen
Salz
Petersilie, gehackt

Kichererbsen über Nacht einweichen. Dem Einweichwasser eine Prise Natron beifügen. Vor dem Kochen Wasser abgießen und frisches Wasser hinzufügen. Kichererbsen weich kochen lassen. Aus den restlichen Zutaten eine Sauce bereiten und die gekochten Kichererbsen vorsichtig unter die Sauce heben (evtl. nur leicht schütteln und die Kichererbsen in der Sauce wälzen), damit sie nicht zerdrückt werden. Vor dem Servieren mit frischer, gehackter Petersilie garnieren.

### Kichererbsencreme mit Sesamsauce

500 g Kichererbsen
1 Tasse Sesamöl
125 ml Zitronensaft
5 Knoblauchzehen
Gewürze: 1 $^1/_2$ TL Salz, Galgant
2 EL Petersilie, gehackt

Kichererbsen über Nacht einweichen und dann wie oben angegeben weich kochen. Mit dem Mixer pürieren. In einer Schüssel dem Kichererbsenpüree löffelweise abwechselnd Sesamöl und Zitronensaft beifügen und anschließend die mit Salz zerdrückten Knoblauchzehen darunter mischen. Die Creme muss schön dick und sämig sein. Man kann sie mit Wasser verdünnen, wenn sie zu

fest wird. Die Creme in eine flachere Schüssel umfüllen, glatt streichen, zur Mitte hin leicht vertiefen. Mit grob gehackter Petersilie bestreuen.
Zum Garnieren können auch noch ganz belassene Kichererbsen und Petersilienblättchen verwendet werden. Kühl servieren.

*Variante:* Man kann die Kichererbsen auch mit dem Mixer passieren. Hierfür zuerst Zitronensaft in den langsam laufenden Mixer gießen, dann Sesamöl, Knoblauch und Salz und alles kurz durchmixen. Erst jetzt nach und nach die Kichererbsen beigeben und gut durchmischen.

### Kichererbsenaufstrich (Hummus)

500 g Kichererbsen
1 l Gemüsebrühe
3–4 Zwiebeln
Knoblauch
Gewürze: Salz, Galgant, Bertram, Muskat, Mutterkümmel
Petersilie, gehackt

Kichererbsen über Nacht einweichen, Wasser wegschütten und in Gemüsebrühe mindestens 1 1/2 Stunden weich kochen. Kichererbsen durch ein Sieb schütten und die Brühe auffangen. Zwiebeln und Knoblauch klein schneiden und in Öl glasig dünsten.
Kichererbsen, Zwiebeln und Knoblauch durch die kleinste Scheibe des Fleischwolfes drehen. Die Masse mit so viel Brühe verrühren, bis eine streichfähige Konsistenz erreicht ist. Mit Gewürzen abschmecken. Petersilie untermischen.

## Rote Bete (Rote Rüben)

### Rote Bete mit Quendelsauce

1 kg Rote Bete
30 g Butter oder
1 EL Sonnenblumenöl
40 g Dinkelmehl Type 405
500 ml Gemüsebrühe
Salz
1 gestrichener EL Quendel
evtl. weitere Gewürze: Mutterkümmelkörner, Galgant, Muskat

Für die Zubereitung der Roten Rüben soll man die Knollen gut waschen, ohne dabei die Schale zu verletzen, damit sie nicht ›ausbluten‹. Je nach Größe 1 Stunde lang mit wenig Salzwasser weich dünsten (im Schnellkochtopf ca. 25 Minuten). Danach die Rüben mit kaltem Wasser abschrecken und in einer Schüssel mit Essigwasser pellen. Letzteres verhindert ein Rotfärben der Hände. Die Rüben grob raspeln. Mit ein paar ganzen Mutterkümmelkörnern und Gewürzen bestreuen. In der Zwischenzeit aus Dinkelmehl und Butter oder Sonnenblumenöl eine helle Mehlschwitze bereiten. Quendelgewürz unterrühren. Gemüsebrühe nach und nach zugeben und eine dünne, glatte Sauce bereiten. Eventuell mit Sauerrahm, Kräutern und weiteren Gewürzen abschmecken und verfeinern. Die Sauce über die Rüben gießen und warm servieren. Gut bei allen Hautausschlägen.

### Rote Bete mit Meerrettich

| | |
|---|---|
| 1 kg gekochte rote Rüben, gewürfelt oder in Scheiben | 1 EL Butter |
| 2 kleine Äpfel, entkernt und klein gewürfelt | 125 ml Weißwein |
| 2 TL geriebener Meerrettich | 1 EL Zucker |
| 2 Zwiebeln | Gewürze: Salz, Pfeffer, Muskat, Mutterkümmel |
| | Dinkelmehl Type 405 |

Die roten Rüben, Mutterkümmel und Meerrettich werden in einer tiefen Schüssel vermengt.

Gewürfelte Zwiebeln in Butter andünsten. Äpfel zugeben. Mit Weißwein ablöschen, Zucker, Gewürze und Meerrettich unter ständigem Umrühren dazugeben, bis der Zucker sich vollkommen aufgelöst hat. Mit Dinkelmehl abbinden. Wenn sich die Mischung auf Zimmertemperatur abgekühlt hat, über die Rüben gießen. Mit Plastikfolie bedecken und mindestens 12 Stunden lang in den Kühlschrank stellen.

### Rote-Bete-Salat

| | |
|---|---|
| 1 kg Rote Bete | 125–250 ml Brühe oder Wasser |
| Kümmel | 1 Zwiebel |

2 EL Sonnenblumenöl
2 EL Essig
Salz
Gewürze: Quendel, Galgant, Bertram, Muskat
Petersilie, gehackt

Rote Bete waschen und weich kochen. Danach in dünnere Scheiben schneiden oder grob raspeln. Mit Kümmel und angedünsteten Zwiebelringen (oder gehackt) bestreuen und die gemischte Salatsauce (aus Öl, Essig, Salz und den Gewürzen) darüber gießen und unterheben. Genügend Flüssigkeit beifügen, da die Rüben noch viel Feuchtigkeit aufsaugen. Einige Zeit ziehen lassen.

Mit gehackter Petersilie garnieren.

*Variation:* Der Salat kann auch zusammen mit Apfelschnitzen bereitet werden.

### Rote-Bete-Apfelsalat

1 kg Rote Bete
2–3 Äpfel
Gewürze: Salz, Zucker, Pfeffer, Garam Marsala
2 EL Weinessig
2 EL Sonnenblumenöl

Die Knollen gut waschen ohne die Schale zu verletzen. Je nach Größe mindestens 1 Stunde mit wenig Salzwasser weich dünsten. Die gegarten Rüben schälen und in Streifen, Scheiben oder Würfel schneiden oder grob raspeln. Die Äpfel schälen, und in kleine Stücke schneiden, zur Roten Bete geben. Mit Salz, Zucker, Pfeffer und Garam Marsala würzen und mit Weinessig mischen. Ziehen lassen. Zum Schluss das Öl zugeben und gut vermengen.

### Rote-Bete-Gemüse

1 kg Rote Bete
2 Zwiebeln
1 EL Butter
2 Äpfel
1 EL Zucker
2 EL Weinessig
125 ml Weißwein
Gewürze: Salz, Galgant, Muskat, Garam Marsala, Mutterkümmel
2 TL Meerrettich
Dinkelmehl Type 405
Sahne

Die Knollen gut waschen, ohne die Schale zu verletzen. Mit Salz, Zucker, Essig marinieren, dann in einen Topf mit wenig Wasser geben und je nach Größe ca. 40–45 Minuten weich dünsten. Die gegarten Rüben schälen und in Streifen oder Würfel schneiden oder grob raspeln. Die Zwiebeln schälen, in kleine Würfel schneiden und in der Butter glasig dünsten. Die Äpfel schälen, in kleine Stücke schneiden und zugeben. Mit dem Weißwein ablöschen, die Gewürze und den Meerrettich zufügen. Eventuell mit Dinkelmehl etwas abbinden und die Rote Bete wieder dazugeben und vorsichtig unterheben. Mit Sahne verfeinern.

## Rote-Bete-Cremesuppe

1 kg Rote Bete
2 Zwiebeln, gehackt
2 EL Butter
2 Äpfel
Gemüsebrühe
Gewürze: Salz, Galgant, Garam Marsala, Poleiminze
50 ml Sahne
Weißwein

Rote Bete schälen, grob raspeln. Die gehackten Zwiebeln in Butter andünsten. Äpfel schälen, in Scheiben schneiden und mit den Zwiebeln dünsten. Geraspelte Rote Bete zugeben, mit Gemüsebrühe oder Wasser auffüllen, etwas Salz zugeben, weich kochen. Im Mixer pürieren. Mit den Gewürzen abschmecken und mit Sahne und Weißwein verfeinern.

## Rote-Bete-Fleischsuppe (Bortsch)

750 g Rote Bete
400 g Rindfleisch
Salz
1 1/2 l Wasser
1 Tasse Dinkelkörner
1 Suppengrün
1 gestrichener EL Quendel
weitere Gewürze: Galgant, Bertram, Muskat, Salz
1 EL Essig
1 kleine Zwiebel
1 EL Butter oder Sonnenblumenöl
1 gestrichener EL Dinkelmehl (bei Bedarf)
250 ml saure Sahne
Petersilie, gehackt
Schnittlauch oder Dill, evtl. Beifuß oder andere Kräuter

Fein gehackte Zwiebel in Butter (oder Öl) andünsten. Fleisch waschen, in Würfel schneiden und dazugeben. Das geputzte, gewaschene und zerkleinerte Suppengrün, Dinkelkörner und Kräuter hinzufügen. Mit etwas Flüssigkeit (gerade bedeckt) und Salz zum Kochen bringen und weich garen lassen. Rote Rüben wie beschrieben weich kochen und grob raspeln. Zu der restlichen Suppe geben. Mit Flüssigkeit auffüllen und würzen. Sollte die Suppe zu dünn sein, kann man Dinkelmehl mit etwas Flüssigkeit im Shaker verrühren, bis keine Klumpen mehr vorhanden sind und zur Suppe geben. Saure Sahne hinzufügen, die ganze Suppe nochmals kurz aufkochen lassen und abschmecken (die Suppe sollte pikant und säuerlich schmecken). Mit gehackter Petersilie garnieren. Wird Schnittlauch oder Dill verwendet, sollte er mitgekocht werden.

## Einfache Rote-Bete-Suppe

500 g Rote Bete
1 Zwiebel
1 Apfel
500 ml Gemüsebrühe
250 ml Apfelsaft
Gewürze: Garam Marsala, Galgant, Bertram, Muskat, Salz

Die Knollen gut waschen ohne die Schale zu verletzen. Je nach Größe mindestens 1 Stunde mit wenig Salzwasser weich dünsten. Zwiebeln schälen, in kleine Stücke schneiden, mit dem klein geschnittenen Apfel in die heiße Gemüsebrühe geben und weich kochen. Gegarte Rüben mit Zwiebeln und Äpfeln in der Brühe pürieren. Mit Gewürzen abschmecken und mit Apfelsaft verfeinern. Darf nicht mehr nach Rüben schmecken.

## Rote-Bete-Timbale

3–4 Rote Bete
100 g saure Sahne
Saft und abgeriebene Schale von $^1/_2$ unbehandelten Zitrone
Gewürze: 1 Messerspitze Bertram, Galgant, Muskat, Salz, Pfeffer
2 Eiweiß
2 EL süße Mandeln
1 EL Butter

Die Knollen in genügend Wasser ca. 2 Stunden weich kochen (im Dampfdrucktopf dauert es nur ca. 15 Minuten), mit kaltem Wasser abkühlen, schälen, klein schneiden und im Mixer pürieren. Saure Sahne dazugeben, mit Gewürzen abschmecken. Steifgeschlagenen Eisschnee, Zitronensaft und -schale darunter heben. 4 große Tassen mit Butter ausfetten, mit geriebenen Mandeln bestreuen und das Püree einfüllen. Die Tassen in den auf 180°C vorgeheizten Backofen in ein Wasserbad stellen und ca. $^1/_2$ Stunde backen. Die Timbalen auf einen Teller stürzen, mit Joghurt-Sahne-Sauce und Knoblauchbrot servieren.

*Variation:* Kichererbsen-Timbalen aus 600 g Kichererbsenpüree, nach dem obigen Rezept mit Griechenkleemischpulver (Bockshornklee) hergestellt.

## Mangold

Es gibt Blatt- und Stielmangold, die man zusammen als Gemüsebeilage oder auch getrennt servieren kann. Beide haben große grüne, gelbe oder auch orangefarbene Blätter. Nach dem Waschen muss man Stiele und Blätter voneinander trennen, da beide unterschiedliche Garzeit haben.

### Gehackter Mangold und Spinat mit aromatischen Kräutern

500 g Spinat
500 g Mangold
1 Zwiebel
Butter
Knoblauch
Kräuter: Petersilie, Fenchelgrün, Koriander, Dill, Ysop, Majoran, Liebstöckel o. a.
Gewürze: Salz, Pfeffer, Muskat
Sahne

Spinat und Mangold gut waschen und entstielen. Zuerst den Mangold, dann den Spinat in sprudelndem Salzwasser einige Minuten kochen, herausnehmen und unter kaltem Wasser abschrecken und gut ausdrücken.

Die klein geschnittene Zwiebel in Butter andünsten, den gequetschten Knoblauch und die gehackten Kräuter zugeben und zuletzt den gehackten Mangold und Spinat. Würzen und mit der Sahne angießen. Einige Minuten kochen lassen.

## Mangoldgemüse

1 kg Mangold
*Für die Blätter:*
80 g geriebener Parmesan
50 g Dinkelpaniermehl
1 EL Butter
Gewürze: Salz, Muskat

*Für die Stiele:*
1 Zwiebel
2 Knoblauchzehen
2 EL Sonnenblumenöl
Kräuter: Thymian, Kerbel, Petersilie

Mangold putzen, Wurzelansatz abschneiden, dabei die Stiele von den Blättern trennen. Stiele waschen, in 1 cm breite Streifen schneiden. Fäden sorgfältig entfernen.

Zwiebel und Knoblauch hellgelb andünsten, Mangoldstücke und gehackte Kräuter hinzugeben, bei kleinem Feuer 15 Minuten zugedeckt garen. Die Mangoldstücke sollten weich und hellgelb sein.

Mangoldblätter kurz in kochendem Salzwasser 5 Minuten blanchieren, dann durch Eiswasser ziehen. Einen Teil der Blätter in eine gebutterte Auflaufform geben, abwechselnd eine Schicht Parmesan / Dinkelpaniermehl darüber geben, dann wieder Blätter, bis die oberste Schicht mit dem Parmesan abschließt. Im Backofen bei 200°C 10–20 Minuten backen.

Blätter und Stiele zu Fisch, Lamm und Dinkel servieren.

## Gefüllter Mangold

1 kg Mangoldblätter
150 g Dinkelflocken
500 ml Gemüsebrühe
1 Zwiebel
150 g Champignon

1 EL Butter
100 g Parmesankäse
4 EL Sauerrahm
Gewürze: Muskat, Salz, Thymian

Mangoldblätter halbieren und wie oben blanchieren. Dinkelflocken 5 Minuten mit Gemüsebrühe weich kochen. Zwiebel und geschnittenen Champignons in Butter andünsten. Gekochte Dinkelflocken, geriebener Käse und Gewürze darunter mischen.
Mangoldblätter auf dem Küchenbrett auslegen, Füllung auf den Blättern verteilen und zu daumendicken Röllchen aufwickeln.

Röllchen in eine eingefettete Auflaufform legen, mit Sauerrahm bestreichen und im Ofen bei 180°C ca. 15 Minuten überbacken.

## Rüben

### Karottengemüse

750 g Karotten
2 EL Butter
Salz
Zucker

Karotten schälen und in Stifte oder Scheiben schneiden. In einem Topf Butter zergehen lassen, die Karotten zufügen, mit Salz und Zucker würzen und zugedeckt angehen lassen. Die Hitze reduzieren und bei mehrmaligem Wenden ungefähr 20 Minuten dünsten lassen. Kein Wasser zugeben!

### Möhren-Mandel-Kuchen

2 Eiweiß
150 g Rohrzucker
2 EL flüssiger Honig
200 g Möhren, geputzt
200 g Mandeln
1/4 TL Backpulver
70 g Dinkelvollkornmehl
2 TL Zimt
1 Prise Nelken
50–100 g Mandeln, gestiftelt

Eiweiß schaumig schlagen, den Zucker und den Honig einrühren. Die geriebenen Möhren mit den gemahlenen Mandeln, Mehl, Backpulver, Zimt und Nelken vermischen und unter die Schaummasse heben. Auf Oblaten oder Backpapier Häufchen von 6 cm Durchmesser setzen; mit Mandelstiften bestreuen und 1 Stunde trocknen lassen. Erst danach backen, und zwar 20–30 Minuten bei 170°C.

### Möhrentorte

6 Eier
250 g brauner Zucker
1/2 Zitronenschale
1 TL Zimt
250 g Mohrrüben
300 g Mandeln
50 g Dinkelmehl

Die Eier trennen. Aus Eigelb, Zucker, Zitronenschale und Zimt eine Schaummasse schlagen. Die geschälten Mohrrüben nicht zu fein gerieben unter die Schaummasse ziehen. Die fein gemahlenen Mandeln und das Mehl unterrühren. Das Eiweiß zu steifem Schnee schlagen und unterheben. Eine Backform fetten und mit Pergamentpapier auslegen, den Teig einfüllen und bei mäßiger Hitze (160–180°C) etwa 1 Stunde backen. In der Form abkühlen lassen, vorsichtig aus der Form nehmen, stürzen und das Pergamentpapier abziehen.

Die Torte kann anschließend noch mit einer Schokoladen-Butter-Glasur überzogen werden.

### Teltower Rübchen

500 g Teltower Rübchen
1 EL Butter
1 TL Zucker
Gewürze: Salz, Pfeffer,
Muskat
1 EL Butter
1 EL Dinkelmehl Type 405
Sahne

Die Rübchen waschen, schälen und in Würfel schneiden. In Butter anschwitzen, Zucker und Gewürze zugeben und mit etwas Wasser bei geschlossenem Deckel weich dünsten. Wasser abschütten und den Fond auffangen. Mit je 1 EL Butter und Mehl eine Mehlschwitze herstellen, den Fond zugeben und mit Sahne verfeinern. Die Rübchen wieder darunter geben.

## Pastinaken

Die dicken, weißen Wurzeln der Pastinaken schmecken stark nach Möhren und Petersilie.

### Pastinakengemüse nature oder mit Rahmsauce

750 g Pastinaken
Salz
1 Prise Zucker
ein Stück frische Butter
Petersilie, fein gehackt

Die Pastinaken schälen, in Würfel oder Scheibchen schneiden, in einem gut schließenden Topf unter Beigabe von Salz, Zucker, Butter und etwas Bouillon weich dünsten. Zuletzt bestreut man sie mit der fein gehackten Petersilie, oder man vermischt das Gemüse vor dem Anrichten mit Rahmsauce und überstreut es nach Wunsch mit gehobelten, gerösteten Mandeln.

### Pastinakenpüree, Selleriepüree

Man kocht das Gemüse nach Vorschrift, lässt es ziemlich weich werden und rührt es durch die Flotte Lotte oder durch ein Sieb, gibt es zurück in die Pfanne, fügt ein Stück frische Butter oder etwas Sahne hinzu und rührt auf kleinem Feuer mit dem Schwingbesen, bis das Gemüse wieder gut heiß ist. Passt als Fleischgarnitur oder eignet sich gut für die Krankenküche, für Patienten mit Schluckbeschwerden, mangelhaftem Gebiss.

## Kürbis

Kürbisse sind für Gesunde und Kranke ein Genuss.

### Kürbissuppe mit Mandelmilch

| | |
|---|---|
| 1 kleiner Kürbis | 2 EL Butter |
| 50 g Mandeln | Salz |

Die Mandeln kurz in Wasser aufkochen und unter kaltem Wasser abschrecken. Die braunen Häute entfernen. Die weißen Mandeln jetzt in einem 500 ml Wasser einige Minuten kochen und mit dem Wasser im Mixer pürieren. Dieses Püree presst man nun so fest man kann durch eine Gaze und erhält auf diese Weise die Mandelmilch.

Den Kürbis schälen und entkernen. In Stücke schneiden und in Salzwasser ungefähr 10 Minuten kochen. Den Kürbis pürieren, in einen Topf geben, die Mandelmilch zugeben und würzen.

## Kürbiscremesuppe

Am besten schmecken Hokkaido-Kürbisse; sie sind besonders saftig und lagerfähig. Man verwendet sie mitsamt der Schale.

1 kg Hokkaido-Kürbis mit Schale, grob geraspelt
2 Zwiebeln, gehackt
2 EL Butter
300 ml Gemüsebrühe oder Wasser
Gewürze: Salz, Galgant, Garam Marsala
Zucker
50 ml Sahne
Weißwein

Die gehackten Zwiebeln in Butter andünsten, geraspelten Kürbis zugeben, mit Gemüsebrühe oder Wasser auffüllen und weich kochen. Im Mixer pürieren. Die Suppe sollte eine sahnige Konsistenz haben. Mit Gewürzen abschmecken und mit Weißwein und Sahne verfeinern.

## Kürbis süß-sauer

Mit Hilfe einer süß-sauren Beize kann man aus dem Kürbis sehr gut eine Dauerware herstellen. Man schält den Kürbis, nimmt die Kerne heraus, schneidet das Fruchtfleisch in kleine Würfel, kocht sie zusammen mit Zucker, Essig und Wasser und einem Gewürz, etwa Gewürznelken oder auch etwas Sternanis und Zimt. Manche nehmen noch Pfefferkörner dazu. Die Kürbisstücke lässt man vierundzwanzig Stunden lang in der Brühe ziehen. Danach werden die eingelegten Stücke herausgenommen, und die Brühe wird noch einmal eingekocht, etwa eine Viertelstunde lang. Dieser eingedickte Saft wird erneut über die Kürbisstücke gegossen und zieht noch einmal vierundzwanzig Stunden. Wenn man will, kann man dieses Einziehen noch einmal wiederholen. Das Ganze bleibt so im Glas stehen, dass die Kürbisstücke immer von der Flüssigkeit bedeckt sind. Die Kürbisstücke kocht man nicht zu stark, damit sie später nicht zerfallen.

Eingemachte Kürbisse sind ein hochwertiger Ersatz für Essiggurken. Wenn sie auch nicht so scharf schmecken wie Gurken, so haben sie doch einen sehr pikanten und delikaten Geschmack und erfüllen als Beigabe zum Abendbrot vollkommen den Zweck, den die Gurkenbeigabe haben sollte, aber nicht hat.

2 kg Kürbis (in 2 cm große Würfel geschnitten)
750 ml Weinessig
1 l Wasser
500 g Rohrzucker
Zitronensaft und Schale von 2 Zitronen
1 kleines Stück Galgant
6 Gewürznelken
2 Zimtstangen

Alles zusammen 10–12 Minuten glasig kochen.

### Kürbis gefüllt mit Kürbisgemüse

1 Kürbis
1 Zwiebel, fein geschnitten
1 EL Sonnenblumenöl oder Butter
1 TL Quendel
Salz
Gewürze: etwas Galgant, Bertram, Muskat, Knoblauch, gehackt
Kräuter: Salbeiblätter, Dill, Beifuß, jeweils klein gehackt
1–2 EL Weinessig
Petersilie, gehackt
geriebener Käse

Den Kürbis aushöhlen, entkernen und Fleisch in Würfel schneiden. Mit der Zwiebel zusammen in Öl oder Butter andämpfen, Quendel beifügen. Ohne Wasserzugabe und mit genügend Salz weich kochen lassen. Knoblauch, Gewürze und Kräuter sowie Essig beifügen. Hat sich viel Saft gebildet, kann dieser mit kalt angerührtem Dinkelmehl und etwas Rahm gebunden werden. Mit gehackter Petersilie und Reibkäse bestreuen und in dem ausgehöhlten Kürbis servieren.

### Kürbis gratiniert

Ein fertiges Kürbisgemüse füllt man mit Reibkäse in eine ausgefettete feuerfeste Form, bestreut es mit Reibkäse, Paniermehl und Butterflocken und überbäckt das Gericht im gut vorgeheizten Ofen hellbraun.

### Kürbis mit Sellerieherzen

1 kg Kürbis
1–2 EL Sonnenblumenöl oder Butter
Gewürze: Salz, Galgant, Bertram, Muskat
2 Prisen Rohrzucker
1 Zwiebel
2 Sellerieherzen, gehackt
1 Handvoll Petersilie, gehackt
1 EL Wasser
125 ml Sahne

Kürbis in dicke Scheiben schneiden. Davon eine Lage in einen flachen, eingefetteten Topf schichten. Etwas Salz und Gewürze sowie 1 Prise Zucker darüber streuen. Darauf die dünn geschnittenen Zwiebelringe und wieder eine Lage Kürbis legen. Obenauf die gehackten Sellerieherzen und die Petersilie. Wieder mit Salz, Kräuter und Zucker bestreuen. 1 EL Wasser zugießen und 10 Minuten garen. Zum Schluss die geschlagene Sahne darunter ziehen.

### Kürbispudding

$1^1/_2$ kg Kürbis
125 g Butter
4 Eier
4 Dinkelbrötchen
Milch zum Einweichen
60 g Honig
100 g süße Mandeln, gemahlen
100 g Rosinen
1 TL Zimt
$^1/_2$ TL Salz

Den geschälten Kürbis in Stücke schneiden und die Kerne entfernen. Mit etwas Wasser 10 Minuten weich kochen und danach pürieren. Die Butter schaumig rühren, nach und nach die Eier, die in Milch eingeweichten und ausgedrückten Brötchen, den Honig, die gemahlenen Mandeln und die Rosinen untermischen. Danach Zimt und Salz dazugeben. Mit dem Kürbispüree vermischt in eine gefettete Puddingform füllen und $1^1/_2$ Stunden im Wasserbad kochen. Kann auch als Hauptgericht serviert werden.

### Gebratener Kürbis

Kürbis aufschneiden, entkernen und in große, dreieckige Stücke schneiden. Die äußere raue Schale nicht wegschneiden. Die

Stücke unterm Wasserstrahl säubern und abtropfen lassen. Auf einen Gitterrost in der Backröhre legen. Die Kürbisecken mit der Schalenseite nach unten drauflegen (oder auf ein großes Kuchenblech) und im Backofen bei hoher Hitze überbacken, bis das Kürbisfleisch weich ist. Warm als einfaches Abendessen zu Dinkelbrot servieren, wobei man das Fruchtfleisch mit dem Löffel auslöffelt und die Schale übrig lässt.

## Kürbisbratlinge mit Meerrettich

250 ml Hühner- oder Gemüsebrühe
75 g Dinkelgrieß
75 g Dinkelflocken
ca. 400 g Kürbis
1 Zwiebel
2 EL Butter
Kräuter: Petersilie, Schnittlauch, fein gehackt
50 g Parmesankäse, gerieben
1 Ei
1 Meerrettichwurzel
Gewürze: je $1/2$ TL Bertram und Galgant, Salz, Pfeffer
2 Knoblauchzehen

Die Brühe aufkochen, über den Grieß und die Flocken gießen, $1/2$ Stunde quellen lassen.

Den Kürbis schälen, ausnehmen und raspeln. Gewürfelte Zwiebeln in Butter andünsten, Kürbis dazugeben und unter ständigem Rühren glasig dünsten. Diese Masse mit dem Flockenbrei mischen. Kräuter, Käse, Ei, fein geriebenen Meerrettich und Gewürze dazugeben und alles miteinander verkneten. Zu Bratlingen formen, in Paniermehl wälzen. In Butter von beiden Seiten bei mittlerer Hitze goldbraun braten. Den Knoblauch ausdrücken und über die Bratlinge träufeln.

Dazu schmeckt Kopfsalat mit Dinkel.

## Kürbisstrudel

1 mittlerer Kürbis
Butter
Gewürze: Salz, Pfeffer, Muskat, Galgant, Bertram, Koriander
100 g Dinkelmehl Type 630
100 g Dinkeldunst
2 Eier
1 Eigelb
2 EL Öl
Sahne

Den Kürbis schälen, entkernen und grob raspeln. Mit Butter und Gewürzen dünsten, bis er noch nicht ganz weich ist. Erkalten lassen.

Das Mehl und den Dunst mischen. (Wenn kein Dinkeldunst vorhanden ist, kann auch nur Mehl genommen werden.) Eier, Öl und Salz zugeben und mit Wasser zu einem geschmeidigen Teig verarbeiten. Mindestens eine halbe Stunde in einer bemehlten Plastiktüte ruhen lassen. Den Teig in 2 Teile teilen, auswellen und über die Handrücken ziehen, auf ein bemehltes Geschirrtuch legen, den Kürbis darauf verteilen und mit dem Geschirrtuch zusammenrollen. Eigelb mit Sahne vermengen, Strudel damit bestreichen und bei 180°C 20–25 Minuten backen.

***Tipp:*** Wenn man von der Füllung noch etwas übrig hat, kann man sie mit etwas Wasser und Sahne pürieren und zum Strudel als Sauce servieren.

### Kürbiskuchen

(siehe Backwaren)

## Zucchini

Zucchini gehören botanisch zu den Kürbissen, obwohl sie wie Gurken aussehen. Die Zucchini sind reich an Provitamin A und C und fangen freie stressbedingte Sauerstoffradikale weg. Darüber hinaus hat das kalorienarme Gemüse viele Mineralien zur Neutralisation von Gallensäure. Sie sind am besten im Sommer zu haben.

### Zucchini-Medaillons

300 g Zucchini
2 Zwiebeln, gehackt
1 TL Oregano
Kräuter: Petersilie, Liebstöckel, fein gehackt
3 Eier
4 EL kernige Dinkelflocken
4 EL Dinkelmehl Type 405
Gewürze: Salz, Pfeffer, Muskat, Bertram
Sonnenblumenöl

Zucchini grob raspeln. Zwiebeln in Butter dünsten und Oregano zugeben, kurz mitdünsten.

Backofen auf 60°C vorheizen. Alle Zutaten in eine Schüssel geben, mit den Händen durchkneten und abschmecken. 2 EL Öl in einer Pfanne erhitzen, pro Medaillon 1 EL Zucchiniteig hineingeben, auf jeder Seite 3 Minuten backen. Auf Küchenkrepp entfetten. Im Ofen warm halten.

### Gefüllte Zucchini

1 Zucchini pro Person
Karotten, Sellerie, Fenchel, Kürbis u. a.
Zwiebeln
Gemüsebrühe
Kräuter: Oregano, Thymian, Basilikum
Gewürze: Salz, Pfeffer
Schafskäse
Emmentaler

Die Zucchini der Länge nach halbieren und wie Schiffchen aushöhlen. In Salzwasser nicht ganz gar kochen. Die anderen Gemüse schälen und grob raspeln. In Gemüsebrühe fast weich kochen, abschütten und mit den Kräutern, Gewürzen und den geraspelten Käsen vermischen. Damit die Zucchini füllen und im Ofen bei 200°C überbacken.

Den Rest der Füllung mit etwas Gemüsebrühe aufkochen und pürieren. Nochmals abschmecken und als Sauce zu den Zucchini servieren.

### Gefüllte Zucchinischiffchen

4–6 Zucchini
Gewürze: Salz, Garam Marsala
125 ml Gemüsebrühe
1 Zwiebel
2 EL Sonnenblumenöl
Hühnerleberragout
Parmesan, gerieben

Die ungeschälten Zucchini waschen und halbieren, das Kerngehäuse mit einem Löffel entfernen, mit Salz und Garam Marsala würzen und mit gewürfelten Zwiebeln in heißem Öl und etwas Brühe weich dünsten. Mit Hühnerleberragout füllen und mit Parmesan bestreuen. Bei 200°C überbacken.

### Gebratene Zucchini

500 g Zucchini, in Scheiben geschnitten
2 EL Sonnenblumenöl
1 Zwiebel
Gewürze: je $^1/_2$ TL Galgant und Bertram, Pfeffer, etwas Salz
2 EL saure Sahne

Die geschälte, gewürfelte Zwiebel in heißem Öl andünsten, die vorbereiteten Zucchini dazugeben, einige Minuten unter ständigen Rühren schmoren, würzen und mit saurer Sahne verfeinern.

### Gratinierte Zucchini

500 g Zucchini
50 g Parmesan
Semmelbrösel
Salz, Pfeffer

Zucchini der Länge nach in Scheiben schneiden, salzen, pfeffern und in eine gefettete Auflaufform schichten, mit geriebenem Parmesan und Semmelbröseln bestreuen, mit Butterflöckchen besetzen und bei starker Oberhitze kurz überbacken.

## Sellerie

### Sellerie mit Möhren

2 Sellerieknollen
4 Möhren
1 EL Sonnenblumenöl
Saft von 1 Zitrone
Salz
1 Prise Zucker

Sellerie und Möhren schälen und in Scheiben schneiden: den Sellerie 1 cm dick und die Möhren $^1/_2$ cm dick. Öl, Zitronensaft, Salz und Pfeffer in einem Topf zum Kochen bringen, die Möhren und den Sellerie hineingeben gar ziehen lassen.

### Sellerieschnitzel, paniert

1 geschälte Sellerieknolle
Salz
Ei
Dinkelsemmelbrösel

Zitronensaft
Dinkelmehl
Öl

Die Sellerieknolle in dünne Scheiben schneiden, in Salzwasser weich kochen und mit Zitronensaft beträufeln. Die erkalteten Scheiben erst in Mehl, dann in verquirltem Ei und zuletzt in Semmelbrösel wenden und in heißem Öl goldgelb backen. Dazu passt Tomaten- oder Käsesauce.

### Sellerieschnitzel in Backteig

1 Sellerieknolle
Salz
Zitronensaft
100 g Dinkelmehl Type 630
1 Ei
Milch
Öl

Den Sellerie schälen, halbieren und in 1cm dicke Scheiben schneiden. Diese in Salzwasser, dem man etwas Zitronensaft zugefügt hat, weich kochen. Das Mehl mit so viel Milch verrühren, dass eine glatte Masse entsteht, Salz und Ei zugeben. Die erkalteten Scheiben erst in Mehl wenden, dann durch die Masse ziehen und in heißem Öl goldbraun backen.

### Gedünsteter Sellerie in Dinkelbier

500 g geschälte Sellerieknollen (in dünne Scheiben geschnitten)
250 ml Dinkelbier
50 g Butter
1 Lorbeerblatt
1 Zwiebel (gewürfelt)
etwas Rohrzucker
Gewürze: Galgant, Bertram, Muskatnuss
Salz
gehackte Petersilie

Butter in einer großen Pfanne heiß werden lassen und Selleriescheiben sowie die gewürfelte Zwiebel hineingeben und andünsten. Lorbeerblatt und nach und nach Dinkelbier beigeben. Etwa ein halbe Stunde gar dünsten lassen, würzen und zum Schluss Petersilie darüber streuen.

## Sellerie-Maronen-Apfel-Salat

1 mittlere Sellerieknolle
Zitronensaft
2 Äpfel
1 EL Butter
250 g Maronen, geschält, gegart
Vinaigrette-Salatsauce
Petersilie, gehackt

Den Sellerie schälen und in Stäbchen schneiden. In Salzwasser, dem man etwas Zitronensaft zugefügt hat, weich kochen. Flüssigkeit abschütten. Äpfel in Stäbchen schneiden, in etwas Butter andünsten. Sellerie, Maronen und Äpfeln vermischen. Mit Vinaigrette-Salatsauce übergießen und nochmals vermengen. Mit Petersilie bestreuen.

## Sellerie nach französischer Art

Sellerieknollen
Butter oder Rahm
Zitronensaft
Salz
Reibkäse

Den geschälten Sellerie in Streifen oder Scheiben schneiden, zugedeckt in ganz wenig Wasser weich dämpfen, salzen und noch weitere 2 Minuten unter Zugabe von Rahm oder frischer Butter kochen. Zuletzt mit Zitronensaft leicht säuern, anrichten und mit Reibkäse oder gehobelten, gerösteten Mandeln oder gehackter Petersilie bestreuen.

## Selleriepüree

1 kg Sellerie
$^1/_2$ Tasse Wasser
Gewürze: 1 Prise Salz, Muskat

Sellerie putzen, in Würfel schneiden, mit Wasser und Salz weich kochen, durch die Kartoffelpresse drücken. Mit etwas Salz und Muskat abschmecken.

Gemüsepürees sind vielseitig und können als Nudelbeilage, Dip oder zu Lammkoteletts serviert werden.

## Zwiebeln

### Gefüllte Gemüsezwiebeln

4 mittlere Zwiebeln
500 g Edelkastanien, gegart

Gewürze: Bertram, Thymian, Galgant, Oregano, Salz, Pfeffer

Die Zwiebeln schälen und ganz in Salzwasser weich kochen, dann halbieren und etwas aushöhlen. Zwiebelmasse vom Ausgehöhlten mit den Kastanien pürieren und mit den Gewürzen zu einer homogenen Masse verarbeiten. Die Zwiebeln mit dieser Masse füllen, mit Butterflöckchen belegen und im Ofen bei 180°C 10 Minuten überbacken.

### Zwiebelbouillon

1 EL Butter
1–2 Zwiebeln, fein gehackt
Wasser

Fleisch- oder Gemüseextrakt
Weißwein
geröstete Brotscheiben

Butter in eine Pfanne geben und erhitzen. Die fein gehackten Zwiebeln hineingeben und gelb anrösten. Mit 1 bis $1^1/_2$ l Wasser ablöschen. Die Suppe mit Fleisch- oder Gemüseextrakt würzen und mit etwas Weißwein vervollkommnen, kurz aufkochen und nach Wunsch über gerösteten Brotscheiben anrichten.

Alle Teile der Zwiebel können verwendet werden – aber immer gekocht.

Gut bei fiebriger Grippe.

## Knoblauch

Wer keine Knoblauchpresse hat, kann den Knoblauch auch auf einem Küchenbrett mit dem flachen Messer zerdrücken und danach die Schalen entfernen. Ganze oder zerkleinerte Knoblauchzehen eignen sich zum Aromatisieren von Salatölen (Sonnenblumen-, Walnuss-, Kürbisöl). Die Zehen werden über Nacht eingelegt und ergeben ein zartes Knoblaucharoma. Ebenso kann man heißes Öl aromatisieren, indem man die Zehen nach kurzer Zeit wieder entfernt.

### Eingelegter Knoblauch-Fetakäse

300 g Fetakäse
2 Knoblauchzehen, zerdrückt
1 EL Pfeffer, zerstoßen
je 1 EL frischer Oregano, Koriander, Rosmarin, gehackt
1 Tasse Sonnenblumenöl

Alles miteinander im Marmeladenglas kaltstellen. Fetakäse ist so ca. 1–2 Monate im Kühlschrank haltbar.

### Knoblauch-Frischkäse-Brotaufstrich

250 g Frischkäse
3 Knoblauchzehen
je 1 TL frische Thymianblätter, Oregano, Rosmarin, gehackt
2 Frühlingszwiebeln, gehackt
Petersilie
Pfeffer

Frischkäse im Mixer mit allen Zutaten cremig schlagen. Mit Dinkelbrot servieren.

### Knoblauch-Mayonnaise

4 Knoblauchzehen
2 Eigelb
4 TL Zitronensaft
250 ml Sonnenblumenöl
Gewürze: Salz, weißer Pfeffer

Zerdrückten Knoblauch, Eigelb und 2 TL Zitronensaft cremig schlagen. Unter ständigem Rühren Sonnenblumenöl sehr langsam zufügen, bis die Mayonnaise dick wird. Mit restlichem Zitronensaft, Salz und Pfeffer abschmecken.

## Soja

### Vegetarischer Soja-Aufstrich

300 g Tofu
50 ml Gemüsebrühe
Saft 1 Zitrone
Kräuter: Kerbel, Dill, Petersilie
1 Knoblauchzehe
1 EL Sonnenblumenöl
1 EL Weinessig

Alles miteinander mischen und pürieren und zu Dinkelbrot servieren.

### Dinkel-Sojapastete als Fleischersatz

300 g Sojabohnen
1 l Wasser oder Gemüsebrühe
2 Zwiebeln
2 Knoblauchzehen
2 EL Sonnenblumenöl
2 Eier
5 EL Dinkelflocken
Petersilie, gehackt
Gewürze: Mutterkümmel, Bertram, Galgant, Salz

Sojabohnen über Nacht einweichen, Wasser wegschütten und in Wasser oder Gemüsebrühe $1^1/_2$ Stunden weich kochen. Sojabohnen durch ein Sieb schütten und die Brühe auffangen.

Die Zwiebeln schälen, klein schneiden und mit den klein geschnittenen Knoblauchzehen in Öl glasig dünsten. Sojabohnen mit Zwiebeln, Knoblauch, Eiern, Dinkelflocken im Mixer durchdrehen und Bratlinge formen. Gehackte Petersilie dazugeben und mit Gewürzen abschmecken. Den Teig in gefetteter Auflaufform 45 Minuten backen.

## Pilze

Wir verwenden in der Hildegard-Küche den Austernpilz oder Saitling, der auf Bäumen wächst oder auf Strohballen gezüchtet wird. So bleibt er von den gefürchteten Schwermetallbelastungen verschont. Die Austernpilze schmecken nach Kalbfleisch. Sie können ungewaschen verarbeitet werden.

## Austernpilze mit Feldsalat

Kürbiskernöl
Balsamico-Essig
Gewürze: Salz, Pfeffer
200 g Karotten
EL Mandelstifte
250 g Feldsalat
1 Knoblauchzehe
100 g Butter
1 Zwiebel
1 kg Austernpilze
2 EL Sahne

Aus dem Essig, Öl, Salz und Pfeffer eine Marinade bereiten. Die Karotten schälen, in sehr feine Streifen schneiden und in Salzwasser kurz blanchieren. Abkühlen lassen und mit den Mandelstiften zu der Marinade geben. Den Feldsalat vorsichtig waschen und verlesen und mit den anderen Zutaten vermischen.

Die Zwiebel fein hacken und in einem Esslöffel Butter andünsten. Unterdessen die Austernpilze grob schneiden, zur Zwiebel geben und gar dünsten. Die Sahne unterheben, kurz köcheln lassen und abschmecken.

Den Feldsalat auf Teller im Kreis anrichten und in die Mitte das Pilzragout geben.

# Obst, Mandeln, Nüsse

## Äpfel

Äpfel enthalten wie alle anderen Obstarten viel Wasser und eignen sich mit Dinkel zu schnell wirksamen Gewichtsreduktionskuren.

### Apfel-Gitterkuchen

*Teig:*
300 g Dinkelmehl Type 405
200 g Butter
175 g Rohrzucker
1 Ei
abger. Schale von 1 Zitrone
*Für die Füllung:*
1 kg säuerliche Äpfel
Saft 1 Zitrone
50 g Rosinen
50 g Rohrzucker
$^1/_2$ TL Zimt
2 Eier
3 EL Milch
1 EL Rohrzucker
1 EL Vanille-Puddingpulver

Das gesiebte Mehl mit Butter, Zucker, Ei und Zitronenschale verkneten. Den Teig zugedeckt 2 Stunden im Kühlschrank ruhen lassen.

Die Äpfel schälen, vierteln, vom Kernhaus befreien, in dünne Scheibchen schneiden und mit Zitronensaft, Rosinen, Zucker und Zimt mischen. Den Backofen auf 200°C vorheizen.

Den Teig ausrollen, Boden und Rand einer Springform damit auslegen. Etwas Teig für das Gitter zurückbehalten und in schmale Streifen schneiden. Den Teigboden mit einer Gabel mehrmals einstechen. Die Äpfel darauf verteilen. Die Eier mit Milch, Zucker und Puddingpulver verquirlen und über die Äpfel gießen. Die Teigstreifen gitterartig darüber legen. Den Kuchen auf der zweiten Schiebeleiste von unten 50–60 Minuten backen. Den Kuchen in der Form etwas abkühlen lassen. Zum völligen Erkalten auf ein Kuchengitter legen.

## Apfelstrudel

*Teig:*
125 g Vollkornmehl und
125 g Weißmehl Type 405
oder 250 g Mehl Type 630
1 Prise Salz
Zimt
Zucker
4 EL Sonnenblumenöl
2 Eigelb

*Für die Füllung:*
125 g Butter
50 g Mandeln, gemahlen
8 Äpfel, gehobelt in Stifte
4 EL Mandelblättchen
Zimt
Zucker

Für den Teig alle Zutaten in eine Schüssel geben, 10 Minuten durchkneten. Den Teig in eine Stahlschüssel auf einen passenden Topf mit heißem Wasser setzen, mit einem nassen Tuch zudecken 20 Minuten ruhen lassen.

Für die Füllung den Teig zur gewünschten Größe ausziehen, mit flüssiger Butter bestreichen, einen 2 cm breiten Rand lassen, die gemahlenen Mandeln und Rest der Füllung darauf verteilen. Teig an zwei Seiten 2 cm breit einschlagen und aufrollen. Mit einer Gabel gleichmäßig verteilt einstechen, mit flüssiger Butter bestreichen. Bei 200°C 30 Minuten backen.

## Apfelauflauf

8 Kochäpfel
1 TL Zitronensaft
1 Tasse Dinkelmehl mit Backpulver angereichert
1 Tasse Rohrzucker
1 Ei
100 g Walnüsse
50 g Mandeln
1 TL Zimt
50 g Butter

Die Äpfel schälen und in dünne Scheiben schneiden, mit Zitronensaft beträufeln. In eine Auflaufform mit einem Durchmesser von 30 cm legen. In einer Schüssel Mehl, Zucker und Ei zu Krümeln verarbeiten, gleichmäßig über die Äpfel verteilen. Über die Streusel die Nüsse, Mandeln und Zimt verteilen und über das Ganze zerlassene Butter träufeln. In einem vorgeheizten Ofen bei mittelstarker Hitze ca. 45 Minuten backen.

## Apfelkompott

1 kg süße Äpfel
1 Glas Wasser
2–3 EL Rohrzucker (je nach Geschmack)
Gewürze: Zimt, Muskat, Gewürznelke
eventuell geriebene oder gehobelte Mandeln

Äpfel vierteln und Kerngehäuse entfernen. Wasser, Zucker und Gewürze darüber geben und weich kochen. Möglichst nicht oft umrühren, damit kein Mus daraus wird. Zum Servieren kann man noch zusätzlich Mandeln darüber streuen. In Kompottschalen servieren.

## Äpfel in Karamellsauce

1 kg Äpfel
1 EL Butter
Rohrzucker
2 EL Sahne

Äpfel schälen, Kerngehäuse ausstechen und in gleichmäßige Scheiben schneiden. Wieder zusammensetzen und in eine gebutterte Auflaufform stellen, mit Zucker bestreuen und mit Wasser im Ofen weich dünsten.

In einem Topf 2 EL Zucker zu hellem Karamell rösten, mit etwas Wasser aufkochen (Vorsicht! Es zischt und kann spritzen). So lange köcheln lassen, bis sich das Karamell vollständig gelöst hat. Mit 2 EL Sahne verfeinern. Diese Sauce über die gedünsteten Äpfel gießen.

## Apfel-Diätspeise

2–3 Äpfel
Saft einer 1/2 Zitrone
1 EL Sauerrahm
1 EL Hafer- oder Dinkelflocken
etwas Dinkelschrot
etwas Wasser
etwas Rohzucker und eingeweichte Rosinen
1 EL gemahlene Mandeln

Die Flocken eine halbe Stunde lang in etwas Wasser einweichen. Sauerrahm mit 2 EL Wasser (oder Milch) verrühren, Zitronensaft sowie Flocken darunter mischen und die Äpfel samt Schale geraffelt hineingeben. Es kann auch eine etwas gröbere Raffel verwendet werden. Die geriebenen Äpfel gleich in die Sauce mischen, damit sie nicht braun werden. Rohzucker und Rosinen verfeinern die Speise. Die gemahlenen Mandeln vor dem Servieren darüber streuen. Die Speise soll unmittelbar vor dem Verzehr zubereitet werden.

## Vanilleäpfel

4 große Äpfel schälen; Kerngehäuse ausstechen und die Äpfel in 250 ml Wasser mit 100 g Zucker und einer aufgeschlitzten Vanilleschote dünsten. Auf Dessertteller setzen; die Höhlung mit Himbeerkonfitüre füllen und die Äpfel mit heißer Vanillesauce übergießen. Die Vanillestange zerschneiden und als Stengel in die Äpfel stecken.

## Apfelauflauf mit Dinkelkörnern

8–10 Äpfel, geschält, in Viertel geteilt
3 EL Rohzucker
Gewürze: Muskat, Zimt, Nelken
1/2 Tasse Dinkelkörner
200 ml Wasser
1 Prise Salz
30 g Butter
200 ml Milch
2 Eier
1/2 Becher Sauerrahm

Die Äpfel mit dem Zucker, den Gewürzen und etwas Wasser fast weich kochen.

Die Dinkelkörner mit 250 ml Wasser aufkochen und ca. 20 Minuten unter Beigabe von Salz und Butter weich garen lassen, bis das Wasser aufgebraucht ist. Milch, Eier und Sauerrahm verquirlen und die in einer gefetteten Auflaufform abwechselnd geschichteten Körner- und Apfelkompottlagen zum Schluss damit übergießen. Bei Mittelhitze ca. 25 Minuten überbacken.

### Apfelauflauf mit Dinkelzwieback

12–15 Dinkelzwiebackstücke
50 g Mandeln, gemahlen
2–3 Eier
1 EL Rohzucker
4 EL Rahm
1 Schüssel Apfelkompott

Die Zwiebackstücke zerstoßen, mit dem Eigelb und allen übrigen Zutaten und evtl. etwas Zitronensaft vermischen. Zuletzt das steif geschlagene Eiweiß darunter ziehen und die Masse in eine ausgefettete Auflaufform füllen. Bei Mittelhitze 30–40 Minuten backen.

### Apfelauflauf mit Dinkelflocken

4 Äpfel
4 EL Dinkelflocken
2 Eier
2 EL Mandeln, gemahlen
2 EL Rosinen
200 ml Milch

In eine ausgefettete Auflaufform lagenweise die fein geschnittenen Äpfel, etwas Rohrzucker und Rosinen, Dinkel- oder Haferflocken sowie gemahlene Mandeln geben. Eier mit Milch verquirlen, darüber gießen und mit Zimtzucker und Butterflocken bestreuen. Bei Mittelhitze 45 Minuten backen.

### Apfel im Schlafrock

Äpfel
Rosinen
Zucker
Zimt
Mandeln, gemahlen

*Mürbeteig:*
280 g Dinkelmehl
160 g Butter
1 große Prise Salz
4–6 EL kaltes Wasser
1 Ei

Die geschälten Äpfel ausstechen, die Höhlung mit Rosinen, Zimtzucker und gemahlenen Mandeln oder auch nur mit Konfitüre füllen. Den Teig 3–4 mm dick ausrollen und in 16–18 cm große Quadrate schneiden. Auf jedes einen Apfel setzen, und die Teigränder mit Eiweiß bestreichen. Die Teigzipfel über jedem

Apfel zusammenschlagen. Alles mit Eigelb bestreichen. Bei Mittelhitze ca. 35 Minuten backen.

### Apfeltaschen

Blätterteig
dickes Apfelmus mit Zimt
Nelkengewürz und
Weinbeeren

Blätterteig 3 mm dick ausrollen und davon mit einem gezackten Ausstecher Plätzchen von ca. 9 cm Durchmesser ausstechen. Diese beliebig mit dem angerührten Apfelmus bestreichen. Den Rand mit Ei bepinseln, die eine Hälfte überklappen und ringsum andrücken. Mit Ei bestreichen und bei starker Hitze hellgelb backen.

### Apfelgemüse

500 g Zwiebeln
2 EL Butter
500 g Äpfel
20 ml Sahne
Gewürze: Salz, Galgant, Zimt, Safran
Zitronenschale

Die Zwiebel in feine Streifen schneiden und in Butter andünsten. Die Äpfel, geschält oder ungeschält, in Spalten schneiden und zu den Zwiebeln geben. Bei geschlossenem Deckel gar dünsten und würzen. Mit der Sahne verfeinern.
Mit Kernotto und Salat servieren.

*Variation:* Apfel-Chutney als Beilage zu Fisch oder Fleisch: Die Äpfel kleiner schneiden und mit den gleichen Zutaten mit etwas Rotwein einköcheln und wie ein Mus als Beilage servieren.

## Birnen

### Birnenkompott

500 g Birnen
125 ml guten Weißwein
125 ml Wasser
1 Stange Zimt, eventuell
Gewürznelken

Die geschälten und halbierten (oder geviertelten) Birnen (möglichst härtere Sorte) vom Kerngehäuse befreien und mit Wein und Wasser sowie Gewürz weich kochen lassen (ca. 10–20 Minuten). In Kompottschalen servieren.

### Birnenkompott mit Preiselbeeren

500 g Birnen
250 g Preiselbeeren
250 ml Wasser
100 g Rohrzucker

Birnen waschen, schälen und vierteln. Kerngehäuse entfernen. Preiselbeeren verlesen, waschen, abtropfen lassen und mit den Birnen und dem Zucker in Wasser weich dünsten lassen. In Kompottschalen servieren. Es können auch Äpfel mitgekocht werden.

### Melbabirnen

Kompottbirnen
gleichviel Himbeeren
Schlagrahm
Rohrzucker
1 Schuss Kirschwasser

Die halbierten Birnen abtropfen lassen und auf einer Glasplatte anrichten. Mit Himbeercreme überziehen.

*Himbeercreme:* Die Himbeeren mit einer Gabel fein zerdrücken oder im Mixer pürieren, mit dem Zucker gut verrühren und den Schlagrahm sowie Kirschwasser darunter ziehen. Sofort servieren.

### Birnen nach Berner Art

500 ml Milch
50 g Rohrzucker
etwas Zimt und Gewürznelken
Salz
70 g Dinkelgrieß
Kompottbirnen
Vanillecreme
*zum Garnieren:*
125 ml Schlagrahm

Milch mit Zucker und Gewürz sowie etwas Salz aufkochen, den Grieß einrühren und 10 Minuten zugedeckt kochen lassen. Die

Masse in eine kalt ausgespülte, flache Form füllen. Nach dem Erkalten stürzen und mit halben Kompottbirnen belegen. Mit Vanillecreme übergießen. Ringsum mit Schlagrahm garnieren.

## Birnenfladen

*Mürbteig:*
280 g Dinkelmehl
160 g Butter
1 große Prise Salz
4–6 EL kaltes Wasser
500 g Birnen
125 g Rohrzucker
75 g Mandeln
1 Handvoll Rosinen
1 Messerspitze Zimt
1 Glas Wein
1 Gläschen Kirschwasser
*Für den Guss:*
2 Brötchen
2 Eier
200 ml Rahm
2 EL Rohrzucker

Den Mürbeteig 3 mm dick ausrollen und damit ein rundes, bebuttertes Blech auslegen, den Rand verdoppeln und mit Eigelb bestreichen.

Birnen säubern, vierteln und vom Kerngehäuse befreien. In kleine Würfel schneiden und mit Zucker, etwas Wasser und dem Wein 10 Minuten kochen. Danach mit den Mandeln, Rosinen, Zimt und Kirschwasser mischen und die Masse auf den Teigboden streichen.

Die Brötchen zerschneiden, in Milch einweichen und auspressen, mit einer Gabel zerdrücken und mit dem Eigelb, dem Rahm und Zucker mischen. Den steifen Eischnee darunter ziehen, und die Masse über die Birnen streichen.

Den Fladen bei mittlerer Hitze etwa 40 Minuten backen.

## Birnen-Eierkuchen

500 g Birnen
1 Zitrone
3 Eier
1 Becher Sauerrahm
2 EL Rohrzucker
$^1/_2$ TL Salz
1 Beutel Vanillezucker
200 g Dinkelmehl
8 EL Sonnenblumenöl
(oder Butter)
Zucker und Zimt zum
Bestreuen

Die geschälten und vom Kernhaus befreiten Birnen würfeln und mit Zitronensaft beträufeln. Eiweiß zu steifem Schnee schlagen. Eigelb mit Sauerrahm, Zucker, Salz und Vanillezucker schaumig rühren. Das Dinkelmehl und danach den Eischnee nach und nach unterheben. Für jeden Pfannkuchen 1 EL Öl (oder Butter) in der Pfanne erhitzen (ergibt etwa 8 kleinere Pfannkuchen insgesamt), und je 1 Kelle Teig in die Pfanne geben. Die Birnenwürfel darauf verteilen. Den Teig von beiden Seiten hellbraun anbraten und auf der Servierplatte mit Zucker und Zimt bestreuen.

### Bärwurz-Birnen-Honig

| | |
|---|---|
| 100 g Bärwurz-Gewürzmischung (Fa. Jura) | 1,5 kg Birnen |
| | 350 g Honig |

Die Birnen schälen, entkernen. In reichlich Wasser fast weich kochen und durch ein Sieb schütten.

Den Honig erhitzen und abschäumen. Die Birnen pürieren und in einen Topf geben. Den abgeschäumten Honig und die Bärwurz-Gewürzmischung zugeben. Bei kleiner Hitze noch einmal aufkochen lassen und dann in Gläser abfüllen.

Es hat sich bewährt, bis auf ein Glas alle einzufrieren und nach Bedarf immer wieder eines aufzutauen.

Zur Darmsanierung isst man davon morgens vor dem Frühstück $^1/_2$–1 TL, zum Mittagessen 1–$1^1/_2$ TL und vor dem Schlafengehen 2–3 TL. Evtl. auf Brot, ins Habermus oder mit Quittenmarmelade kaschieren.

## Quitten

### Quittenkonfitüre

| | |
|---|---|
| 1 kg Quitten | Saft 1 Zitrone |
| 250 ml Wasser | 600 g Rohrzucker |
| 125 ml süßlichen Weißwein | 20 g Galgantpulver |

Die Quitten mit einem Tuch abreiben, in einen großen Topf geben, halbvoll mit Wasser auffüllen und im Ganzen weich kochen.

Quitten abschütten. Abgekühlte Quitten vierteln und nach Entfernen des Kerngehäuses klein schneiden. Fruchtfleisch durch den Fleischwolf drehen oder mit dem Pürierstab pürieren. Zusammen mit dem Zucker, Weißwein und Zitronensaft unter Rühren 10 Minuten bis zur Gelierprobe aufkochen. Galgantpulver dazugeben. In vorbereitete heiße Rundgläser füllen und diese sofort verschließen.

### Quittenbrot

1 kg Quitten (vorbereiten wie für Quittenkompott)
1 kg Rohrzucker
20 g Galgantpulver
Mandeln, gehackt
Öl zum Ausfetten

Quitten und Zucker in einen großen, flachen Topf füllen und ca. 1 Stunde gut durchkochen, zwischendurch umrühren. In der Zwischenzeit Mandeln schälen und grob hacken. Mandeln nach Geschmack kurz vor Ende der Kochzeit zufügen.

Platten oder Tablett mit Backpapier auslegen und gut mit Öl einpinseln. Die abgekühlte Quittenmasse nach Zufügen des Galgantpulvers gleichmäßig darauf verteilen, ungefähr 1 cm dick.

Das Ganze zum weiteren Trocknen ca. 3–4 Wochen auf den Küchenschrank stellen. Das Backpapier abziehen und das getrocknete Quittenbrot in Rauten oder Würfel schneiden und in Zucker oder geriebenen Mandeln wälzen. In Schraubgläsern im Keller aufbewahren (hält sehr lange).

### Quittenkuchen, gedeckt

*Mürbeteig:*
400–500 g Dinkelmehl Type 405
3 gestrichene TL Backpulver
150 g Rohrzucker
1 Päckchen Vanillezucker
1 Prise Salz
1 Ei
1 EL Milch
200 g weiche Butter

*Quittenfüllung:*
1–1,5 kg Quitten
125 ml süßlicher Weißwein
250 ml Wasser
150 g Zucker
süße Mandeln, gemahlen
20 g Galgantpulver
1–2 EL Mondamin

*Mürbeteig:* Etwas mehr als die Hälfte des Teiges auf dem Boden einer mit Butter gefetteten Springform (Durchmesser etwa 26 cm) ausrollen, am Rand eine Art Rolle (ca. 2,5 cm hoch) formen und den Boden mehrmals mit einer Gabel einstechen. Die Füllung auf den Boden geben, glatt streichen und die Teigplatte darauf legen. Wenn man will, 1 Eigelb mit 1 EL Milch verrühren und die Teigplatte damit bestreichen. Zum Schluss nochmals mit einer Gabel mehrmals auf der Teigplatte einstechen. Man kann auch auf das Bestreichen mit Eigelb verzichten und den Kuchen kurz vor dem Servieren mit Puderzucker bestreuen.

*Quittenfüllung:* 2–3 Pfund Quitten mit einem Tuch abreiben, vierteln und das Kerngehäuse entfernen. Die Quitten klein schneiden. Zusammen mit 125 ml süßlichem Weißwein und 250 ml Wasser unter Rühren weich kochen. Die Masse durch ein Passiersieb oder durch die Flotte Lotte streichen. Anschließend mit ca. 150 g Zucker süßen und etwas geriebene, süße Mandeln, 20 g Galgantpulver und 1–2 EL Mondamin hinzufügen. Abkühlen lassen.

## Quittenhälften in Sirup

4 große Quitten
8 TL Zucker
1 TL Zimt
1 TL Galgantpulver
$^1/_2$ Tasse Wasser
1 Becher Schlagsahne

Die Quitten waschen und den Flaum entfernen. Jede Quitte halbieren und die Kerne herausnehmen (und aufheben). Die Quittenhälften mit der Vertiefung nach oben in einen großen flachen Topf legen und in jede Vertiefung 1 TL Zucker geben. Mit Galgant und Zimt würzen. Das Wasser und die Kerne hinzufügen, die Kerne geben den Quitten nach dem Kochen eine schöne rötliche Farbe. Den Topf zudecken und auf großer Flamme zum Kochen bringen. Danach die Quitten einige Stunden lang auf eine kleine Flamme oder auch über Nacht auf eine Wärmeplatte stellen.

Kalt mit Schlagsahne servieren.

### Kandierte Quitten

1 kg Quitten
500 g Rohrzucker
Saft 1 Zitrone
Mandelsplitter

Die Quitten waschen, schälen, vierteln, entkernen und auf einer groben Reibe reiben. Einige Minuten stehen lassen, bis sie sich rosa färben. Die Quitten und den Zucker in einen großen Topf geben und auf kleiner Flamme kochen, bis die Mischung dick ist und sich rötlich färbt. Ab und zu umrühren und 5 Minuten vor Ende der Kochzeit den Zitronensaft hinzufügen. Über Nacht in ein Sieb legen. (Man kann den Sirup als Marmelade verwenden.) Die Quitten auf ein Brett legen, mit Gaze zudecken und einige Tage liegen lassen, bis sie hart werden. Man kann die Quitten auch in Vierecke oder Rhomben schneiden und in Mandelsplitter wenden.

### Quittenkompott

1 kg Quitten
100 g Rohrzucker
1 l Wasser
1 Zimtstange
Gewürznelken

Die Quitten abreiben (Schale kann dranbleiben, unschöne Flecken wegschneiden), in Schnitze teilen, Kerngehäuse entfernen. Die Früchte mit Wasser, Zimtstange und Nelken 40–50 Minuten auf kleiner Flamme zugedeckt dünsten und vor dem Anrichten zuckern. Je nach Geschmack kann man den Zucker auch ganz weglassen. Quitten haben ihre eigene Würze.

### Quittengelee

1 kg Quitten
1 kg Rohrzucker

Für das Quittengelee werden die Früchte mit einem grobem Schwamm in lauwarmen Wasser geputzt. In einem Dampfentsafter werden sie anschließend so lange gedämpft, bis der ganze Saft abgeflossen ist. Pro Liter Flüssigkeit 1 kg Zucker und 1 Päckchen

Gel-Fix dazugeben, 2 Minuten unter Rühren kochen und in heiße Gläser abfüllen.

Das bei Quittengelee anfallende Mus ergibt, mit frischem Apfelmus gemischt, ein schmackhaftes Kompott.

### Quittenbällchen in Mandelsplittern

1 kg Quitten
Wasser nach Bedarf
3 Tassen Zucker
Saft von $^1/_2$ Zitrone
100 g Mandelsplitter

Die Quitten waschen und in Viertel schneiden, jedoch nicht schälen und nicht entkernen, dann in ein wenig Wasser aufkochen, bis sie weich werden. Mit einem Schaumlöffel aus dem Wasser nehmen, abtropfen und abkühlen lassen. Kerngehäuse entfernen, die Quitten schälen und zu Püree zerdrücken.
Das Quittenpüree mit dem Zucker in einen Topf geben und auf sehr kleiner Flamme unter ständigem Rühren so lange kochen, bis man einen dicken, braun-rötlichen Brei erhält. Einige Minuten vor Beendigung des Kochens den Zitronensaft hinzufügen.

Den Brei 12 Stunden lang abkühlen lassen. Kleine Bällchen formen, in Mandelsplitter rollen und in Papierförmchen legen. Die Bällchen auf eine Platte legen und einige Tage trocknen lassen. An einem luftigen Platz aufbewahren, dann halten sie sich unbegrenzte Zeit.

### Ziegenfleischsuppe mit Quitten

500 g Ziegenfleisch (in Stücken)
Wasser
3 Quitten
3 Zwiebeln
etwas Butter oder
Sonnenblumenöl
1 EL Rohrzucker
Gewürze: $^1/_2$ TL Zimt,
$^1/_4$ TL Bertram, 1 gestrichenen
TL Galgant, Muskat

Ziegenfleisch waschen und in kleinere Stücke schneiden. In einen Topf geben und in so viel Wasser kochen, dass sie gerade bedeckt sind. Quitten schälen, in Stücke schneiden, Kerngehäuse entfernen. Zwiebeln schälen und zerkleinern. Zusammen mit den Quitten in einer Pfanne mit etwas Butter oder Öl andünsten und mit der abgekochten Fleischbrühe 10 Minuten kochen. Zucker, Zimt und restliche Gewürze und zum Schluss die Fleischstücke beifügen.

## Mispeln

### Mispelgelee

1,5 kg Mispeln
1 kg Rohrzucker

Die Mispeln werden in lauwarmen Wasser gewaschen und in einem Dampfentsafter so lange gedämpft, bis der ganze Saft abgeflossen ist. Pro Liter Flüssigkeit 1 kg Zucker zugeben und 2 Minuten unter ständigem Umrühren kochen und in heiße Gläser füllen.

## Kirschen

### Kirschkompott

1 kg Kirschen
ca. 30 ml Wasser
3 EL Vollrohrzucker

Zucker und Wasser aufkochen und die gewaschenen, entstielten Kirschen 2–3 Minuten lang darin knapp weich dünsten.

### Kirschpudding mit Vanillesauce

350 g Weißbrot
400 ml Milch
75 g Butter
2 Eier
100 g Zucker
75 g Mandeln, gemahlen
1 Gläschen Kirschwasser
1 Messerspitze Zimt
etwas abgeriebene Schale von 1 Zitrone
400 g Kirschen
Vanillesauce

Das Brot in Würfel schneiden und mit der Milch übergießen. Die Butter in Stückchen schneiden und in einer erwärmten Schüssel schaumig rühren, Zucker und Eigelb beifügen, nach und nach die übrigen Zutaten hinzugeben und zuletzt das steifgeschlagene Eiweiß darunter ziehen. Die Masse in eine ausgebutterte, mit Paniermehl ausgestreute Form füllen, gut verschließen und im Wasserbad ca. 60 Minuten kochen. Den Pudding stürzen und mit Vanillesauce servieren.

## Kornelkirschen

### Kornelkirschmarmelade

1 kg Kornelkirschen
Rohrzucker
2 Tassen Wasser

1 kg Kornelkirschen in 2 Tassen Wasser kochen. Danach das Ganze durch die Flotte Lotte drehen, damit die Kerne zurückbleiben. Das Mus mit rohem Rohrzucker im Gewichtsanteil 1:1 zu Marmelade kochen.

## Orangen und Zitronen

### Delikate Orangen-Konfitüre

1 kg Bio-Orangen
2 Bio-Zitronen
1 kg Rohrzucker
Saft einer großen Bio-Zitrone
2 EL Apfelpektinpulver 100% (Reformhaus)
3 EL Rohrzucker

Orangen und Zitronen vierteln (nicht schälen), entkernen und in dünne Streifen schneiden. Das geschnittene Obst in einen großen Topf geben und über Nacht stehen lassen. Zucker hinzufügen, das Obst eine halbe Stunde auf kleiner Flamme unter Rühren vorsichtig aufkochen. Vorsicht, kann spritzen! 2 Minuten vor Ende der Kochzeit den Zitronensaft und das Apfelpektin gemischt mit Zucker langsam hinzufügen. Unter Rühren nochmals kurz aufkochen und heiß in saubere heiße Gläser füllen.

Die Marmelade ist fertig, sobald sie goldgelb und durchsichtig ist und der Sirup auf einem Teller hart wird.

### Zitronenmarmelade

1 kg geschälte Bio-Zitronen
1 kg Rohrzucker
750 ml Wasser
Saft einer großen Bio-Zitrone
2 EL Apfelpektin 100%
3 EL Rohrzucker

Zitronen vierteln (nicht schälen), entkernen und in dünne Streifen schneiden, dabei innere Gehäuse und Kerne entfernen. Die Zitronen in einen Topf legen, den Zucker hinzufügen und mit dem Wasser über Nacht stehen lassen. Alles zum Kochen bringen und auf kleiner Flamme ca. 30 Minuten weiterkochen, bis die Hälfte des Wassers eingekocht ist. Ab und zu umrühren.

Vorsicht, kann spritzen! 2 Minuten vor Ende der Kochzeit den Zitronensaft und das Apfelpektin gemischt mit Zucker langsam hinzufügen. Unter Rühren nochmals kurz aufkochen und heiß in saubere heiße Gläser füllen.

Die Marmelade ist fertig, sobald sie goldgelb und durchsichtig ist und der Sirup auf einem Teller hart wird.

## Mandeln

***Tipp:*** Mandeln schälen: Die Mandeln erst in kochendes, dann in kaltes Wasser geben und die Haut abziehen.
Haselnüsse schälen: Die Nüsse auf das Backblech verteilen und einige Minuten in den gut heißen Ofen schieben. So lassen sich die Häutchen leicht abreiben.

### Mandelmilch

120 g Mandeln, ungeschält
1 l Wasser

Die Mandeln überbrühen und kaltstellen. Im Mixer mit dem Wasser so lange mixen, bis eine weiße Milch entstanden ist. Vor dem Servieren durch ein Sieb geben. Die Milch kann als Milchersatz getrunken oder zur Suppe weiterverarbeitet werden.

### Kürbissuppe mit Mandelmilch

(siehe unter Kürbis)

### Suppe mit Mandelmilch

150 Mandeln, ungeschält
250 g Zwiebeln 1 EL Butter
1 l Wasser

Die Zwiebeln schälen, in Streifen schneiden und im Wasser 20 Minuten weich kochen, herausnehmen und beiseite stellen. Die Mandeln überbrühen, mit kaltem Wasser abschrecken und schälen. Zusammen mit dem Zwiebelwasser mixen, durch ein Tuch filtern und in einen Topf geben. Die gekochten Zwiebeln klein hacken und mit der Butter zugeben. Alles noch einmal aufkochen und abschmecken.

### Dinkelkernotto ›Indische Art‹

200 g Kernotto
1 Knoblauchzehe
2 mittelgroße Zwiebeln
3–4 Äpfel
1/2 Tasse Rosinen
1/2 Tasse Mandeln, gehackt
Gewürze: Salz, Bertram, reichlich Galgant
1 Prise Zucker
je 125 ml saure und süße Sahne

Die Körner in Salzwasser mit Galgant weich kochen, die geschälte Knoblauchzehe zerdrücken, die gepellten Zwiebeln in Ringe schneiden. Zwiebeln und Knoblauch in Öl andünsten. Die Äpfel waschen, das Kernhaus entfernen, die Früchte in feine Scheiben schneiden und mitdünsten. Rosinen und gehackte Mandeln in die Apfel-Zwiebel-Masse rühren, das Kernotto darunter mischen. Mit Salz, Zucker, Bertram und Galgant abschmecken, gut durchziehen lassen und vor dem Servieren die Sahne untermengen. Eventuell nochmals nachwürzen.

## Mandelkuchen

*Für den Teig:*
350 g Dinkelmehl Type 630
200 g Butter (zimmerwarm)
200 g brauner Rohrzucker
2 Eier
1/2 Päckchen Weinstein-backpulver
1 Prise Salz
2 EL Zitronensaft

*Für den Belag:*
300 g Mandeln, gemahlen
100 g Zucker
1 EL Zimt
2 EL Rosinen
10 ml Amaretto
1 Messerspitze Nelken
Vanillepulver nach Geschmack
Milch nach Bedarf

Mandeln ohne Fett in einem Topf leicht anrösten. Zucker und Rosinen zugeben. Mit Milch auffüllen, aufkochen lassen. Amaretto und Gewürze zugeben bis eine cremige Masse entsteht. Abkühlen lassen.

Die Mandelmasse auf dem Teig gleichmäßig verteilen, mit gehackten Mandeln bestreuen und Butterflöckchen gleichmäßig darauf verteilen. Auf unterster Schiene bei 170°C 40–45 Minuten backen.

## Mandel-Mayonnaise

2 EL weißes Mandelmus
3–4 EL warmes Wasser
1/2 TL Salz
1/2 TL weißer Pfeffer
3–4 TL Honig
1 EL Apfelessig
2 EL Zitronensaft
250 ml Sonnenblumenöl

Mandelmus und warmes Wasser mit dem Mixer zu einer cremigen Masse verrühren. Das Öl teelöffelweise zugeben. Je mehr Öl zugegeben wird, desto fester wird die Sauce. Danach Gewürze, Zitronensaft und Apfelessig zugeben.

Viele Ableitungen sind möglich, wie Kräutermayonnaise, Curry- oder Senfsauce

### Hühnerleber-Mandel-Terrine

500 g Hühnerleber
3 EL Butter
2 Stangen Sellerie, geschnitten
3 Zwiebeln, gehackt
1 Knoblauchzehe, gehackt
1 Likörglas Cognac
100 g Mandeln, gehackt
Gewürze: Galgant, Bertram, Muskat, Thymian, Salz, Pfeffer

Hühnerleber, Zwiebeln, Sellerie und Knoblauch in Butter andünsten, bis die Leber leicht braun ist. Cognac hinzufügen, auf kleiner Flamme unter ständigem Rühren 5 Minuten köcheln lassen. Mit den Gewürzen abschmecken und durch den Fleischwolf drehen. Abkühlen lassen. Mit Mandeln garnieren, evtl. in einer Terrinenform mit Dinkelbrot und Salat servieren.

### Fenchel-Orangen-Mandel-Salat

100 g Mandeln, geschält
2 EL Butter
2 mittlere Fenchelknollen mit Grün
2 Bio-Orangen
2 EL Mandelöl
Saft einer $^1/_2$ Zitrone
1 EL Honig
Gewürze: Salz, Galgant

Süße geschälte Mandeln in 2 EL Butter ca. 20 Minuten goldbraun anrösten.

Fenchel und Orangen in Scheiben schneiden, Kerne entfernen. Zitronensaft, Mandelöl, Honig und Gewürze mischen und mit den gerösteten Mandeln und dem Fenchelgrün über den Salat geben.

## Hagebutten

### Hagebuttenmarmelade

500 g Hagebutten
Fruchtzucker, Ursüße oder Vollrohrzucker
1 EL Apfelpektin 100%
1 EL Rohrzucker

Im Herbst die reifen Früchte sammeln, von Stielen und Blüten befreien und gründlich waschen. Früchte auseinander schneiden und die Kerne entfernen. Dabei ganz dünne Einweghandschuhe tragen. 24 Stunden mit Wasser bedeckt einweichen, dann 20 Minuten im Einweichwasser leicht kochen (zwischendurch umrühren, da sich die Masse gern am Topfboden festsetzt). Durch ein Sieb (Flotte Lotte) streichen. Hagebuttenmark wiegen und mit gleicher Menge Rohrzucker mischen. Apfelpektin mit Rohrzucker mischen und dazugeben und alles 2 Minuten kochen lassen. Noch heiß in kleine Schraubgläser einfüllen.

Hagebutten fördern die Verdauung.

## Himbeeren

### Himbeermarmelade

1 kg Himbeeren
500 g Rohrzucker
Saft einer halben Zitrone
2 EL Apfelpektin 100%
2 EL Rohrzucker

Himbeerfrüchte mit Zucker mischen und mit Zitronensaft 3 Minuten aufkochen. Vom Herd nehmen. Apfelpektin und Rohrzucker vermischen und unter die Masse rühren. Nochmals 1 Minute aufkochen und anschließend heiß in saubere heiße Gläser abfüllen.

Feine Fruchtcreme aus Himbeeren, Brombeeren, Kirschen, Bananen usw. kann man auf verschiedene Arten zubereiten:

1. Art: Die Früchte vorrichten und durch die Maschine passieren oder pürieren, das Püree zuckern und mit etwas Zitronensaft und dem entsprechenden Quantum Schlagrahm melieren. Nach Belieben mit einem passenden Likör oder Brandy parfümieren.

2. Art: 100 g Vollmilchquark zu einer glatten Flüssigkeit rühren, etwas Zitronenschale und -saft beigeben und gut rühren, sodass eine sämige Sauce entsteht, dem Fruchtquantum entsprechend zuckern und das Püree von frischen Früchten beigeben.

3. Art: 500 ml Wasser mit 3–4 g Apfelpektin und etwas Zitronenabgeriebenem aufkochen, bis sich das Pektin gelöst hat. 2–3 EL Zucker beifügen (je nach Fruchtsorte) und die Flüssigkeit

erkalten lassen. Dann die leicht gelierende Masse mit 2–4 dl Fruchtpüree von frischen Früchten mischen und vor dem Servieren mit 1–2 dl steifgeschlagenem Rahm und etwas Vanillezucker verfeinern.

### Himbeer-Diätspeise

Verlesene Himbeeren in Schälchen füllen und darüber folgende Sauce gießen: Rahm und pasteurisierte Milch zu gleichen Teilen mit etwas Rohzucker süßen und mit gemahlenen Mandeln vermischen. Darüber Dinkelflocken oder Haferflocken usw. streuen.

## Johannisbeeren

### Johannisbeer-Konfitüre bzw. Beeren-Konfitüre

Jeweils 1 kg Beeren (Johannisbeeren, Himbeeren, Brombeeren, Heidelbeeren oder Kirschen)
600 g Zucker

Beerenfrüchte reinigen.

400 ml Wasser kochen und den Zucker darin auflösen. Weiter auf 140°C erhitzen, bis der Sirup Blasen wirft. Die Beeren dazu geben und weitere 10 Minuten unter ständigem Rühren und Entschäumen aufkochen. Eine Probe auf einen Unterteller geben. Wenn die Probe sofort fest wird, ist die Konfitüre fertig. In heiße sterile Gläser füllen und verschließen.

### Johannisbeeren mit gerösteten Mandeln

600 g vorgerichtete Johannisbeeren
200 g Vollrohrzucker
2 EL feine Dinkelflocken
3 EL gemahlene Mandeln
1 EL Butter

Die Früchte mit dem Zucker vermischen und in eine Schale füllen. Dinkelflocken und Mandeln in der Butter rösten und über die Johannisbeeren streuen.

# Brombeeren

## Brombeer-Himbeer-Johannisbeer-Konfitüre

Je 350 g Brombeeren, Himbeeren und Johannisbeeren
800 g Zucker

Johannisbeeren entstielen, mit den Brombeeren abbrausen und abtropfen lassen. Himbeeren verlesen, nicht abwaschen.

Etwas Zucker in die Schüssel geben, mit Früchten bedecken und wiederum eine Schicht Zucker darüber, bis Beeren und Zucker verbraucht sind. Über Nacht mindestens 12 Stunden ziehen lassen und 15 Minuten im Topf unter ständigem Rühren aufkochen. Mit Schaumlöffel entschäumen. Eine Probe auf eine Untertasse geben. Die Marmelade ist fertig, wenn die Probe sofort fest wird. In heiße sterile Gläser abfüllen.

## Rote Grütze aus Saft

500 ml roter Beerensaft
Vollrohrzucker
Zitronensaft
1 EL Apfelpektin 100%
1 EL Rohrzucker

Saft nach Geschmack mit Zucker und Zitronensaft abschmecken und ankochen. Apfelpektin mit 1 EL Zucker mischen, einrühren, aufkochen und $^{1}/_{2}$ Minute fertig köcheln. In eine Schüssel füllen und erkalten lassen. Mit süßer Sahne oder Vanillesauce reichen.

*Variation:* Die Grütze anstelle von Speisestärke mit 40 g Sago binden. Sago in den kochenden Saft rühren und 10 Minuten quellen lassen. Danach die Grütze nochmals 10 Minuten erwärmen, dann quellen lassen, bis der Sago glasig aussieht.

## Rote Grütze

500 g rote Johannisbeeren
250 g Himbeeren
100 g schwarze Johannis-
150 g Rohrzucker
Zitronengelb
Stangenzimt

beeren und / oder
Sauerkirschen
1 l Wasser
40 g Sago (oder 50 g
Speisestärke)

Die Beeren waschen, entsteinen und mit Wasser, Zucker und Zitronengelb aufkochen. Sago darüber streuen, untermischen und ca. 10 Minuten quellen lassen. Nochmals 10 Minuten erwärmen und quellen lassen, bis die Grütze glasig aussieht. In eine Schüssel füllen und erkalten lassen.

Wird Speisestärke statt Sago benützt, dann lässt man die in kaltes Wasser angerührte Speisestärke nach dem Untermischen in die Grütze nur etwa eine halbe Minute fertig garen (also kürzere Quelldauer als bei Sago).

## Melonen

### Melonendessert

Deckel der Melone abschneiden und die Melone mit einem Kugelausstecher aushöhlen (kleine Kugeln formen). Überschüssigen Saft abgiessen und anschließend alle Kugeln wieder in die Melone füllen, den Deckel schräg aufsetzen und servieren. Evtl. vorher noch eine Stunde im Kühlschrank kalt stellen.

# Pizza, Brot und Gebäck

Wir wollten gesunde und wohlschmeckende Backwaren herstellen, nicht nur bessere, sondern die besten! Das geht nur mit Dinkel, weil es kein Getreide gibt, das noch besser als Dinkel schmeckt. Daher sind auch alle Dinkelbackwaren besser als alle anderen und im Falle von Dinkel-Pizza sogar noch ›original‹. Die Weizen-Pizza aus weißem Weizenmehl macht nur satt und fördert in keiner Weise die Gesundheit.

Im Dinkelvollkorn findet sich so ziemlich alles, was der Mensch zum Leben braucht: wertvolle Eiweiße, leistungssteigernde Kohlehydrate, wenige aber gute Fette, viele lebenswichtige Vitamine und alle Mineralien und Spurenelemente, um starke und gesunde Knochen aufzubauen. Dinkel ist dank dieser Mineralienfülle das basischste Getreide, das den gestressten sauren Stoffwechsel ständig neutralisieren kann. Die im Dinkel vorhandenen löslichen und unlöslichen Ballaststoffe sind das beste Futter für eine starke und gesunde Darmflora, die in der Lage ist, unsere Gesundheit zu erhalten und unser Immunsystem zu stärken.

## Backregeln

- Beim Brotbacken in der Küche für gleichmäßig warme Temperatur sorgen und Zugluft vermeiden.
- Die Hefe vorher immer in etwas lauwarmer Flüssigkeit und etwas Zucker auflösen und langsam dem Mehl beigeben.
- Den Teig mindestens 30 Minuten durchkneten und an einem warmen Ort aufgehen lassen. Mit einem Tuch abdecken.
- Hefeteige müssen sich verdoppeln, Sauerteig soll sich um die Hälfte vergrößern.

- Teigprobe machen, der Teig muss so elastisch sein, dass er sich bei Fingereindruck sofort wieder schließt.
- Brot immer in den vorgeheizten Ofen schieben. Große Brote auf die unterste Schiene, kleine Brote auf die mittlere.
- Sauerteig benötigt zum Aufgehen Wasserdampf, daher eine Tasse oder einen Teller mit Wasser beim Backen unter das Brot stellen.
- Fertig gebackenes Brot soll bei der Klopfprobe hohl klingen.

## Pizza

### *Teig: Grundrezept*

500 g Dinkelmehl Type 405
40 g Hefe
250 ml lauwarmes Wasser (ca. 45 Grad)
je 1/4 TL Salz und Zucker
1 EL Sonnenblumenöl

Alle Zutaten sollten handwarm verarbeitet werden. Eine Schüssel mit heißem Wasser ausschwenken und darin Hefe und Zucker mit etwas lauwarmen Wasser auflösen. 5–10 Minuten bis zur Schaumbildung stehen lassen. Mehl mit Salz mischen und in der Mitte eine Mulde formen.

Die Hefelösung mit Öl sowie dem restlichen Wasser in die Mulde gießen und so lange mit einem Holzlöffel mixen, bis sich der Teig von der Schüsselwand löst. Den Teig auf eine bemehlte Arbeitsfläche geben und 8–10 Minuten durchkneten. Den Teig in eine Schüssel geben, mit feuchtem Handtuch abdecken und an einem warmen Platz ca. 45 Minuten stehen lassen, bis sich das Volumen verdoppelt hat. Zwei Finger in den Teig drücken. Der Teig ist fertig, wenn die Delle im Teig bleibt. Den Teig nochmals kurz 1–2 Minuten durchkneten.

Für zwei Pizzas den Teig halbieren und zwei Kugeln formen. Für vier Pizzas in vier Teile teilen und auf dem gefettetem Blech bzw. in Pizzaformen verteilen.

## Tomatensauce ohne Tomaten – beliebter Pizzabelag

2 große Zwiebeln
1 EL Butter
125 ml Rotwein
1 kleine Rote Bete
6–8 mittelgroße Karotten
Gewürze: 1 TL Oregano, Salz, Galgant, Pfeffer
2 EL Rotweinessig
250 ml Gemüsebrühe

Zwiebeln in Butter andünsten, Oregano zugeben, etwas mitdünsten. Mit Rotwein ablöschen. Die gestiftelten Rote Bete und Karotten zugeben mit der Gemüsebrühe auffüllen und auf mittlerer Hitze ca. 15–20 Minuten köcheln lassen. Etwas abkühlen lassen und mit dem Stabmixer pürieren. Mit Gewürzen und Rotweinessig abschmecken.

## Pizza Margherita

*Belag:*
Tomatensauce ohne Tomaten
100 g Zwiebeln
2 Knoblauchzehen
3 EL Sonnenblumenöl
Gewürze: Oregano, Salz, Pfeffer, Galgant, Muskat
150 g Mozzarella oder Parmesan
Kräuter: je 2 EL gehackte Petersilie und Basilikum

Fein gehackte Zwiebeln und Knoblauch in Öl dünsten, Tomatensauce und Gewürze zugeben und unter Rühren zu einem Mus eindicken. Den Belag über dem Teig verteilen und mit Käse, Petersilie und Basilikum gleichmäßig bestreuen. Ca. 15–20 Minuten bei 220°C im Holzofen oder vorgeheiztem Backofen goldbraun backen.

## Vollkorn-Pizza

***Teig: Grundrezept***

350 g Dinkelvollkornmehl
150 g Dinkelmehl Type 405
40 g Hefe
300 ml lauwarmes Wasser
je 1/4 TL Salz und Zucker
1 EL Sonnenblumenöl

Zur Herstellung des Pizzateigs aus Dinkelvollkornmehl benötigt man etwas mehr Wasser und muss mehr kneten, damit der Teig weich und elastisch wird. Ansonsten genauso wie oben.

*Variationen:* Die Pizza kann mit jedem Gemüse belegt werden, besonders gut eignet sich immer wieder die Tomatensauce ohne Tomaten. Das Gemüse sollte vorher blanchiert oder al dente gekocht sein.

## Pizza mit frischem Gemüse

2 kleine Brokkoli
200 g frischer Spargel
2 kleine Zucchini, geschnitten oder Artischockenherzen
4 Frühlingszwiebeln, geschnitten
150 g Mozzarella, in Würfel geschnitten
Gewürze: Basilikum, Salz, Pfeffer
2 Knoblauchzehen
3 EL Sonnenblumenöl

Gemüse klein schneiden und 5 Minuten in Salzwasser kochen. Tomatensauce ohne Tomaten auf den Pizzateig streichen und das Gemüse mit dem gehackten Knoblauch darüber verteilen. Mozzarella und Gewürze darüber geben und mit Sonnenblumenöl bestreichen. 20 Minuten im vorgeheizten Ofen bei 220°C backen, bis der Käse geschmolzen und die Kruste goldbraun ist.

## Pizza mit frischen Kräutern

***Teig: Grundrezept***

Je 4 EL fein gehackte Kräuter: Quendel, Thymian, Basilikum, Oregano, Petersilie oder Salbei
Gewürze: Salz, Pfeffer

Pizzateig mit Kräutern bestreuen und bei 220°C 20 Minuten backen, bis die Kruste goldbraun ist.

## Vier-Käse-Pizza

***Teig: Grundrezept***

75 g Mozzarella
75 g Gorgonzola
75 g Gruyère
75 g Parmesan
3 EL Sonnenblumenöl
frische Frühlingszwiebeln, gehackt
Gewürze: Salz, Pfeffer

Pizzateig mit Öl bepinseln. Die ersten drei Käse in Würfel schneiden und über den Teig verteilen, mit Parmesan bestreuen und mit Frühlingszwiebeln dekorieren. 20 Minuten bei 220°C backen, bis der Käse geschmolzen ist.

## Pizzataschen Calzone

Pizza-Calzone-Taschen sind einmal zusammengefaltete Pizzataschen, in denen man die Füllung backt. Dazu wird der Pizzateig kreisrund ausgerollt, mit der Füllung belegt und einmal zusammengefaltet. Die Ränder werden mit den Fingern zusammengedrückt und der Teig eingeölt. Der Teig wird wie üblich 20 Minuten bei 220°C goldbraun gebacken.

## Pizzatasche mit Hühnerleber

500 g Hühnerleber, geschnitten
3 EL Butter
2 Zwiebeln, gehackt
200 g Spinat
je 2 EL frische Kräuter gehackt: Petersilie, Thymian, Salbei
Zitronensaft
Gewürze: Muskat, Salz, Pfeffer

Zwiebeln mit Leber in Butter kurz andünsten, Kräuter und Spinat hinzugeben, kurz aufkochen, mit Zitronensaft und Gewürzen abschmecken und auf dem Pizzateig verteilen. Zusammenfalten und wie üblich fertig backen.

### Kirschen-Mandel-Pizza

100 g Mandelsplitter
250 g Kirschen, entsteint
3 Eiweiß
50 g Rohrzucker
50 g Mandelblätter
5 EL Kirschmarmelade

***Pizzateig: Grundrezept***
*Belag:* Eiweiß zu Schnee schlagen, Mandelsplitter darunter ziehen und über dem Pizzateig verteilen.

Kirschen und Mandeln darüber verteilen und wie üblich bei 220°C 20 Minuten backen.

Mit Kirschmarmelade bestreichen und mit Rohrzucker bestreuen.

### Apfelkuchen-Pizza

4 Äpfel schälen und Apfelschnitze herstellen
3 EL Rosinen
50 g Mandelsplitter
50 g brauner Rohrzucker
1 TL Zimt
3 EL Butter
3 EL Apfelsaft

Aus Apfelsaft und Butter ein Mus mixen und über den Pizzateig verteilen. Apfelschnitze mit Mandeln, Zucker und Zimt mischen und über den Teig verteilen. Bei 220°C 25 Minuten goldbraun backen.

## Brot und Gebäck

Im Dinkelvollkorn findet sich so ziemlich alles, was der Mensch zum Leben braucht: wertvolle Eiweiße, leistungssteigernde Kohlehydrate, wenige aber gute Fette, viele lebenswichtige Vitamine und alle Mineralien und Spurenelemente, um starke und gesunde Knochen aufzubauen. Dinkel ist dank dieser Mineralienfülle das basischste Getreide, um den gestressten sauren Stoffwechsel ständig zu neutralisieren. Die im Dinkel vorhandenen löslichen und unlöslichen Ballaststoffe sind das beste Futter für eine starke und gesunde Darmflora, die in der Lage ist, unsere Gesundheit zu erhalten und unser Immunsystem zu stärken.

Hier einige wertvolle leichte Backgeheimnisse aus der Dinkelmühle Binz und aus dem Kurhaus Hildegard – mit Erfolgsgarantie! Wenn Sie Ihren Dinkel selber mahlen und backen, können Sie mit Freude genießen, weil Sie genau wissen, was drin ist.

Wichtig für den Erfolg und die Gesundheit sind die echten ›weizenfreien‹ alten Dinkelsorten und ein Dinkel, der biologisch, d. h. ohne chemische Keule angebaut wurde. Gute Backeigenschaften besitzt nur Dinkel, der ausschließlich pflanzlich oder mit wenig Mist und Gülle angebaut wurde.

## Helles Dinkelbrot

1 kg Dinkelmehl Type 630
20 g Frischhefe
20 g Steinsalz
ca. 600 ml Wasser
(alle Zutaten in Zimmertemperatur)

Das Mehl in eine Schüssel sieben und in der Mitte eine Mulde drücken. Die Hefe in wenig lauwarmem Wasser auflösen und langsam in die Mehlgrube gießen. Mit etwas Mehl verrühren, bis ein flüssiger Teig entsteht. Der Vorteig darf niemals mit Salz oder Fett versetzt werden. Die Schüssel mit diesem Vorteig an einem warmen Ort ca. 20 Minuten gehen lassen. Dann nach und nach das Wasser sowie das Salz zugeben und zu einem geschmeidigen Teig kneten, bis er sich gut von den Händen löst. Den Teig nochmals abgedeckt an einem warmen Ort (nicht im Ofen!!) mindestens 30 Minuten gehen lassen, bis er sich verdoppelt hat. Den Teig erneut durcharbeiten und nochmals 20 Minuten gehen lassen.
Dann den Teig evtl. teilen und zu seiner gewünschten Form aufarbeiten (in gefettete Kastenform oder bemehltes Gärkörbchen für Laibform) und auf das Backblech geben. Nochmals abgedeckt ca. 15 Minuten gehen lassen. Ofen auf 250°C vorheizen.

Die Teiglinge in den vorgeheizten Ofen geben (Laibe vorsichtig aus den Gärkörbchen auf das Blech stürzen / Kastenbrote einschneiden). Eventuell ein feuerfestes Gefäß mit Wasser in den Ofen stellen. Nach 10 Minuten auf 200°C herunterschalten und das Brot fertig backen. Bei 2 Broten dieser Menge beträgt die Backzeit ca. 45 Minuten.

## Dinkelvollkornbrot

1 kg feine Dinkelflocken
20 g Frischhefe
20 g Steinsalz
ca. 800 ml Wasser
(alle Zutaten in Zimmertemperatur)

Die Flocken in eine Schüssel geben und die Hefe darüber bröseln. Etwa 700 ml Wasser zugeben und einen glatten Teig kneten. Salz zufügen, nach und nach Wasser zugeben, bis sich der Teig gut von den Händen löst. Den Teig abgedeckt an einem warmen Ort (nicht im Ofen!) mindestens 30 Minuten gehen lassen. Den Teig durchkneten und nochmals 20 Minuten gehen lassen.

Dann den Teig evtl. teilen und zu seiner gewünschten Form aufarbeiten (in gefettete Kastenform oder bemehltes Gärkörbchen für Laibform) und auf das Backblech geben.

Nochmals abgedeckt ca. 15 Minuten gehen lassen. Ofen auf 250°C vorheizen.

Die Teiglinge in den vorgeheizten Ofen geben (Laibe vorsichtig aus den Gärkörbchen auf das Blech stürzen / Kastenbrote einschneiden). Eventuell ein feuerfestes Gefäß mit Wasser in den Ofen stellen. Nach 10 Minuten auf 200°C herunterschalten und das Brot fertig backen. Bei 2 Broten dieser Menge beträgt die Backzeit ca. 50 Minuten.

Wenn man die frisch aus dem Ofen geholten Brote mit Wasser bepinselt, erhalten sie einen schönen Glanz.

## Dinkel-Schrotbrot

500 ml lauwarmes Wasser
30 g Hefe
1 TL Vollrohrzucker
1 EL Magerquark
300 g helles Dinkelmehl Type 630
100 g Sonnenblumenkerne
350 g Dinkelschrotmehl
2 gestrichene TL Steinsalz

Die oberen vier Zutaten miteinander verquirlen, dann das Dinkelmehl darüber sieben und die restlichen Zutaten untermengen. Alles miteinander vermischen. 30 Minuten an einem warmen Ort aufgehen lassen. Eine 30-cm-Kastenform gut buttern, die Masse einfüllen und sofort auf der untersten Schiene bei 200°C etwa 1 Stunde backen.

Immer in den kalten Ofen stellen.

### Dinkelbrot oder -brötchen

#### *Hefevorteig (Grundrezept für alle weiteren Hefeteige):*

1 kg frisch gemahlenes Dinkelschrotmehl
1 Würfel Hefe
250 ml lauwarmes Wasser
1 EL Steinsalz
1 TL Rohrzucker
500 ml lauwarmes Wasser
*Glasur:*
1 verrührtes Eigelb

Die Hefe mit Zucker in 250 ml lauwarmem Wasser 2–3 Minuten stehen lassen und glatt rühren.

Das Mehl in eine große (eventuell vorgewärmte) Rührschüssel sieben, in der Mitte eine Vertiefung machen und die Hefelösung darin zu einem dünnen Teig verrühren. Mit Mehl bestreuen und zugedeckt an einem warmen Ort ohne Zugluft (Heizkörper oder Backofen) 1 Stunde etwa auf das Doppelte aufgehen lassen. In kühleren Räumen kann man den Hefeteig auch über Nacht aufgehen lassen.

Danach das restliche lauwarme Wasser (500 ml) und das Salz hinzufügen und den Teig gut verkneten, bis er glatt und elastisch ist. Er darf nicht zu fest und nicht zu weich sein; zur Not noch etwas Flüssigkeit oder Mehl hinzukneten.

Zugedeckt an einem warmen Ort nochmals um das Doppelte aufgehen lassen. Danach auf eine bemehlte Arbeitsplatte geben und in 2 Rollen bringen, und daraus ca. 20 Brötchen formen. Die Brötchen auf ein mit Butter eingefettetes Backblech setzen und nochmals etwas gehen lassen.

In der Mitte mit einem scharfen Messer einschneiden. Mit verquirltem Eigelb bestreichen und bei 200°C ca. 20 Minuten goldbraun ausbacken.

Damit die Hefebackwaren im Ofen besser aufgehen, empfiehlt es sich, entweder einen Schuss Wasser in den Backofen zu schütten oder ein feuerfestes Gefäß mit etwas Wasser in den Ofen zu stellen.

### Dinkelknauzen

Den nach dem Grundrezept zubereiteten Teig zu einer Kugel formen, in 4 Teile schneiden, jedes Viertel wieder zu einer Kugel formen und wieder vierteln. Daraus entstehen 16 Teigstücke, die zu Brötchen geformt werden. Auf Backpapier bei 220°C 10 Minuten goldbraun ausbacken. Ebenfalls mit verquirlter Eiweiß-Sahne-Glasur bestreichen.
Variationen mit dem Teig nach Grundrezept:

### Rosinenbrot (oder Dattelbrot)

150 g Rosinen und 2 EL Honig einkneten, aber nur 1/2 TL Salz.

### Kräuterbrot

2–3 TL Fenchel oder Kümmelkörner in die fertige Brotmischung oder 2–3 TL Galgant, Quendel, Bertram.

### Zwiebelbrot

1 gewürfelte Zwiebel vor dem Backen untermischen.

### Dinkelbuttermilchbrot

500 g Dinkelschrotmehl, frisch gemahlen
500 g Dinkelmehl Type 405
1 Würfel frische Hefe
850 ml lauwarme Buttermilch
2 EL Salz
1 TL Zucker

Hefe mit Zucker in einer Tasse lauwarmer Buttermilch auflösen. Die beiden Mehle in eine Schüssel sieben, eine Mulde drücken und die aufgelöste Hefe langsam hineingeben. Mit etwas Mehl verrühren und nach und nach die restliche Buttermilch und das Salz hinzufügen. Den Teig durchkneten und an einem warmen

Ort 1 Stunde gehen lassen, bis er sich verdoppelt hat. Danach auf einem bemehlten Brett durchkneten und zu einem Brotlaib formen. Nochmals 15 Minuten gehen lassen und anschließend auf ein eingefettetes Blech legen, mit Wasser bepinseln und im heißen Ofen bei 220°C ca. 45 Minuten braun ausbacken.

## Dinkelbrot mit Sauerteig

*Sauerteigansatz:*
300 g Dinkelschrotmehl
500 ml lauwarmes Wasser
20 g Hefe
300 g Dinkelmehl Type 1050
300 g Dinkelmehl Type 405
2 TL Salz
400 ml lauwarmes Wasser
Evtl. folgende Gewürze zur Verfeinerung: Fenchel, Bertram, Galgant, Mutterkümmel, Quendel.

Die Hefe in eine Schüssel bröseln und in lauwarmen Wasser auflösen. Das Dinkelschrotmehl hinzugeben und innig verkneten, bis ein glatter, zusammenhängender Teig entstanden ist. Diesen Sauerteigansatz 3 Tage abgedeckt an einem warmen Platz bei Raumtemperatur stehen lassen.

Dann die restlichen Mehlsorten in eine Schüssel sieben. Den Sauerteigansatz und das Wasser hinzufügen und gründlich durchkneten. Die Schüssel mit dem Teig mindestens 3 Stunden an einem warmen Ort oder über Nacht um die Hälfte aufgehen lassen.

Den Teig nochmals durchkneten, Arbeitsplatte mit Mehl bestreuen, damit der Teig nicht kleben bleibt. Zugedeckt 3–4 Stunden an warmem Ort auf das Doppelte aufgehen lassen. In gefettete Backformen verteilen. Nochmals 3 Stunden gehen lassen. Oberfläche mit Messer einschneiden, mit Glasur bestreichen. Im Backofen bei 220°C 45 Minuten braun backen.

Ein kleines feuerfestes Gefäß voll Wasser mit ins Backrohr geben – das bewahrt das Brot vor dem Austrocknen.

## Pita-Brot

*Für die Fladen:*
250 g Dinkelmehl Typ 630
250 g Dinkelvollkornmehl
1 Päckchen Trockenhefe
$^1/_2$ TL Salz
1 EL Zucker
2 EL Sonnenblumenöl
Mehl

*Für den Belag:*
1 Eiweiß, steif geschlagen
4 EL Sonnenblumenöl
2 EL Thymian, getrocknet
1–2 EL Sesamsamen
$^1/_4$ TL Salz
(alle Zutaten mischen)

Aus den Fladenzutaten und 250 ml lauwarmem Wasser einen weichen, geschmeidigen Teig kneten (10 Minuten) in eine Schüssel geben, mit einem feuchten Tuch abdecken und 2 Stunden an einem warmen Ort gehen lassen. Backofen auf 220°C vorheizen. Ein Backblech mit Mehl bestäuben. Teig noch einmal durchkneten, zu einer Rolle formen, mit einem Sägemesser 1 cm dicke Scheiben schneiden und diese mit bemehlten Händen zu Fladen von 12 cm Durchmesser formen. Auf die bemehlten Backbleche setzen und in den Backofen (unterste Schiene) geben, bis sich die Pitas anfangen aufzuplustern (ca. 10 Minuten). Die Pitas umdrehen, jede Pita mit dem Belag bestreichen, dann auf der mittleren Schiene in weiteren 6–10 Minuten goldbraun fertig backen.

## Brioches (feine Dinkelmilchbrötchen)

400 g Dinkelmehl
20 g frische Hefe
250 ml Milch
1 Prise Salz
4 Eier
160 g frische Butter
1 EL Rohrzucker

Aus Mehl, Hefe und Milch einen Vorteig nach Grundrezept zubereiten und gehen lassen. Butter, Eier und Zucker schaumig rühren, das Salz beigeben und diese Masse samt der restlichen Milch mit dem Vorteig gut verarbeiten, in eine Schüssel geben, zudecken und an einem mäßig warmen Ort ca. 1 Stunde gehen lassen. Dann den Teigballen auf ein bemehltes Brett geben, leicht kneten und wieder zum Aufgehen in die Wärme stellen. Dieses

Verfahren noch einmal wiederholen. Aus dem Teig runde Brötchen formen, auf ein mit Butter bestrichenes Blech legen, mit Eigelb bestreichen, nochmals etwas aufgehen lassen und bei mittlerer Ofenhitze backen.

## Dinkelhefezopf

1 kg Dinkelmehl
330 ml l Milch
40 g Hefe
1 TL Salz
125 g Rohrzucker
3 Eigelb
200 g Quark
125 g Butter
125–250 ml Sahne
Eigelb oder Milch zum Bestreichen
süße Mandeln, gehobelt oder gesplittert

Aus den Zutaten einen Hefeteig nach Grundrezept bereiten. Beim Ausarbeiten den Teig entweder in 2 oder in 4 Teile schneiden, je nachdem, ob man einen großen Zopf oder zwei kleinere haben möchte. Die Teile mit beiden Händen jeweils zu gleichmäßig dicken, langen, runden Stangen ausrollen. Für einen Zopf braucht man stets zwei davon, die man als Bogen geformt übereinander legt und daraus einen Zopf flechtet. Diese(n) auf ein mit Butter bestrichenes Blech legen und nochmals aufgehen lassen. Vor dem Backen mit Eigelb oder Milch bestreichen und nach Belieben mit gehobelten oder gestiftelten Mandeln bestreuen. Bei guter Mittelhitze (etwa eine gute halbe Stunde) braun backen.

## Dinkelzwieback

*Hefevorteig nach Grundrezept*

1 EL Rohrzucker
1 TL Salz
75 g Butter
1 Ei
lauwarme Milch

Unter den gegangenen Hefevorteig Zucker, Salz, zerlassene Butter, das verquirlte Ei und so viel lauwarme Milch mischen, dass man einen konsistenten Teig erhält. Von Hand oder mit einem

Holzlöffel gut schlagen, auf ein bemehltes Brett geben und zu einem länglichen Streifen formen, auf ein mit Butter bestrichenes Blech legen und in einem temperierten Raum nochmals aufgehen lassen. Bei guter Hitze backen. Erst am anderen Tag in 1 cm dicke Scheiben schneiden, diese auf ein Blech legen und in mäßiger Hitze hellbraun rösten.

Den Zwieback in Blechdosen aufbewahren.

### Dinkelbrot in der Pfanne

ca. 550–570 g fein gemahlene Dinkelkörner
$^1/_2$ EL Honig (oder Rohr zucker)
1 Päckchen Trockenhefe (oder 25–30 g angesetzte Frischhefe)
385 ml handwarmes Wasser
1–2 EL Sonnenblumenöl
$1^1/_2$–2 TL Salz (Meersalz oder Kräutersalz)
1 TL Galgantpulver
1 TL Bertrampulver

Das gemahlene Dinkelmehl in eine Rührschüssel geben, eine Mulde formen. Öl, Hefe und Honig hineingeben, an den Rand Salz und Gewürze. Alles unter Zugabe des Wassers mit dem Knethaken zu einem Teig rühren. (Der Teig darf nicht ›krümelig fest‹ sein.) Dann in die geölte und mit Dinkelgrieß ausgestreute Pfanne geben. Mit Deckel schließen und 30–40 Minuten in einem temperierten Raum auf der Herdplatte gehen lassen. Die Elektroplatte 20 Minuten auf Stufe 1 stellen, weitere 20 Minuten auf Stufe $1^1/_2$, dann das Brot wenden und nochmals 20 Minuten backen.

*Vorteil dieses Brotbackens:* kein Kneten des Teiges erforderlich, kaum Geräteaufwand.

## Kuchen und Kekse

### Mohnkuchen

100 g Butter zum Backen
5 Eier, getrennt
1 Tasse Zucker
200 g Mohn, fein gemahlen
2 EL Dinkelmehl, mit Backpulver angereichert
2 EL Cognac

Die Butter auf kleiner Flamme zerlassen. Das Eiweiß mit dem Zucker zu einem steifen Schnee schlagen. Vorsichtig den Mohn, das Mehl, das Eigelb, die zerlassene Butter und den Cognac unter den Schnee heben.

Die Mischung in eine runde Backform oder in eine Kastenform geben und in einem vorgeheizten Ofen bei mittelstarker Hitze ca. 40 Minuten backen. Herausnehmen, abkühlen lassen und auf einer Kuchenplatte anrichten.

*Glasur*

| | |
|---|---|
| 50 g Butter | 1 EL Rohrzucker |
| 100 g Bitterschokolade | 2 EL Milch |

Auf kleiner Flamme die Butter, die Schokolade, den Zucker und die Milch zerlassen und auf den Kuchen streichen. Abkühlen lassen und über den Kuchen verteilen.

## Apfeltorte (Tarte Tatin)

| | |
|---|---|
| 200 g Dinkelmehl | *Belag:* |
| 75 g Rohrzucker | 50 g Rohrzucker |
| 75 g Butter | 30–50 g Butter |
| Salz | 1 kg mürbe Äpfel |
| 1 Ei | |

Mehl in eine Rührschüssel sieben. Zucker, Salz, Ei und weiche Butter hinzufügen. Die Zutaten mit einem Knethaken zunächst kurz auf niedrigster, dann auf höchster Stufe durcharbeiten, anschließend auf der Tischplatte zu einem glatten Teig verkneten und eine Zeitlang kalt stellen. Die Äpfel für den Belag schälen, vierteln, entkernen.

*Belag:* Eine feuerfeste Pie-Form (Durchmesser etwa 28 cm) auf die Kochstelle setzen. Die Butter darin zerlassen, den Zucker hineingeben und unter Rühren karamellisieren lassen. Die Karamellmasse darf nicht zu braun werden, da sie dann leicht bitter schmeckt. Die Apfelviertel mit der runden Seite in die schäumende Karamellmasse legen und die Pie-Form auf dem Rost in den auf etwa 225°C vorgeheizten Backofen schieben und etwa

5 Minuten vorbacken. Den Teig etwas größer als die Oberfläche der Form ausrollen. Die Form aus dem Backofen nehmen, den Teig vorsichtig über die Äpfel legen und am Rand leicht andrücken. Mit einer Gabel mehrmals einstechen und mit Hilfe eines Tellers den Teig von oben nach unten drehen. Die Form wieder in den Backofen setzen und 25–30 Minuten backen. Die gebackene Torte Tatin wird warm serviert. Auf Wunsch kann steifgeschlagene Vanillesahne dazu serviert werden.

## Zürcher Pfarrhaustorte

*Für den Mürbeteig:*
200 g Dinkelmehl
100 g Butter
1 Prise Salz
2 EL Wasser
1 TL (Wein-)Essig
1 Eigelb
*Füllung:*
2 Eier
100 g Rohrzucker
150 g geröstete Mandeln, gemahlen
1–2 große Äpfel, geraffelt
1 Messerspitze Zimt
*Belag:*
5–6 kleine Äpfel
Saft 1 Zitrone
Johannisbeer-, Himbeermarmelade oder Quittengelee

Den Mürbeteig in eine Springform von ca. 26 cm Durchmesser legen. Die Füllung zu einer streichfertigen Masse vermischen und auf den Teigboden verteilen. Die halbierten, geschälten (entkernten) Äpfel auf der Oberseite mehrere Male einritzen und mit der Wölbung nach oben auf die Füllung legen. Mit der Hälfte der Marmelade bestreichen. Etwa 40 Minuten bei Mittelhitze backen. Noch heiß mit dem Rest Marmelade bestreichen.

## Linzertorte

140 g Butter
140 g Dinkelmehl
140 g Rohrzucker
140 g Mandeln, gemahlen
Saft und Schale einer Zitrone
1 TL Zimt
1 Ei
1 Messerspitze Nelkenpulver
1 Eigelb zum Bestreichen
1 Tasse dicke Himbeer- oder Johannisbeermarmelade

Die Butter in Stückchen schneiden und in einer erwärmten Schüssel schaumig rühren. Ei, Zucker, gemahlene Mandeln, Zitronensaft und -schale und Gewürze zugeben und nach und nach das Mehl dazusieben. Den Teig gut mischen.

$^3/_4$ des Teiges flach drücken und damit ein rundes, bebuttertes Blech auslegen. Den restlichen Teig mit etwas Mehl verarbeiten, sodass er sich ausrollen lässt. Daraus eine Bordüre formen, den Rand des Teigbodens mit Eiweiß bestreichen und die Bordüre aufsetzen, indem man sie mit einer Gabel gleichmäßig andrückt und zugleich verziert. Ein kleines Stück zurückbehaltenen Teig ausrollen und mit dem gezackten Kuchenrädchen in 5 mm breite Streifchen schneiden. Die Torte etwa $^1/_2$ cm hoch mit Marmelade füllen und gitterartig mit den Teigstreifen belegen. Die Teigstreifen und den Rand mit Eigelb bestreichen und die Torte knapp 1 Stunde bei Mittelhitze backen.

## Kirschtorte

1 Tasse dunkle Kirschen, entsteint
3 Eier
1 Prise Salz
125 g Rohrzucker
$^1/_2$ TL abgeriebene Zitronenschale
2 TL Zitronensaft
$^1/_2$ TL Vanilleextrakt
100 g Mehl, gesiebt

Die entkernten Kirschen abtropfen lassen. In der Zwischenzeit bereitet man einen Biskuitteig, indem man das Eiweiß mit einer Prise Salz zu steifem Schnee schlägt, wobei der Zucker nach und nach esslöffelweise untergerührt wird. Danach verrührt man das Eigelb mit Zitronenschale und -saft und Vanille. Einen Teil des Eischnees hebt man nun in die Eigelbmasse und gießt dann die Eigelbmasse auf den Eischnee. Das Mehl darüber sieben und alles vorsichtig vermischen. Nicht zu lange und zu fest rühren.
Den Teig in die gefettete Tortenform (23 cm Durchmesser) gießen und gleichmäßig mit den Kirschen bedecken. Auf mittlerer Schiene 35–40 Minuten im vorgeheizten Ofen bei Mittelhitze backen.

## Strudelteig

375 g Dinkelmehl
1 Prise oder mehr Salz
knapp 250 ml lauwarmes Wasser
1 großes Ei, leicht geschlagen
30 g Butter, zerlassen
Semmelbrösel (Dinkelgrieß) zum Bestreichen

Das Mehl wird auf die Arbeitsplatte (oder in eine große Schüssel) gesiebt. In der Mitte macht man eine Vertiefung. In dem lauwarmen Wasser werden die zerlassene und noch mäßig warme Butter, das geschlagene, nicht zu kalte Ei und das Salz verrührt und nach und nach mit einem Messer in das Mehl gearbeitet. Alles zu einem weichen, glatten Teig verrühren und auf der bemehlten Arbeitsplatte mit der Hand verkneten. Dabei wird der Teig traditionsgemäß entweder mehrmals mit einem kräftigen Ruck auf die Platte geworfen oder wie ein Hefeteig verarbeitet: auseinanderziehen, falten, drücken usw. (etwa 10 Minuten lang). Danach den Teig auf dem bemehlten Brett unter einer warmen Schüssel eine halbe Stunde lang ruhen lassen.

Auf einem großen Tisch (etwa 1,20 x 1,80 m) wird ein Tafeltuch ausgebreitet und mit Mehl bestäubt. Der Teig wird darauf gelegt, die obere Hälfte mit zerlassener Butter bepinselt und in alle Richtungen ca. 3 mm dick ausgerollt. Danach zieht man ihn über den Handrücken hauchdünn aus, bis er fast durchsichtig ist. Hierzu wird er Abschnitt für Abschnitt mit beiden aneinanderliegenden Händen hochgehoben und gestreckt, indem man die Hände vorsichtig immer weiter voneinander entfernt. Der Teig muss am Schluss bis über die Tischkanten herunterhängen. Nicht zu lange Zeit dafür aufwenden und nicht mit den Fingernägeln berühren, sonst reißt er! Die dickeren Ränder abschneiden und zum Ausflicken der gerissenen Stellen benützen. Backofen auf starker Hitze (225°C) vorheizen.

Den hauchdünnen Teig überall reichlich mit zerlassener Butter und Semmelbröseln (Dinkelschrot oder -grieß) bestreichen, auf eine Seite einen ziemlich breiten Streifen der gewünschten Füllung geben und beide Enden etwa 5 cm breit freilassen. Der Strudel wird von der gefüllten Seite her aufgerollt, indem man das Tischtuch anhebt. Die Enden einschlagen oder durch Finger-

*Abb. 1*
*Kürbiscremesuppe S. 169*

*Abb. 2*
*Dinkelhefezopf S. 267, Quittenkonfitüre S. 240*

*Abb. 3*
*Dinkel-Gemüsebratlinge* *S. 180*

*Abb. 4*
*Lammkeule mit Bohnen S. 322*

*Abb. 5*
*Kürbis gefüllt mit Kürbisgemüse S. 220*

*Abb. 6*
*Fenchelcremesuppe S. 168*

*Abb. 7*
*Fenchelsalat mit Orangen und Käse* S. 199

*Abb. 8*
*Maroni-Fenchel-Pastete S. 191*

*Abb. 9*
*Habermus S. 160*

*Abb. 10*
*Rote Grütze S. 254*

*Abb. 11*
*Melonen-Dessert* *S. 254*

*Abb. 12*
*Kalbsfußknochenbrühe S. 337,*
*mit Dinkelgrießklößchen S. 174*

*Abb. 13*
*Kastanienhörnchen S. 189*

*Abb. 14*
*Forelle »Müllerinart«* S. 349

*Abb. 15*
*Gedünstete Lachsforelle auf Spinat S. 355*

*Abb. 16*
*Dinkelbrot S. 263, Dinkelhefezopf S. 267,*
*Energiekekse S. 279*

druck schließen, damit kein Saft herauslaufen kann. Den Strudel in Hufeisenform auf ein eingefettetes Blech legen (mit Hilfe von zwei Metallspachteln) und mit reichlich zerlassener Butter und Semmelbröseln bestreichen. Auf mittlerer Schiene hellbraun und knusprig ausbacken bei 230°C (10 Minuten lang) und 200°C (weitere 20 Minuten). Warm servieren (solange die Butter noch flüssig ist)!

## Apfelstrudel

Strudelteig wie beschrieben.

*Füllung:*

1 1/2 kg Äpfel, geschält, entkernt
80 g Rohrzucker
2 TL Zimt
Gewürznelke, Muskat (Pulver)
3/4 Tasse Rosinen
3/4 Tasse Mandeln, gerieben

Die wie oben zubereiteten Äpfel in dünne Scheiben schneiden. Mit Zucker, Zimt und Rosinen vermengen. Den ausgezogenen Strudelteig wie beschrieben mit den geriebenen Mandeln bestreuen und die Apfelmasse gleichmäßig darauf verteilen. Enden freilassen. Den Strudel zusammenrollen und backen wie beschrieben.

## Topfenstrudelfüllung

500 g passierter Quark
50 g Butter
5 EL saure Sahne
3 Eigelb, leicht geschlagen
1/4 TL Salz
1/2 Tasse Rosinen
1 Messerspitze Muskat
80 g Rohrzucker
3 Eiweiß

Butter, Zucker und Eigelb schaumig rühren. Dann nach und nach alle anderen Zutaten hineinrühren, bis auf das Eiweiß, aus dem in einer anderen Schüssel ein sehr fester Schnee geschlagen wird. Etwa 1/4 des Schnees wird mit dem Gummispachtel unter den Quark gehoben, anschließend hebt man den Quark unter den restlichen Schnee. Diese Füllung in einem ausgezogenen Strudelteig backen.

## Kirschstrudel

500 g Sauerkirschen, entkernt
80 g Rohrzucker
1 TL Zimt
je TL Muskat und Nelken (gepulvert)
3/4 Tasse gemahlene Mandeln

Zucker und Gewürze werden unter die Kirschen gehoben. Einen breiten Streifen ausgezogenen Strudelteig mit den gemahlenen Mandeln bestreuen. Die Kirschen gleichmäßig über die Mandeln verteilen. Enden freilassen und nach dem Einrollen des Strudels umschlagen. Fertig stellen und backen wie beschrieben.

## Mohn- oder Mandelstrudel

*Hefeteig:*
20 g frische Hefe
1 Prise Rohrzucker
1/4 Tasse lauwarmes Wasser
1/4 Tasse lauwarme Milch
1 TL Vanilleextrakt
1/4 TL abgeriebene Zitronenschale
60 g Rohrzucker
1/2 TL Salz
3 Eigelb
300 g Dinkelmehl
60 g Butter
1 Ei mit 1 EL Milch, leicht verquirlt

Aus Hefe, einer Prise Zucker und lauwarmem Wasser einen Hefevorteig machen und ihn 10 Minuten an einem warmen Ort ohne Zugluft auf das Doppelte aufgehen lassen. Eventuell einmal umrühren, damit sich die Hefe auflöst.

In einer großen Rührschüssel vermischt man die Hefelösung mit der Milch, der Vanille, der Zitronenschale sowie Zucker und Salz. Nach Hinzufügen des Eigelbs (nach und nach), des Mehls (portionsweise) und der Butter (esslöffelweise) den Teig zum Kneten auf eine bemehlte Fläche legen und ca. 10 Minuten zu einem glatten, weichen und elastischen Teig kneten. Immer wieder Mehl auf die Fläche streuen, damit der Teig nicht anklebt. Zu einem rechteckigen Gebilde formen und in eine gebutterte Schüssel legen, mit Mehl bestäuben und mit einem Küchenhandtuch bedecken. Etwa eine 3/4 Stunde gehen lassen, bis das doppelte Volumen erreicht ist.

*Mohnfüllung:*
125 g Butter
1 EL Honig oder Ahornsirup
1 EL süße Sahne
150 g Mohn, gemahlen
40 g Rosinen, zerhackt
abgeriebene Zitronenschale
nach Belieben auch Zimt,
Muskat und Nelken

Die Butter und den Honig mit einem Holzlöffel oder mit dem Mixer (auf Mittelstufe) schaumig rühren. Die Sahne untermengen und anschließend den Mohn und die Rosinen.

*Mandelfüllung:*
60 g Butter
60 g Rohrzucker
1 Eigelb, leicht geschlagen
1 Päckchen Vanillezucker
100 g Mandeln, gemahlen
40 g Rosinen, zerhackt
abgeriebene Zitronenschale

Butter und Zucker mit dem Holzlöffel oder dem Mixer schaumig rühren. Eigelb, gemahlene Mandeln, Zitronenschale (abgerieben), Rosinen und Vanillezucker nach und nach beifügen. Füllung beiseite stellen.

Teig wieder auf die bemehlte Arbeitsfläche geben und kurz durchkneten. In länglicher, rechteckiger Form $^1/_2$ cm dick ausrollen (20 x 30 cm). Kuchenblech ausbuttern oder ölen. Die jeweilige Füllung auf den Teig verteilen. Jeweils 2 cm am Rand freilassen. Den Teig von der Längsseite her aufrollen und mit der Saumstelle nach unten aufs Blech legen. An einem warmen Ort nochmals etwas aufgehen lassen. Kurz vor dem Einschieben in die Backröhre Oberfläche des Strudels mit in Milch geschlagenem Ei bepinseln. Im kurz vorgeheizten Backofen auf mittlerer Schiene und bei Mittelhitze etwa 45 Minuten braun backen.

## Kürbisstrudel

500 g fertiger Blätterteig
am Stück
ca. 1 kg Bratkürbis, geschält,
grob geraspelt
Dinkelgrieß
Rohrzucker
Zimt
nach Belieben auch Muskat
und Nelkengewürz

Den Blätterteig in 4 gleiche Würfel schneiden. Jeden Würfel mit der Teigrolle zu einem länglichen Rechteck ausrollen (Länge sollte der Länge eines großen Kuchenbleches entsprechen), und den mittleren Streifen mit jeweils Dinkelgrieß, Zucker, geraspeltem Kürbis, Zimt und Gewürzen bestreuen. Die oberen Ränder jeweils 2 cm breit freilassen. Die beiden äußeren unbestreuten Klappen des Teiges über die Füllung übereinanderschlagen und den Teig an den Rändern durch Andrücken oder Umklappen schließen. Den jeweils fertigen Strudel mit der Saumstelle nach unten in das mit kaltem Wasser vorher ausgespülte flache, große Kuchenblech legen. Es passen 4 Strudel auf ein Blech. Bei guter Mittelhitze hellbraun überbacken (etwa eine halbe Stunde). Herausnehmen und jeden Strudel in 4–5 größere Stücke schneiden, eventuell mit Puderzucker bestreuen und warm servieren.

*Variation:* Statt Kürbis kann man auch geraspelte Äpfel (mit Schale) und die angegebenen Zutaten verwenden.

**Vanillekipfel**

250 g Butter
100 g Rohrzucker oder
100 g Honig
300 g Dinkelmehl, gesiebt
Puderzucker und Vanillezucker zum Bestäuben
150 g süße Mandeln, gemahlen
1 TL Vanilleextrakt
1 Prise Salz

Butter und Zucker in einer Schüssel schaumig rühren. Nach und nach tassenweise das Mehl, dann die Mandeln, Vanille und Salz dazugeben. Alles zu einem glatten, festen Teig rühren. In Folie einwickeln und 1 Stunde im Kühlschrank ruhen lassen. Kuchenblech ausbuttern oder mit gefettetem Pergamentpapier belegen.

Vom Teig walnussgroße Stücke abschneiden und auf eine bemehlte Unterlage legen. Jedes Stück zu etwa 1 x 6 cm Streifen ausrollen und halbkreisförmig zu einem Kipfel biegen. Die fertigen Kipfel auf das gefettete Blech legen (mit mindestens 1 cm Zwischenraum). Im kurz vorgeheizten Ofen auf mittlerer Schiene 15–20 Minuten bei Mittelhitze backen, bis sie leicht gebräunt sind. Aus dem Ofen nehmen, kurz abkühlen lassen und noch warm in Puderzucker (mit Vanillezucker gemischt) wenden.

## Mandel- oder Mohnhörnchen

| | |
|---|---|
| *Dinkel-Hefe-Mürbeteig:* | |
| 250 g Dinkelmehl | 4 EL Zucker |
| 90 g Butter | 4 EL Sauerrahm |
| 1/2 TL Salz | 20 g Hefe |

Das Mehl auf ein Backbrett sieben, die Butter in kleinen Würfeln darauf verteilen, salzen. Den Sauerrahm mit der Hefe und dem Zucker verrühren und in die Mehlgrube geben. Den Teig rasch zusammenkneten, zugedeckt eine halbe Stunde im Kühlschrank gehen lassen.

| | |
|---|---|
| *Mandelfüllung:* | Milch |
| 200 g Mandeln, gemahlen | 10 ml Amaretto |
| 2 EL Rosinen | 1 TL Zimt |
| 50 g Zucker | Vanillepulver nach Geschmack |

Mandeln in einem Topf trocken anrösten. Rosinen und Zucker zugeben. Mit Milch auffüllen und aufkochen lassen. Amaretto, Zimt und Vanillepulver zugeben und zu einer cremigen Masse verrühren.

| | |
|---|---|
| *Mohnfüllung:* | Milch |
| 200 g Mohn | 10 ml Rum |
| 2 EL Rosinen | 1 TL Zimt |
| 50 g Zucker | Vanillepulver nach Geschmack |

Mohn in der Küchenmaschine (Mixer) mahlen. In einen Topf geben, Rosinen und Zucker zugeben, mit Milch auffüllen und aufkochen lassen. Rum, Zimt und Vanillepulver zugeben und zu einer cremigen Masse verrühren.

Den Teig dünn auswellen, Dreiecke schneiden. 1 gehäuften Teelöffel Fülle auf die breite Seite geben, zur Spitze hin rollen und Hörnchen formen. Bei 200°C ca. 15–20 Minuten goldbraun backen. Mit Puderzucker bestreuen.

### Cantuccini (italienischer Zwieback)

200 g Zucker (inkl.
1 Päckchen Vanillezucker)
25 g weiche Butter
2 Eier
1 Prise Salz
250 g Dinkelmehl
1 Päckchen Backpulver
150 g abgezogene Mandeln, grob gehackt

Zucker, Butter, Eier und Salz miteinander verrühren. Das Mehl mit dem Backpulver gut unterheben. Die Mandeln unterarbeiten. Der Teig ist leicht zäh und klebrig. 1 Tag im Kühlschrank aufbewahren. Dann den Teig in 6 Stücke teilen und jedes zu einer Rolle formen und alle auf ein Backblech mit großem Abstand (8–10 cm) legen. Bei 210–220°C 12 Minuten goldbraun backen.

Sofort vom Blech nehmen und noch warm in 1 cm breite Stücke schneiden. Mit der Schnittfläche ohne Abstand auf ein Blech legen. 8–10 Minuten bei 200°C backen.

### Galgantgebäck

140 g Rohrzucker
140 g Dinkelmehl
1 Ei
1 Eigelb
geriebene Schale einer $^1/_2$ Zitrone
1 TL Galgantwurzelpulver
Wasser oder Magermilch

Aus den Zutaten einen glatten geschmeidigen Teig bereiten und 4 Stunden ruhen lassen. 3 mm dick ausrollen (dabei stets mit Mehl bestäuben, da der Teig sonst anklebt) und Plätzchen daraus ausstechen. Auf ein Backblech legen und mit Eiklar bestreichen. Bei mittlerer Hitze hellbraun backen.

### Quendelkekse

1250 g Dinkelmehl
375 g Butter
100 g Rohrzucker
200 g süße Mandeln, gemahlen
4 Eidotter
2 ganze Eier
20 g Quendelpulver
1 TL Salz
Wasser

Aus den Zutaten einen geschmeidigen Teig kneten, etwa 5 mm dick ausrollen und Plätzchen ausstechen. Auf das Backblech legen und 20–25 Minuten bei Mittelhitze überbacken.

Diese Kekse helfen gegen Durchblutungsstörungen und Gedächtnisschwäche.

### Energiekekse (Nervenkekse)

| | |
|---|---|
| 400 g Dinkelmehl | 20 g Muskat |
| 250 g Butter | 10 g Nelken |
| 150 g (brauner) Rohrzucker | 2 Eier |
| 200 g süße Mandeln (gemahlen) | etwas Salz |
| 20 g Zimt | Wasser nach Bedarf |

Das Mehl auf die Arbeitsplatte geben, die weiche Butter in Stückchen darauf verteilen. Zucker, Mandeln, Eier und die Gewürze zufügen. Alles mit einem großen Messer oder einer Teigkarte durchhacken, rasch zusammenkneten und kalt stellen. Nach ca. 30 Minuten den Teig etwa 2–3 mm dick ausrollen und Plätzchen ausstechen. Auf einem mit Backpapier ausgelegtem Blech bei 180–200°C ca. 20–25 Minuten backen.

### Schwester Rosmaries Galgantguetzli

| | |
|---|---|
| 90 g Butter | 2 gestrichene EL Galgant |
| 125 g Rohrzucker | 400 g Dinkelvollkornmehl |
| 2 Eier | $^1/_2$ TL Backpulver |
| 1 Prise Salz | Eigelb |

Butter schaumig rühren, Zucker beigeben und gut verrühren. Galgant untermischen, Mehl und Backpulver beigeben. Alles zu Teig verarbeiten und kalt stellen. Den Teig 4 mm dick auswellen und Förmchen ausstechen. Mit Eigelb bestreichen. Bei 190°C 12–15 Minuten auf der mittleren Schiene backen.

# Salate

## Grüne Salate

### Kopfsalat mit Dinkel

*Kopfsalat ist ein Universalverdauungsmittel und hilft gegen Verdauungsschwäche, Verstopfung und Durchblutungsstörungen des Gehirns.*

1 Kopfsalat
2 EL Weinessig
4 EL Sonnenblumenöl
2–3 EL weich gekochte Dinkelkörner
1 Prise Salz
ca. 1 TL (Rohr-)Zucker

Gewürze: Bertram, Pfeffer
Kräuter (nach Belieben): Dill, Petersilie, Knoblauch, Schnittlauch, Bohnenkraut, Ysop, Brennnessel, Melde, Minze (Acker-, Bach-, Polei-), gedünstete Zwiebel.

Den gewaschenen Salat zerschneiden und mit den gekochten Dinkelkörnern vermischen. Essig mit Salz und Zucker verrühren, Gewürze und Kräuter beigeben und alles abschmecken. Öl über den Salat gießen und leicht unterheben. Die Salatsauce an das Kopfsalat-Dinkelgemisch geben und einwirken lassen.
Blattsalate jeder Art, wie Kopfsalat, Eisbergsalat (Eissalat), Romana-, Batavia-, Eichblatt- und Feldsalat sind die bevorzugten Salatarten. Endivie ist ebenso wie Chicorée und Radicchio Abkömmling der Zichorie, über deren Essbarkeit Hildegard nichts berichtet.

### Kopfsalat mit Orange und Ananas

1–2 Köpfe Salat
1 Orange
2 Scheiben Ananas, frisch oder aus der Dose

je 1 EL Orangen- und Zitronensaft
Salz, Rohrzucker
2–3 EL Sonnenblumenöl

Gewaschene Salatblätter etwas zerkleinern. Die geschälte Orange und die Ananasscheibe würfeln. Aus Orangen- und Zitronensaft, Salz und Zucker eine Salatsauce mischen. Sonnenblumenöl unter Rühren dazugeben und abschmecken. Salatsauce und Obst unter den Salat heben und kurze Zeit einwirken lassen. Danach sofort servieren.

### Feldsalat mit Roten Beten

250 g Feldsalat
Zitronenmarinade
Schnittlauch, gehackt
etwas gekochte Rote Bete

Den gewaschenen und verlesenen Feldsalat mit der Salatsauce anrichten und abschmecken. Zum Garnieren geraspelte Rote Bete und gehackten Schnittlauch verwenden.

### Feldsalat mit Geflügelleber

300 g frische Hühnerleber (oder Putenleber)
200 g großblättriger Feldsalat
etwas (in dünnen Scheiben abgeschnittener) Endiviensalat
etwas Butter oder Sonnenblumenöl zum Anbraten
Gewürze: Salz, Bertram, Galgant, Quendel
40 ml trockener Wein
3 EL Sahne
2 kleine Zwiebeln
$^{1}/_{2}$ Knoblauchzehe
100 g Sauerrahm
2 EL kaltgepresstes Sonnenblumenöl
1 EL Weinessig
etwas weißer Pfeffer

Feldsalat gut säubern und abtropfen lassen. Endiviensalat vom Blattende her in ein paar dünne Streifen schneiden, ins Wasserbad geben und ebenfalls gut abtropfen lassen. Hühnerleber waschen, abtupfen und in kleinere Würfel schneiden. In Butter oder Öl unter häufigerem Wenden schnell anbraten und würzen. Mit Wein und Sahne ablöschen und cremig aufkochen lassen. Eventuell nochmals abschmecken.

Die Zwiebeln würfeln und kurz andünsten. Knoblauchzehe zerdrücken, Crème fraîche, Öl und Weinessig gut verrühren, mit Salz und etwas weißem Pfeffer vermischen, Zwiebeln und Knoblauch unterheben und alles gut vermengen. Feldsalat auf vier Teller verteilen. Darüber Endivienstreifen legen. Beides mit der eben hergestellten Salatsauce übergießen, in die Mitte die noch warme Leber mit Sauce geben. Hierzu Dinkelbrot und Weißwein servieren.

*Variation:* Statt Hühnerleber kann auch geschnetzelte Kalbsleber verwendet werden.
Dann brät man die Zwiebeln mit und verzichtet auf Knoblauch.

### Endiviensalat

1 Kopf Endiviensalat
Zitronenmarinade oder Joghurtsauce

Endiviensalat säubern, waschen und in feine Streifen schneiden. Mit Zitronenmarinade oder Joghurtsauce vermengen und nach einer Einwirkzeit servieren.

*Variation:* Nach Belieben Zugabe von einem Apfel und einer Orange sowie gehackte süße Mandeln oder Flohsamen.

## Weitere Salate

### Dinkelvollkornsalat

4 EL Dinkelkörner, gekocht
200 g körniger Frischkäse (Hüttenkäse)
150 g Rote Bete, gekocht
1 EL Meerrettich, frisch gerieben
1 EL Kräuter, gehackt (Zitronenmelisse, Dill oder Fenchelkraut, Petersilie)
2 EL Zitronensaft
Gewürze: Salz, Quendel, Bertram, 1 Messerspitze Galgant
1 säuerlicher Apfel

Frischkäse und Dinkelkörner mit zwei Gabeln locker mischen. Die gekochten Roten Bete schälen und fein raspeln. Mit dem Meerrettich und den Kräutern vorsichtig unter das Käse-Körnergemisch heben. Mit Zitronensaft und Gewürzen abschmecken. Den Apfel waschen, vom Kernhaus befreien, in feine Scheiben schneiden, leicht andünsten und den fertigen Salat damit garnieren. Sofort servieren.

## Bohnensalat

750 g (grüne) Bohnen
etwas Salz
250 ml Wasser oder Brühe
Bohnenkraut
1 kleinere Zwiebel
Petersilie
Essigmarinade

Die gesäuberten und in Stücke geschnittenen Bohnen mit Wasser, Salz und Bohnenkraut weich dünsten lassen. Abtropfen und auskühlen lassen. Mit Essigmarinade anrichten. Zwiebel klein schneiden und kurz andünsten lassen. Unter den Salat heben. Mit gehackter Petersilie garnieren und servieren.

## Selleriesalat

1 kg Sellerie
wenig Salz
$1^1/_4$ l Wasser
Essigmarinade oder
Joghurtsauce

Sellerieknolle schälen, waschen und in Scheiben schneiden. Mit Salz und Wasser weich dünsten lassen. Überschüssige Flüssigkeit abschütten und den Sellerie auskühlen lassen. Mit Salatsauce vermischen und abschmecken.

## Rote Rüben mit Äpfeln und Meerrettich

200 g Rote Bete
200 g Äpfel
geriebener Meerrettich
Zitronenmarinade

Gekochte, geschälte Rote Bete und die geschälten und vom Kerngehäuse befreiten und leicht angedünsteten Äpfel grob raspeln. Zitronenmarinade mit geriebenem Meerrettich vermischen und sogleich unter das Rüben-Äpfelgemisch heben.

## Fenchelsalat

750 g Fenchelgemüse (kleinere Knollen)
125 ml trockener Weißwein
500 ml Wasser
3 EL Weinessig
1 TL Rohrzucker
4 EL Sonnenblumenöl
$^1/_2$ Bund (glatte) Petersilie
Gewürze: Salz, Bertram, etwas schwarzer Pfeffer

Harte Stiele und Kraut von den Fenchelknollen entfernen, das Kraut aber aufheben. Fenchel waschen und halbieren. Wasser, Wein, Salz und Zucker aufkochen, Fenchel hineinlegen und halbweich garen lassen (ca. 15 Minuten). Fenchel abtropfen und abkühlen lassen. Fenchelkraut und Petersilie klein zerhacken. Die halbierten Fenchelknollen jeweils in vier Streifen schneiden, auf eine tiefe Platte setzen und mit Essig, Öl, den zerhackten Kräutern und Gewürzen anrichten.

*Variation:* Man kann auch rohen Fenchelsalat bereiten, wofür man dann die einzelnen Fenchelblätter in kleine Streifen schneidet und mit einer Salatgrundsauce (Zitronen- oder Essigmarinade) oder Joghurtsauce anrichtet. Das klein gehackte Fenchelkraut zum Garnieren benützen. Eignet sich sehr gut für Fischgerichte.

## Warmer Fenchel-Selleriesalat

3 kleine Fenchelknollen
2 kleine Knollensellerie
125 g Zwiebeln
1 Knoblauchzehe
Gewürze: 2 TL Quendel
$^1/_2$ TL Bertram, Salz, etwas schwarzer Pfeffer
1 Lorbeerblatt
125 ml Wasser
Saft von 1 großen Zitrone
6 EL Sonnenblumenöl
100 g gekochte Dinkelkörner
1 Bund glatte Petersilie

Fenchelknollen und Sellerie putzen, Blattgrün abschneiden und aufbewahren. Die Fenchelknollen längs in Achtel oder kleinere Stücke teilen. Sellerie in kleinere Würfel schneiden. Zwiebeln schälen, in Scheiben schneiden. Das Gemüse zusammen mit der zerdrückten Knoblauchzehe, dem Lorbeerblatt, Quendel, Bertram in einem großen Topf mit Wasser, Zitronensaft und Öl aufkochen lassen. Kräftig salzen und halbweich garen. Die noch warmen Dinkelkörner zum Gemüse geben. Überschüssige Flüssigkeit abschütten und aufbewahren. Das Gemüse in einer tiefen Schüssel anrichten, mit etwas übriggebliebenem Sud übergießen und mit klein gehackter Petersilie bestreuen. Den Salat noch warm servieren.

Dieser Salat kann zu Dinkelbrot und kräftigem Weißwein serviert werden.

*Variation:* Man kann auch noch weitere passende Gemüse hinzufügen (beispielsweise Gelbe Rüben).

**Waldorfsalat**

2 säuerliche (ältere) Äpfel
Saft von 1 Zitrone
250 g Knollensellerie
ein paar Tropfen Weinessig oder Zitronensaft (für Sellerie)
50 ml süße Sahne
80 g Mandelmayonnaise
Gewürze: Salz, weißer Pfeffer, Muskat
etwas Rohrzucker (fein)
100 g süße Mandeln, gehackt
etwas gehobelte Mandeln oder Mandelsplitter
zum Garnieren einige Salatblätter

Die geschälten und geviertelten Äpfel in lange Streifen reiben und sogleich mit dem Zitronensaft in einer Schüssel mischen. Sellerie gründlich säubern, vierteln, 10 Minuten in schwach gesalzenem Essig- oder Zitronenwasser kochen, sogleich mit kaltem Wasser abschrecken und schälen. Wie die Äpfel in lange Streifen reiben und unter die Äpfel und den Zitronensaft mischen, um ein Dunkelfärben zu verhindern.

Sahne steif schlagen, nach und nach die Mandelmayonnaise hinzufügen und zu einer glatten, cremigen Sauce verrühren. Mit Zucker und Gewürzen abschmecken. Apfel- und Selleriestreifen mit Sauce und gehackten Mandeln vermischen und das Ganze eine gute Viertelstunde zugedeckt im Kühlschrank einwirken lassen. Danach nochmals abschmecken.

Schöne, gesäuberte, grüne Salatblätter auf vier Teller auslegen, den fertigen Salat darauf türmen und mit Mandelsplittern oder gehobelten Mandeln garnieren. Kann zu (geröstetem) Dinkelbrot oder Käse mit jeweils trockenem Wein serviert werden.

*Variation:* Für besondere Anlässe kann man den Salat auch in ausgehöhlten Äpfeln anrichten. Dann wird alles in Würfel geschnitten. Statt Äpfeln kann man auch frische Ananaswürfel verwenden; dann schmeckt der Salat besonders fruchtig. Auch kann nur Schlagsahne verwendet und die Mandelmayonnaise weggelassen werden.

## Trauben-Maronensalat

| | |
|---|---|
| 400 g Edelkastanien | 1/2 TL Bertrampulver |
| 125 ml reiner Traubensaft | 1 EL Himbeeressig |
| 125 ml trockener Weißwein | 1 EL Sonnenblumenöl |
| 200 g blaue Weintrauben | 1 Prise Salz |
| 200 g helle Weintrauben | 1/2 Bund Kerbel |
| 125 ml süße Sahne | |

Die Maronen im Röstverfahren schälen und von der Innenhaut befreien. Traubensaft und Wein mischen und die noch warmen Maronen damit begießen. Zugedeckt über Nacht durchziehen lassen. Die Weintrauben waschen und gut abtropfen lassen. Beeren abzupfen und halbieren. Kerne entfernen. Sahne nicht ganz steif schlagen. Bertrampulver in Essig geben, zusammen mit dem Öl in die Sahne schlagen. Mit Salz abschmecken. Die Maronen aus der Flüssigkeit nehmen. Nach Belieben noch etwas von der Maronenbeize unter die Sahnemischung heben. Maronen, Weinbeeren und Sauce vermengen und mit grob gehacktem Kerbel garnieren. Dieser Salat kann zu Dinkelbrötchen und Wein serviert werden, aber auch als Beilage zu Wildgerichten (dann nur die Hälfte des Salates verwenden).

*Variation:* Kernlose Trauben brauchen nicht halbiert zu werden und sehen attraktiver aus.

## Obstsalat

2 Orangen
2 kernlose Mandarinen
1 Birne, gekocht
2 kleine, süß-säuerliche Äpfel
eventuell ein paar Datteln (entkernt)
1 Banane
50 g feiner Rohrzucker
1 Päckchen Vanillezucker
Saft einer $^1/_2$ Zitrone
50 g süße Mandeln, gehackt

Das Obst schälen, entkernen und in kleine Würfel schneiden. Zucker, Vanillezucker und Zitronensaft gut verrühren und die Obstwürfel damit vermischen. Eine Viertelstunde ziehen lassen. In Servierschale geben und mit gehackten Mandeln, Mandelsplittern oder gehobelten Mandeln garnieren.

*Variation:* Zum Obstsalat eine Sauce aus 200 g Sauerrahm, 100 g Sahne, 2 EL Honig, 2 Tropfen Orangen-Öl, 1 Tropfen Bergamotte-Öl bereiten und untermischen.

## Orangen-Preiselbeersalat

4 kleinere Orangen
250 g Preiselbeeren
125 g feiner Rohrzucker
etwas Bertrampulver
250 ml süße Sahne
20 g gehobelte, süße Mandeln
etwas Kirschwasser, Rumöl oder Orangenöl
1 Päckchen Vanillezucker

Preiselbeeren waschen und abtropfen lassen. Mit Zucker und Bertram vermischen und in einem Topf köcheln lassen, bis der Zucker aufgelöst ist und die Beeren zu platzen beginnen. Vom Herd nehmen und im kalten Wasserbad abkühlen lassen. Die gehobelten Mandeln mit etwas Butter goldbraun rösten und ebenfalls abkühlen lassen. Orangen schälen, Innenhaut abziehen und in dünnere Scheiben schneiden, eventuell entkernen. Mit Kirschwasser oder Rumöl (Orangenöl) beträufeln und eine gute Viertelstunde durchziehen lassen.

Sahne steif schlagen, dabei Vanillezucker nach und nach hinzugeben. Sahne mit der Hälfte der Preiselbeeren vermischen. Orangenscheiben auf einer flachen Servierplatte anrichten. In der

Mitte das Sahne-Preiselbeergemisch, außen herum die restlichen Preiselbeeren anordnen. Die gerösteten Mandelscheiben als Dekoration darauf legen.

*Variation:* Statt Preiselbeeren oder zusätzlich zu den Preiselbeeren können auch gekochte Schattenmorellen verwendet werden.

### Birnensalat mit Frischkäse

4 große, feste Birnen
Saft einer Zitrone
Gewürznelken (gemahlen)
100 g Doppelrahmfrischkäse
4 EL süße Sahne
2 EL Preiselbeeren aus dem Glas
Muskatnuss, gemahlen
1 Messerspitze Bertrampulver
150 g blaue Weintrauben
25 g süße Mandeln, gehobelt

Birnenkompott oder die in Viertel geschnittenen, entkernten und kurz abgekochten Birnen in gleichgroße, dünne Stücke schneiden. Mit Zitronensaft, gemischt mit Nelken, beträufeln. Birnenstücke sternförmig auf einer Servierplatte oder auf vier Portionstellern anrichten. Restlichen Zitronensaft übergießen und zugedeckt eine halbe Stunde im Kühlschrank ziehen lassen. Frischkäse mit Gabel zerdrücken und mit Sahne und Preiselbeeren glatt verrühren. Mit Muskat und Bertram abschmecken. Weintrauben waschen und abtropfen lassen, Beeren abstreifen, halbieren und entkernen. Unter die Käsezubereitung heben und in die Mitte der angerichteten Birnen geben. Mit Mandeln dekorieren.

# Saucen

## Kalte Saucen

Zur guten Salatbereitung nehme man: Salz wie ein Weiser, Zucker wie ein Liebender, Essig wie ein Geizhals, Öl wie ein Verschwender und rühre – wie ein Narr.

### Zitronen- und Essigmarinade

2 EL Weinessig
oder Zitronensaft
oder Kräuteressig
1 TL Rohrzucker
1 Knoblauchzehe, püriert
Gewürze: 1 Prise Salz,
1 TL schwarzer Pfeffer, frisch
gemahlen, 1 Prise Bertram
4 EL Sonnenblumenöl oder
Kräuteröl
1–2 EL Kräuter, fein gehackt:
Basilikum, Bohnenkraut,
Petersilie, Dill, Minze,
Schnittlauch, Ysop

Zucker und Gewürze in Essig oder Zitronensaft auflösen, in Öl einrühren und mit Kräutern vermischen.
*Variation:* 1 hartgekochtes, fein gehacktes Ei hinzufügen.

### Salatsauce mit Mandelpüree

1 gestrichener EL Mandelpüree
3–4 EL lauwarmes Wasser
1 EL Zitronensaft
ein paar gehackte Kräuter
1 Zwiebel, fein geschnitten
und angedünstet

Mandelpüree und gehackte Kräuter mit dem Wasser langsam anrühren und die übrigen Zutaten beigeben. Diese Salatsauce passt besonders zu Wurzelsalaten, beispielsweise Rübchen. Hier gibt man noch etwas Rohrzucker bei.

## Joghurtsauce

3 EL Joghurt
1 EL Milch
Saft einer halben Zitrone
Gewürze: Bertram, Pfeffer
Kräuter: Petersilie oder
Schnittlauch, fein gehackt
1 Zwiebel, fein geschnitten (gedünstet)
1/2 Knoblauchzehe, püriert

Den Joghurt mit dem Schneebesen glatt verrühren und mit den Zutaten vermischen. Passt besonders zu Sellerie- und Apfelsalat.

## Mayonnaise

2 Eigelb
Gewürze: 1 Messerspitze Salz, 1 Messerspitze Bertram, evtl. etwas Pfeffer
1 TL heißes Wasser
400–500 ml Sonnenblumenöl
etwas Zitronensaft oder milder Weinessig

Eigelb, Gewürze und heißes Wasser in eine Schüssel geben. Mit dem Schneebesen tropfenweise Öl dazurühren. Nach 2 bis 3 Minuten kann das Öl rascher dazugegossen werden (20–40 ml). Wenn die Mayonnaise gebunden und ziemlich fest ist, verdünnt man sie mit Zitronensaft oder mildem Weinessig. Auf Wunsch kann man sie noch etwas pikanter würzen.

## Mandelmayonnaise

1. **Art:** Herstellung wie oben. Statt Eigelb verwendet man jedoch einen gestrichenen Esslöffel Mandelpüree, das man vor der Zugabe des Öles mit zwei Esslöffeln warmem Wasser glatt verrührt. Nach Belieben mit einem Stäubchen Safran gelb färben. Statt Essig nimmt man Zitronensaft. Mit etwas Wasser kann man die zu fest geratene Mayonnaise verdünnen.
2. **Art:** Einen Esslöffel Mandelpüree mit dem Saft einer halben oder ganzen Zitrone und so viel Wasser gut verrühren, dass man eine dickliche, weiße Sauce erhält. Mit Salz und Gewürzen abschmecken.

## Johannisbeersauce

250 g Mayonnaise
2 EL Johannisbeergelee
1 TL Meerrettich, frisch gerieben
etwas Zitronensaft
abgeriebene Schale und Saft von 1/2 Orange (unbehandelt)
Gewürze: 1 Prise Salz, Bertram
2 EL süße Sahne

Die Mayonnaise mit dem Johannisbeergelee, Meerrettich, Schale und Saft der Orange verrühren. Mit Zitronensaft und Gewürzen abschmecken und zum Schluss mit der Sahne vermischen. Eignet sich vortrefflich zu Fischgerichten.

## Frankfurter Grüne Sauce

Je eine Handvoll jungen Spinat, Kresse, Löwenzahn, Kerbel, Petersilie, Schnittlauch, Radieschen und zwei hartgekochte Eier fein hacken, in ein Schüsselchen füllen und mit Öl, Zitronensaft oder Essig, eine halbe feinpürierte Knoblauchzehe, Zwiebel und etwas Pfeffer zu einer dicklichen Sauce rühren. Passt gut als Beigabe zu kaltem Fleisch.
*Variation:* mit 250 g Quark und 3–5 EL Sahne vermischen; Essig und Öl weglassen.

## Cumberland-Sauce

1 kleines Glas Rotwein
1 TL Rohrzucker
1/2 Lorbeerblatt
1 Nelke
dünn abgeschälte Schale je einer halben Orange und Zitrone
1 Tasse Johannisbeergelee
2–3 EL Orangensaft

Wein, Zucker, Lorbeerblatt und Nelke aufkochen, vom Feuer nehmen, Orangen- und Zitronenschale beigeben. Flüssigkeit nach Erkalten in eine Schüssel sieben und mit Johannisbeergelee und Orangensaft vermischen. Eignet sich für Wildgerichte.

### Meerrettichsauce

20 ml Sahne nicht ganz steif schlagen und mit einem gehäuften Esslöffel fein geriebenem Meerrettich, Saft einer halben Zitrone und etwas Salz verrühren. Passt zu kaltem Rindfleisch oder Fisch.

### Sauce Cardinal

250 g Himbeeren
250 g reife, rotschalige Stachelbeeren
100 g Rohrzucker
3 EL Wasser
1 TL Dinkelmehl

Himbeeren und Stachelbeeren zusammen mit einem Stampfer zerdrücken, durch ein Sieb streichen und danach mit dem Zucker vermischen. Das Wasser zugeben und unter Rühren aufkochen. Dinkelmehl mit etwas kaltem Wasser binden, in das Püree einrühren und kurz aufkochen, von der Platte nehmen und bis zum Erkalten rühren. Kann zu gedünstetem Obst oder Nachspeisen serviert werden.

### Provenzalische Knoblauchsauce

4 Knoblauchzehen
1 Eigelb
1 Prise Salz
250 ml Sonnenblumenöl
Saft einer Zitrone
1 TL Wasser

Im Mörser Knoblauchzehe und Eigelb mit Salz zerstoßen, dann tropfenweise das Öl und langsam den Zitronensaft, der mit Wasser verrührt wurde, zugeben.

### Minzsauce

2 EL ganz fein gewiegte Minzenblätter
1 EL Rohrzucker
Gewürze: Salz, Galgant
2 EL Wasser
$^1/_2$ Tasse Weinessig

Alle Zutaten gut vermengen. Beliebt zu Lammgerichten.

### Variationen aus Weinessig

*Himbeeressig:* 500 g Himbeeren mit 500 ml mildem Weinessig übergießen und mindestens 3 Tage lang ziehen lassen. Man kann noch 1 Stengel Petersilie, 3 Wacholderbeeren und 1 Lorbeerblatt mit einlegen und den Essig vorher mit 2 EL Rohrzucker vermischen.
*Kornelkirschessig:* wie Himbeeressig, aber mit 500 g Kornelkirschen.
*Salbeiessig:* Ein Bündel Salbei mit 500 ml Weinessig übergießen und 3 Tage lang ziehen lassen.
*Petersilienessig:* wie Salbeiessig, aber mit 1 Bund Petersilie.

### Variationen aus Sonnenblumenöl

*Knoblauchöl:* 10 Knoblauchzehen in 1 l Sonnenblumenöl einlegen.
*Rosmarinöl:* 3 Stengel Rosmarin in 1 l Sonnenblumenöl einlegen.
*Thymianöl:* 3 Stengel Thymian in 1 l Sonnenblumenöl einlegen.
*Majoranöl:* 3 Stengel Majoran in 1 l Sonnenblumenöl einlegen.
Man kann auch fertige Ölessenzen mit verschiedenen Geschmacksrichtungen in Sonnenblumenöl geben. In der Regel nimmt man auf 100 ml Öl 10 Tropfen Geschmacksöl.

## Warme Saucen

Saucen sind der Triumph des guten Geschmacks, schrieb Honoré de Balzac, und der muss es als Pariser Gourmet ja gewusst haben. An der guten Sauce erkennt man die Köchin. Nirgendwo kann man Kräuter und Gewürze besser anwenden als in einer guten Sauce.

### Helle Grundsauce

1 EL (= 30 g) Butter
1/2 Lorbeerblatt
2 EL Dinkelmehl
500 ml Wasser oder Brühe
1/2 Zwiebel oder
1 Knoblauchzehe
Gewürze: 1 Prise Salz, Muskat

Butter zerlassen, Zwiebel andünsten, Mehl unter Rühren goldgelb rösten. Unter weiterem Rühren langsam Flüssigkeit hinzugeben, mit dem Schneebesen durchschlagen, Lorbeerblatt hinzugeben und kurz aufkochen. 10 Minuten ziehen lassen.

## Braune Grundsauce

Wie die helle Grundsauce, aber man lässt das Dinkelmehl mittelbraun rösten.

## Blitzsauce (Béchamelsauce)

1 EL Butter
$^1/_2$ Zwiebel, gerieben
$^1/_2$ Wasser oder Milch
2 EL Dinkelmehl (vorher mit kaltem Wasser zu einem glatten Teig rühren)
Gewürze: 1 Prise Salz, Muskat
$^1/_2$ Lorbeerblatt
1 Glas Weißwein
3 EL Rahm oder Reibekäse

Butter auslassen, Zwiebel dünsten, mit Wasser oder Milch löschen, Mehlteig hineingeben, würzen, 10 Minuten aufkochen unter Rühren. Weitere Zutaten vor dem Anrichten zugeben und abschmecken.

## Holländische Sauce

*(zu Spargel, Geflügel, Fisch)*

Helle Grundsauce und zusätzlich: 250 ml Milch mit der Sauce 10 Minuten lang kochen, 1–2 EL Zitronensaft, 1 Eigelb, verquirlt, 2 EL Sahne darunter rühren.
*Variation:* Sauce Maltaise (zu Wild, Lamm, Fisch). Holländische Sauce mit 3 EL Orangensaft, Wein, Orangen- und Zitronenschale abschmecken.

## Grüne Sauce, warm

500 ml helle Grundsauce und zusätzlich 2 EL gehackte Kräuter (Kerbel, Dill, Petersilie, Schnittlauch, Majoran, Thymian, Fen-

chel, Salbei, Liebstöckel), 1 Knoblauchzehe, gerieben, Saft einer halben Zitrone.

### Meerrettichsauce mit Orangensaft

Helle Grundsauce und zusätzlich 2 EL fein geriebenen Meerrettich, 1 TL Weinessig, 3 EL Orangensaft, vor dem Anrichten verrühren.

### Jägersauce

Helle Grundsauce und 100 g klein geschnittene Pilze, $^1/_8$ Glas Rotwein, 2 EL Kräuter (Kerbel etc.), vor dem Anrichten vermischen.

Passt zu Dinkelvollkorn-Gerichten.

### Galgantsauce

*(zu Huhn, Dinkelrisotto, Fenchel)*

In die kochende Grundsauce $^1/_2$ sauren Apfel geben. Vor dem Anrichten 1 TL Galgantpulver darunter mischen. Apfel entfernen, mit Sahne, 2 EL Zitronensaft und 1 Eigelb verquirlt darunter mischen.

### Sauce béarnaise

*(zu Fisch und Fleisch)*

Holländische Sauce und 2 EL Kräuter, klein gehackt (Kerbel, Estragon), $^1/_2$ Glas Weißwein, 1 Schuss Estragon-Weinessig, vor dem Anrichten vermischen.

### Apfelsauce

*(zu Geflügel)*

250 g Äpfel mit 3–5 EL Wasser, 2 EL Zitronensaft (oder Orangensaft), 1–2 TL Rohrzucker, 2 TL Zimt zu einem Mus verkochen.

*Variation:* jeweils die gleiche Zubereitung mit einer anderen Obstsorte:

- Preiselbeersauce (zu Wild)
- Stachelbeersauce (zu Lamm und Leber)
- Johannisbeersauce (zu Wild und Lamm)
- Himbeersauce (zu Dinkelgrieß, Quarkspeisen)
- Hagebuttensauce (zu Dinkelgrieß)

### Quittensauce

*(zu Wild, Geflügel)*

250 g Quitten
250 ml Wasser oder Wein
2 EL Rohrzucker
2 EL Weißwein
2 EL Zitronensaft

Quitten waschen, trocknen, abreiben, Kerngehäuse entfernen, in kleine Stücke schneiden. Mit Wasser oder Wein und Gewürz zum Kochen bringen (20 Minuten), weich dünsten lassen. Mit Zitronensaft abschmecken.

## Verschiedene Saucen

*(besonders geeignet für Nudelgerichte)*

### Hühnerlebersauce

300 g Hühnerleber
3 Schalotten
3 EL Sonnenblumenöl
3 EL Dinkelmehl
250 ml heiße Fleischbrühe
125 ml trockener Rotwein
Gewürze: Salz, 1 TL Galgant,
1 TL Bertram, etwas Quendel
1 TL Rotweinessig
3 EL Sahne

Leber waschen, trocken tupfen und in Streifen schneiden. Die klein gehackten Schalotten in Öl andünsten. Leberstreifen hinzufügen und (unter Wenden) anbraten. Anschließend mit Mehl bestäuben und nach und nach die Fleischbrühe darüber gießen. Wein hinzufügen. Mit Essig und Gewürzen abschmecken und weitere 5 Minuten köcheln lassen, gelegentlich umrühren. Gegen

Ende der Garzeit ohne Deckel weiterkochen lassen, damit etwas Flüssigkeit verdampft. Am Schluss mit Sahne verfeinern.

Gut bei Blutarmut und inneren Krankheitsherden, Autoimmunkrankheiten.

### Basilikumsauce

2 kleine Zwiebeln
2 Knoblauchzehen
2 EL Sonnenblumenöl
140 g Sauerrahm
2 Bund Basilikum
Gewürze: 1 Messerspitze Salz, etwas Galgant, Bertram, Muskat
2 TL Zitronensaft

Die klein gehackten Zwiebeln und Knoblauchzehen in Öl anbraten, mit Sauerrahm löschen und mit dem gehackten Basilikum und den Gewürzen vermischen.

### Sauce bolognese

250 g Rinderhackfleisch
3 EL Sonnenblumenöl oder Butter
2 mittelgroße Zwiebeln
2 gelbe Rüben
1 kleiner Sellerie
1 Knoblauchzehe
250 ml heiße Fleischbrühe
125 ml trockener Weißwein
2 EL Tomatenmark
einige frische Tomaten
Gewürze: $^1/_2$ TL Salz, Quendel etwas Zucker
1 Lorbeerblatt
Kräuter: Thymian, Oregano, Petersilie, gehackt
1 Tasse Dinkelkörner, gekocht

Zwiebeln klein hacken, in Öl anrösten, das Hackfleisch dazugeben und unter Wenden anbraten lassen. Die geputzten, geschabten gelben Rüben in dünne Scheiben, den geschälten und gewaschenen Sellerie in kleine Würfel schneiden und beides dazugeben. Knoblauchzehe zerdrücken und ebenfalls dazugeben. Mit Brühe und Wein ablöschen, weitere Gewürze wie angegeben beimischen, desgleichen Tomatenmark, Tomaten, Gewürze, Zucker und Lorbeerblatt. Alles weich dünsten lassen (etwa eine halbe Stunde). Gegen Ende der Garzeit die gekochten Dinkelkörner und die gehackte Petersilie beimischen und alles gut verrühren.

*Variation:* Auf Wunsch kann man der Sauce am Schluss noch 100 g Hühnerleber (in Butter angebraten und in kleine Würfel geschnitten) beifügen.

### Kerbel-Käsesauce

1 Zwiebel
2 EL Butter
1 gehäufter EL Dinkelmehl
125 ml heiße (Fleisch-)Brühe
125 ml trockener Weißwein
250 ml Milch
Gewürze: 1/2 TL Salz, 1/2 TL Galgant, frische Muskatnuss, gerieben, etwas Mutterkümmel
200 g milder Käse
100 g Kerbel, gehackt

Zwiebel würfeln und in Butter anbraten. Mit Dinkelmehl bestäuben und ebenfalls kurz anbraten. Mit der Brühe oder heißem Wasser vorsichtig ablöschen. Das Ganze unter Rühren zum Kochen bringen. Wein und Milch beifügen und aufkochen lassen. Mit Gewürzen abschmecken. Käse in Stückchen schneiden und langsam in der Sauce schmelzen lassen (bei schwacher Hitze). Kerbel von groben Stielen befreien, grob hacken und unter die Sauce rühren.

### Fenchelsauce

1 Knolle Fenchel
2 Staudensellerie
250 ml Wasser oder Gemüsebrühe
250 ml trockener Weißwein
100 g Sahne
2 TL Dinkelmehl
Gewürze: etwas Salz, Galgant, Bertram, Muskat
Kräuter: Poleiminze, Petersilie

Fenchelknolle säubern und von harten Teilen befreien. Fenchelgrün aufbewahren. Knolle in Scheiben und danach in Streifen schneiden. Selleriestangen säubern, zarte Blätter beiseite legen. Die Stangen in dünne Scheiben schneiden. Fenchel und Sellerie in Wein und Wasser weich garen. Das Mehl und die Gewürze in der Sahne verrühren und die Sauce damit binden. Fenchelkraut und

Sellerieblätter klein hacken und zusammen mit der gehackten Petersilie und Poleiminze über die Sauce streuen.

## Süße Saucen zu Dinkelgrießbrei oder Obst

### Vanillesauce

500 ml Milch
$^1/_2$ Stange Vanille, halbieren
2 EL Rohrzucker
1 Eigelb
1 EL Dinkelmehl
1 Prise Salz

Mehl und Eigelb mit etwas Milch verquirlen, restliche Milch, Vanille, Zucker, Salz hinzufügen, einmal kurz aufkochen, ausschalten und unter Rühren erkalten lassen.

### Mandelsauce

500 ml Milch
$^1/_2$ Stange Vanille
2 EL Rohrzucker (30 g)
50 g geriebene Mandeln
1 EL Dinkelmehl
nach Belieben 1 Prise Salz

Milch, Vanille, Zucker und Salz kurz aufkochen, auf die Mandeln gießen, eventuell mit Dinkelmehl andicken.

### Weinschaumsauce

*(zu Mehl- und Grießspeisen)*

2 Eier
2 EL Rohrzucker (50 g)
250 ml Weißwein
1 EL Zitronensaft
abgeriebene Zitronenschale
1 EL Dinkelmehl

Alle Zutaten in einem Topf mit dem Schneebesen verrühren. Auf kleiner Flamme köcheln und mit dem Schneebesen durchschlagen, bis die Masse hochsteigt, dick wird und reichlich Kochblasen aufsteigen. Ausschalten und unter starkem Schlagen abkühlen lassen.

# Brotaufstriche

## Vegetarische Aufstriche

Vegetarische Brotaufstriche sind eine großartige Abwechslung zu Wurst und Käse. Sie schmecken nicht nur besser, sondern sind auch hochwertiger als gekaufte Produkte aus minderwertigem Separatorenfleisch und Tierfetten. Allerdings muss man sie im Kühlschrank aufbewahren und rasch verbrauchen, da sie nicht konserviert sind.

### Gourmet-Brotaufstrich

500 g Kichererbsen
250 g Sonnenblumenkerne
4–6 große Zwiebeln, gedünstet
2 TL Oregano, mitdünsten
2 Äpfel, gedünstet
4 Knoblauchzehen
Kräuter: Schnittlauch, Petersilie, Dill, gehackt
2 Gläschen Kapern
100 g Mandeln, fein gemahlen
Honig, Zitronensaft nach Geschmack
Sojasauce
Gewürze: Salz, Galgant, Pfeffer, Bertram

Kichererbsen und Sonnenblumenkerne über Nacht einweichen und kochen. Kichererbsen, Sonnenblumenkerne, Zwiebeln, Äpfel, Knoblauch und Kapern durch die feine Scheibe des Fleischwolfs drehen. Kräuter, Honig, Zitronensaft und Gewürze zugeben. Mit den Mandeln zu einer cremigen Paste verarbeiten.

### Rote-Bete-Aufstrich

1 kg Kichererbsen
500 g Rote Bete
4–6 Zwiebeln
4 Äpfel, gedünstet
4–6 EL Bio-Meerrettich
Gewürze: Salz, Galgant, Garam Marsala
Suppenwürze

Die gekochten Kichererbsen und gekochte Rote Bete, Zwiebeln und Äpfel durch den Fleischwolf drehen (feinste Scheibe). Mit den Gewürzen abschmecken. Meerrettich nach Geschmack zufügen.

### Rote-Bete-Brotaufstrich in Pfannkuchen

Pfannkuchen mit jeweils 1–2 EL Brotaufstrich füllen.

### Basilikum-Aufstrich

500 g Kichererbsen
3 Zwiebeln
3 Sträußchen frisches Basilikum
Sonnenblumenöl
6 große Knoblauchzehen
Gewürze: Salz, Pfeffer, Galgant, Muskat, Bertram

Die Kichererbsen über Nacht in Wasser einweichen, in Salzwasser weich kochen und abschütten. Die Zwiebeln schälen, in Streifen schneiden und in Öl dünsten. Die Basilikumblätter mit dem geschnittenen Knoblauch und ca. 2–3 EL Öl im Mixer kurz pürieren. Die Kichererbsen und die Zwiebeln durch die feinste Scheibe des Fleischwolfes geben und mischen. Die Basilikumpaste darunter ziehen und mit den Gewürzen abschmecken.

### Kürbis-Aufstrich

1 kg Kürbis
500g Zwiebeln
Butter
Gewürze: Salz, Pfeffer, Galgant, Garam Marsala
Mandeln, gemahlen

Die Zwiebeln schälen, in Streifen schneiden und in Butter glasig dünsten. Kürbis schälen, entkernen, in kleine Stücke schneiden und zu den Zwiebeln geben. Etwas Wasser zugeben, zugedeckt weich dünsten, abseien und alles pürieren. Mit den Gewürzen abschmecken und so viel gemahlene Mandeln darunter geben, bis eine streichfähige Masse entstanden ist.

Man kann diesen Aufstrich in Gläsern oder anderen Gefäßen

einfrieren. Ansonsten im Kühlschrank aufbewahren und innerhalb von 2 Tagen aufbrauchen.

### Sonnenblumenkern-Aufstrich

500 g Sonnenblumenkerne
1 l Wasser
2 Zwiebeln, geschnitten
1 EL Butter
1 Apfel
Gewürze: Salz, Galgant,
Muskat, Garam Marsala
Apfelessig nach Geschmack
Mandeln, gemahlen, nach Bedarf
Kräuter: Petersilie, Rucola, Zitronenmelisse

Sonnenblumenkerne im Wasser weich kochen. Zwiebeln in Butter andünsten, Apfel in feine Scheiben schneiden und mitdünsten. Alles durch den Fleischwolf (feinste Scheibe) drehen. Mit den Gewürzen und dem Apfelessig abschmecken. Die fein geschnittenen Kräuter untermischen. Mit den gemahlenen Mandeln nach Bedarf binden, damit die Masse eine cremige Konsistenz erhält.

### Vegetarische Leberwurst

3 Zwiebeln
100 g Butter
1 Würfel frische Hefe
Gemüsebrühe
100 g Dinkelvollkornmehl Type 1050
2 TL Weinessig
1 EL Majoran
1 Messerspitze Zimt
1 Messerspitze Gewürznelken, gemahlen
1 Messerspitze Muskatnuss
3 kleine Prisen schwarzer Pfeffer
je 1TL Galgantpulver, Bertram, Quendel

Die Zwiebeln schälen und würfeln und in 50 g Butter hellgelb andünsten. Hefewürfel darüber bröckeln und unterrühren, bis er sich aufgelöst hat. Mit Brühe und Mehl aufkochen, restliche Butter untermischen und beiseite stellen. Nach dem Abkühlen mit Essig, Kräutern und Gewürzen abschmecken und gut vermischen. Im Kühlschrank aufbewahren.

# Nicht-vegetarischer Aufstrich

## Hühnerleber-Aufstrich

1 kg Hühnerleber
Hildegard-Gemüsebrühe nach Bedarf
4–5 Zwiebeln, grob geschnitten
1 EL Butter
2 TL Oregano, getrocknet (oder frischen Oregano zum Schluss zugeben)
ca. 200 g Mandeln, gemahlen
Gewürze: Salz, Galgant, Pfeffer, Muskat, Bertram
Petersilie, geschnitten

Hühnerleber in einen Topf mit gut schließendem Deckel geben, mit der Gemüsebrühe auffüllen, sodass die Hühnerleber bedeckt ist. 20 Minuten köcheln lassen. Zwiebeln in Butter andünsten, getrockneten Oregano zugeben, 2 Minuten mitdünsten lassen. Hühnerleber und Zwiebeln durch die feine Scheibe des Fleischwolfes drehen. Gewürze zugeben. Mit den Mandeln binden, bis der Aufstrich eine cremige Konsistenz erreicht. Petersilie untermischen.

# Fleisch

In keinem anderen Ernährungssystem gibt es dermaßen präzise Aussagen über die heilende Wirkung der Fleischarten wie bei Hildegard von Bingen.

## Geflügel

Hühnchen, Gans, Ente, Pute und auch Straußenfleisch, ohne Haut gegessen, sind nicht nur wohlbekömmliche Diätetika, sondern auch eine Krankenkost für Gesunde und Kranke, die leicht verdaulich ist, wenn sie zum Beispiel wie das berühmte französische Essen *Coq au vin* (Hühnchen in Wein) zubereitet wird. Der Kranke meide gebratene Hühnchen, weil sie nicht nur schwer verdaulich sind, sondern auch die Leber belasten.

### Woran man das Alter des Geflügels erkennt

Ein junges Tier hat eine glatte Haut und feine, glatte Füße, die nicht von großen Schuppen bedeckt sein dürfen; dies wäre ein Anzeichen des Alters. Kauft man das Tier in den Federn, was hauptsächlich auf dem Land vorkommt, so kontrolliere man den Brustknochen. Lässt sich derselbe leicht eindrücken, so ist das Geflügel jung. Bei älteren Tieren ist dieser Knorpel verknöchert, und die Füße sind mit großen Schuppen bedeckt. Ein altes Tier findet hauptsächlich für Bouillon Verwendung, welche man für Hühnerreis, Suppen, Saucen usw. verarbeiten kann. Das in der Brühe gekochte Fleisch kann man auch in Sulze einlegen oder für eine Pastetchensauce gebrauchen. Ein älteres Huhn zu braten ist nicht der Mühe wert, das Fleisch ist nur hart, trocken und fade. Ein junges Tier hingegen eignet sich vorzüglich zum Braten, auch zum Grillieren, Schmoren und Dämpfen oder als Ragout.

## Vorbereiten und Ausnehmen des Geflügels

Im Allgemeinen kauft man das Geflügel bereits sauber gerupft und ausgenommen beim Händler. Man reibt es zunächst innen und außen mit einem trockenen Tuch sauber ab. Die Beine können gestutzt werden.

## Das Tranchieren des Geflügels

geschieht mit der Geflügelschere oder mit einem scharfen Fleischmesser. Kleineres Geflügel wie Tauben wird oft nur der Länge nach halbiert. Bei größerem Geflügel trennt man erst die Schenkel ab, dann die Flügel. Hernach trennt man die Brust vom Rücken. Je nach Größe des Geflügels werden beide in zwei oder vier Teile zerschnitten oder gar tranchiert (z. B. beim Truthahn). Als die feinsten Stücke gelten Flügel und Brust.

## Verwendung des Geflügelkleins

Die Leber kann man hacken, in etwas Butter braten, mit Salz und Wein abschmecken, auf kleine geröstete Brotscheibchen anrichten und damit das gebratene Geflügel garnieren. Den Magen schneidet man auf, entleert den Inhalt, entfernt die innere zähe Magenhaut und verwendet ihn zusammen mit Herz und Hals für Bouillon.

Viele verwenden auch Kopf und Füße des Geflügels. Beides wird gründlich gereinigt, die Füße enthäutet, mit Gemüse und Gewürzen in kaltes Wasser gegeben und gut ausgekocht. Diese Bouillon kann für Suppen und Saucen verwendet werden.

## Füllungen für Geflügel

Für jedes Geflügel eignet sich eine Füllung aus den zerkleinerten Innereien (Leber, Herz, Magen).
Weitere Möglichkeiten:
*Obstfüllung:* Äpfel, Quitten oder Birnen sind besonders geeignet. Die jeweilige Frucht in Scheiben schneiden, Kerngehäuse, Blüte und Stiel entfernen und ungeschält in das Geflügel geben.

Gleichzeitig können auch Kräuter wie Salbei, Ysop hinzugefügt werden.

*Kastanienfüllung:* Edelkastanien kreuzweise einschneiden, auf dem Backblech im Backofen rösten und schälen. 1 TL Butter mit 1 TL Rohrzucker in einem Kochtopf unter Rühren bräunen. 125 ml Brühe, Salz und Edelkastanien dazugeben, ankochen und bei ausgeschalteter Flamme 10 Minuten fertig garen und abkühlen lassen.

*Dinkelreis- oder Brotfüllung:*

| | |
|---|---|
| 1 Zwiebel | Tassen Hühnerbrühe |
| 1 EL Butter | etwas Bertram und Galgant |
| 1 Tasse Dinkelkernotto oder | 100 ml Rahm |
| 1 Dinkelbrötchen | gehackte Petersilie |

Die fein gehackte Zwiebel in Butter anrösten, Dinkelkernotto beigeben, unter mehrmaligem Wenden andünsten und mit Brühe und eventuell einem Schuss Weißwein ablöschen. Gewürze beifügen und 15–20 Minuten weich kochen lassen. Zuletzt den Rahm und die gehackte Petersilie untermischen.

## Huhn

### Brathähnchen

| | |
|---|---|
| 1–2 Hähnchen; Salz | etwas Wasser |
| Gewürze: Bertram, Quendel, Galgant | etwas Dinkelbier |
| | saure Sahne |
| Kräuter: Ysop, Salbei | Dinkelmehl |

Hähnchen enthäuten, waschen, abtrocknen, innen mit Salz und Gewürzen einreiben und die Kräuter hineinlegen. In eine Fettpfanne oder einen Bräter etwas Wasser geben, Hähnchen mit der Brustseite nach unten hineinlegen und braten. Nach 30 Minuten wenden. Nach Bedarf mit Dinkelbier übergießen. Bratenfond mit Dinkelbier und Sahne auffüllen, mit glatt angerührtem Dinkelmehl binden, aufkochen und abschmecken.

## Wiener Backhendl

1 Brathähnchen (ca. 1 1/2 kg)
in 4, 6 oder 8 Teile geschnitten
und enthäutet
1 TL Salz
1/2 Tasse Dinkelmehl
1 Ei, leicht geschlagen
1 1/2 Tassen Paniermehl
(Semmelbrösel)
500 ml Sonnenblumenöl

Die küchenfertigen Hühnchenteile würzen und dünn in Mehl wenden, dann in Ei und zuletzt in Semmelbrösel tauchen. Leicht abklopfen und in siedendem Sonnenblumenöl schwimmend von beiden Seiten goldgelb braten. Bratpfanne zur Seite stellen und noch einige Minuten nachbacken (5–10 Minuten).

Das dunkle Fleisch braucht länger als die Keulen und die Brust. Die fertig gebackenen Teile auf Küchenkrepp gut abtropfen lassen. Mit Zitronenscheiben und Petersilie garnieren und mit Kopfsalat, Dinkelnudeln, Dinkelspätzle oder Dinkelkernotto servieren.

## Gekochtes Huhn mit Dinkel und Ysop

1 Suppenhuhn
1 Zwiebel
1 Knoblauchzehe
Ysop
1 Petersilienwurzel (oder ein
Stück Sellerieknolle)
1 Karotte
4 l Wasser
Salz
Gewürze: etwas Bertram,
Galgant
2 volle Tassen Dinkelkernotto
(oder -körner)
helle Grundsauce
mit etwas Zitronensaft
(oder Weißwein) legiert

Suppenhuhn enthäuten, säubern und waschen und in den 4 l Wasser zusammen mit den angegebenen Kräutern und Gewürzen sowie dem genannten Gemüse weich kochen lassen. Ein Teil der Hühnerbrühe abschöpfen und für die Sauce verwenden. Dinkelkernotto in der Zwischenzeit ca. 20 Minuten weich kochen. Als Kochflüssigkeit kann ebenfalls 4 Tassen Hühnerbrühe genommen werden, dann schmeckt der Dinkelreis noch pikanter. Den gekochten Dinkelreis in eine geölte oder mit kaltem Wasser ausgespülte Kranzform drücken und auf eine warme Platte stürzen.

Das tranchierte Huhn in den Dinkelreisring geben und mit der Sauce begießen. Auf Wunsch können auch gehackte Kräuter zum Garnieren verwendet werden.

Basisdiät bei Leberleiden, Traurigkeit, Depressionen.

## Huhn nach Jägerart

1 Huhn (enthäutet und in Stücke zerteilt)
70 g Magerspeck (vom Rind oder Lamm)
etwas Butter
Salz
1 EL Dinkelmehl
1 Zwiebel
2 Knoblauchzehen
etwas heißes Wasser oder Brühe
1 Glas Weißwein
1–2 Handvoll Champignons
Kräuter: Petersilie, Poleiminze
Gewürze: Bertram, Galgant

Das tranchierte Huhn brät man mit in Würfelchen geschnittenem Speck in etwas Butter allseitig schön braun und bestreut es mit Salz. Danach fügt man die fein geschnittene Zwiebel, die (klein zerdrückten) Knoblauchzehen, Bertram- und Galgantpulver hinzu, bestäubt alles mit etwas Dinkelmehl, wendet einige Male und lässt das Ganze unter Zugabe von Hühnerbrühe (oder heißem Wasser) und Wein weich dünsten. Die Geflügelstücke herausnehmen. Die in Scheibchen geschnittenen Champignons mit der gehackten Petersilie in etwas Butter andünsten, die Sauce dazusieben und unter Zugabe von etwas Brühe und Gewürz nochmals 6 Minuten aufkochen. Die Geflügelstücke darin wieder erhitzen.

## Gefüllte Poularde im Römertopf mit Ysop

1 große Poularde ($1^1/_4$–$1^1/_2$ kg)
3 EL Sonnenblumenöl oder 3 EL Butter
300 g Zwiebeln, klein gewürfelt
2 Knoblauchzehen
1 Dinkelbrötchen oder 2 Scheiben Dinkelbrot (eingeweicht)
1 EL Dinkelmehl
Gewürze: Salz, Pfeffer, Bertram, Galgant

300 g Hähnchen- oder Putenleber
1 Ei
Kräuter: Petersilie, Ysop, Dill, Bohnenkraut
250 ml Rotwein

Poularde enthäuten, waschen, abtrocknen, salzen und mit Pfeffer und zerdrücktem Knoblauch einreiben. Die Leber im Mixer oder Fleischwolf pürieren. Mit den in Butter angedünsteten Zwiebelwürfeln, dem Ei, dem in Wasser eingeweichten und wieder ausgedrückten Dinkelbrötchen (oder -brot), Gewürzen und gehackten Kräutern zusammen vermischen und die Poularde damit füllen. Öffnung mit Faden oder Stäbchen verschließen. Die Poularde mit Dinkelmehl bestäuben und mit Öl und Kräutern bestreuen. Den Braten im Römertopf schmoren lassen (70–90 Minuten bei 225°C) und mit Rotwein übergießen.

## Gefülltes Masthuhn mit Rosmarin

1 Masthuhn, enthäutet (unter Masthuhn verstehen wir ein freilebendes, körnergefüttertes Huhn)
Dinkelreis- oder Brotfüllung
2 EL zerlassene Butter
1 gespickte Zwiebel
2 Pfefferkörner
1 Rübchen
1 Zweiglein Rosmarin
Geflügelinnereien (Herz, Hals, Magen und Leber)
2 Tassen Wasser
etwas Salz
1 Rübchen
1 Schalotte

Die küchenfertige Poularde mit Dinkelreis- oder Brotfüllung füllen und die Öffnung mit Bindfaden verschließen. Die Poularde mit Salz einreiben, in die Bratpfanne legen und mit zerlassener Butter übergießen. Nach Zugabe von Zwiebel, Pfefferkörnern, Rübchen und Rosmarin in den Ofen schieben und unter mehrmaligem Begießen und einmaligem Wenden ca. $1^1/_2$ Stunden braten lassen. In der Zwischenzeit Innereien der Poularde mit Wasser und etwas Salz sowie der Rübe und der Schalotte auskochen, absieben und den Bratenfond damit ablöschen. Diesen aufkochen lassen und in die Saucenschüssel passieren. Die Poularde mit der Geflügelschere tranchieren und die Fleischstücke auf die Füllung verteilt anrichten.

### Hähnchen mit Mandeln

1 Hähnchen (ca. 1 kg), enthäutet
Suppengrün (Karotte, Sellerie, Zwiebel, Petersilienwurzel)
2 Nelken
2 Lorbeerblätter
2 Zwiebeln, klein gehackt
2 geriebene Karotten
65 g geschälte Mandeln
1 EL Dinkelmehl
Gewürze: je 1 TL Galgant und Bertram
Saft und die Schale einer Zitrone
2 l Wasser, gesalzen
Kräuter: Ysop, Petersilie, Thymian

Ein nicht zu fettes Hähnchen mit Suppengrün, Zwiebel, Nelken, Lorbeerblättern in Salzwasser nicht ganz gar kochen lassen, aus der Brühe nehmen und tranchieren. Zwei gehackte Zwiebeln, geriebene Karotten und Mandeln in Butter braten. Fleisch dazugeben. Etwas Dinkelmehl in der Pfanne anbräunen, mit Hühnerbrühe löschen und glatt rühren. Nach und nach zwei weitere Tassen Brühe hinzugeben und leicht aufkochen. Mit Gewürzen, Salz und Zitronensaft würzen, und kurze Zeit durchziehen lassen.

Beilage: Dinkelkernotto und Kopfsalat.

### Huhn in Riesling (Coq au vin)

2 küchenfertige Hühnchen
1 Knoblauchzehe, gerieben
Gewürze: Salz, Pfeffer, Galgant, Bertram
2 EL Dinkelmehl
3 EL Sonnenblumenöl oder 50 g Butter
200 g Champignons oder Pfifferlinge, geschnitten
100 g Butter
250 ml Riesling
1 Lorbeerblatt
Kräuter: Ysop, Petersilie, Krauseminze, Estragon (klein gehackt)
$^1/_2$ Tasse Schlagsahne

Hühnchen enthäuten, waschen, gut abtrocknen, in je vier Teile schneiden, mit Knoblauch einreiben, mit Salz und Gewürzen bestreuen und mit Dinkelmehl bestäuben. Mit Öl oder Butter in der Pfanne von allen Seiten bräunen und mit Riesling ablöschen. Pilze, Lorbeerblatt und eine handvoll klein gewiegte Kräuter dazugeben und im geschlossenen Topf auf kleiner Flamme

30 Minuten kochen lassen. Das Fleisch herausnehmen und auf einer vorgewärmten Platte heiß stellen. Die Sauce mit brauner Mehlschwitze binden, Sahne unterziehen und mit Gewürzen abschmecken.

Als Beilagen eignen sich Dinkelkernotto, Dinkelnudeln und Kopfsalat.

Gut bei Schwächezuständen als Kräftigungsmittel.

### Geschmortes Hähnchen mit Kräuterweißweinsauce

1 große Poularde ($1^1/_4$–$1^1/_2$ kg)
4 EL Sonnenblumenöl
1 Zwiebel
1 EL Dinkelmehl
4 Karotten
Petersilie
Gewürze: Salz, Galgant, Bertram
250 ml trockener Weißwein
Zitronensaft

Poularde enthäuten, waschen, abtrocknen, in vier Teile schneiden, mit Salz, Galgant und Bertram einreiben. In heißem Öl rundum anbraten, abtropfen lassen. Zwiebelringe und Karotten in Scheiben im Bratenfond goldbraun andünsten, mit Weißwein löschen, mit angerührtem Dinkelmehl binden, das Fleisch wieder hineingeben und bei schwacher Hitze 30 Minuten zugedeckt schmoren lassen. Vor dem Servieren mit Salz, Gewürzen und Zitronensaft abschmecken. Zu Dinkelkernotto mit kleinen Karotten oder grünen Bohnen servieren.

### Berliner Hühnerfrikassee

1 Suppenhuhn, enthäutet
1 l Wasser
Salz
Suppengrün
Gewürze: Galgant, Bertram
Kräuter: Poleiminze, Ysop
*Sauce:*
45 g Butter oder Sonnenblumenöl
60 g Dinkelmehl
750 ml Brühe
Salz
1 Prise Rohrzucker
Kapern
Zitronensaft
Weißwein
ca. 100 g Champignons
250 g Spargeln (gekocht)
1 Eigelb

Das küchenfertige Huhn waschen und mit Salz und Gewürzen in Wasser kochen. Das geputzte und klein geschnittene Suppengrün nach halber Garzeit hinzufügen und ebenfalls weich kochen lassen. Danach das Huhn herausnehmen, enthäuten, zerkleinern, Knochen herauslösen und das Fleisch klein schneiden.

Für die Sauce Butter (oder Öl) erhitzen, Dinkelmehl unter ständigem Rühren darin andünsten. Mit Brühe unter Rühren ablöschen und kurz aufkochen. Mit Salz, Zucker, Kapern, Zitronensaft und Wein abschmecken.

Champignons, Spargeln in die Sauce geben und nochmals aufkochen. Das Eigelb mit etwas heißer Sauce verquirlen und in die nicht mehr kochende Sauce rühren.

### Hühnerfrikadellen in Orangen-Ysop-Sauce

1 kg Hühnerhackfleisch
2 Zwiebeln, fein gehackt
2 Knoblauchzehen, zerdrückt
2 Eier
2 Scheiben Weißbrot, in Wasser eingeweicht
Salz und Pfeffer
Öl zum Braten

*Sauce:*
1 EL Öl
1 TL Kräuter: Ysopblätter, Bachminze
1 EL gekörnte Brühe
5 cl trockener Weißwein
Saft und Schale einer ungespritzten Orange

Das Fleisch, die Zwiebeln, den Knoblauch, die Eier, das ausgedrückte Brot, Salz und Pfeffer gut miteinander vermischen und kleine Frikadellen in Form von flachen Ellipsen formen. Auf beiden Seiten gut in heißem Öl braten. In einem flachen Topf einen EL Öl erhitzen, Ysop, gekörnte Brühe, Wein, Saft und geriebene Orangenschale hinzufügen und zum Kochen bringen. Die Frikadellen hineingeben, den Topf zudecken und auf kleiner Flamme etwa 30 Minuten lang ziehen lassen. Mit Dinkel servieren.

## Leberspätzle

250 g Hühnerleber
250 g Dinkelmehl
20 g Dinkelgrieß
2 Eier
Gewürze: Salz, Muskatnuss,
Pfeffer, Bertram, Galgant
1 Zwiebel
1 EL Butter
2–3 EL Petersilie, gehackt
2 l Wasser
2 TL Salz
1 TL Sonnenblumenöl

Leber waschen, abtrocknen, enthäuten und durch den Fleischwolf drehen. Mit Mehl, Grieß, Eiern, Salz, Gewürzen und Wasser zu einem festen, glatten Teig verarbeiten. Zwiebel schälen und in Würfel schneiden. Butter erhitzen, Zwiebel darin andünsten, gehackte Petersilie hinzufügen und mit dem Spätzleteig vermischen. Das Salzwasser mit dem Sonnenblumenöl zum Kochen bringen. Spätzleteig auf das Spätzlebrett geben und mit dem Spätzleschaber dünne Streifen in das kochende Wasser schaben. Aufkochen lassen, bis die Spätzle hochsteigen. Mit dem Schaumlöffel herausnehmen, in einem Sieb unter kaltem Wasser kurz abspülen, abtropfen lassen und warm halten. Auf Wunsch mit in erhitzter Butter angerösteten Dinkelbröseln anrichten.

Gut bei Anämie, Blutarmut, Eisenmangel.

## Hühnerleberklößchen

100 g Hühnerleber
1 Zwiebel
30 g Sonnenblumenöl
40 g Dinkelbrösel
Gewürze: Salz, Pfeffer,
Bertram, Majoran
1 Eigelb

Leber waschen, abtrocknen, enthäuten und durch den Fleischwolf drehen. Zwiebel schälen, in Würfel schneiden und im Öl andünsten. Mit der Leber und den übrigen Zutaten vermischen. Mit dem Teelöffel kleine Kloße abstechen oder Bällchen formen. Wenn nötig, noch etwas Dinkelbrösel hinzugeben. In die kochende Brühe geben und 5–6 Minuten garen.

Gut bei inneren Krankheiten, septischen Zuständen, Colitis, Diabetes.

## Pute

Von der Pute schreibt Hildegard nichts. Putenfleisch ist aber als Diät und Schonkost leicht verdaulich und praktisch cholesterinfrei. Kenner entdecken in der Pute sieben verschiedene Fleischarten.

### Putengulasch in Kräuterweinsauce

750 g Putenfleisch, enthäutet, (auch Ziegen- oder Lammfleisch)
3 EL Sonnenblumenöl
4 Zwiebeln
1 EL Galgantpulver
125 ml Fleischbrühe
125 ml herber Weißwein
Gewürze: je 1 Prise Salz, Pfeffer, Bertram
1 EL Dinkelmehl
200 g saure Sahne

Putenfleisch in Würfel schneiden und in Öl anbraten. Zwiebelwürfel kurz mit andünsten. Mit Galgant würzen und mit Wein und Brühe löschen, würzen und 20 Minuten schmoren lassen. Saucenfond mit Sahne und Mehl verquirlen und die Sauce abbinden, aufkochen und abschmecken.

### Putenschnitzel in leichter Dillsauce

4 Putenschnitzel (je ca. 150 g)
50 g Dinkelmehl
50 g Butter oder Sonnenblumenöl
ca. 750 ml Flüssigkeit
Gewürze: Salz, Pfeffer, Bertram, Galgant
Kräuter: Dill, Poleiminze
Zitronensaft

Putenschnitzel mit Salz einreiben, in Mehl leicht wenden und in ausgelassener Butter kurz goldbraun anbraten (je 1 Minute auf beiden Seiten). Aus dem Bratensud mit Dinkelmehl und Dill eine Sauce bereiten, kurz aufkochen. Mit Gewürzen und Zitronensaft abschmecken. Mit Dinkelnudeln und Kopfsalat mit Dinkel servieren.

### Putenbraten mit oder ohne Füllung

1 Pute (4–5 kg)
Gewürze: Salz, Galgant,
Bertram, Ysop

*Füllung* siehe unter
›Gefüllte Poularde im
Römertopf‹ (Seite 308)

Die Sehnen unten am Knochen der Keule lösen, mit einem spitzen Messer das Fleisch zurückstreifen und mit einem Ruck jede Sehne einzeln herausziehen. Pute enthäuten, waschen, abtrocknen, innen salzen, würzen und wie Gänsebraten zubereiten. Mit Ysop-Stengeln belegen.

## Gans

Gänsebraten ist vom Gesunden irgendwie zu verkraften, für Kranke aber nicht gut zu essen, »weil er im Menschen Schleim und Geschwüre bereitet«. Schon besser ist eine Hagelgans oder Wildgans, »weil sie für Kranke und Gesunde gut zu essen ist.«

### (Wild-)Gans, gefüllt mit Kastanien

1 (Wild-)Gans (4–5 kg),
enthäutet
Salz
*Füllung:*
500 g Edelkastanien,
geschält, halbweich gedünstet
mit 1 kg Äpfeln (gewaschen,
geschält, in Scheiben
geschnitten)
eventuell 1 Stengel Beifuß

Die gesäuberte, abgetrocknete Gans innen salzen und mit der Füllung den Innenraum ausstopfen; eventuell Beifuß dazugeben. Im Bräter oder auf dem Rost unter Zugabe von etwas Wasser braten lassen. Nach einer Stunde wenden und mit einem Hölzchen in die Haut stechen, damit das Fett entweichen kann (dabei das Fleisch nicht verletzen). 10 Minuten vor Ende der Garzeit die Gans außen mit Salzwasser oder Bratenfond bestreichen und bei hoher Temperatur knusprig braten. Gans herausnehmen. Bratenfond eventuell entfetten und mit Wasser und angerührtem Dinkelmehl binden, aufkochen und abschmecken, als Sauce zum Braten reichen.

### Wildganssuppe

1 Wildgans
Gewürze: Salz, Bertram
$1^1/_2$ l Wasser
1 Petersilienwurzel
1 Möhre oder Suppengrün
Kräuter: Petersilie, Schnittlauch

Wildgans in Salzwasser aufkochen und ca. $1^1/_2$ bis 2 Stunden weich kochen lassen. Die gesäuberte Petersilienwurzel und Möhre sowie Bertramgewürz nach der halben Garzeit hinzufügen. Sobald sie weich ist, Wildgans aus der Brühe nehmen. Brühe absieben und in den Kochtopf geben.

Wildgans enthäuten, zerlegen, Knochen herauslösen, Fleisch klein schneiden und wieder in die Brühe geben. Mit gehackten Kräutern garnieren.

## Ente

### Wildentenbraten in Kirsch- oder Orangensauce

1–2 Wildenten
Gewürze: Salz, Galgant, Bertram, Quendel, Salbei
Zwiebel
6–8 Wacholderbeeren
3 Salbeiblätter
50 g Butter

Wildente enthäuten, waschen, abtrocknen, innen mit den Gewürzen einreiben. Zwiebel, Salbeiblätter und Wacholderbeeren in das Innere legen und die Ente mit der Brustseite nach unten in den Bräter legen und etwas Wasser angießen.

Braten lassen, nach etwa 45 Minuten wenden. Bei Bedarf Wasser nachgießen.

*Kirschsauce*
etwas heißes Wasser und Madeira
250 g rote, entsteinte Kirschen
Zimt, Gewürznelke
einen Schuss Rum

Die gebratene Ente anrichten. Bratenfond mit etwas heißem Wasser und Madeira aufkochen und sieben. 250 g entsteinte Kirschen in der Sauce weich dünsten, Gewürze und einen Schuss Rum hinzufügen und abschmecken. In einer Saucenschüssel zu der im Ofen warmgehaltenen Ente servieren.

*Orangensauce* (Canard à l'orange)

| | |
|---|---|
| 1 Schuss süßer Weißwein | dünne Schale von je |
| Saft von 2–3 Orangen | 1 Orange und 1 Zitrone |
| | 1–2 Orangen |

Die gebratene Ente im Ofen warm stellen. Den Bratenfond mit einem Schuss süßem Weißwein und dem gesiebten Saft von 2–3 Orangen verrühren. Die dünn abgeschälte (unbehandelte) Schale je einer Orange und Zitrone in feine Stäbchen schneiden und unter den Fond mischen. Alles in einer Saucenschüssel anrichten. Die Ente mit Orangenscheiben oder Orangenhälften, mit Johannisbeermarmelade belegt, anrichten.

*Variante:* Man kann die geschälte(n) Orange(n) auch in Viertel schneiden und um den Braten herum anordnen. Mandelsplitter eignen sich gut zum Garnieren.

## Strauß

### Straußengulasch

| | |
|---|---|
| 750 g Straußenfilet | Gewürze: 1 El Galgant, |
| 2 EL Sonnenblumenöl | Salz, Pfeffer, Bertram |
| 2 Zwiebeln, gewürfelt | 1 EL Dinkelmehl |
| 125 ml Fleischbrühe | 125 g saure Sahne |
| 125 ml Weißwein | Bachminze |

Straußenfleisch in Würfel schneiden, in Öl anbraten. Zwiebeln kurz mit andünsten. Mit Brühe und Wein löschen. Würzen und ca. 20 Minuten gar schmoren. Sahne mit Dinkelmehl verquirlen, hinzugeben, aufkochen und abschmecken. Zubereitungszeit ca. 45 Minuten.

## Straußenrollbraten

1 kg Straußenrollbraten
Gewürze: Salz, Bertram, Galgant
4–6 EL Wasser
saure Sahne oder Rotwein
Dinkelmehl

Straußenfleisch waschen, abtrocknen, mit Salz und Gewürzen einreiben, in die Fettpfanne oder in den Bräter geben, Wasser zufügen und braten.

Bratenfond mit Wasser, Sahne oder Wein auffüllen, mit angerührtem Dinkelmehl binden, aufkochen und abschmecken.

## Strauß in Kräuterbutter

1 Straußenschnitzel (ca. 150 g)
Gewürze: Salz, Galgant, Bertram
2 EL Sonnenblumenöl
5 Zwiebeln, gewürfelt
5 kleine Zwiebeln, ganz
2 Knoblauchzehen
150 g Butter
125 ml Weißwein
125 ml Brühe
Kräuter: Bachminze, Petersilie, Bohnenkraut
Zitronensaft

Straußenfleisch waschen, abtupfen, würzen, im gefetteten Bräter mit ganzen Zwiebeln hellbraun anbraten. Wein und Brühe hinzugießen und zugedeckt 25 Minuten gar schmoren.

Butter mit gewürfelten Zwiebeln, zerdrücktem Knoblauch, Kräutern und Zitronensaft zu einer Kräuterbutter verarbeiten. Vor dem Servieren auf das Fleisch streichen.

## Straußenragout

1 kg Straußenfleisch
1 Zwiebel
1 gelbe Rübe
$^1/_2$ kleine Sellerieknolle
3 EL Sonnenblumenöl
Kräuter: 1 Bund Petersilie, Poleiminze, Basilikum, Salbeiblätter
$^1/_2$–1 Tasse Fleischbrühe
1 Tasse trockener Rotwein
1 Lorbeerblatt
2 Gewürznelken
Gewürze: je 1 Messerspitze Salz, Galgant, Bertram

Gemüse säubern und in Scheiben oder Würfel schneiden. Kräuter fein hacken. Fleisch waschen und etwas zerkleinern. Alles zusammen unter Wenden 10 Minuten in Öl anbraten. Wein und Brühe beifügen. Kurze Zeit ohne Deckel schmoren lassen. Lorbeerblatt, Gewürznelken und Gewürze beifügen und zugedeckt weich garen lassen (etwa 50 Minuten).

## Lamm

### Lammgulasch

750 g Lammfleisch (auch Reh, Hirsch, Ziege, Rind)
30 g Butter
3 Zwiebeln
Gewürze: Salz, Pfeffer, Bertram, Galgant
(nach Belieben: 1/2 Apfel, 2 Tomaten oder 1 EL Tomatenpüree)
saure Sahne
Dinkelmehl
Kräuter: Thymian, Salbei, Krauseminze

Das gewaschene und abgetrocknete Fleisch in Würfel schneiden und in der erhitzten Butter allseitig anbräunen. Die gewürfelten Zwiebeln (und nach Belieben die geviertelten Tomaten und Apfelwürfel) mit anbräunen. Gewürze beifügen, mit 250 ml Wasser ablöschen und 1 bis 1 1/2 Stunden lang schmoren lassen. Die Sahne und etwas Wasser mit dem Bratenfond vermengen, mit angerührtem Dinkelmehl binden, nochmals kurz aufkochen und abschmecken.

Bei größeren Mengen ist es empfehlenswert, das Gulasch in zwei Portionen anzubraten, da das Fleisch sonst zu viel Saft abgibt und länger braucht zum Bräunen. Wenn zu viel Saft abgegeben wird, gießt man ihn ab und fügt ihn zum Schmoren wieder hinzu. Rindfleisch wird schneller weich, wenn man 1 EL Rum oder Weinbrand hinzufügt.

Gut bei Schwäche, Bindegewebsschwäche, Krampfadern.

## Lammgulasch mit Möhren

500 g Lammfleisch
500 g Möhren
30 g Butter
1 große Zwiebel
125 ml Wasser
Gewürze: Salz, Bertram, Galgant
saure Sahne
Dinkelmehl
Bachminze

Das gewürfelte Fleisch in der erhitzten Butter (oder in Sonnenblumenöl) allseitig anbräunen. Die gewürfelte Zwiebel mitdünsten, würzen, mit heißem Wasser auffüllen und etwa 35 Minuten schmoren lassen. Die geschälten und gewaschenen Möhren ebenfalls würfeln und zum Gulasch geben. Mit Wasser auffüllen, bis alles knapp bedeckt ist. Weitere 20–30 Minuten schmoren lassen. Aus dem Fond mit der Sahne und angerührtem Dinkelmehl eine Sauce fertigen, kurz aufkochen lassen und abschmecken.

## Lammgulasch mit Bohnen

375–500 g Lammfleisch
500 g grüne Bohnen
Bohnenkraut
30 g Butter (oder Sonnenblumenöl)
2 Zwiebeln
1 TL Galgant
250 ml Wasser
Gewürze: Salz, Bertram, Muskat
etwas Knoblauch
125 ml saure Sahne
Dinkelmehl
Petersilie, gehackt

Zubereitung wie Lammgulasch mit Möhren, aber statt Möhren die in Stücke gebrochenen Bohnen und das Bohnenkraut nach der halben Schmorzeit hinzufügen und gar werden lassen. Knoblauch und Galgant mit den Zwiebeln zum Fleisch geben. Zum Schluss mit gehackter Petersilie garnieren.

## Lammrücken

*(für 6 Personen)*

$1^1/_2$ kg Lammrücken
Gewürze: Pfeffer, Galgant, Rosmarin
2–3 EL Semmelbrösel
Gewürze: Salz, Pfeffer, Galgant, Bertram
1–2 zerdrückte Knoblauchzehen
Kräuter: Petersilie, Poleiminze
1–2 EL Sonnenblumenöl
1–2 EL Wasser
Dinkelmehl

Den Lammrücken waschen, abtrocknen, mit Gewürzen einreiben und mit etwas Wasser in der Fettpfanne anbraten.

Aus Semmelbröseln, Gewürzen, Petersilie, Öl und Wasser eine Sauce rühren und diese nach einer halben Stunde Bratdauer auf den Lammrücken streichen. Eventuell noch etwas Wasser hinzufügen. Nach Ende der Bratzeit aus dem Fond, Wasser und dem angerührten Mehl eine Sauce bilden, diese kurz aufkochen und abschmecken. Das Fleisch vom Knochen lösen, in Scheiben schneiden und mit der Sauce servieren oder in der ursprünglichen Form auf dem Knochen anrichten.

## Gefüllte Lammbrust

*(für 6 Personen)*

1 kg Lammbrust
Salz
25 g Butter
*Füllung:*
1 kleine Zwiebel
200 g Pilze
20 g Butter
Kräuter: 1 EL Petersilie, Bachminze
75 g Dinkelweißbrot (ohne Rinde)
Gewürze: Salz
1 Prise Muskat, Galgant
1 Ei
*Sauce:*
saure Sahne
Dinkelmehl

Für die Füllung dünstet man die fein gewürfelte Zwiebel und die in Scheiben geschnittenen Pilze in der Butter an. Das in Wasser eingeweichte und ausgedrückte Brot mit Gewürzen und Ei hinzufügen und alles gut vermengen.

Die Lammbrust vom Knochen befreien, waschen, trocken abtupfen und salzen. Die Füllung darüber streichen, das Fleisch zusammenrollen und zustecken. Mit Butter (oder Sonnenblumenöl) bestreichen und unter Zugabe von etwas Wasser ca. 100–130 Minuten braten. Aus dem Bratenfond, der Sahne, Wasser und Mehl eine Sauce bereiten und abschmecken.

### Lammkeule

*(für 6 Personen)*

| | |
|---|---|
| 1 Lammkeule ($1^1/_4$–$1^1/_2$ kg) | Gewürze: Salz, Pfeffer, |
| 2 Knoblauchzehen | Bertram, Galgant |
| 2 Zwiebeln | Kräuter: Rosmarin, Salbei, |
| 2 EL Butter | Bachminze |
| 1 Karotte | saure Sahne |
| 1 Lorbeerblatt | Dinkelmehl |
| 1 Gewürznelke | 125 ml Rotwein |

Die Lammkeule enthäuten, mit Gewürzen einreiben und mit Knoblauchstiftchen spicken. Beim Knochen das Fleisch mit einem scharfen Messer etwas ablösen. Dann die ganze Keule mit der weichen Butter einpinseln, zusammen mit den anderen Zutaten in die Fettpfanne geben und bei Mittelhitze unter mehrmaligem Begießen knapp durchbraten (Bratzeit pro 500 g Fleisch 15 Minuten). Bratenfond mit 125 ml Rotwein und Sahne aufnehmen, mit Mehl binden, aufkochen und abschmecken.

Mit Gemüse wie Bohnen, Rüben usw. und Dinkel oder Kastanien servieren.

### Lammragout

*(für 6 Personen)*

| | |
|---|---|
| 800 g Lammfleisch von Brust, | 1 Lorbeerblatt |
| Hals oder Schulter | 1 Karotte |
| 2 EL Butter | Gewürze: Salz, Pfeffer, |
| 1 EL Dinkelmehl | Bertram, Galgant |
| 2 Knoblauchzehen | Kräuter: Rosmarin, Poleiminze |
| 1 Zwiebel | 1 Messerspitze Rohrzucker |

Das in gleichmäßige Stücke geschnittene Fleisch würzen und in heißer Butter allseitig anbraten. Mit etwas Mehl bestäuben, hellbraun anrösten lassen und unter Zugabe von heißem Wasser (1 Tasse/Pfund Fleisch) und den weiteren Zutaten 1¼ bis 1½ Stunden weich garen lassen. Bei Bedarf Wasser und Rahm nachfüllen, wenn die Flüssigkeit zu stark eingedünstet ist.

## Lammsteaks

4 Lammsteaks von der Keule
3 cm dick (je 150 g)
1 TL Salz
frisch gemahlener Pfeffer
Mutterkümmel
2 Knoblauchzehen
Kräuter: Rosmarin, Thymian,
Krauseminze, Petersilie
1 EL Dinkelmehl
3 EL Butter
3 Zwiebeln, in Ringe
geschnitten
¼ Tasse Hühnerbrühe
1 EL Dinkelmehl

Lammsteaks waschen, trocken tupfen und mit Salz, Pfeffer, zerdrücktem Knoblauch, und Kräutern einreiben. In Mehl wenden und beidseitig in Butter auf mittlerer Hitze leicht anbräunen (ca. 5–10 Minuten pro Seite). Im vorgewärmten Ofen aufbewahren.

Im Bratenfond Zwiebeln und Knoblauch andünsten und mit Hühnerbrühe löschen, mit angerührtem Mehl abbinden, aufkochen und heiß zu den Lammsteaks servieren.

*Variation:* Man kann die Steaks mit Kräuter- oder Knoblauchbutter belegen. Dazu passen Dinkelkernotto und Kopfsalat mit Dinkel.

Anstelle von Steaks eignen sich auch Lammkoteletts.

## Lammgeschnetzeltes auf Avignon-Art

*(für 6 Personen)*

1 kg Lammfleisch
(Schulter, Brust, Keule ohne
Knochen)
Gewürze: Salz, Pfeffer,
Bertram, Mutterkümmel,
2 Zwiebeln
2 Knoblauchzehen
1 Lorbeerblatt
250 ml Rotwein
1 EL Butter

Galgant
Kräuter: Poleiminze, Thymian, Petersilie, Rosmarin
2 EL Speiseöl
saure Sahne
1 EL Dinkelmehl

Fleisch in dünne Scheiben schneiden, mit Gewürzen einreiben und in einen Emailletopf legen. Mit gehackten Kräutern, Zwiebeln, Knoblauch und Lorbeerblatt bestreuen, mit Rotwein übergießen und über Nacht in der Marinade ziehen lassen. Am anderen Tag das Fleisch samt Flüssigkeit in einem gefetteten Bräter zugedeckt $2^1/_2$ bis 3 Stunden lang weich schmoren. Wenn das Fleisch gar ist, die Sauce durch ein Sieb gießen, das Fett abschöpfen, beliebig mit Rahm anrichten, mit angerührtem Mehl abbinden, aufkochen und abschmecken. Ein wenig Sauce über die Lammscheiben träufeln, den Rest in einer Sauciere servieren.

Dazu passen Dinkelkernotto oder Dinkelnudeln und Kopfsalat mit Dinkel.

### Lammragout mit Salbei und Tomate

750 g Lammschulter
2 Knoblauchzehen
3 Blätter Salbei
3 EL Sonnenblumenöl
1 EL Butter
1 EL Tomatenmark
$^1/_2$ Tasse Fleischbrühe
Gewürze: 1 Messerspitze Salz
je 1 Messerspitze Galgant und Bertram

Das gewaschene Lammfleisch in größere Würfel schneiden, alle Knochenteile entfernen. Den zerdrückten Knoblauch und die gewaschenen Salbeiblätter klein hacken. Fleischwürfel in erhitztem Öl von allen Seiten anbraten. Danach das Bratenfett abschütten. Butter, Knoblauch und Salbei in den Topf geben. Tomatenmark mit Brühe verrühren und über die Lammwürfel gießen. Mit Gewürzen versehen. Zugedeckt etwa 30 Minuten garen lassen.

*Variation:* 500 g säuerliche Äpfel mitkochen, geschält und in nicht zu kleine Stücke geschnitten.

## Lamm- und Rinderhack am Spieß

$^1/_2$ kg Lammhack
$^1/_2$ kg Rinderhack
1 EL Butter
$^1/_2$ Tasse Zwiebeln, fein gehackt
$^1/_2$ TL Knoblauch, fein gehackt
1 Eiweiß, leicht geschlagen
Gewürze: 1 TL Salz,
1 EL Mutterkümmel,
1 EL Galgant
Kräuter: Rosmarin, Poleiminze

Butter in einer Pfanne erhitzen und darin die Zwiebeln mit dem Knoblauch unter gelegentlichem Umrühren weich dünsten und in eine Schüssel geben. Das gesamte Hack sowie das Eiweiß, die Gewürze und Kräuter zufügen und alles gut verkneten. Mit den Händen etwa 3 cm dicke und 5 cm lange Röllchen formen, auf einen Teller legen, mit Pergamentpapier zudecken und mindestens 1 Stunde in den Kühlschrank stellen, damit sie sich festigen.

Nach dem Kühlen jedes Röllchen mit einem Spießchen auf der schmalen Seite (also nicht längs) durchstechen und in einem Abstand von mindestens $^1/_2$ cm aufreihen.

Nun die Spießchen entweder auf einem offenen Holzkohlengrill oder im (vorgeheizten) elektrischen Grill etwa 8 Minuten auf jeder Seite braten. Dabei sollte das Fleisch 10–15 cm von der Wärmequelle entfernt sein.

Ist kein Grill vorhanden, lässt man einen Spieß nach dem anderen in einer großen Pfanne mit 2 EL Öl 8 Minuten auf jeder Seite anbräunen, bis die Röllchen außen dunkelbraun und innen gut durchgebraten sind.

## Lammrücken mit Rosmarin

*(für 6 Personen)*

1–1$^1/_2$ kg Lammrücken
je 1 gestrichener TL Salz und frisch gemahlener Pfeffer
3 Knoblauchzehen, zerdrückt
2 Zwiebeln
3 EL Sonnenblumenöl
Kräuter: Rosmarin, Salbei, Thymian, Bachminze
1 Lorbeerblatt
4–6 EL Wasser
500 ml Weißwein
1 EL Dinkelmehl

Fleisch waschen, abtrocknen, mit Gewürzen und Knoblauch einreiben und mit Zwiebelringen belegen. Im ausgefetteten Bratentopf auf dem Rost bei 220–225°C braten. Bratzeit: 20 Minuten pro Pfund Fleisch. Sobald der Bratensatz bräunt, etwas heißes Wasser hinzugeben. Den Lammrücken ab und zu mit Bratenfond begießen. Nach etwa $1^1/_2$ Stunden Bratzeit Kräuter über den Lammrücken verteilen. Bratenfond mit Weißwein auffüllen, mit angerührtem Mehl binden, aufkochen und abschmecken. Den Lammrücken vorsichtig vom Knochen lösen, in Scheiben schneiden und wieder auf den Knochen anrichten.

Den Braten mit beliebigem Gemüse garnieren (zum Beispiel Karotten, grüne Bohnen). Dazu passt Dinkelkernotto und Kopfsalat mit Dinkel.

## Schafslungenhaschee

750 g Schafslunge
Suppengrün
1 l Wasser
Gewürze: Salz, Pfeffer, Bertram
Kräuter: Bachminze, Krauseminze

*Sauce:*
40 g Butter
40 g Dinkelmehl
500 ml Brühe
Salz, Pfeffer, Zucker
Zitronensaft

Die Lunge von der Luftröhre befreien, säubern, kurz wässern. Das gesäuberte Suppengrün waschen und klein schneiden. Mit Wasser, Salz, Suppengrün und Gewürzen ankochen und ca. 1 Stunde weiterkochen. Dann herausnehmen, klein würfeln oder durch den Fleischwolf drehen.

Für die Sauce das Mehl in die erhitzte Butter rühren und bräunen. Mit Brühe unter Rühren ablöschen und aufkochen. Lungenwürfel oder -brei hinzufügen. Die Sauce mit Gewürzen und Zitronensaft abschmecken und nochmals erwärmen.
Gut bei Asthma, Bronchitis.

# Ziege

## Ziegenkeule

*(für 6 Personen)*

1½ kg Ziegenkeule (Lamm-, Reh-, Hirschkeule)
Suppengemüse: Zwiebeln, Karotten, Petersilienwurzeln, Sellerie
4 EL Sonnenblumenöl
5 Knoblauchzehen
Gewürze: 1 TL Salz, frischgemahlener Pfeffer, Galgant
Mutterkümmel,
Kräuter: Bachminze, Rosmarin, Salbeiblätter
5 Pfefferkörner
3 Gewürznelken
2 Lorbeerblätter
125 ml Weinessig
500 ml trockener Rotwein

Das Suppengemüse waschen, putzen und in dünne Scheiben schneiden. Ziegenkeule säubern, enthäuten und abtrocknen. Mit zerdrücktem Knoblauch und den Gewürzen einreiben und mit Sonnenblumenöl bestreichen. Halbe Knoblauchzehen in 5–6 kleine Einschnitte in die Keule stecken. Mit dem Suppengrün und den Kräutern in eine Schüssel legen, mit Weinessig und Wein übergießen und zugedeckt über Nacht in dieser Marinade ziehen lassen.

Am nächsten Tag die Keule in einem Bratentopf ohne Deckel im vorgeheizten Backofen bei 225°C 45–60 Minuten schmoren lassen (Fleischthermometer verwenden; rosig-gebratenes Ziegenfleisch: 60–65 Grad; durchgebratenes Fleisch: 65–70 Grad). Das Suppengemüse an der Seite der Keule verteilen, die Keule mit Salbeiblättern bedecken und mit der Marinade und dem eigenen Saft öfters begießen. Den Bratensaft mit dem Gemüse mit etwas Dinkelmehl binden, glatt rühren und 5 Minuten aufkochen. Mit Dinkelkörnern, glasierten Edelkastanien und 1 EL Kornelkirsch-Marmelade servieren. Dazu Kopfsalat mit Dinkel reichen.

Gut bei Bindegewebsschwäche, Eingeweideleiden, Bruchleiden, Senkung.

## Ziegenbraten mit Rosmarin

*(für 6 Personen)*

$1^1/_2$ kg junges Ziegenfleisch
2 Knoblauchzehen
Gewürze: Salz, Pfeffer, Bertram
1 Lorbeerblatt
1 Zwiebel
2 Karotten
1 EL Butter
Kräuter: Krauseminze, Rosmarin, Thymian, Salbei
250 ml herber Weißwein
1 EL Dinkelmehl

Ziegenfleisch waschen, trocknen, mit sehr spitzem Messer kleine Vertiefungen schneiden und je eine halbe Knoblauchzehe und etwas Rosmarin hineinstecken. Mit Salz, Pfeffer und Bertram einreiben. Den Braten in die gefettete Fettpfanne oder den Bräter legen. Zwiebel, Karotten und Lorbeer klein schneiden, zum Fleisch geben und braten. Öfter mit heißem Wasser begießen. Nach 45 Minuten bei 200–225°C eventuell wenden. Weißwein zum Bratenfond geben, mit angerührtem Dinkelmehl binden, nochmals aufkochen. Bratzeit etwa 1 Stunde.

*Zu beachten:* Zu hohe Temperaturen trocknen das Ziegenfleisch aus, daher besser mit niedrigerer Temperatur und langer Bratzeit zubereiten.

## Zickleinragout

1 kg junges Ziegenfleisch (Brust, Hals oder Schulter)
Butter oder Sonnenblumenöl
Gewürze: Salz, Pfeffer, Bertram, Galgant
1 EL Dinkelmehl
1 Zwiebel
1 Lorbeerblatt
2 Karotten
1 große Tasse heißes Wasser

*Sauce:*
1 EL Zitronensaft
3 EL Rahm

Das Fleisch in Würfel schneiden, in heißer Butter oder Sonnenblumenöl anbraten, würzen, mit Mehl bestäuben, noch einige Male wenden. Danach Zwiebel, Karotten und Lorbeerblatt beifügen und mit Wasser ablöschen. Kochzeit: 1 Stunde.

Die Sauce am Schluss mit Zitronensaft und Rahm abschmecken, nachdem man sie mit etwas Wasser verdünnt hat. Eventuell nachwürzen.

## Gesottenes Zicklein in Rosmarinsauce

*(für 6 Personen)*

$1^1/_2$ kg junges Ziegenfleisch (Keule oder Schulter ohne Knochen)
1 Zwiebel, gewürfelt
3 Pastinaken oder Kohlrabi gewürfelt, 2 in Streifen schneiden
5 Karotten, gewürfelt, 3 in Streifen geschnitten
3 Sellerieknollen, grob gewürfelt, 2 in Streifen geschnitten
2 l Wasser
1 TL Salz
1 Prise frisch gemahlenen schwarzen Pfeffer
1 EL Butter
2 EL Dinkelmehl
Kräuter: je 1 TL Rosmarin, Bachminze, Thymian, Petersilie
1 EL Zitronensaft

Ziegenfleisch mit der Hälfte des Gemüses, Salz und Pfeffer $2^1/_2$ Stunden in Wasser weich kochen lassen, bis man mit der Messerspitze leicht ins Fleisch stechen kann.

Das Streifengemüse 3 Minuten in reichlich Wasser blanchieren, im Sieb abtropfen lassen.

Das Fleisch herausnehmen und die Brühe durch ein Sieb rühren. Das Gemüse kräftig ausdrücken. Die Brühe im offenen Topf auf 3 Tassen Flüssigkeit einkochen. Mehl in Butter zu heller Schwitze rösten. Kräuter und Zitronensaft hinzugeben und mit der Brühe löschen. Mit dem Fleisch und der Rosmarinsauce sowie dem blanchierten Gemüse 10 Minuten im großen Topf schmoren. Das Gemüse darf nicht zerfallen. Man ordnet es um das Fleisch herum an. Die Sauce wird getrennt serviert.

## Ziegenleberragout

400 g Ziegenleber
1 Zwiebel
2 gelbe Rüben
2 EL Sonnenblumenöl
125 ml heiße Brühe
1 EL Tomatenmark
1 TL Dinkelmehl
4 EL Rotwein
Gewürze: Salz, Galgant, Bertram, Muskat, Poleiminze

Leber in dünne Streifen schneiden. Zwiebel würfeln und im heißen Fett glasig braten. Die Leberstreifen hinzufügen und unter Wenden anbraten. Mit der Brühe ablöschen. Die in dünne Scheiben oder Würfel geschnittenen gelben Rüben hinzufügen und alles bei schwacher Hitze kurze Zeit andünsten. Tomatenmark mit Mehl und Rotwein verrühren und die Sauce damit binden. Mit Salz, Galgant und den restlichen Gewürzen abschmecken.

Gut bei Magen-Darmleiden, Verstopfung.

## Wild

Bei der Zubereitung von Wild sollte folgendes beachtet werden:

- Wild gehört zum fettarmen Fleisch und benötigt viel Fettzusatz.
- Da es beim Braten leicht austrocknet, sollte man es nicht bei zu hohen Temperaturen zubereiten und lieber eine längere Bratdauer in Kauf nehmen.
- Reh-, Hirsch- und Wildschweinbraten gewinnen an Zartheit, verlieren aber an Eigengeschmack, wenn man sie 2–3 Tage lang in eine (Buttermilch-)Beize oder Rotwein-Weinessig-Marinade legt. Täglich wenden.
- Zum Braten am besten ein geschlossenes Gefäß verwenden, da das Fleisch so am saftigsten bleibt.
- Wildfleisch gut abhängen lassen, ehe man es zubereitet. Um eine zu starke Geruchbildung zu verhindern, kann man es mit rohen Kartoffelscheiben abreiben.

Als Beilagen zu Wild eignen sich Kastanien und Kompott.

### Reh-(Wild-)Ragout

*(für 6 Personen)*

Rehfleisch (1–1 1/2 kg) oder Wild
2 EL Sonnenblumenöl
1 EL Butter
2 Knoblauchzehen
3–4 Tomaten
1 Lorbeerblatt
Kräuter: Salbei, Rosmarin, Poleiminze, Brennnessel
Gewürze: Salz, Muskat, Galgant, Bertram
125 ml trockener Weißwein
20 g gestiftelte Mandeln

Das Reh-(Wild-)Fleisch grob zerkleinern, Knochen entfernen. Salbei und Rosmarin klein zerhacken. Knoblauch zerdrücken und hacken. Tomaten schälen und vierteln. Öl und Butter in großem Topf erhitzen, Kräuter, Lorbeerblatt und Knoblauch kurz darin ziehen lassen. Fleisch darin von allen Seiten braun anrösten, würzen, mit Wein löschen und kurze Zeit ohne Deckel dünsten lassen. Tomaten und Mandelstifte beigeben und zugedeckt fertig garen lassen.
*Variation:* Ziegen- und Geflügelragout.

Gut bei Verdauungsstörungen, Blähungen, Verschleimung.

## Rehbraten

*(für 6 Personen)*

1–1 1/2 kg Rehfleisch
(Rücken oder Keule)
Gewürze: Salz, Bertram,
Quendel, Galgant,
Wacholderbeeren, zerstoßen
Bachminze
50 g Butter
saure Sahne
Dinkelmehl

Rehfleisch säubern, abtrocknen und mit Gewürzen einreiben. Mit weicher Butter (oder Sonnenblumenöl) bestreichen. Restliche Butter in die Fettpfanne (oder in den Bräter) geben. Fleisch etwas von der Keule lösen. Dann in die Pfanne geben und braten lassen. Im offenen Gefäß den Braten nach etwa 45 Minuten wenden, im geschlossenen Gefäß ist dies nicht nötig, wenn man die Keule von Anfang an mit der Oberseite nach oben in den Bräter legt. Wird der Bratensatz zu braun, etwas Wasser hinzufügen. Die Sahne in der letzten 3/4 Stunde über den Braten geben. Aus dem Bratenfond unter Zugabe von Sahne und Wasser sowie angerührtem Dinkelmehl eine Sauce bereiten und diese abschmecken.

Gut bei Verdauungsstörungen, Gastritis und Blähungen.

## Rehpfeffer

1 kg Rehfleisch (Bauch, Brust, Hals)
1 EL Sonnenblumenöl oder Butter
500 ml Brühe
250 ml Rotwein
1 EL Dinkelmehl
Salz, Pfeffer, Nelke
Kräuter: Krauseminze, Thymian, Rosmarin
Zitronensaft
Beize wie unter ›Rehrücken‹, s. u., aber Hälfte der Menge.

Das Fleisch in Ragoutstücke schneiden und 1–2 Tage in die Beize legen. Danach die Fleischstücke aus der Beize heben und gut abtropfen lassen, in der Butter allseitig anbraten und mit Brühe und Beize ablöschen. In einer anderen Pfanne das Mehl in Butter braun anrösten, mit Beize, Rotwein und Brühe verrühren, würzen, gehackte Kräuter hinzufügen und über die Rehstücke gießen. Alles zusammen 2 Stunden bei niedriger Temperatur dämpfen. Danach die Sauce, wenn nötig, nochmals abschmecken und Zitronensaft beifügen. Zum Garnieren können in Butter gedünstete, mit etwas Salz, Essig und Zucker abgeschmeckte Zwiebelchen verwendet werden sowie in Butter gebackenes helles Dinkel(toast)brot.

Beilagen: Dinkelnudeln, Dinkelspätzle, Edelkastanien(püree).

## Rehrücken

*(für 6 Personen)*

*Für die Beize:*
1 l Rotwein (für helles Fleisch Weißwein verwenden)
3 EL Weinessig
250 ml Wasser
20 Wacholderbeeren
4 Lorbeerblätter
20 Pfefferkörner
4 Zwiebeln
4 EL Thymian
1 EL Salz

*Für den Braten:*
1 kg Rehrücken
50 g Butter
Gewürze: Bertram, Galgant
1 Tasse Rahm
Orangenschale, dünn abgeschält,
oder 100 g Kirschen

1 Karotte
1 Sellerie
*Variation für die Beize:*
Traubenmost, Buttermilch
oder Milch.

*Zum Garnieren:*
halbe Kompottbirnen
mit Preiselbeerkompott
verziert oder Bratäpfel,
Ananas, Orangenscheiben.

Den Rehrücken enthäuten und die Sehnen entfernen. Für die Beize alle Zutaten zusammenmischen und das Fleisch hineinlegen. Keine Metallpfanne verwenden, sondern Email oder noch besser einen Steintopf. Fleisch zwei Tage bedeckt in der Beize liegen lassen. Für die Beize können auch Traubenmost oder rohe Milch verwendet werden. Letzteres eignet sich besonders bei nicht mehr ganz jungen Tieren und wenn der reine Wildgeschmack geschätzt wird.

Den Rücken des Wildes abtrocknen, würzen, mit Salz und zerlassener Butter bestreichen und in ein rechteckiges Bratgeschirr legen. Unter mehrmaligem Begießen mit Butter zugedeckt braten lassen. Bratzeit: 15 Minuten pro Pfund. Danach den Braten herausholen, auf eine erwärmte Platte legen und aus dem Bratenfond, einer Tasse Marinade oder Brühe und Rahm eine Sauce bereiten. Diese mit der abgeschälten Orangenschale oder mit Kirschen aufkochen lassen und in einer Sauciere getrennt servieren. Den Rehrücken mit halben Kompottbirnen, gefüllt mit Preiselbeerkompott, garnieren oder mit Bratäpfeln oder Ananas oder Orangenscheiben umlegen.

Passende Beigaben: Edelkastanien, Dinkelnudeln, Dinkelreis.

### Rehkoteletts à l'orange mit Kastanienpüree

4 Rehkoteletts
Gewürze: Salz, Galgant, Bertram
1 EL Dinkelmehl

1 EL Butter
2 Orangen in Scheiben
125 ml Madeirawein

Die Koteletts drückt man mit einem breiten Messer flach, reibt sie mit den Gewürzen ein, wendet sie in Mehl und brät sie in Butter rasch beidseitig durch. Dann übergießt man sie mit dem mit

etwas frischer Butter verrührten Bratenfond und garniert mit dünnen, in Madeira getunkten Orangenscheiben.
Dazu Kastanienpüree servieren.

### Rehsteaks

4 Rehsteaks
2 EL Butter oder Sonnenblumenöl
Gewürze: Salz, Galgant, Bertram

Fleisch waschen, abtupfen. Steaks in die erhitzte Butter legen, sofort wenden und braten. Nach dem Wenden die gebratene Seite mit Gewürzen bestreuen, später auch die andere. Insgesamt 8–10 Minuten braten, 5–7 Minuten, wenn die Steaks innen rosa sein sollen. Beliebig mit heißen Kompottfrüchten wie Kirschen, Ananas, Birnen garnieren oder mit Kräuterbutter bestreichen. Dazu passen Dinkelnudeln und Kopfsalat mit Dinkel.

### Hirschbraten

*(für 4–5 Personen)*

1 kg Hirschrücken (oder -keule)
Gewürze: Salz, Galgant, Bertram
Wacholderbeeren
50 g Butter
Poleiminze
saure Sahne
Dinkelmehl
Johannisbeergelee oder Rotwein nach Belieben

Das gewaschene Hirschfleisch trocken tupfen, mit Gewürzen und zerstoßenen Wacholderbeeren einreiben, mit zerlassener Butter bestreichen. Die Keule von dem Knochen lösen, in die mit Fett ausgelegte Pfanne legen und mit der Oberseite nach unten braten. Nach etwa einer $^3/_4$ Stunde wenden (erübrigt sich im geschlossenen Gefäß). Wenn der Bratensatz braun ist, etwas Wasser dazugeben. 45 Minuten vor Ende der Bratzeit das Fleisch mit Sahne bestreichen. Aus dem Bratenfond, Sahne, Wasser und angerührtem Dinkelmehl eine Sauce bereiten, welcher nach Wunsch Gelee oder Rotwein zugefügt werden können.

## Wildpasteten mit Apfelmus

250 g gebratenes Hirschfleisch
30 g Butter
30 g Dinkelmehl
125 ml Wasser oder Brühe
1 Ei
125 ml Schlagsahne
Gewürze: Salz, Pfeffer,
Bertram, Galgant

Das Fleisch klein schneiden und im Fleischwolf pürieren. Butter auslassen, Mehl goldgelb rösten. Wasser oder Brühe zugeben und aufkochen. Das Fleisch unter Rühren dazugeben, aufkochen, abkühlen lassen.

Die Eier mit der Sahne unter die Masse rühren und mit Gewürzen abschmecken. Kleine Auflaufförmchen einfetten, Fleischmasse einfüllen und bei 200–225°C ca. eine halbe Stunde backen. Mit Apfelmus servieren.

## Hirschsteaks mit Mandeln und Johannisbeersauce

*Für die Beize:*
250 ml trockener Rotwein
125 ml Wasser
5 zerdrückte Wacholderbeeren
1 Knoblauchzehe, zerdrückt
1 Zwiebel, gewürfelt
*Für die Steaks:*
4 Hirschsteaks (je 150 g)
3 EL Sonnenblumenöl
30 g Butter
Gewürze: Salz, Pfeffer,
Bertram, Muskat
1 Ei
100 g gehobelte Mandeln
Kräuter: Rosmarin, Thymian
*Für die Sauce:*
250 ml süße Sahne
2 EL rote Johannisbeerkonfitüre
$1/2$ TL frisch ausgepresster Zitronensaft
Salz

Die Hirschsteaks mit Öl einreiben, mit der Beize übergießen und im Stein- oder Emailtopf zugedeckt über Nacht ziehen lassen. Am nächsten Tag die Steaks aus der Beize nehmen, mit Küchenkrepp abtupfen, mit Gewürzen bestreuen, mit verquirltem Ei bestreichen und in gehobelten Mandeln wenden.

In ausgelassener Butter bei mittlerer Hitze von jeder Seite 5 Minuten braten.

Den Bratenfond mit den Saucenzutaten übergießen, 5 Minuten mitschmoren. Sobald sich die Johannisbeerkonfitüre aufgelöst hat, würzen und mit den Steaks servieren.

### Wildschweinmedaillons mit Estragon

300 g (Wild-)Schweinefilet vom jungen Schwein
Salz, Pfeffer
1 EL Dinkelmehl
1 Zwiebel, gewürfelt
30 g Butter
125 ml herber Weißwein
Kräuter: Estragon, Petersilie, Rosmarin, Bachminze
125 ml saurer Rahm

Fleisch waschen, abtupfen, von Sehnen befreien, in 4 Scheiben schneiden, mit Salz und Pfeffer einreiben und in Mehl wenden. Butter auslassen, Zwiebel darin dünsten. Das Fleisch von beiden Seiten etwa 5–8 Minuten braun braten. Fleisch warm stellen. Den Bratenfond mit Wein löschen, Kräuter und Rahm dazugeben. Aufkochen lassen und abschmecken.

Gut bei Kraftlosigkeit und Schwäche im Alter.

### (Wild-)Schweinragout mit Weintrauben

1 kg (Wild-)Schweinefleisch (Brust, Hals oder Hüfte) vom Jungtier
*Für die Beize:*
Rotwein
5 Knoblauchzehen, zerdrückt
2 Zwiebeln, in Scheiben geschnitten
Kräuter: Thymian, Bachminze
1 Lorbeerblatt
*Für die Sauce:*
1 EL Butter
Gewürze: Pfeffer, Bertram, Galgant, Quendel,
Salz,
1 große Handvoll Weintrauben
100 ml Rahm
1 EL Dinkelmehl

Das Fleisch in Ragoutstücke schneiden, in ein Steingefäß geben und mit so viel Rotwein übergießen, dass das Fleisch davon bedeckt ist. Dann Knoblauch, Zwiebeln, Thymian, Bachminze und Lorbeerblatt zufügen und den Topf zugedeckt 2 Tage stehen lassen.

Fleischstücke herausnehmen, gut abtropfen lassen und in der

Butter allseitig anbraten. Die Beize dazusieben, würzen und das Ragout unter Zugabe der Weintrauben zugedeckt auf mäßigem Feuer 60–75 Minuten weich schmoren lassen. Danach die Sauce mit dem Rahm verfeinern und mit angerührtem Dinkelmehl binden.

Als Beilagen eignen sich Edelkastanien(püree), Dinkelkernotto und Dinkelteigwaren (Spätzle).

## Rind und Kalb

***Achtung:*** Achten Sie beim Einkauf auf BSE-freies Fleisch vom Biobauern und nicht nur auf das billigste Angebot!

Rindfleisch enthält große Mengen Cholesterin und gesättigte Fettsäuren, ist daher für Herz-Kreislauf-Patienten nicht geeignet. Hildegard empfiehlt darüber hinaus, das Fleisch über Nacht in Wasser zu legen, um es zu entschleimen. »Will einer Rindfleisch essen, soll es frisch sein, und falls es im Sommer ist, muß dieses einen Tag lang, falls es im Winter ist, eine Nacht lang in Wasser gelegt worden sein, weil das Wasser allen Schlier, der in diesem Fleisch steckt, entfernt. Danach mag der Kranke es gekocht essen.«

Ebenso verhält es sich mit dem Kalbfleisch, wobei man heute darauf achten muss, dass es weder mit Hormonen noch mit Antibiotika oder Anabolika gemästet wurde. Ganz berühmt ist Hildegards Kalbsfuß- oder Rindsfußsuppe, die sich bei Arthrose oder Gelenkschmerzen oder Arthritis hervorragend bewährt hat.

### Kalbsfußknochenbrühe

1 Kalbsfußknochen mit Knorpel
500 g Rindfleisch (oder Lamm, Ziege, Wild, Hühnerfleisch)
$1^1/_2$ bis 2 l Wasser
Suppengrün
Bachminze
Gewürze: Salz, Bertram, Galgant, Muskat

Die gereinigten Fleischteile mit dem Knochen in kaltem Salzwasser zum Kochen bringen. Kurz vor dem Aufwallen auf kleine Temperatur schalten und ca. zwei 2 Stunden weiter sieden lassen.

Suppengrün, Gewürze und Kräuter etwa eine halbe Stunde vor Schluss dazugeben. Fleisch und Knochen nach dem Kochen herausnehmen. Das zerkleinerte Fleisch wieder in die Suppe geben.

Als Einlage eignen sich Dinkelkörner, die man gesondert in Salzwasser gekocht hat, damit die Kalbsbrühe klar bleibt, oder Dinkelklößchen, die in der Brühe gegart werden können.

Die Knochen können noch einmal ausgekocht werden, wodurch man eine Brühe erhält, die sich zum Auffüllen von Saucen, Suppen und Eintöpfen gut eignet.

Zur Farbaufbesserung und Geschmacksverstärkung kann Gemüse, etwa gelbe Rüben, angeröstete Zwiebeln, alter Knoblauch oder Ysop mitgekocht werden. Das Nachgießen von kaltem Wasser sollte man vermeiden, da die Brühe sonst trüb wird. Aufgewärmte Brühe sollte man nicht mehr zum Sieden kommen lassen, um ihren Geschmack nicht zu beeinträchtigen. Für eine klare Bouillon sollte die Brühe einige Zeit ruhig stehen bleiben, damit sich das Fett besser abschöpfen lässt.

Gut bei Arthrose, Gelenkschmerzen, Osteoporose, Bindegewebsschwäche, Bandscheibenleiden.

## Rinder- oder Kalbsfuß in Gelee (Sülze)

1 3/4 bis 2 kg Rinder- oder Kalbsfuß, in Scheiben geschnitten
8–10 Tassen Wasser
4 Knoblauchzehen
Gewürze: Salz und Pfeffer, Bertram
2 hartgekochte Eier (muss nicht sein)

Die Fleischscheiben in Wasser kochen, bis sie gar sind. (Das Kochwasser aufheben.) Das Fleisch von den Knochen lösen und mit dem Knoblauch durch den Fleischwolf drehen, würzen, vermischen und in einer 25 x 25 cm großen rechteckigen Form auslegen. Das Wasser, in dem der Fuß gekocht wurde, bis zum Rand der Form hineingeben.

Mit hartgekochten Eierscheiben garnieren und vor dem Servieren einige Stunden im Kühlschrank erkalten lassen. Mit einer Zitronenscheibe servieren.

*Tipp:* Manche bereiten die Sülze in kleinen Kuchenformen zu, garnieren mit einer Eischeibe und stürzen den Inhalt der Form als Portion auf einen kleinen Teller.

## Hackfleisch-Terrine

1 kg Hackfleisch
4 Zwiebeln, fein gehackt
1 EL Butter
4–6 Knoblauchzehen, erdrückt
2 EL Kapern
2 TL grüne Pfefferkörner
6 Eier
Gewürze: Salz, Galgant, Muskat, Koriander, Piment
Frische Kräuter
Semmelmehl nach Bedarf

Zwiebeln in Butter andünsten, Hackfleisch in eine Schüssel geben, Zwiebeln, Knoblauch, Kapern, Pfefferkörner, Eier, Gewürze und Kräuter zugeben sowie Semmelmehl nach Bedarf zum Abbinden.

Eine rechteckige Form mit Öl einfetten, mit Backpapier auslegen, ebenso einfetten. Die Hackfleischmasse einfüllen, mit Alufolie gut abdecken. Form in eine rechteckige Bratpfanne setzen, mit heißem Wasser bis zu $^3/_4$ auffüllen. Im Backofen bei 220°C 1 Stunde und 40 Minuten backen, danach noch 15 Minuten im offenen Backofen ruhen lassen.

## Königsberger Klopse mit Kapernsauce

1 Brötchen
1 kleine Zwiebel
3 EL Butter
500 g Hackfleisch (Rind, Kalb, Strauß etc.)
1 Ei
Gewürze: Salz, Pfeffer, Muskat
Petersilie
2 EL Butter
2 EL Dinkelmehl Type 405
Sahne
Kapern

Das Brötchen in Wasser einweichen, ausdrücken und zerkleinern. Die Zwiebel klein schneiden und in Butter weich dünsten. Hackfleisch, Brötchen, Zwiebel, Ei, Gewürze und Petersilie vermischen und gut durchkneten. Mit nassen Händen Klöße formen und im Salzwasser garen, bis sie an der Oberfläche schwimmen;

Klöße herausnehmen. Mit 2 EL Butter und 2 EL Mehl eine Mehlschwitze herstellen, 330 ml der Abkochbrühe und etwas Sahne hinzufügen und daraus eine glatte Sauce bereiten. Zum Schluss Kapern dazugeben, noch einmal abschmecken und Klöße in die Sauce legen.

### Osso Buco (geschmorte Kalbshaxenscheiben)

2 Zwiebeln
4 Karotten
1 Sellerie
2 Fenchel
5 Knoblauch
2 EL Butter
pro Person 1 Kalbshaxenscheibe

Gewürze: Salz, Pfeffer
Thymian, Basilikum
2 Lorbeerblätter
Öl
250 ml Rotwein
500 ml Rinder- oder Geflügelbrühe

Die Zwiebeln, Karotten, Sellerie, Fenchel und Knoblauch in ganz kleine Würfelchen schneiden und in der Butter andünsten. Die Kalbshaxenscheiben würzen, in Öl von allen Seiten gut anbraten und auf das Gemüse setzen. Die restlichen Zutaten zugeben, mit dem Rotwein und der Brühe aufgießen und gut 1 Stunde kochen lassen. Wenn die Haxen weich sind, herausnehmen und warm stellen. Sauce abschmecken und über die Kalbshaxenscheiben geben.

### Kalbsfrikassee

750 g Kalbfleisch
2 Zwiebeln
4 Lorbeerblätter
12 Nelken

Gewürze: Salz, Pfeffer
90 g Dinkelmehl Type 405
90 g Butter
Sahne

Die Zwiebeln halbieren und jede Hälfte mit einem Lorbeerblatt und drei Nelken spicken. Das Fleisch in gleich große Stücke schneiden und in Salzwasser, dem man die Zwiebeln beigefügt hat, 1 Stunde kochen. Das Fleisch herausnehmen und beiseite stellen. Aus der Butter und dem Mehl eine Mehlschwitze herstellen und mit dem Fond und der Sahne eine Sauce bereiten. Abschmecken und das Fleisch wieder zugeben.

### Kalbsleber mit Apfelscheiben

500 g Kalbsleber (oder Hühnerleber)
Dinkelmehl
2 EL Butter oder Sonnenblumenöl
Gewürze: Salz, Galgant, Bertram
Zwiebelringe von 1 Zwiebel
Apfelscheiben von 1 Apfel

Die von Häuten und Sehnen befreite Leber in nicht zu dünne Scheiben schneiden. Direkt vor dem Braten trocken abtupfen und bemehlen, nicht übereinander legen. Die Leber in das erhitzte Fett geben und 2–3 Minuten auf jeder Seite anbraten, weitere 2 Minuten bei ausgeschalteter Flamme stehen lassen. Mit Gewürzen bestreuen. Mit gebratenen Zwiebelringen und Apfelscheiben oder -schnitzen garnieren.

Gutes Kräftigungsmittel bei Schwächezuständen.

Bei der Zubereitung von Leber ist zu beachten: Kalbs- und Geflügelleber sind am zartesten. Rinderleber kann man, um sie zarter zu machen, etwa 15 Minuten in Wasser legen. Die Leber ist gar, wenn beim Anritzen mit dem Messer kein Blut mehr entweicht.

# Fisch

Ein Fisch ist nur gut, wenn er möglichst lebendfrisch zubereitet und genossen wird. Der heutige Fischmarkt ist aber so ausgezeichnet organisiert, dass man auch die Fische, die tot auf den Markt gelangen, als frisch vom Fang bezeichnen kann. Die modernen Tiefkühlanlagen und das rapide Lieferungstempo lassen keine Möglichkeit zum Verderben der Ware aufkommen.

Beim Einkaufen ist es ratsam, sich den Fisch richtig anzuschauen. Das Fleisch soll beim Anfassen festen Widerstand geben, die Haut straff anliegen und die Schuppen schönen Glanz aufweisen. Die Augen sollen klar sein, die Kiemen rötlich.

Fische sollten nach dem Fang möglichst rasch verwendet werden, auf jeden Fall bis zum Gebrauch im Kühlschrank liegen. Denn Fischeiweiß zersetzt sich sehr rasch und kann in fauligem Zustand böse Vergiftungen zur Folge haben. Am besten schlägt man die Fische in ein Tuch ein, das man mit Essigwasser gut befeuchtet hat.

Die Flossen stutzt man mit einer Schere und spült den Fisch innen und außen mit kaltem Wasser. Der Fisch darf keinesfalls im Wasser liegen bleiben. Wird der Fisch im Sud gekocht, so darf seine äußere Schleimhaut nicht durch brüskes Anfassen verletzt werden.

Das Filetieren lässt man am einfachsten und besten im Fischgeschäft erledigen.

Bei allen Fischzubereitungen, außer ›Fisch blau‹, sollte man nach dem Drei-S-System vorgehen:

*Säubern:* Flossen abschneiden, mit dem Fischschupper abschuppen, die dunkle Haut im Innern entfernen, kurz waschen, den Fisch aber nicht im Wasser liegen lassen.

*Säuern:* mit Kräuteressig oder Zitronensaft beträufeln und kurz durchziehen lassen. Durch die Säure wird die Struktur des Fleisches gefestigt und der Fischgeruch gemildert.

*Salzen:* kurz vor der Zubereitung mit Salz bestreuen.

Fisch kann auf dem Herd gekocht oder gedünstet, im Backofen gedünstet, auf der Kochstelle gebraten, im Backofen gebacken, gegrillt und gratiniert werden.

## Fisch – auf dem Herd zubereitet

Fische nach dem Drei-S-System vorbereiten und in einem gut schließenden Kochtopf, in einer Deckelpfanne oder feuerfesten Glasform im eigenen Saft dünsten. Die Zugabe von Fett und Flüssigkeit ist nicht erforderlich.

### Gedünsteter Rotbarsch mit Äpfeln und Fenchel

| | |
|---|---|
| 1 kg Rotbarsch | 2 Äpfel |
| (Goldbarsch, Kabeljau) oder | Salz |
| 800 g Barschfilet | Butter |
| 2 Fenchelknollen | Kräuter: Petersilie, |
| Zitronensaft oder Kräuteressig | Ackerminze |
| 1 Zwiebel | |

Fische säubern und säuern und 15 Minuten ziehen lassen. Fenchelknollen halbieren, waschen, kleine Knollen ganz verwenden, größere halbieren oder in Scheiben schneiden. Mit der klein geschnittenen Zwiebel das Gemüse andünsten und ca. 10 Minuten zugedeckt garen. Die grob geraspelten Äpfel hinzufügen und die Fische gesalzen auf das Gemüse legen. Butterflöckchen darauf verteilen. Zugedeckt dünsten und 15–20 Minuten fertig garen lassen. Fisch mit zerkleinerter Petersilie bestreuen.

Als Beilage Dinkelnudeln oder Dinkelkernotto mit Kopfsalat servieren.

### Fisch in grüner Sauce

1 kg Fisch (oder 800 g Filet)
Zitronensaft
Salz
*Sauce:*
60 g Butter
80 g Dinkelmehl
500 ml Wasser
1 Becher saure Sahne
Kräuter: Dill, Petersilie, Schnittlauch
Zitronensaft
Gewürze: Salz, Pfeffer

Den Fisch nach dem Drei-S-System vorbereiten und in Stücke schneiden. Für die Sauce Butter erhitzen, Mehl zugeben und unter ständigem Rühren andünsten. Mit Flüssigkeit unter Rühren ablöschen, aufkochen. Fisch in die kochende Sauce legen und damit bedecken. Gehackte Kräuter, Zitronensaft, Salz und Pfeffer untermischen und abschmecken. Nachdem die Sauce einmal sichtbar aufgekocht hat, Deckel auflegen und den Topf von der Kochstelle nehmen. Durch die Nachwärme den Fisch fertig garen lassen (ca. 15–20 Minuten). Die Sauce kann durch Eigelb oder Wein verfeinert werden.

Zu beachten: die Sauce muss anfangs sehr dick sein, da der Fisch noch Saft abgibt.

### Grüner Hecht, gekocht

1 kg Hecht (oder Zander, grün)
60–80 g Butter
1 Zwiebel
Kräuter: Petersilie, Krauseminze
1 Petersilienwurzel
Gewürze: Salz, Galgant, Bertram, 1–2 Gewürznelken
1 Glas Weißwein
1 EL Dinkelmehl
1 Eigelb
etwas Rahm

Butter in der Kasserolle erhitzen und darin die in Scheiben geschnittene Zwiebel, eine Handvoll fein gehackte Petersilie samt Petersilienwurzel andünsten.

Den vorbereiteten Hecht in dicke Portionsstücke schneiden und dann ebenfalls in die Kasserolle legen. Das Ganze würzen, Gewürznelken zugeben und mit dem Glas Weißwein begießen. Etwa 25 Minuten lang bei kleiner Flamme kochen. Die Sauce zuletzt mit kalt angerührtem Dinkelmehl, einem Eigelb und Rahm binden.

### Hechtklöße, badische Art

1 kg Hecht (oder Zander, Barsch)
Zitronensaft und -scheiben
1 l Wasser
250 ml herber Weißwein
1 Zwiebel
1 Lorbeerblatt
Pfefferkörner
2–3 Eier
Gewürze: je 1 Prise Salz, Pfeffer, Bertram, Muskat
150 g Butter
1 Tasse Milch
100 g Dinkelmehl
Kräuter: Petersilie, Krauseminze

Fisch säubern, enthäuten und entgräten. Fische ausnehmen und die dunkle Innenhaut entfernen. Beim Filetieren den Fisch vorsichtig mit dem Messer von der Mittelgräte ablösen und mit dem schräg gehaltenen Messer die Haut vorsichtig abschaben. Das Filet waschen, abtrocknen, mit Zitronensaft säuern und ziehen lassen.

Den Fischsud aus 1 l Wasser, dem Wein, der Zwiebel, dem Lorbeerblatt, den Pfefferkörnern und den Zitronenscheiben gut durchkochen und würzen. Den Fisch durch den Fleischwolf drehen oder im Mixer pürieren. Fischbrei mit Eischnee mischen, würzen und eine halbe Stunde ziehen lassen. Butter auslassen, mit Milch aufkochen, Mehl hinzurühren und einen Kloß formen. Den Teig abkühlen lassen, mit dem Fischbrei und Eigelb verkneten. Mit dem Esslöffel Klöße abstechen und im Fischsud 15 Minuten bei schwacher Hitze fertig garen. Aus dem Fischsud, Dinkelmehl und Kräutern eine ungebundene Sauce bereiten. Dazu Dinkelnudeln servieren.

## Süßwasserfische, in Fischsud gegart

1 kg Fisch (Hecht, Barsch, Zander, Felchen, Forelle)
750 ml Flüssigkeit (500 ml Wasser, 250 ml Weißwein)
2 Zwiebeln, gewürfelt
Gewürze: Pfefferkörner, Salz, 2 Lorbeerblätter, 2 Gewürznelken
2 Mohrrüben
Kräuter: Petersilie, Krauseminze, Dill, Thymian

*Sauce:*
2 EL Butter
2 EL Mehl
250 ml Fischsud

Flüssigkeit mit Zwiebeln, Gewürzen, in Scheiben geschnittenen Möhren, gehackten Kräutern im Fischtopf 15 Minuten bei schwacher Hitze köcheln lassen, zur Seite stellen und abkühlen lassen. Fisch (auf dem Einsatz des Fischtopfes) in den kalten Sud setzen und bei mittlerer Hitze 15 Minuten köcheln (nicht kochen!). Mit 2 EL Butter, 2 EL Mehl und 250 ml Fischsud eine Sauce kochen. Den Fisch aus dem Sud nehmen, abtropfen lassen, auf einer heißen Platte mit der Sauce übergießen und mit Petersilie garnieren. Man kann den Fisch statt mit der Sauce auch mit frisch zerlassener Butter, Royal-Mayonnaise, Kräuter- oder Zitronensauce reichen. Als Beilagen eignen sich Dinkelkernotto, Dinkelnudeln und Kopfsalat mit Dinkel.

## Meeresfische, in Fischsud gegart

*(Stör, Dorsch, Kabeljau, Schellfisch, Heilbutt, Lachs)*

Gleiche Zubereitung wie Süßwasserfische, nur fügt man dem Fischsud zusätzlich noch ein Stück Sellerie und ein Glas Milch oder eine Zitronenscheibe bei, damit der Fisch ein schönes weißes Aussehen erhält. Man lässt den Sud 30 Minuten kochen und dann erkalten, gibt den Fisch hinein und lässt ihn langsam zum Kochen kommen. Das Wasser soll nicht aufwallen, nur knapp auf dem Siedepunkt bleiben. Kochzeit: 20 Minuten für 1 kg Fisch, 40 Minuten für größere Fische, einige Minuten für kleine Fischtranchen.

## Wels mit Dill und Basilikum

1 kg Wels
Zitronensaft
1 Fenchelknolle
2 Karotten
1/4 Sellerieknolle
40 g Butter
6 EL Wasser
Salz
1 Sellerieblatt
Kräuter: Dill, Poleiminze, Schnittlauch, Basilikum
50 g Butter

Wels säubern, säuern und in Stücke schneiden. Mit Zitronensaft beträufeln. Das Gemüse putzen, waschen und klein schneiden. In der erhitzten Butter das Gemüse andünsten, mit Wasser löschen und ca. 10 Minuten zugedeckt dünsten. Fisch salzen, auf das Gemüse legen und mit den gehackten Kräutern und Butterflöckchen bestreuen. Zugedeckt dünsten und 15–20 Minuten fertig garen lassen.

Als Beilage Dinkelnudeln oder Dinkelknödel mit Kopfsalat servieren.

## Gedünsteter Kabeljau

1 kg Kabeljau oder 800 g Kabeljaufilet
Zitronensaft oder Kräuteressig
Salz
2 Zwiebeln
Kräuter: Petersilie, Dill, Poleiminze

Fisch säubern, säuern, salzen. Zwiebeln schälen und in Ringe schneiden. Den Kabeljau in eine gefettete Auflaufform geben und mit Zwiebelringen und gehackten Kräutern belegen. Im Backofen zugedeckt dünsten.

Als Beilage Dinkel mit Kopfsalat reichen.

*Variation:* Auch Barsch eignet sich gut für dieses Gericht.

## Bachforelle, blau

4 Bachforellen
Salz
250 ml Essig
500 ml Wasser
Zitrone
Petersilie

Fische vorsichtig säubern, waschen und nur innen salzen.
***Wichtig:*** Die schleimige Haut der Fische nur mit nassen Händen anfassen, da sie sonst verletzt wird.

Die Fische mit heißem Essigwasser übergießen, 5–10 Minuten stehen lassen, auf eine Porzellanplatte stellen und im Backofen dünsten. Hierzu die Platte auf den Rost über der mit Essigwasser gefüllten Fettpfanne setzen.

Wenn der Fisch gar ist, erkennt man dies an den herausquellenden Augen und daran, dass man die Rückenflosse leicht herausziehen kann. Kurz vor dem Ausschalten Forelle mit zerlassener Butter vorsichtig bestreichen. Ein längeres Nachwärmen lässt die Haut grau und unansehnlich werden. Mit Zitronenscheiben und Petersilie garnieren.

***Tipps für Forelle / Karpfen blau***

Gefrorene Forellen können im Topf im kochenden Sud oder über Dampf in der Deckelpfanne bereitet werden. Gefrorene Karpfen in kochendem Essigsud bereiten.

»Die Pflanzen, die an den Klippen wachsen, erhalten die Gesundheit, weil sie alles enthalten, was die Menschen zum Leben brauchen.« So steht es im Vorwort von Hildegards Fischbuch und wird erst heute besonders von vielen Japanern bestätigt, die jeden Tag mindestens vier verschiedene Algensorten essen.

Im Kurhaus hat dieses Rezept großen Beifall gefunden:

### Felchenröllchen mit Algenblatt

8 Felchenfilets (500–600 g), ohne Haut
Zitrone
Gewürze: Salz, Pfeffer
Algenblätter (bekommt man in Asien-Läden)
Weißwein
Sahne
Dill
Dinkelmehl

Die Felchenfilets mit Zitrone, Salz und Pfeffer würzen und der Länge nach halbieren. Die Algenblätter auf einem feuchten Küchenkrepp einweichen, in Streifen schneiden und auf die Filets legen. Die Filets aufrollen und aufrecht in eine eingefettete Glas- oder Porzellanform stellen. Mit Weißwein angießen und bedeckt im Backofen bei 180°C ca. 15 Minuten garen. Den Fond in einen Topf gießen, mit Sahne und Dill abschmecken, eventuell mit Dinkelmehl abbinden und wieder über die Felchenröllchen geben und nochmals wenige Minuten in den Backofen schieben.

Zu diesem Fischgericht passen am besten Dinkelnudeln, Edelkastaniennudeln, Fenchelgemüse oder Spinat.

Zum Braten eignen sich kleinere Fische im Ganzen wie Blaufelchen, Äsche, Zander, Hecht, Weißfische, Goldbarsch. Von größeren Fischen verwendet man Fischfilets. Fische nach dem Drei-S-System vorbereiten. Wenn sie durchgezogen sind, trocknet man sie ab, wendet sie in Dinkelmehl oder paniert sie. Genügend Sonnenblumenöl oder Butter in der Pfanne erhitzen, den vorbereiteten Fisch in das heiße Fett legen, auf einer Seite anbraten, bis schöne Bräunung vorhanden, vorsichtig wenden und die andere Seite bei bereits ausgeschalteter Flamme ebenfalls anbraten. Verwendet man Butter zum Anbraten, niedrigere Flammeneinstellung wählen, um eine zu starke Bräunung zu vermeiden.

Den von beiden Seiten goldbraun gebratenen Fisch auf eine angewärmte Servierplatte legen und mit Zitronenscheiben und Petersilie garnieren. Zum Anbraten eignen sich auch sehr gut gehobelte Mandeln.

## Forellen Müllerinart

1 kg Forellen
oder 800 g Fischfilet
Zitronensaft
Gewürze: Salz, Pfeffer
1 EL Dinkelmehl
1 Ei
Paniermehl
Öl oder Butter
Kräuter: Petersilie, Poleiminze

Forellen säubern, säuern und würzen. In Mehl, verquirltem Ei und Paniermehl wenden. In erhitztem Öl oder Butter den Fisch etwa 5 Minuten goldbraun anbraten und wenden. Mit Petersilie garnieren.

## Fischfrikadellen

375 g Fischfilet
1 kleine Zwiebel
2 Dinkelschrotbrötchen
1 Ei
Gewürze: Salz, Galgant, Bertram
Kräuter: Petersilie, Dill, Basilikum
Paniermehl aus Semmelbröseln

Fischfilet säubern, Zwiebel schälen, Brötchen in Wasser einweichen und ausdrücken. Alles durch den Fleischwolf geben. Mit Ei, Gewürzen und zerkleinerten Kräutern vermengen. Flache Frikadellen formen, in Paniermehl wenden und in erhitztem Öl oder Butter beidseitig ca. 5 Minuten anbraten.

## Barschfilets mit Mandeln

150–200 g Barschfilet pro Person (auch Felchen oder Äsche)
Salz
Zitronensaft
1/4 Tasse Milch mit
1 EL Dinkelmehl verquirlt
30 g geschälte Mandeln oder Mandelscheiben
1/2 Glas Rotwein
Petersilie
Zitronenstückchen

Fische ausnehmen, waschen, filetieren, mit Salz und Zitronensaft einreiben, in Mehl und Milch wenden, kurz darin ziehen lassen, anschließend in Mehl wenden. In ausgelassener Butter auf beiden Seiten 4–6 Minuten goldbraun braten. Auf heißer Platte Fische warm stellen. Mandeln im Bratenfond goldgelb rösten, mit Rotwein löschen, etwas stärker aufkochen lassen und über die Fischfilets verteilen. Mit fein gehackter Petersilie und Zitronenstückchen garnieren.

## Panierter Barsch in Butter gebraten

150–200 g Barschfilet pro Person
Salz
Zitronensaft
Dinkelmehl
Petersilie
50 g gehobelte Mandeln
1 Zitrone in Scheiben

Die Barschfilets mit Salz und Zitronensaft oder Wein leicht einreiben, in Dinkelmehl wenden und in Butter beidseitig goldbraun braten. Auf einer erwärmten Platte anrichten und mit Zitronenschnitzen oder -scheiben und Petersilie garnieren. Als Garnierung eignen sich auch gehobelte Mandeln, in der Pfanne leicht geröstet und über den Fisch gestreut.

### Hecht nach Müllerinart

*(oder Blaufelchen, Äsche, Zander)*

1–2 Fische (etwa 200 g) pro Person
Zitronensaft oder Weinessig
Gewürze: Salz, Pfeffer
1 EL (20 g) Dinkelmehl
$^1/_2$ Tasse Milch
Ei
Paniermehl
Butter
Petersilie
Zitronenstückchen

Fische sauber ausnehmen, gründlich waschen. Kopf, Flossen, Schwanz abschneiden und den Fisch abtrocknen. Innen mit Zitronensaft oder Weinessig beträufeln und mit Salz und Pfeffer einreiben. Fische in Dinkelmehl und Milch wenden oder in Mehl, dann in Ei und zuletzt in Paniermehl wenden.

Die Fische in ausgelassener Butter auf beiden Seiten goldbraun braten. Der Fisch ist gar, wenn die gebratene Seite Blasen wirft, etwa nach 6–8 Minuten. Auf heißer Platte mit fein gehackter Petersilie oder Zitronenstücken servieren.

## Fisch – im Ofen zubereitet

Zum Backen eignen sich große, unzerteilte Fische wie Hecht, Zander, Barsch.

### Gefüllter Hecht oder Zander

1 Hecht (1$^1/_2$–2 kg)
Zitronensaft
Salz

*Füllung:*
1 Dinkelbrötchen
250 g Fischfilet
65 g Pilze

etwas Butter
3 EL Sahne
Kräuter: Krauseminze, Petersilie
Gewürze: Salz, Galgant, Bertram
1 Zwiebel
*Sauce:*
saure Sahne
Dinkelmehl
1 EL Zitronensaft

Fisch säubern, säuern und innen salzen. Den Rücken häuten. Für die Füllung Brötchen in Wasser einweichen und ausdrücken. Mit dem Fischfilet durch den Fleischwolf drehen oder mit dem Mixer pürieren. Zwiebel in Würfel schneiden. Pilze putzen, waschen und hacken. Zwiebel und Pilze in erhitzter Butter anbraten und mit den restlichen Zutaten der Füllung zu einem Brei vermischen, würzen und abschmecken. Füllung in das Fischinnere geben. Öffnung zustecken. Den Fisch in die Fettpfanne legen, mit Butter bestreichen und im Backofen braten (30–50 Minuten). Die Sauce mit Sahne auffüllen, mit angerührtem Dinkelmehl binden und kurz aufkochen lassen.

## Fischbratlinge

750 g Fischfilet
2 Dinkelbrötchen
2 Zwiebeln
2 EL Sahne
Gewürze: Salz, Bertram, Galgant
Kräuter: Krauseminze, Petersilie, Schnittlauch
Saure Sahne
Dinkelmehl

Fischfilet säubern. Dinkelbrötchen in Wasser einweichen und ausdrücken. Zwiebeln schälen. Alles zweimal durch den Fleischwolf drehen. Mit den restlichen Zutaten vermischen und abschmecken. Flache Bratlinge daraus formen, in gefettete Auflaufform legen und im Backofen braten. 10 Minuten vor Ende der Bratzeit die Sahne über die Bratlinge gießen. Die Sauce nach Belieben mit Wasser und Dinkelmehl verlängern und binden, aufkochen und abschmecken (30–50 Minuten Bratzeit).

## Hecht, badische Art

1 kg Fischfilet (wahlweise auch anderen Fisch)
1 kleine Tasse Rahm
100 g Sardellen
Salz
Semmelbrösel
Butterflocken

Die Filets leicht salzen, mit gehackter Petersilie und Zwiebeln bestreuen und in eine ausgebutterte Backform schichten. Gitterartig mit Sardellenfilets belegen, mit Rahm übergießen und mit Semmelbröseln bestreuen. Einige Butterflocken obenauf setzen. Das Gericht im Ofen ca. 30 Minuten lang backen.

## Rotbarschfilets in Bier

600 g Rotbarschfilet
50 g Zwiebelwürfel
1 Petersilienwurzel
1 Sellerie
1 Möhre
Saft und Schale von 1 Zitrone
1 Lorbeerblatt
Gewürze: Galgant, Bertram, Quendel, Salz
1 Flasche Dinkelbier (500 ml)
1 Schuss Rotwein
100 g Honigkuchenbrösel
etwas Butter und Rohrzucker

Zwiebelwürfel, Petersilienwurzel, Möhre, Sellerie, Zitronensaft und Schale, Lorbeerblatt, Gewürze sowie das Dinkelbier einkochen lassen. Rotbarschfilets darin pochieren und warm stellen. Den Fond mit einem Schuss Rotwein und den Honigkuchenbröseln einkochen und die Sauce mit Butter und Zucker mischen. Sauce über die Filets geben und mit Dinkelbeilage servieren.

## Barsch in Weißweinsauce gedünstet

4 ganze Barsche, ausgenommen
Butter
2 Zwiebeln
2 Zehen Knoblauch
1 Bund Petersilie, gehackt
Salz
Saft von 2 Zitronen
1 Glas Weißwein
*Sauce:*
weiße Grundsauce
etwas Zitronensaft, Weißwein und Galgant

Eine feuerfeste Platte streicht man mit Butter aus und bestreut den Boden mit fein gehackten Zwiebeln und Knoblauch sowie reichlich Petersilie. Die Barsche sauber ausnehmen, waschen, abtrocknen und innen salzen. Danach die Fische auf die Platte legen. Darüber nochmals fein geschnittene Zwiebeln und Petersilie geben, Butterflocken obenauf setzen, mit einem Glas Weißwein und etwas Zitronensaft übergießen. Die Form in den mittelheißen Ofen stellen, mit Butterpapier bedecken und die Fische in 20–30 Minuten weich dämpfen.

In der Zwischenzeit eine helle Sauce bereiten, mit Zitronensaft, etwas Galgantpulver und Weißwein abschmecken und vor dem Servieren über die Fische gießen.

***Variation: Weiße Fisch-Grundsauce***

| | |
|---|---|
| Fischfleisch und -gräten | Karotten |
| Kräutersträußchen | Lorbeerblätter |
| Zwiebel | 1 l Wasser |
| Sellerie | Salz |

Alle Zutaten in kaltem Wasser aufsetzen, salzen und zum Kochen bringen. 1–2 Stunden schwach kochen lassen, dann durchsieben. Nun eine helle Sauce bereiten (siehe Seite 293), die nach Belieben mit Sahne, Gewürzen, Kräutern, Weißwein oder Zitrone verfeinert werden kann.

Barsche, Makrelen, Zander, Heringe und Forellen eignen sich hervorragend zum Grillen. Man lässt die Fische mindestens zwei Stunden lang in einer Ölmarinade liegen und wendet sie ab und zu. Dann trocknet man sie ab und grillt sie in einem Grillkorb.

***Ölmarinade Cavaillon***

| | |
|---|---|
| 2–3 Zehen Knoblauch | Bachminze, Rosmarin |
| 1 EL Salz | 3 Lorbeerblätter |
| 750 ml Sonnenblumenöl | 15 Pfefferkörner |
| Kräuter: 1 Bund Petersilie, | |

Knoblauch mit Salz zu Brei zerdrücken. Öl und fein gehackte Kräuter (oder Herbes de Provence) dazugeben und verrühren.

Die vorbereiteten Fische werden trocken getupft, dann Ölmarinade in die Bauchhöhle der Fische gießen und Fische in die Marinade legen, ab und zu wenden. Mindestens zwei Stunden darin liegen lassen.

### Gedünstete Lachsforelle auf Spinat

2 Lachsforellen
1 EL Butter
Gewürze: Salz, weißer Pfeffer
2 EL Zitronensaft oder Weißwein

500 g frischer Spinat
Gewürze: Salz, Muskat, Hildegard-Suppenwürze
1 EL Butter

Die Forellenfilets enthäuten, abspülen und mit Küchenpapier trocken tupfen. In Portionsstücke schneiden und würzen. Die Butter in eine beschichtete Pfanne mit gut schließendem Deckel geben, Filetstücke hineinlegen, mit Zitronensaft oder Weißwein beträufeln. Bei guter Mittelhitze ca. 10-15 Minuten dünsten.

Den Spinat waschen und in einen Topf mit 1 l kochenden Wasser geben, ca 1 aufkochen lassen. Mit einem Sieblöffel in eiskaltes Wasser geben, sofort wieder herausnehmen und in einem Sieb abtropfen lassen. Den Spinat mit den Gewürzen abschmecken. Butter in eine Pfanne geben, den Spinat darin erhitzen. Mit den Forellenfilets auf einer Platte servieren.

### Gratinierte Maischolle mit Salbei

1 kg Maischolle (Maiflunder)
1 Bund frischer Salbei

1 Glas Weißwein
1 EL Butter

Der ausgenommene und gewaschene Fisch wird dicht mit Salbeiblättern belegt und in eine feuerfeste Auflaufform gegeben. Mit Butterflocken belegen und mit einem Glas herbem Weißwein übergießen. 15–30 Minuten im Backofen überbacken.

## Lachs mit grünen Nudeln

400 g frischer Lachs
1 Zitrone
1 EL Butter
1 EL Dinkelmehl Type 405
330 ml Milch
$1/2$ TL Meerrettich
Gewürze: Salz, Galgant, Pfeffer

Lachs mit reichlich Zitronensaft beträufeln. Das Mehl in der zerlassenen Butter anschwitzen und unter ständigem Rühren mit Milch angießen. Mit Salz und Meerrettich abschmecken. Den Lachs in der Schwitze kurz aufkochen lassen, mit Pfeffer und Galgant würzen. Die grünen Nudeln in reichlich Salzwasser bissfest kochen, abgießen. Nudeln unter den Lachs geben und einmal kurz durchschwenken.

## Lachsforelle mit Meerrettichkruste

4 Lachsforellenfilets
1 TL Butter
Gewürze: Salz, Pfeffer
*Für die Meerrettichkruste:* 1 Ei
75 g weiche Butter,
Gewürze: Salz, Pfeffer
3 EL Meerrettich, gerieben
Semmelmehl nach Bedarf

Die Lachsforellenfilets in Portionsstücke schneiden, würzen, auf ein gebuttertes Blech legen.

*Meerrettichkruste:* Butter in eine kleine Schüssel geben. Ei, Salz, Pfeffer und Meerrettich zugeben und so viel Semmelmehl, dass es eine feste cremige Masse gibt. Ein mittelgroßes Schneidebrett nass machen, mit Klarsichtfolie belegen, die Meerrettichmasse darauf geben, mit Klarsichtfolie abdecken. Mit dem Nudelholz die Masse mit der Klarsichtfolie $1/2$ cm dick auswellen. 40–50 Minuten in den Gefrierschrank geben, oder am Tag zuvor vorbereiten und über Nacht im Kühlschrank stehen lassen, damit die Teigplatte eine feste Konsistenz hat.

Die obere Klarsichtfolie abziehen, Portionsstücke in der Größe der Forellenfilets schneiden, mit der Palette die Meerrettichkrustenstücke auf die Filets legen, sodass der Fisch bedeckt ist.

Bei 180°C 20 Minuten goldbraun backen. Dazu Kräutermandelmayonnaise, Gemüse und Dinkelkernotto servieren.

# Vorschläge für Hildegard-Buffets

Gewinnen Sie Freunde mit der Hildegard-Kost. Freunde sind die beste Medizin. Laden Sie sich Freunde und Bekannte zu einem festlichen Hildegard-Buffet ein und Sie werden glückliche und begeisterte Gäste haben. Hier sind drei Vorschläge:

*Variante 1*

Kalbsfußbrühe mit Kräuterdinkelflädle
Rote-Bete-Cremesuppe
Blattsalate mit Vinaigrettedressing
Bohnensalat
Fenchel-Orangen-Mandelsalat
Gemüse-Nudelsalat
Dinkelkernotto
Dinkelvollkornspätzle
Mandelbrokkoli
Fenchelgemüse
Glacierte Karotten
Provenzalisches Ragout vom Lamm und Ziege
Dinkel-Gemüse und Kichererbsenbratlinge mit Basilikum-Joghurtsauce
Maronipastete mit Mandelmayonnaise
Dinkelvollkornbrötchen, Butter
Verschiedene vegetarische Brotaufstriche
Rote Grütze mit Sahne
Frischer Obstsalat

*Variante 2*

Kalbsfußbrühe mit Grießklößchen
Maronicremesuppe
Blattsalate mit Joghurt-Kräuterdressing
Rote-Bete-Apfelsalat
Karottensalat mit Walnüssen
Dinkelkernotto
Dinkelvollkornspätzle
Falafel mit Basilikum-Joghurtsauce
Maroniküchle mit Austernpilzsauce
Putenröllchen mit Mandelmayonnaise
Straußenterrine mit grünem Pfeffer
Dinkelvollkornbrötchen,

Zucchinigemüse
Fenchelgemüse
Glacierte Karotten
Gulasch vom Strauß
Butter
Verschiedene vegetarische Brotaufstriche
Honigmelone mit Minzsauce
Rote Beerencreme

*Variante 3*

Gemüsebrühe mit Leberspätzle
Kürbiscremesuppe
Blattsalate mit Kräuterdressing
Bunter Gemüsesalat
Fenchel-Orangen-Mandelsalat
Eingelegte Felchen
Dinkelkernotto
Dinkel-Kastaniennudeln
Blattspinat
Fenchelgemüse
Glacierte Karotten
Dinkel-Gemüse-Bratlinge mit Mandelmayonnaise
Falafel mit Basilikum-Joghurtsauce
Zander und Seeforellenklößchen
Fischterrinen an Dill-Weißweinsauce
Felchenröllchen mit Algenblatt
Gulasch vom Strauß
Dinkelvollkornbrötchen, Butter
Verschiedene Brotaufstriche
Honigmelone mit Minzsauce
Rote Grütze mit Sahne

# KUREN UND DIÄTEN BEI SPEZIELLEN KRANKHEITSBILDERN

*Viele der in diesem Teil genannten Rezepturen für Hildegard-Heilmittel gibt es bereits als fertige Kräutermischungen bzw. Elixiere und Tränke (Fa. Jura). Diese können Sie in der Apotheke oder direkt bei der Firma Jura in Konstanz bestellen.*

*Ansonsten können Sie sich die Mischungen auch alle in der Apotheke herstellen lassen.*

# Darm und Immunsystem

Schicksalhaft liegt der Ursprung der meisten Krankheiten im Darm und dem Zustand seiner Mikroflora, die folgenschwer von Lebensstil und Ernährung abhängen. Hildegard beschreibt 35 seelische Risikofaktoren, die den Darm in einen Kriegsschauplatz verwandeln können und das Immunsystem zerstören. Lügen und Betrügen, die Gier nach materiellem Reichtum und der Mangel an liebevollen Beziehungen und Lebensfreude sind Energieräuber, wodurch die Abwehrkräfte zusammenbrechen und die Krankheiten auslösen.

Nach einem Hildegard-Text entstehen Krankheiten durch seelische Konflikte und dadurch ausgelöste verkrampfte Gefäße (Arteriosklerose) an Herz und Lunge und einer Übersäuerung durch Schwarzgalle (Gallensäure), ganz im Sinne der heutigen Erkenntnisse:

»Wenn aber die Seele des Menschen fühlt, daß ihr oder dem Leib etwas widerwärtig ist (Wut und Zorn, Trauer und Angst, Streß, Konflikte, Kränkungen, Gemeinheiten, Mobbing, Schicksalsschläge usw.), zieht sich das Herz, die Leber und die Gefäße zusammen, wodurch sich um das Herz herum eine Art Dunkelheit erhebt, und so wird der Mensch traurig. Nach der Trauer aber erhebt sich der Zorn. Läßt der Mensch den Zorn nicht zum Ausbruch kommen, sondern findet sich still schweigend damit ab, dann beruhigt sich die Galle wieder. Hat aber der Zorn nicht aufgehört, dann dehnt sich der Zorn zur (Schwarz-)Galle aus, bringt sie in Unruhe, so daß sie einen tiefschwarzen Nebel (Gallensäure) aussendet. Diese zieht zur Galle und quetscht aus ihr einen äußerst bitteren Dampf Schwarzgalle) heraus. Beide steigen zum Gehirn auf und machen den Kopf krank. Dann ziehen sie zum Bauch, durchbohren seine Eingeweide (poröser Darm) und machen ihn besinnungslos. So kommt der Zorn unbewußt zum

Ausbruch. Denn durch den Zorn rast der Mensch heftiger wie durch irgendeine andere Geisteskrankheit. Auch verfällt der Mensch durch den Zorn in schwere Krankheiten ... (Autoaggression: Nun können die schlechten Säfte und die Allergene, Bakterien, Viren und Parasiten ungehindert in den Blutstrom gelangen und eine fürchterliche Selbstzerstörung auslösen). Der Mensch würde immer gesund bleiben, wenn er nicht Galle und Schwarzgalle besäße.«

Im Gegensatz dazu sind Liebe, Glück, Lebensfreude und Mitgefühl Kraftquellen, mit denen wir unsere Abwehrkräfte stärken und Krankheiten verhüten können. Jeder Mensch hat die Freiheit, die 35 spirituellen Kraftquellen seiner Seele zu aktivieren, um so sein Leben liebevoll, kraftvoll und vital zu gestalten.

## Kriegsschauplatz Darm – Darm-Analyse

Wir können heute durch mikrobiologische Analysen genau nachweisen, wie die Darmflora durch einen stressigen Lebensstil, eine miserable Ernährung oder durch chemische Arzneimittel zerstört wird, aber auch wie man sie durch die Hildegardische Darmsanierung und die Dinkelkost wieder sanieren kann. Daher steht auch hier vor jeder Behandlung immer erst die Diagnose mit Hilfe der Darmanalyse, um nicht im Dunkeln zu fischen. Hier sind die Fakten nach denen das Mikrobiologische Institut von Herrn Dr. Pohl in Bad Saarow seine Stuhlanalysen erstellt:

- sämtliche Darmbakterien von Dickdarm- und Dünndarm
- Leukozytentest als Nachweis für eine Darmentzündung
- pH-Wert zur Suche nach krebserregenden Ammoniak und biogenen Aminen
- Sprossenpilze – Nachweis von Fäulnis und Verdauungsstörungen
- Parasitentest – Suche nach potenziellen Krebsauslösern
- Helicobacter – Suche nach Infektionen, die Gastritis, Magengeschwüre und Magenkrebs auslösen
- Salmonellen und andere Bakterien, die Durchfall auslösen.

Die Analyse wird zur Überprüfung der Heilungserfolgs vor und nach der Hildegardischen Darmsanierung durchgeführt.

Anhand von einigen Beispielen kann demonstriert werden, wie durch Ernährungsfehler, Schicksalsschläge, Schock, Fehlverhalten und chemische Arzneimittel wie Antibiotika und Kortison die Darmflora und damit das Abwehrsystem systematisch zerstört wird und dadurch die Krankheiten entstehen.

Erst eine ganzheitliche Behandlung unter Beseitigung von allen auslösenden Ursachen und eine konsequente Umstellung auf die Dinkelkost konnte in tausenden Fällen den ersehnten Heilerfolg bringen.

## Krank durch Arzneimittel

In der Toronto-Studie von 1994 wurde in der westlichen Welt wissenschaftlich nachgewiesen, dass die ›richtige‹ schulmedizinisch verordnete Einnahme von chemischen Medikamenten zur vierten Todesursache nach Herzinfarkt, Schlaganfall und Krebs geworden ist. Wir konnten durch Darmanalysen nachweisen, dass durch die meisten Arzneimittel die natürliche Darmflora zerstört und der Darm entzündet wird. Die Folge ist ein zerstörtes Immunsystem. Unter anderen sind diejenigen Medikamente besonders gefährlich, die zu Verdauungsstörungen wie Übelkeit, Erbrechen, Verstopfung oder Durchfall führen. Auf jeden Fall hinterlassen sie nach ihrem Einsatz eine Darmflora wie eine Mondlandschaft, wobei die meisten natürlichen Darmbakterien bis zur Nachweisgrenze verschwunden sind. Am meisten leidet die Darmflora und damit das Abwehrsystem an den Mitteln, die das Immunsystem zerstören wie:

- Kortison
- Chemotherapie
- Methotrexat
- Hormone, Antibabypille, Hormonersatz im Klimakterium
- Acetylsalicylsäure (ASS) und sämtliche Rheumamittel in Säureform (Indometacin, Dicophenac u. a.)
- Quecksilber aus Amalgamzahnfüllungen
- Palladium aus Goldfüllungen.

Darüber hinaus zerstören auch viele Zusatzstoffe in den Lebensmittel die Darmflora, u. a. Konservierungsstoffe (Sorbinsäure, Benzoesäure). Süßstoffe (Saccharin, Cyclamat, Aspartam), Schwermetalle in Lebensmitteln (Blei, Cadmium, Quecksilber) sowie Fusarien im Getreide mit den krebsauslösenden Aflatoxinen.

Im Gegensatz dazu ist der Dinkel ein Leuchtturm in der Wüste. Die Analyse der Dinkelernte 2002 der Geisinger Mühle Binz bei Donaueschingen zeigte keine schädlichen Rückstände, dieser Dinkel erhielt vom Förderkreis das Zertifikat ›Dinkel nach Dr. Hertzka‹. Er war von erstklassiger Qualität – lupenrein und rückstandsfrei.

# Vorbeugung und Behandlung von Gallenerkrankungen

## *Gallensteine und Entzündungen der Gallenblase, Melancholie*

Die Galle und ihre Funktion sind auf das allerengste mit unseren Leidenschaften, Ernährungsgewohnheiten und unserem Lebensstil verbunden. Für Hildegard wird das froh- und traurigmachende Prinzip im Menschen durch das Gleichgewicht von Galle und Schwarzgalle *(melancholia)* bestimmt. Ein gutes Hildegard-Essen fördert die Galle und eine gute Verdauung. Bei Ernährungsfehlern, Rohkost oder lieblos zubereiteten Speisen läuft die Schwarzgalle (Gallensäure) über, was zur Verstimmung führt:

»Der Mensch aber, bei dem die Galle größere Kräfte als die Schwarzgalle hat, kann den Zorn in sich leicht bändigen. Jener, bei dem die Schwarzgalle stärker ist als die Galle, wird leicht zum Zorn gereizt. Wie aus gutem Wein starker und scharfer Weinessig wird, so wird die Galle von guten und wohlschmeckenden Mahlzeiten angeregt, während sie durch schlechte Speisen abnimmt. Die Schwarzgalle aber nimmt von guten und wohlschmeckenden Speisen ab, dagegen von schlechten, bitteren, unsauberen und schlecht zubereiteten Speisen zu. Ebenfalls durch verschiedene Säfte bei verschiedenen Krankheiten nimmt die Schwarzgalle zu.«

Wird die Schwarzgalle (Gallensäure) nicht neutralisiert, bricht der Mensch in Zorn aus. Der harmlose rote Zorn wird durch die Galle angeregt:

»Wer aber im Zorn rot im Gesicht wird, dessen Blut kocht von der Galle und wird so zum Gesicht geleitet. Ein solcher Mensch wird plötzlich und heftig zum Zorn erregt, aber sein Zorn legt sich bald wieder, wie eine heftige Glut, die rasch erlischt. Daher erfährt er von diesem Zornanfall keinen großen Nachteil.«

Schlimmer und heimtückischer ist schon der weiße Zorn:

»Wer aber zum Zorn erregt wird, daß er blaß im Gesicht wird, dessen Zorn entsteht aus der Schwarzgalle, die zwar das Blut nicht weiter erregt, wohl aber seine Säfte verdreht.

Dadurch wird der Mensch abgekühlt, und seine Kräfte nehmen ab und werden schlapp. Inzwischen aber erhebt sich in ihm der böse Vorsatz, sich gründlich zu rächen, und dieser hält lange an.«

Durch Fehlernährung, falsche Lebensweise, Entzündungen der Gallenwege und erbliche und hormonelle Einflüsse können sich Gallensteine bilden (fast jeder zweite Mensch hat Gallensteine), die zu unangenehmen Gallenkoliken, Schmerzen, Gallenstau und Leberschäden führen können. Daher ist es das höchste Ziel, alle Schwarzgalle (Gallensäure)neutralisierenden Heilmittel der Hildegard-Medizin einzusetzen.

An erster Stelle ist da der Dinkel zu nennen mit seinem hohen Gehalt an Neurotransmittern (Tryptophan, Phenylalanin), die von großer Bedeutung für den Nervenstoffwechsel sind. Darüber hinaus enthält der Dinkel wertvolle Faser- und Quellstoffe (Lignin, Zellulose, Pektine), die in der Lage sind, überschüssige Schwarzgalle (Gallensäure), Cholesterin und Salze zu binden, sodass sich die Cholesterin-Gallensteine entweder gar nicht erst bilden oder wenigstens nicht vergrößern.

Ganz besonders wirksam ist auch die Wermut-Frühjahrskur, um Störungen der unruhigen Gallenblase zu bereinigen. Zur Therapie mit Wermut-Bitterstoffen schreibt der Nestor der Deutschen Phytotherapie, Professor Dr. R. F. Weiß:

»Es ist eine alte Erfahrungstatsache, daß hartnäckige Magenbeschwerden, die sonst auf kein Mittel mehr recht ansprechen wollen, durch eine kurmäßige Behandlung mit Wermut noch zu beheben sind.«

Da die Wermut-Frühjahrskur die Durchblutung verbessert (den Magen wärmt), werden starke Blähungen als Folge einer schlechten Verdauung beseitigt. Beim Zustandekommen von übermäßigen Blähungen im Oberbauch spielen die Blutversorgung der Abdominalorgane eine wesentliche Rolle, da sie die Folge einer Sklerose der Blutgefäße im Dünndarm sind. Die Hauptursache ist eine ungenügende Resorption von Darmgasen, wie es im Roemheld-Syndrom mit aufgetriebenem Magen, Völlegefühl, Druck, Aufstoßen und Druck auf Herz oder Gallenblase beobachtet wird. Durch die Beseitigung des Druckes mit dem Wermut-Elixier werden die Herzkranzgefäße entlastet.

Wermut ist eines der besten Mittel, um die Funktionsstörungen im oberen Dünndarm (Dyskinesien) mit Störungen der Gallenwege (unruhige Gallenblase) und der Bauchspeicheldrüse (Pankreatitis) zu beseitigen, ohne eine zu starke Cholesere (Gallenfluss) anzuregen. Gerade der Wermut, schreibt Weiß, ist eines der besten Beispiele dafür, dass die anerkannt gute Wirkung eines Gallenmittels durchaus nicht unbedingt mit der Stärke der choleretischen (vermehrter Abfluss bereits gebildeter Galle, gallenfördernd) und cholekinetische Wirkung (verstärkte Produktion von Galle, gallentreibend) einhergehen muss, denn in dieser Wirkung wird der Wermut von Pfefferminze und anderen Stoffen übertroffen.

Hinter dieser Funktionseinheit verbergen sich auch oft schwer zu behandelnde Magenbeschwerden, ganz gleichgültig, ob es sich lediglich um chronische Entzündungen der Gallenblase (Cholezystitiden), Gallensteine oder Pankreatitis (Bauchspeicheldrüsenentzündung) handelt. Hauptziel der Therapie muss immer eine Beruhigung der gesamten Funktionseinheit sein, denn nur die ›unruhige Gallenblase‹ oder akute Pankreatitis macht Beschwerden.

Man wird den Wermut nicht als Monotherapie zur Beseitigung einer schweren, akuten Gallenkolik verabreichen, obwohl es unzählig viele Gallenkranke gibt, die mit Recht die Regulierung der Galle mit Wermut-Elixier loben. Das Hauptziel ist dabei immer die Beruhigung des gesamten Gallenwegsystems, denn nur die ›unruhige Gallenblase‹ macht Beschwerden, ob mit oder ohne Stein ist nicht von Belang.

Zur Vorbeugung und Behandlung von Gallenleiden und Gallensteinen hat sich das Gesamtkonzept aus der Hildegard-Heilkunde bewährt, wobei erst alle Schritte zusammen in die richtige Richtung führen.

## Therapieplan

1. Hildegard-Fasten.
2. Hildegard-Psychotherapie, besonders die Beseitigung und Regulation von Kummer, Sorge, Frust und Stress durch eine harmonische Lebensführung unter Berücksichtigung des rechten Maßes an Arbeit und Entspannung, Geselligkeit und Alleinsein, Gebet und Meditation, Ruhe und Bewegung.
3. Hildegardischer Aderlass zur Beseitigung von Schwarzgalle und gallensteinbildenden Substanzen wie Cholesterin und Gallensäuren.
4. Hildegard-Aufbaukur mit Dinkel, Obst und Gemüse.
5. Darmsanierung, da ein zu starker Gallensäurefluss fast immer die Darmflora zerstört.
6. Bewegungstherapie mit Tanzen, Gymnastik, Wandern, Radfahren, Schwimmen zur Anregung des Gesamtstoffwechsels.
7. Hildegard-Heilmittel

*Große Therapie*
Beseitigung und Neutralisierung von Schwarzgalle durch gelöschten Wein (1 Glas Wein bis zur Blasenbildung [1 Minute] aufkochen, mit 1 Likörglas kaltem Wasser löschen und warm schluckweise trinken).

»Wenn ein Mensch zum Zorn oder zur Traurigkeit gereizt wird, soll er sogleich über dem Feuer einen Wein heiß machen und mit etwas kaltem Wasser mischen und trinken. So wird der Melancholiestoff beseitigt, welcher in ihm als Zornreizstoff entstanden war.«

Chalzedon-Armband, -kette; ein schönes Hildegard-Essen; Antimelancholika (frohmachende Heilmittel).

***Antimelancholika sind***

| | |
|---|---|
| Dinkel | täglich morgens Habermus oder Dinkelflocken-frühstück |
| Flohsamen | dreimal täglich 1 EL übers Essen streuen, viel trinken |
| Bertram | 2–3 Messerspitzen als Gewürz mitkochen |
| Nervenkekse (Energiekekse) | täglich 3–5 mit gehackten Mandeln |
| Mandeln | täglich 5–10 kauen |
| Haferflocken | Porridge, Haferbrei |
| Fenchel | dreimal täglich 3–5 Fencheltabletten vor dem Essen, Fencheltee |
| Bohnenkraut | 2–3 Messerspitzen als Gewürz mitkochen |
| Rosenlakritzsaft | 1–3 mal täglich $^1/_2$ TL für 4 Wochen |
| Ysop | frische Blätter oder 2–3 Messerspitzen Ysoppulver als Gewürz mit Hühnchen kochen |
| Kubebenpfeffer | 3–5 Stücke täglich kauen oder als Gewürz über das Essen streuen |
| Gelöschter Wein | ein bis mehrmals täglich 1 Glas gelöschter Wein |
| Fenchelsaft | ein- bis dreimal täglich Stirn, Schläfen, Brust und Magengrube [Sonnengeflecht] einreiben |
| Aronstab-Elixier | täglich 1–3 Likörgläser bei echten Depressionen |
| Weinraute | eine Tablette nach dem Essen kauen |
| Veilchenelixier | täglich $^1/_2$ Tasse trinken, 4–6 Wochen lang |

## Bei Gallenkoliken

- Jaspisscheibe auf den Schmerzpunkt auflegen
- Galgant-Tabletten gleich am Anfang einnehmen, damit sich gar keine Kolik einstellt
- Leinsamen-Leinen-Umschläge
- Rosen-Olivenöl- Massage

### Bei Gallenleiden und Gallensteinen sind zu empfehlen

- Dinkel, Edelkastanien, Obst und Gemüse, alle klaren oder gebundenen Suppen, Cremesuppen, weißen Saucen mit jeder Art von zartem, jungem Gemüse (Fenchel, Sellerie, Karotten, Spargeln, Teltower Rübchen) und Küchenkräutern.
- Geringe Mengen Butter, nie gebraten und kaltgepresstes Sonnenblumenöl.
- Hildegardisierter zarter Kopfsalat mit wenig Öl und Zitrone angemacht.
- Zartes, junges Fleisch, leicht gegrillt oder gekocht, mageres Geflügel (ohne Haut).
- Fettarme Frischfische (Barsch, Hecht, Zander, Felchen, gegrillt, gekocht)
- Fettarme Käse, Frischkäse, Hüttenkäse, Gervais.
- Kompott, Joghurt mit Früchten, Obstsalat, Obstcremespeisen.
- Fencheltee, Dinkelkaffee, durchgegorener Most, Apfelsaft, Traubensaft, Orangensaft, Dinkelbier, hildegardisierter Rotwein (mit Wasser verdünnt oder mit etwas eingetunktem Brot).

### Bei Gallenleiden und Gallensteinen sind zu meiden

- Kohl, Hülsenfrüchte (Erbsen, Linsen, Bohnen, außer grüne), Bratkartoffeln, Pommes frites, Kartoffelsalat, -puffer, -klöße, Gurkensalat, Selleriesalat, Heringssalat, italienischer Salat, gebratene Zwiebeln.
- Margarine, Gebratenes, fettes Fleisch, Rostbraten, Gänsebraten, Gulasch, Buletten, Pökelfleisch, Königsberger Klopse, Wurst, Schinken, Speck, Gänseleberpastete, Räucherwaren, Bratensaucen.
- Fette Fische, Aal, Salm, Lachs, Ölsardinen, Hummer, Krebse, Räucherfische (Heringe, Bücklinge).
- Raffinadezucker, Schokolade, Konfitüren, Buttercremespeisen.
- Schlagsahne, Tierfette, Mayonnaise, würzige, pikante oder alte Käse, Schweine- oder Gänseschmalz, harte Eier, pikante Eierspeisen.

- Frisches Brot, Schwarzbrot, frische Brötchen, frisches Hefegebäck, Blätterteig, Torten.
- Weizenfeinmehl-, Auszugsmehlgebäck.
- Kaffee, Alkohol, Nikotin, kohlensäurehaltige Getränke, heiße oder kalte Schokolade.
- Konserven, Konservierungsmittel.
- Obstkerne und -schalen, Beerenobst, Pflaumen, Pfirsiche, Erdbeeren, Lauch, Weintrauben.
- Extreme wie zu heiße, zu kalte, zu süße, zu saure, zu stark gewürzte, geräucherte, gepökelte und geröstete Speisen.

***Tagesmenü bei Gallenerkrankungen***

| | |
|---|---|
| morgens | Habermus |
| | Fencheltee |
| mittags | Fenchelcremesuppe |
| | Huhn in Riesling mit Ysop |
| | Kopfsalat mit Dinkel |
| abends | Apfelauflauf mit Dinkelzwieback, |
| | vegetarische Brotaufstriche |

# Vorbeugung und Behandlung von Hauterkrankungen

*Ekzeme, Neurodermitis, Allergien, Schuppenflechte*

Nirgendwo werden Ernährungsfehler (›Küchengifte‹, Rohkost), seelische, körperliche und geistige Überbeanspruchung, Aggressionen, Frustrationen und Überempfindlichkeiten dermaßen sichtbar wie auf der Haut. (›Er ist aus der Haut gefahren.‹) Mit der Zunahme von gentechnisch und chemisch verdorbenen Lebensmitteln wird die Situation immer problematischer (Nahrungsmittelallergien). Die einzigen unverseuchten und reinen Lebensmittel sind Dinkel und Edelkastanien, die ohne künstliche Dünger und Chemie in luftiger Höhe prächtig gedeihen. Daher ist die Hauttherapie mit der Dinkel-Obst-Gemüse-Diät auch so erfolgreich.

Hautkrankheiten sind normalerweise kein ›schicksalhafter Absturz‹, sondern die Folge einer ungesunden Ernährungs- und Lebensweise, die sich auf der Haut widerspiegelt. Zielorgan ist zunächst Magen und Darm mit einer gestörten Darmflora. Ohne eine Darmsanierung und einer ganzheitlichen Änderung von Ernährung und Lebensstil ist eine Heilung der Haut unmöglich. Alles andere ist ›Kratzen an der Oberfläche‹ und führt zur Unheilbarkeit.

Eine Hauttherapie kann daher nur erfolgreich sein, wenn die auslösenden ernährungsbedingten und seelischen Ursachen beseitigt werden. Hildegard beschreibt in ihrer Psychotherapie 35 seelische Konflikte, die sich auf der Haut widerspiegeln können, und teilt die Haut in fünf große Segmente, denen fünf Problemkreise zugeordnet sind:

| | |
|---|---|
| Kopf bis Schulter (Risikofaktoren 1–7) | Die fünf Sinnesorgane einschließlich Haut und Nerven |
| Schulter bis Hüfte (Risikofaktoren 8–15) | Magen-Darmfunktion |
| Hüfte bis Oberschenkel (Risikofaktoren 16–22) | Unterleibsorgane |
| Knie bis Waden (Risikofaktoren 23–30) | Sexualorgane |
| Füße (Risikofaktoren 31–35) | Übergeordnete Probleme der Lebensführung |

## Therapieplan Hauterkrankungen

1. Hildegard-Fasten.
2. Hildegard-Psychotherapie: Ganz speziell kann die Transformation der Frustration und Resignation (Risikofaktor Nr. 5) in eine Siegerhaltung die Heilung voran bringen. Das ist aber nur möglich, wenn der Patient ›königlich‹ beraten wird und Heilmittel und Methoden in die Hand bekommt, mit denen er siegen kann! Solange der Hautpatient nicht selber von seiner Heilung überzeugt ist, ist ein Erfolg so gut wie ausgeschlossen.
3. Hildegard-Aufbaukur, Dinkelküche.
4. Hildegardischer Aderlass zur Ausschüttung von körpereigenem Reparaturhormon Kortisol.
5. Aktivierung des Gesamtstoffwechsels durch Bewegung, Tanz, Sport, Wandern, reichlich Schlaf, gute Bücher, Musik und kreative Hobbys.
6. Hildegard-Heilmittel:
   - Große Hautkur mit Buchsbaumsaft
     ***Rezept: Buchsbaumsaft***
     10 ml Buchsbaumsaft Urtinktur
     30 ml Rosenlakritzsaft
     250 ml Wein

1 Minute aufkochen, steril abfüllen. 3 x täglich 1 Likörglas (20 ml) vor dem Essen.
Danach äußerlich Buchsbaumsaft / Olivenöl.
***Rezept: Buchsbaumsaft / Olivenöl***
10 ml Buchsbaumsaft
40 ml Olivenöl
Hautstellen vorsichtig abtupfen.

- Veilchencreme bei Geschwüren, trockener Haut, Ekzemen, Lymphknoten, Basaliomen, Narben, Wundbehandlung, Knoten, Zysten, Krebs, Mastopathie, Schwellungen, Überbein, Kopfschmerzen.
- Veilchenöl bei Fibrom, Lipom, Ekzem, Überbein, Augenlid-Ekzem
- Flohsamen-Wein innerlich: bei Hautausschlägen, Neurodermitis, Schleimhautentzündungen, Gastritis, Colitis
  ***Rezept: Flohsamen-Wein***
  3 EL Flohsamen
  750 ml Biowein
  3 Minuten kräftig aufkochen, absieben und steril abfüllen.
  3 x täglich 1 Likörglas vor dem Essen.
- Leinsamenpackung äußerlich: bei Hautausschlägen, Neurodermitis, Verbrennungen, Wundheilungen, Psoriasis
  ***Rezept: Leinsamenpackung***
  3 EL Leinsamen
  1 l Wasser
  3 Minuten kräftig aufkochen, durch ein steriles Leintuch sieben, die Schleimschicht direkt auf die betroffenen Hautstellen, 30 Minuten bis 1 Stunde als Kompresse liegen lassen.
- Eisenkraut-Kompresse: zur Eröffnung von Geschwüren, Abszessen und Furunkeln, Lymphdrüsenschwellung
- Schafgarbenblüten- und Schafgarbenblätter-Kompresse: zur Wundheilung, bei infizierten Wunden, Wundheilungsstörungen
- Schafgarbentee und -pulver innerlich: zur Verhütung von Sepsis, Operationsvorbereitung, inneren Blutungen, Schutz vor Bestrahlungen

***Rezept: Schafgarbentee und -pulver***
1 TL Schafgarbentee
1 Tasse kochendes Wasser
3 Minuten ziehen lassen mit 3 Messerspitzen Schafgarbenpulver verstärken
Täglich einmal, 3 Tage vor jeder Operation und 10 Tage danach, zur erstklassigen Wundheilung.

- Maulbeerblätter-Packung: bei Psoriasis, Wundheilungsstörungen, Hautausschlägen.
- Olivenöl mit Rosenöl: Schmerzbeseitigung, Juckreiz, Wundheilung.
- Quendel-Rote-Bete-Gemüse: Basiskost bei allen Hautausschlägen, zur Durchblutung der Haut.
- Speisemohn mit Apfelschnitzen: gegen Juckreiz, täglich 1–3 TL Mohn über Apfelkompott.
- Voraussetzung für jede erfolgreiche Wundheilung ist das Absetzen von Kortison, Antibiotika und überflüssigen Arzneimitteln.

**Bei Hauterkrankungen und Allergien sind zu empfehlen**

- Dinkel, Obst und Gemüse
- Frischfisch (Barsch, Hecht)
- Geringe Mengen Butter, Sahne, kaltgepresstes Sonnenblumenöl
- Täglich Kopfsalat mit Dinkel
- Salzarme Ernährung mit frischen Kräutern und Gewürzen, vor allem Mutterkümmel und Quendel
- Buttermilch, Sauermilchprodukte, Frischquark, Hüttenkäse
- Fenchel- und Salbeitee, Dinkelkaffee, Dinkelbier.

**Bei Hauterkrankungen und Allergien sind zu meiden**

- Fettes Fleisch, Wurst, Speck, Schinken, Schweinefleisch, gepökeltes Fleisch und Fleischkonserven
- Geräucherte Fische, Ölsardinen, Aal, Bückling, Fischkonserven

- Raffinadezucker, Schokolade, Zuckeraustauschstoffe (Cylanat, Sorbit)
- Vollraffinierte Fette und Öle, Margarine, Backfette
- Weizenmehlprodukte
- Kaffee, Alkohol, Nikotin
- Gezuckerte Limonaden, Cola, Mineralwasser
- ›Küchengifte‹, Nachtschattengewächse (Kartoffeln, Paprika, Tomaten)
- Zu viele und zu scharfe Gewürze, Pfeffer, Tomatenketchup
- Konserven und Konservierungsmittel, künstliche Süßstoffe (zerstören die Darmflora).

***Speiseplan bei Hautleiden***

| | | |
|---|---|---|
| Montag | morgens | Habermus oder Porridge |
| | mittags | Gemüsesuppe, gedünstete Fenchelhälften und Karotten an Quendelsoße, Dinkelkernrisotto, grüner Salat, Mohnstrudel |
| | abends | Rote-Bete-Apfelsalat, vegetarische Brotaufstrich |
| Dienstag | morgens | Habermus oder Porridge |
| | mittags | Klare Hühnerbrühe mit Ysop und Gemüsestreifen, Grießklößchen mit Quendelsoße, Bohnen, Pastinaken, grüner Salat mit Dinkelkörnern, Zitronencreme |
| | abends | Suppe, Fenchel-Orangen-Mandelsalat, Maroni-Aufstrich |
| Mittwoch | morgens | Habermus oder Porridge |
| | mittags | Maronisuppe, bunter Gemüseauflauf, Kopfsalat mit Dinkel, Rote Grütze |
| | abends | (Suppe), Gemüse-Nudelsalat |
| Donnerstag | morgens | Habermus oder Porridge |
| | mittags | Karottencremesuppe, Kichererbsen-Bratlinge, Gemüseplatte, Kopfsalat mit Dinkel, Sauerkirsch-Kompott |

| | | |
|---|---|---|
| | abends | Suppe, mariniertes Gemüse, Knoblauch-Toasts |
| Freitag | morgens | Habermus oder Porridge |
| | mittags | Dinkelschrotsuppe, Fischfilets an Dinkelnudeln mit Gemüse und Weinsauce, grüner Salat mit Körnern, Bratapfel mit Zimt und Mandeln |
| | abends | Apfel-Zwieback-Auflauf an Rotweinsauce |
| Samstag | morgens | Habermus oder Porridge |
| | mittags | Kürbiscremesuppe, bunte Dinkelspaghetti an Knoblauchsauce mit Karotten-Sellerie-Gemüse, Salat, Maronikuchen |
| | abends | Rote-Bete-Timbale mit Butterbrot und grünem Salat |
| Sonntag | morgens | Habermus oder Porridge |
| | mittags | Dinkelgrießsuppe mit Quendelgewürz, Rehragout mit Dinkelknödel und grünem Salat, Mohnkuchen |
| | abends | Gemüsehörnchen mit grünem Salat |

# Vorbeugung und Behandlung von Herz-Kreislauf-Erkrankungen

*Koronare Herzkrankheiten, Angina-pectoris-Anfälle, Herzschmerzen, Arteriosklerose, Zerebralsklerose, Herzinsuffizienz, Herz-Kreislauf-Schwäche*

Angina pectoris ist keine eigentliche Krankheit, sondern ein Symptom, das durch verschiedene Risikofaktoren ausgelöst wird. Dazu gehören: Arteriosklerose, Bluthochdruck, hoher Blutfettspiegel, Übergewicht, Diabetes mellitus, psychische und körperliche Überbelastung, atmosphärische Einflüsse wie Föhn und Kaltwetterfronten, Reizüberflutung und Genussmittel wie Alkohol, Kaffee und Nikotin.

Aus der Sicht der Hildegard-Medizin gibt es für Herz-Kreislauf-Erkrankungen drei fundamentale Ursachen:

- Die Krankheit ist durch Vererbung bedingt. Die Patienten stammen aus so genannten ›Herzfamilien‹.
- Die Krankheit hat seelische Ursachen: 35 seelischen Risikofaktoren, die das Herz belasten, und 35 spirituelle Herzheilmittel für das Herz.
- Die Krankheit ist durch falsche Ernährung verursacht worden: zu viel und zu fettes Essen, ›Küchengifte‹, Rohkost und Ernährungsfehler.

Obwohl die Arteriosklerose als häufigste Todesursache in der westlichen Welt seit über vierzig Jahren nach einem bestimmten Therapieplan behandelt wird, hat sich die Zahl der Todesfälle durch Herzinfarkt in dieser Zeit um das 20- bis 30-fache erhöht. Das liegt daran, dass die wahren, nämlich seelischen und ernährungsbedingten Ursachen der Herzkrankheiten nicht berücksichtigt werden. Die Risikofaktoren, die Arteriosklerose auslösen, müssen vermieden und durch eine entsprechende Lebensführung und Ernährung kompensiert werden. Besonders durch den Margarineverbrauch und die darin enthaltenen Transfettsäuren ist die Herzinfarkt- und Schlaganfallrate dramatisch gestiegen.

Hildegard beschreibt in ihrer Psychotherapie 35 seelische Konflikte, die das Herz belasten können, und empfiehlt interessanterweise auch 35 seelische Heilmittel für das Herz. In der Zwischenzeit liegen auch wissenschaftliche Forschungsergebnisse vor, die die engeren Zusammenhänge von Ernährungsweise und Herzinfarktrate offen legen. Danach ist Arteriosklerose nicht nur, wie bisher angenommen, die Folge einer Fettstoffwechselstörung (zu hohe Cholesterin- und Triglycerid-Serumspiegel), sondern wird vor allem durch eine permanente Überernährung mit tierischem Eiweiß und Milcheiweiß hervorgerufen.

## Therapieplan Herz-Kreislauf-Erkrankungen

1. Hildegard-Fasten und Hildegard-Psychotherapie unter Berücksichtigung aller seelischen Risikofaktoren.
2. Hildegard-Aderlass nach dem Fasten: Die arteriosklerotischen Eiweißspeicher in Bindegewebe und in den Gefäßen entleeren sich, das Blut kann wieder besser fließen (Hämatokritwert sinkt), Herz und Gehirn werden besser durchblutet.
3. Hildegard-Aufbaukur mit herzschützender Kost aus Dinkel, Obst und Gemüse
4. Anregung des Gesamtstoffwechsels durch Bewegung, Tanz, Wandern, Schwimmen.
5. Einsatz aller 35 Hildegard-Herzmittel:
   - Griechenkleepillen, Fencheltrank und Griechenklee-Gewürzmischung: Große Herzkur bei allen organischen Herzleiden, zur Rehabilitation nach Herzinfarkt
   - Petersilien-Honigwein verstärkt mit Weißdorntropfen (Crataegutt forte)
   - Galgant-Tabletten 0,1 und 0,2 g (Jura): Bei Herzschmerz, -schwindel, -schwäche, Angina-pectoris-Anfällen, Vorbeugung von Herzinfarkt und Schlaganfall
   - Jaspisscheibe bei Herzrasen und Herzrhythmusstörungen
   - Diptampulver: beseitigt Stenosen und Ablagerungen in den Gefäßen
   - Wermut-Trank: Verhütung und Beseitigung von Arteriosklerose
   - Edelkastanien, roh: bei Endokarditis und Herzschwäche

- Edelpelargonien-Mischpulver: »bestes Mittel zur Beseitigung von Herzschmerzen«, besonders vor und nach Grippe-Virus-Infektion
- Fenchelmischpulver ›Sivesan‹: Universalheilmittel für Gesunde und Kranke, Schutz vor Thrombose- und Emboliegefahr, Angina pectoris, Managerleiden, Herzinfarktprophylaxe
- Energie- oder Nervenkekse: »beseitigen alle Bitternis aus deinem Herzen, machen leistungsfähig und stark.«

### Bei Herz-Kreislauf-Erkrankungen sind zu empfehlen

- Vegetarische Küche mit Dinkel, Edelkastanien, Obst und Gemüse.
- Kaltgepresstes Sonnenblumenöl, wenig Butter und Sahne.
- Salzarme Küche mit frischen Kräutern und Gewürzen (Galgant, Enzian, Bertram, Knoblauch, Muskat).
- Fencheltee, Dinkelkaffee, Dinkelbier, ›gelöschter Wein‹ und Rotwein, Johannisbeersaft, durchgegorener Apfelmost.

### Bei Herz-Kreislauf-Erkrankungen sind zu meiden

- Margarine, fettes Fleisch, Wurst, Speck, Schweinefleisch, geräuchertes, gepökeltes Fleisch, Fleischkonserven
- Geräucherte Fische, Ölsardinen, Aal, Bückling, Fischkonserven
- Raffinadezucker, Schokolade, Eisspeisen, zucker- und fettreiche Süßspeisen, Konfitüre außer Quitten-, Mispel-, Kornelkirsch-, Himbeer-, Brombeermarmelade
- Vollraffinierte, gehärtete Fette, Braten- und Backfette
- Auszugsmehlprodukte, fette Backwaren (Torten)
- Kaffee, Alkohol, Nikotin
- Gesüßte Obstsäfte, Cola-Getränke, Spirituosen und Mineralwasser
- ›Küchengifte‹ (Erdbeeren, Pfirsiche, Pflaumen, Lauch) und Rohkost

- Konserven und Konservierungsmittel
- überflüssige chemische Arzneimittel, die Herzinfarkt, Schlaganfall und ähnliche Dinge auslösen können. Lesen Sie den Beipackzettel und vergiften Sie sich nicht unnötig!

***Tagesmenü bei Herz-Kreislauf-Erkrankungen***

| | |
|---|---|
| morgens | Habermus und Dinkelkaffee |
| mittags | Dinkelgrießsuppe mit Enzian |
| | Lammgulasch mit Edelkastaniengemüse |
| | Kopfsalat mit Dinkel |
| abends | Rote Bete mit Meerrettich, |
| | vegetarische Brotaufstriche |

# Vorbeugung und Behandlung von Lebererkrankungen

Zu den Lebererkrankungen gehören:

- Ikterus simplex (nichtinfektiöse Gelbsucht oder durch Ernährungsfehler hervorgerufene Gelbsucht).
- Leberzellschädigung (Vergiftung, Hepatitis, Leberzirrhose).
- Verschluss-Ikterus intrahepatisch (Virushepatitis, Alkoholfettleber).
- Verschluss-Ikterus extrahepatisch (Gallensteine, Tumor).
- Virushepatitis A: Lebensmittelinfektion.
- Virushepatitis B: Spritzenhepatitis, Geschlechtsverkehrinfektion.
- Virushepatitis NonA-NonB: Posttransfusionshepatitis, und weitere Hepatitis-Virusinfektionen
- Fettleber (Alkohol, Arzneimittelvergiftung, Überernährung).
- Leberzirrhose (Alkohol, Hepatitis).

Leberleiden haben oft ihre Ursache in einer maßlosen Lebensweise: zu viel Essen, zu viel Trinken, zu viele Drogen, zu viel Trauer, Ärger, Zorn, Frustration und zu viele Emotionen.

»Nimmt man ohne Maß und Verzicht alle Speisen zu sich, dann kann durch einige dieser (giftigen) Säfte die Leber geschädigt und verbreitert werden. Dadurch wird ihr heilsamer Saft, den sie wie eine Salbe in alle Organe senden muß, zerstört, und es entstehen dadurch irgendwo im Körper Geschwülste (Tumore).«

Wenn die Leber von zu vielen Giften und Schlackenstoffen, Viren- und Bakterientoxinen, Alkohol und Drogen überschwemmt wird, kann das den Leberfilter verstopfen (Stauungsleber) und die Leber anschwellen lassen (Fettleber) oder sogar zerstören. Eine erfolgreiche Lebertherapie nach Hildegard muss daher eine vernünftige Lebensweise, die von Hildegard beschriebene Leberdiät, die Einnahme von Maulbeerwein und die Ausschaltung aller krankheitsauslösenden Ursachen berücksichtigen:

»Der Leber-Leidende soll als Getränk oft Maulbeerwein (moretum) trinken, weil das Leberleiden oftmals von einem Überfluß an Blut entsteht, den die Wärme und der Saft des Maulbeerweins beruhigt, weil er gewissermaßen dem Blute artverwandt ist ... Jede Speise, die er genießt, soll er mit etwas Weinessig temperiert verzehren, weil Wärme und Schärfe des Essigs die Leber zusammenziehen.«

## Therapieplan Lebererkrankungen

1. Hildegard-Fasten.
2. Hildegard-Psychotherapie, insbesondere die Kunst des rechten Maßes.
3. »Vor allem«, schreibt Hildegard, »liebe der Mensch das rechte Maß beim Essen und Trinken.« D. h. nicht zu heiß, nicht zu kalt, nicht zu süß, nicht zu sauer, keine Bratenfette, nichts Fettgebackenes, kein Alkohol, kein Nikotin, kein Koffein, keine Schokolade.
4. Hildegard-Aderlass ein- bis zweimal jährlich zur Normalisierung der erhöhten Leberenzymwerte:
   GGT erhöht bei: Alkoholmissbrauch, Fett und Metastasenleber, toxische Leberschäden, Gallenerkrankungen.
   GOT erhöht bei: akuter und chronischer Hepatitis, Leberzirrhose, Herzinfarkt.
   GPT erhöht bei: allen akuten und chronischen Lebererkrankungen, besonders akute Hepatitis, Virusinfektion.
5. Hildegard-Aufbaukur mit Dinkel, Obst und Gemüse, insbesondere Edelkastanien.
6. Hildegard-Heilmittel:
   - **Edelkastanienhonig:** Universalheilmittel bei allen Leberleiden, erhöhte Leberenzymwert
     ***Rezept: Edelkastanienhonig***
     3 EL Edelkastanienmehl mit
     100 g erwärmtem und abgeschäumtem Honig mischen und 2mal täglich 1 TL vormittags und nachmittags pur, auf Brot oder in Dinkelkaffee.

Edelkastanien haben sich als Stärkungsmittel und Leberreinigungsmittel bei allen inneren Krankheiten bewährt, ob es sich jetzt um Leberzirrhose, Leberkrebs, Abwehrschwäche oder sogar um AIDS handelt, wo man täglich Edelkastanienhonig oder gekochte Edelkastanien als Beilage zum Essen einsetzen kann.

- **Hirschzungen-Elixier** bei allen Leberleiden, Eingeweideleiden, Eierstocks- und Unterleibsleiden, Bauchspeicheldrüsenfunktionsstörungen sowie Hormonregulationsstörungen.

  ***Rezept: Hirschzungen-Elixier***
  6 g Hirschzungenfarnpulver
  100 g abgeschäumter Honig
  20 g Zimtrinde
  5 g langer Pfeffer
  1 l Weißwein
  Hirschzungenfarn in Wein kochen, Honig hinzufügen, ein zweites Mal aufkochen, mit Pfeffer und Zimt ein drittes Mal aufkochen. Absieben, kurmäßig in der ersten Woche 3-mal täglich 1 Likörglas nach dem Essen, anschließend für 6–8 Wochen vor und nach dem Essen einnehmen.
- **Ysop-Elixier**: Große Leberkur, Lungen-Leber-Syndrom, insbesondere bei Belastung der Leber bei umweltgiftbedingter Schlaflosigkeit.

  ***Rezept: Ysop-Elixier***
  10 g Süßholz
  10 g Zimt
  40 g Ysop
  50 g Fenchel
  150 g Honig
  2 l Wasser oder Wein
  Die Kräutermischung 5 Minuten lang kräftig abkochen, absieben und in Flaschen abfüllen. Bei starken Leber- oder Lungenleiden täglich für 9 Tage morgens nach dem Frühstück ein wenig (1 Likörglas) und nachts vor dem Schlafengehen reichlich (2 Likörgläser). Bei schwachen Leiden genügt die Einnahme für drei Tage.
- **Ysop-Hühnchen-Wein**: »Wenn die Leber des Menschen vor

Traurigkeit krank wird, so koche ... ein junges Hühnchen mit Ysop und esse sowohl den Ysop als auch dies Hühnchen oft ... Er esse aber auch häufig in Wein eingelegten Ysop, weil Ysop ihm nützlicher ist bei dieser Krankheit.«

- **Ringelblumentee, Ringelblumenwein:** bei allen Vergiftungen der Leber
  ***Rezept: Ringelblumentee***
  1 EL Ringelblumenblütenblätter
  250 ml Wasser
  1 Minute kräftig abkochen, Kräuter auf den Bauchnabel als Kompresse für eine halbe Stunde warm aufbinden und den Ringelblumentee warm schluckweise trinken. Anschließend nochmals das Gleiche, aber diesmal mit 250 ml Wein.
- **Lavendelwein** zur Reinigung der Leber.
  ***Rezept: Lavendelwein***
  3 EL Lavendelblüten (am besten Speik-Lavendel)
  1 l Wasser oder Wein
  3 Minuten kräftig aufkochen. Dreimal täglich 1–2 Likörgläser für 1–3 Monate.
- **Mandeln** (5–10 Mandelkerne täglich): »wer ein leeres Gehirn hat und eine schlechte Gesichtsfarbe und daher Kopfweh, der esse oft die Mandelfrüchte, und es füllt sein Gehirn und gibt ihm die richtige Farbe. Auch wer lungenkrank ist und einen Leberschaden hat, esse sie roh oder gekocht, und sie bringen der Lunge Kräfte, weil sie den Menschen in keiner Weise belasten oder austrocknen, sondern ihn stärken.«
- **Aloepulver:** Große Gelbsuchttherapie, nicht infektiöse Gelbsucht mit Juckreiz.
  ***Rezept: Aloe-Wasser***
  0,5 g Aloepulver mit einem Glas Wasser über Nacht stehen lassen, abgießen und das Wasser tagsüber trinken.
  3–4-mal wiederholen.
- **Diamantwasser oder -wein:** Einen Diamanten über Nacht in einer Wasser- oder Weinkaraffe stehen lassen und alles, was man zum Essen oder Trinken braucht, von diesem Diamantenwasser/-wein gebrauchen.

**Bei Leberleiden sind zu empfehlen**

- Dinkel, Obst und Gemüse, Edelkastanien, Bohnen.
  Die Speisen sollen gedämpft oder gegrillt und erst vor dem Genuss mit frischer Butter oder kaltgepresstem Sonnenblumenöl angerichtet werden. Jede Speise soll mit etwas Weinessig temperiert sein.
- Geringe Mengen Butter und kaltgepresstes Sonnenblumenöl.
- Täglich Kopfsalat mit Dinkel.
- Salzarme Küche mit frischen Kräutern und Gewürzen.
- Buttermilch, Sauermilch, Frischquark, Hüttenkäse.
- Maulbeerwein, Lavendeltee, Fencheltee, Benediktenkraut-Tee, Dinkelkaffee, Dinkelbier, Apfelmost, schwarzer Johannisbeersaft, Traubensaft.

**Bei Leberleiden sind zu meiden**

- Fettes Fleisch, Wurst, Speck, Schweinefleisch, geräuchertes, gepökeltes Fleisch, Fleischkonserven.
- Geräucherte Fische, Ölsardinen, Aal, Bückling, Fischkonserven.
- Raffinadezucker, Schokolade, Eisspeisen, zucker- und fettreiche Süßspeisen, Konfitüre außer Quitten-, Mispel-, Kornelkirschmarmelade.
- Vollraffinierte, gehärtete Fette, Margarine, Braten- und Backfette, Schlagsahne.
- Auszugsmehlprodukte, fette Backwaren (Torten).
- Kaffee, Alkohol, Nikotin.
- Gesüßte Obstsäfte, Cola-Getränke, Spirituosen und Mineralwasser.
- ›Küchengifte‹ (Erdbeeren, Pfirsiche, Pflaumen, Lauch) und Rohkost.
- Zu viele und zu scharfe Gewürze.
- Konserven, Konservierungsmittel.

***Tagesmenü bei Leberleiden***

| | |
|---|---|
| morgens | Habermus |
| mittags | Edelkastaniencremesuppe |
| | Hühncheneintopf mit Ysop |
| | Quittenkompott |
| abends | Dinkelbrot mit Gervais-Kräuterkäse |

# Vorbeugung und Behandlung von Lungenkrankheiten

*Bronchitis, Husten, Verschleimung, Atemnot, Pneumonie, Bronchialasthma, Herzasthma, cor-pulmonales Lungenemphysem, Lungenödem*

Das luftige Lungengewebe leidet am meisten unter einem Überfluss an schlechten Säften. Aus der Sicht der Hildegard-Medizin haben Lungenkrankheiten drei fundamentale Ursachen:

1. Vererbung: Patienten stammen aus so genannten ›Tuberkulose-Familien‹.
2. Seelische Risikofaktoren, besonders aus Mangel an spiritueller Energie aus der zweiten und dritten Gruppe.
3. Falsche Ernährung, Ernährungsfehler durch ›Küchengifte‹ und Rohkost, die die Lunge schlecht durchblutet und verschleimt.

Die Lunge kann darüber hinaus durch kalte Säfte (schlechte Durchblutung) in Mitleidenschaft gezogen werden. Diese Säfte entstehen bei einer Erkrankung der Leber und können zu einem Lungenstau (Brustenge) führen, wodurch die Lungendurchblutung erschwert ist und die rechte Herzhälfte mehr arbeiten muss. Dabei vergrößert es sich (Rechtsherz-Insuffizienz, cor-pulmonarer Rückstau im Lungenkreislauf). Daraus kann das so genannte Herzasthma mit seiner lebensgefährlichen nächtlichen Atemnot und der Kurzatmigkeit entstehen. Gefürchtet ist eine Superinfektion bei Bronchitis:

»Wenn Eiter im Lungenbereich liegenbleibt, dann wirft sie viel und eitrigen Schleim aus, sonst würde es schnell mit ihm zu Ende gehen, denn dieses Leiden ist nicht ungefährlich.«

Lungenleiden lassen sich daher nach der Hildegard-Medizin nur auskurieren, wenn man alle auslösenden Faktoren beseitigt, ganz besonders die Entziehung von Fehlsäften (Stoffwechselstörungen), die durch falsche Ernährung entstanden sind, berücksichtigt. Daher hilft Schröpfen und Aderlass sofort und effektiv bei allen Lungenleiden.

## Therapieplan Lungenkrankheiten

1. Hildegard-Fasten.
2. Hildegard-Psychotherapie.
3. Hildegard-Aderlass.
4. »Wer Schmerzen an einer Seite oder in der Lunge hat, soll an der Mitteleader *(Vena mediana cubiti)* zur Ader gelassen werden.«
5. Hildegard-Aufbaukur unter Berücksichtigung der Lungendiät: »Wer unter einer Lungenkrankheit leidet, soll vor allem fettes Fleisch meiden und jede Speise, die stark bluthaltig ist (Blutwurst). Ferner gekochten Käse (Käseauflauf, Käse-Pizza, Raclette, Fondue, Käsespätzle), weil alles dies im Lungenbereich einen besonders schlechten Schleim hervorruft. Auch Erbsen und Linsen soll er meiden, rohes Obst und rohes Gemüse soll er nicht essen. Auch keine Walnüsse. Olivenöl ist zu vermeiden. Will er Fleisch essen, soll es ein mageres Fleisch sein; und wenn er schon Käse essen will, soll dieser weder gekocht noch roh sein, sondern trockener Käse (Hüttenkäse); und wenn es schon Öl sein muß, soll er es auf ein Mindestmaß beschränken. Wasser soll er nicht trinken (kein Mineralwasser), weil es im Bereich der Lungen zu Schleim führt.«
6. Anregung des Gesamtstoffwechsels durch Atemtherapie z. B. Tanz, Bewegung, Wandern, Schwimmen, Radfahren.
7. Hildegard-Heilmittel:
   - Lungenkrauttee: Große Lungenkur bei Lungenemphysem. 1 TL Lungenkraut in 1 Tasse Wasser kochen. Morgens nüchtern sowie nach dem Mittagessen davon trinken.
   - Wacholder-Königskerzenelixier: bei Bronchial-Asthma
     ***Rezept: Wacholder-Königskerzenelixier***
     10 g Wacholderbeeren
     20 g Königskerzen
     30 g Bertrampulver
     1 l Biowein
     Alles miteinander 5 Minuten aufkochen, auf 10 g Alantwurzel gießen. Absieben und steril abfüllen. Dreimal täglich 1 Likörglas vor und nach dem Essen.
   - Schafslungensuppe: Notfallmittel bei Asthmaanfällen.

- Wermut-Frühjahrskur: Universal-Lungenmittel
- Hirschzungenelixier: Universal-Lungenmittel, heilt Leber und Lunge
- Ziegenmilch, Mandelkur: bei Heuschnupfen und Asthma, stärken die Lungen
- Rainfarnsuppe: bei Husten und chronischem Katarrh: Rainfarnpulver ohne Blüten in Dinkelgrießsuppe
- Pflaumenkerne: hartnäckiger Husten, Pseudokrupp
- Wermutöl: bei Husten 1–2 Tropfen auf dem Brustbein einmassieren
- Andorn-Königskerze-Fenchel-Dill-Wein: bei starker Virusgrippe
- Gundelrebenelixier (Fa. Jura): bei Lungenleiden, Bronchialkrebs, sehr hartnäckiger Husten

  ***Rezept: Gundelrebenelixier***

| | |
|---|---|
| 50 g Gundelrebe | 30 g Muskatnusspulver |
| 60 g Basilikumkraut | 10 g Galgantpulver |
| 80 g Kümmelkörner | 60 g Birnenmisteln gepulvert |
| 2 l Wasser | 4 l Wein |
| Abkochen und absieben. | 500 g Honig |
| | In Wein 5 Minuten aufkochen, abgeschäumten Honig dazugeben und nochmals aufkochen. |

  Beide Abkochungen mischen und steril abfüllen. Dreimal täglich 1 Likörglas vor und nach dem Essen.
- Brombeerelixier: bei starker Verschleimung, Mucolyse, Mucoviszidose

  ***Rezept: Brombeerelixier***

| | |
|---|---|
| 9 g Bertrampulver | 5 g Dostpulver |
| 10 g Brombeersaft | 10 g abgeschäumter Honig |
| 2 g Ysoppulver | |

  In 250 ml Weißwein 5 Minuten abkochen, dreimal täglich 1 Likörglas nach dem Essen.
- Veilchenelixier: bei Lungenleiden mit Depression.

### Bei Lungenleiden sind zu empfehlen

- Dinkel, Obst und Gemüse
- Mageres Geflügel, Kalb, Lamm, Ziegenfleisch, Reh, Hirsch, Schafslungensuppe, Ziegenmilch
- Frischer Barsch
- Kaltgepresstes Sonnenblumenöl, Butter
- Salzarme Küche mit frischen Kräutern (Rainfarn, Bachminze) und Gewürzen (Bertram)
- Fenchel-, Salbei-, Lungenkrauttee, Dinkelbier.

### Bei Lungenleiden sind zu meiden

- Fettes Fleisch, Wurst, Speck, Schweinefleisch, geräuchertes, gepökeltes Fleisch, Fleischkonserven, Blutwurst
- Geräucherte Fische, Ölsardinen, Aal, Bückling, Fischkonserven
- Raffinadezucker, Schokolade, Eisspeisen, zucker- und fettreiche Süßspeisen, Konfitüre außer Quitten-, Mispel-, Kornelkirsch-, Himbeer-, Brombeermarmelade
- Margarine, vollraffinierte, gehärtete Fette, Braten- und Backfette, Oliven-, Walnussöl
- Gekochter Käse, Käseauflauf, Pizza, Raclette, Fondue
- Auszugsmehlprodukte, fette Backwaren (Torten)
- Kaffee, Alkohol, Nikotin
- Gesüßte Obstsäfte, Cola-Getränke, Spirituosen, Mineralwasser, frischer Most, Wein
- ›Küchengifte‹ (Erdbeeren, Pfirsiche, Pflaumen, Lauch) und Rohkost.

***Tagesmenü bei Lungenleiden***

| | |
|---|---|
| morgens | Habermus |
| | Dinkelkaffee |
| mittags | Schafslungenhaschee |
| | Gedünsteter Rotbarsch mit Äpfeln und Fenchel |
| | Kopfsalat mit Dinkel |
| abends | Mailänder Bohnensuppe, vegetarische Brotaufstriche |

# Vorbeugung und Behandlung von Durchfallerkrankungen

*Durchfall, krampfartige Darmzustände, Colitis ulcerosa, Morbus Crohn, Zöliakie, Sprue*

Dinkel ist bei allen Durchfallerkrankungen zu 90% an der Heilung beteiligt. Während man mit der faserstoffreichen Dinkelganzkorn-Diät Verstopfungen beseitigen kann, ist eine stark mehlhaltige Dinkelkost bei Durchfall wirksam und stopfend. Bereits mit einem einfachen Dinkelmehlsüppchen mit Quendel lässt sich in vielen Fällen die Sommer-Diarrhoe oder ein Reisedurchfall infolge Lebensmittelvergiftung durch Salmonellen erfolgreich beseitigen.

Bei den hartnäckigen, chronischen Durchfallerkrankungen wie Colitis ulcerosa, Morbus Crohn usw. muss man schon viel mehr Geduld und Disziplin aufbringen. Aber auch hier heilt die konsequente Dinkelkost den kranken Darm in etwa sechs Monaten wieder aus. Die Dinkelkost wirkt entzündungshemmend, vermutlich ist diese Wirkung auf die Anwesenheit von Rhodanid im Dinkel zurückzuführen.

Dinkelkost hat sich auch bei der sonst unheilbaren Zöliakie, einer durch Weizengluten erzeugten schweren Stoffwechselkrankheit, bewährt. Die Patienten reagieren auf das im Weizen, Hafer, Roggen und in der Gerste vorkommende Klebereiweiß mit chronischem Durchfall, Vitamin- und Eisenmangel und Wachstumsstörungen, weil sich ihre Darmzotten zurückbilden. Sie verhungern buchstäblich beim Essen. Durch eine weizenglutenfreie Dinkel-Diät normalisiert sich die Darmflora und die entzündete Darmschleimhaut heilt aus.

Zu Beginn der Behandlung kann eine vorsichtige und langsame Ernährungsumstellung auf Dinkelkost mit Dinkelbrot und Dinkelkörnern (zunächst 1 EL weich gekochte Dinkelkörner wöchentlich, dann 2 EL und bei guter Verträglichkeit 3 EL in Kopfsalat) versucht werden. Die Patienten fühlen sich mit der Dinkelkost wohl, vorausgesetzt, dass man reinen Dinkel und weder mit

Weizen gekreuzten noch durch Chemie verunreinigten Dinkel verwendet: Der beste Beweis, dass Dinkel kein Weizen ist!

## Therapieplan bei Durchfallerkrankungen

1. Durchfall-Fasten nach Dr. Hertzka:
   - 1–2 Fastentage bei Fencheltee oder grünem Tee
   - Dünne Dinkelmehlsuppe mit Quendel, etwas gesalzen
   - Selbst präpariertes Durchfall-Ei aus Mutterkümmel-Gewürzmischung.

     Zuerst ein kleines Stück altes Dinkelweißbrot essen, danach einen mürbe gebackenen Durchfall-Ei-Pfannkuchen ohne Salz. In schweren Fällen auch 2–3 pro Tag.

     Bei gewöhnlichem Durchfall genügt es ein einziges Mal, bei Sommer-Diarrhoe 3–4 Tage lang. Am längsten braucht man das Durchfall-Ei bei der oft jahrelang bestehenden Colitis ulcerosa, wo es täglich je nach seelischer Belastung zu 6–10 und mehr ›Patzer-Stuhlgängen‹ kommen kann. Dann muss man wochen- und monatelang geduldig täglich Durchfall-Ei reichen, natürlich immer auch eine Dinkelweißmehlsuppe.

     Besonders bewährt hat sich der Durchfall-Ei-Pfannkuchen bei der Reisediarrhoe in tropischen Ländern. Das Mutterkümmel-Gewürzmischpulver sollte daher in keiner Reiseapotheke fehlen. Den Durchfall-Ei-Pfannkuchen kann man sehr leicht selber backen.

     ***Rezept: Durchfall-Ei-Pfannkuchen***

     3 gehäufte TL Mutterkümmel-Gewürzmischung
     (= Mutterkümmelpulver und weißer Pfeffer, Fa. Jura)
     6–8 Eigelb
     Backpapier

     In einer Schüssel die Eigelb mit der Mutterkümmel-Gewürzmischung im heißen Wasserbad einige Minuten schaumig rühren. Backblech mit dem Backpapier auslegen und die Masse so dünn wie möglich darauf streichen. Im Ofen bei ca. 100°C mindestens 30 Minuten trocknen lassen. Das Ei danach abbröseln und in einem geschlossenen Behälter aufbewahren.

Bei Lebensmittel- und Arzneimittelvergiftungen oder während der Schwangerschaft tritt häufig Brechreiz auf, weil der Körper das ›Gift‹ bzw. das ›artfremde Eiweiß‹ wieder los werden will. Selbst in schwierigen Fällen, wo alles versagte und das Gift vorn und hinten wieder herauskam, haben die Bibernell-Dotter-Kekse sofort geholfen.

## Nachkur bei Durchfallerkrankungen

Absolut verboten sind während der ganzen Behandlungsdauer:

- Milch und sämtliche Milchprodukte wie Käse, Quark, Sahne
- Butter ist in beschränkter Menge erlaubt
- Dinkel-Schwarzbrot, Weizenbrot, Mehrkornbrot, Grob-(Schrot-)brote, frisches Hefegebäck
- alles Kalte: Wasser, Mineralwasser, Speiseeis
- alles Geröstete und Gebratene, Pikantes (starke Gewürze, Senf, Paprika), Pommes frites
- Rohkost, Salate, rohes Obst
- grobes Gemüse, wie z. B. Gurken und Nachtschattengewächse
- Kartoffelbrei
- Rindfleisch, Konserven, Wurstwaren(!)
- Zucker, Zuckerwaren, Marmeladen (Konfitüren)
- ›Küchengifte‹: Erdbeeren, Pfirsiche, Pflaumen und Lauch.

  Ab dem dritten Tag der Erkrankung oder überhaupt bei Neigung zu dünnen Stuhlgängen sind erlaubt:
- Dinkel-Weißbrot, altes Dinkel-Hefegebäck, Dinkel-Zwieback
- Dinkelgrieß, Dinkelmehl und das daraus Zubereitete (z. B. Spätzle, Klöße, Nudeln)
- Wein (gewärmt), (Rotwein ist manchmal noch besser)
- Huhn und Hühnerbrühe
- später gekochtes Apfelkompott (nicht Apfelmus)
- nicht ganz frischer Apfelkuchen (schwach süß)
- gedünstetes Kalbfleisch und Leber
- gekochte Himbeeren, Kirschen und Brombeeren, Johannisbeeren.

2. Hildegard-Psychotherapie:
   Allen chronischen Durchfallerkrankungen liegen seelische Konflikte zugrunde, die Hildegard in der zweiten Gruppe der Tabelle der Laster und Tugenden auf Seite 498 beschreibt:

| | |
|---|---|
| Schlemmerei | Enthaltsamkeit |
| Verbitterung | Großherzigkeit |
| Gottlosigkeit | Güte |
| Lügen, Betrügen | Liebe zur Wahrheit |
| Streitsucht | Liebe zum Frieden |
| Schwermut | Glückseligkeit |
| Maßlosigkeit | Rechtes Maß |
| Seelenkälte | Seelenheil |

3. Hildegardischer Aderlass
4. Dinkelkuren
5. Hildegard-Heilmittel
   Universalmittel für kranke Eingeweide:
   - Wasserlinsen-Elixier
   - Flohsamenwein (3 EL Flohsamen in 1l Rotwein 3 Minuten aufkochen, absieben)

   3-mal täglich ein Likörglas vor dem Essen
   - Ingwer-Gewürzmischung (Granulat): Intestinalschmerzen
   - Ziegenfleisch
   - Bohnensuppe ohne Bohnen bei Blutungen
   - Kerbel-Dill-Knödel: bei Intestinalschmerzen, großer Milzkur, Rohkostschaden, Ernährungsfehlern.
     Kerbel-Dill-Knödel:
     Dinkelknödel mit 2 EL Kerbel und 1 EL Dill würzen und servieren.
     Knödel in einer Gemüse- oder Kalbsfußbrühe oder zu sonstigen Gulasch- oder Fleischgerichten servieren.
   - Darmsanierung mit Bärwurz-Birnen-Honig.

***Speiseplan bei Durchfall-Leiden***

| | | |
|---|---|---|
| Montag | morgens | Dinkelmehl-Quendelsuppe oder Dinkel grieß-Mus |
| | mittags | Dinkelmehlsuppe und Dinkelnudeln mit grünem Salat; Kastanien-Dinkelgrießknödel mit Fenchelgemüse, Kopfsalat, Apfelkompott |
| | abends | Geröstete Dinkelgrießsuppe mit Kräutern (ohne Zwiebeln) oder Dinkelbrot mit Kräuterbutter und vegetarischen Brotaufstrichen |
| Dienstag | morgens | Dinkelhabermus hell (morgens), Fencheltee |
| | mittags | Dinkelgrießsuppe mit Gemüsestreifen, Fenchelgemüse mit hellen Dinkelnudeln, grüner Salat; Bratapfel |
| | abends | Rote-Bete-Salat mit Dinkelweißbrot, vegetarischer Brotaufstrich |
| Mittwoch | morgens | Dinkelhabermus hell, Fencheltee |
| | mittags | Maroni-Suppe, Dinkelnudel-Gemüseauflauf, grüner Salat; Quittenmus |
| | abends | helle Dinkel-Maultaschensuppe mit Spinatfüllung |
| Donnerstag | morgens | Dinkelhabermus hell, Fencheltee |
| | mittags | Kürbissuppe; Rote-Bete-Gemüse mit Quendelsoße, Kichererbsen; grüner Salat; Apfelkompott |
| | abends | warme Suppe, Geflügelsalat (mit Gemüse), Kräuterquark; vegetarischer Brotaufstrich, Dinkelweißbrot |
| Freitag | morgens | Dinkelhabermus hell, Fencheltee |
| | mittags | Gemüse-Suppe<br>gedünstete Seelachsfilets in Weinsoße mit Dinkelnudeln und Karottengemüse;<br>grüner Salat<br>glasierte Maroni |

# Vorbeugung und Behandlung von Magen-Darmleiden

*Chronische Verstopfung, Hämorrhoiden, Divertikulose, Verdauungsstörungen, Gastritis, Magen-Darmgeschwüre, Gallensteine, Zwerchfellbruch, Magen-Darmkrebs*

Hildegard sieht die Ursachen für Magen- und Darmleiden in übermäßigem Essen und in der Rohkost, weil dadurch die Verdauungssäfte ›austrocknen‹ und der Magen ›verschleimt‹. In der Tat entzieht die Verarbeitung der Rohkost dem Körper viel Kraft und Energie, sodass der Körper sie kaum verkraften kann und die Rohkost in Fäulnis übergeht:

»Die Menschen nehmen zuweilen im Übermaß Speise zu sich, die von den Wärmelieferanten Herz-Leber-Lunge und der Körperwärme im Magen nicht verarbeitet werden können, weil sie roh oder ungekocht oder nur halb gekocht genossen wurden, außerordentlich und übermäßig fett oder schwer verdaulich bzw. dürr und ausgetrocknet waren.«

»Dadurch wird den Verdauungsvorgängen der notwendige Saft entzogen, und so ist der Magen kalt und verschleimt, und die Nahrung verhärtet sich im Magen-Darm, und der Mensch wird krank ... Wer am Magen-Darm leidet, weil er keine rechte Verdauung hat, dem werden die Augen schwach.«

Während des Essens soll immer ausreichend getrunken werden, damit die Verdauung und Durchblutung funktionieren kann.

Mit Dinkelkost gibt es keine Verdauungsprobleme, da sich der Dinkel aufgrund seiner guten Wasserlöslichkeit und Bioverfügbarkeit ohne große Verdauungsarbeit im Darm auflöst und den ganzen Organismus vollständig mit allen lebensnotwendigen Vollwertstoffen und Vitaminen überschwemmt. Die ballaststoffreiche Dinkel-, Obst- und Gemüsekost quillt infolge der darin enthaltenen Faserstoffe (Lignin, Zellulose, Pektine) im Darm auf, bringt den müden, abgeschlafften Darm in Bewegung und fegt die darin liegengebliebenen, zum Teil krebserregenden Gift-, Fäulnis- und Schlackenstoffe hinaus.

Die Dinkelfaserstoffe binden überschüssige Gallensäuren, Cholesterin und Salze, sodass sich Cholesterin-Gallensteine gar nicht erst bilden oder sich zumindest nicht vergrößern und vermehren. Die ballaststoffreiche Dinkel-, Obst- und Gemüse-Diät verhütet den Dickdarmkrebs, weil sie krebserregende Fäulnisstoffe aus dem Darm ausscheiden hilft. Gleichzeitig können lebensnotwendige Stoffe (cyanogene Glykoside, ›antineoplastisches Vitamin B17‹ und Rhodanid) die natürliche Immunabwehr so stimulieren, dass die Anfälligkeit für bösartige Tumore zurückgeht.

Zur Sanierung eines durch chronische Verstopfung gereizten Darmes wird Hildegard-Fasten und eine anschließende Aufbaudiät nach Hildegard empfohlen.

## Therapieplan Magen- und Darmleiden

1. Hildegard-Fasten
2. Hildegard-Psychotherapie:
   Der Darm ist Zielscheibe seelischer Konflikte, weil unter Belastungen und Stress übermäßig viel Gallensäure in den Darm fließt und dadurch das Wachstum der normale Darmflora behindert. Besonders die Risikofaktoren aus der zweiten Gruppe der Laster ›schlagen auf Magen und Darm‹. Daher ist die Heilkraft und Energie der spirituellen Tugenden wichtig für eine gute Verdauung und die Funktion einer gesunden Darmflora.

***Schwächen und Stärken der zweiten Gruppe:***

| | |
|---|---|
| Schlemmerei | Abstinenz |
| Verbitterung | Großzügigkeit |
| Gottlosigkeit | Güte |
| Lüge | Liebe zur Wahrheit |
| Streitsucht | Liebe zum Frieden |
| Schwermut | Glückseligkeit |
| Maßlosigkeit | Maßhalten |
| Seelenkälte | Seelenheil |

3. Hildegard-Aderlass

4. Hildegard-Aufbaukur mit Dinkel, Obst und Gemüse
5. Hildegard-Darmsanierung mit Bärwurz-Birnen-Honig.
6. Hildegard-Heilmittel:
   - Ingwer-Gewürzmischung (Granulat, Fa. Jura): Fastenausleitung, Purgierkur, Magen- und Darmschmerzen, Entgiftung von Magen und Darm, Rheuma und Gicht, sämtliche Stoffwechselstörungen, Obstipation, verdorbener Magen, Völlegefühl, chronische Katarrhe, Gallensteinleiden, Hypercholesterinämie.
     ***Rezept: Ingwer-Gewürzmischung (Granulat)***
     12 g Ingwerwurzelpulver
     6 g Süßholzwurzelpulver
     4 g Zitwerwurzelpulver
     22 g Rohrzucker
     5 g Dinkelweißmehl
     Morgens nüchtern im Bett 1 TL einnehmen und im Mund zergehen lassen.
   - Wermuttrank: Universalheilmittel, das Magen und Darm bei guter Gesundheit erhält und bei kranken Magen und Verdauungsstörungen die Nierenschwäche beseitigt.
     ***Rezept: Wermuttrank***
     40 ml Wermutfrühlingssaft in 1 l kochendem Wein mit 150 g Honig gießen, sofort von der Hitze nehmen, filtrieren und steril abfüllen.
     Von Mai bis Oktober jeden 3. Tag ein Likörglas (20 ml) vor dem Frühstück nüchtern. Jeden 3. Tag bedeutet: an einem Tag nehmen, am zweiten Tag eine Pause machen, am dritten Tag wieder nehmen. In akuten Fällen kann auch das ganze Jahr hindurch Wermut genommen werden. Kinder nehmen entsprechend eine kleinere Menge (1 TL bis 1 EL).
   - Pfingstrosen-Elixier: Große Magenkur, Blähungen, Dyspepsie, chronische Gastritis.
     ***Rezept: Pfingstrosen-Elixier***
     200 ml Urtinktur Pfingstrosen Saft
     50 ml Urtinktur Stabwurzsaft
     40 g Fünffingerkraut Pflanzenbrei
     In gutem Naturwein (600 ml) aufkochen, absieben, abfüllen. 2–3mal mit dem Tauchsieder aufkochen und in der

Siedehitze mit Galgantpulver (1 Messerspitze) oder Bertrampulver und Pfefferpulver (1 Messerspitze) versetzen. Man trinkt fünf Tage lang 1 Likörglas vor dem Essen, aufgewärmt.
Danach für fünf Tage einmal täglich als Vorspeise:
1 Likörglas Pfingstrosen-Elixier verrührt mit einem Eidotter und 1 Esslöffel Dinkelmehl. Das Ganze mit etwas Wasser verrühren und daraus eine warme Vorspeise bereiten. Kein Fett oder Öl hinzufügen.

- Ysop-Wein: »in Wein gelegten Ysop soll er fleißig essen und diesen Wein trinken ...«
- Muskatellersalbei-Trank: Gastritis, Magengeschwür, Helicobacter-pylori-Infektion (Magenvereiterung), Magenempfindlichkeit, Verdauungsschwäche, Zwölffingerdarmgeschwür, Verdauungsinsuffizienz, Appetitlosigkeit
  ***Rezept: Muskatellersalbei-Trank***
  10 g Muskatellersalbei-Blätter
  6 g Poleiminze
  2 g Fenchelsamen
  50 g abgeschäumten Honig
  Nach dem Mittagessen und nach dem Abendessen nimmt man 1–2 Likörgläser voll. Bei empfindlichem Magen kann man anfangs auch etwas weniger nehmen (1 EL).
  Zusätzlich wird bei Helicobacter-Infektion Galgant eingesetzt und hochdosiert natürliches Vitamin C ( Dr. Grandls Acerola-Taler)
  Rezept: 3-mal täglich 1–2 Galgant- oder Fenchel-Galgant-Tabletten nach dem Essen langsam auf der Zunge zergehen lassen und einen Acerola-Taler zusätzlich für 4 Wochen.
- Edelkastaniensuppe mit Süßholz und Engelsüß: bei allen Magen-Darmleiden, Magengeschwüre, Gastritis, Bauchspeicheldrüsen-, Leber- und Galle-Erkrankungen
  ***Rezept: Edelkastanien-Habermus***:
  Zum täglichen Habermus entweder einen Esslöffel Edelkastanienmehl mitkochen oder frische Edelkastanien zerdrückt darunter mischen und mit 1 TL aus einer Mischung Süßholz-Engelsüßpulver (60 g Süßholzpulver mit 40 g Engelsüßpulver) verrühren.

Diesen Brei isst man 4 Wochen lang morgens, wobei die Magen- und Zwölffingerdarmgeschwüre für immer ausheilen.

- Fenchel in jeder Form: Fenchelgemüse, Fenchelöl, Fencheltee, Fenchelsamen oder die hochwirksamen Fencheltabletten: Universalheilmittel für Magen- und Darmleiden, Karminativum, Magen- und Darmkoliken, Sodbrennen und Aufstoßen, wirkt wie andere säure-blockierenden Mittel so zuverlässig, dass wir ihn auch als Tagamed der Hildegard-Heilkunde bezeichnen.

  ***Rezept: Fencheltabletten***

  Vor jedem Essen 3–5 Fencheltabletten zerkauen. Man kann auch Fenchelpulver messerspitzenweise nehmen. Vom Kauen von Fenchelsamen wird abgeraten, da die harten Fenchelkörner die Mundschleimhaut verletzen können.
- Ingwermischpulver: gegen Magenschmerzen, bei Magen- oder Zwölffingerdarm-Geschwüren, Bauchschmerzen, Nabelkoliken oder Gastritis:

  ***Rezept: Ingwermischpulver***

  10 g Ingwer
  20 g Galgantwurzelpulver
  5 g Zittwer
  Nach dem Essen und abends vor dem Schlafengehen nimmt man 2–4 Messerspitzen von dem Pulver in einem halben Glas (Rot-)Wein. Die Kur dauert 2–4 Monate.
- Tannencreme: vegetative Dystonie, nervöse Spannungszustände am Sonnengeflecht, Bauchspeicheldrüsenschwäche, Magen-Darmschmerzen, Gallenblasekoliken, Verkrampfungen, Magen-Darm-Koliken, Kopfschmerzen bei Hochdruck (vor Schlaganfall), Nebenhöhlenentzündung, Schmerzen des ›Sonnengeflechtes‹.

  ***Rezept: Tannencreme***

  50 g Frühlingstannennadeln, -rinde und -holz
  2 5 g Salbeiblätter
  100 g Mai-Kuhbutter (beim Bauern fragen)
  250 ml Wasser
  Man massiert zunächst das Herz und anschließend das Sonnengeflecht ein. Bei Kopfschmerzen kann man auch

Schläfen und Stirn und den ganzen Kopf mit der Tannencreme einmassieren. Die Tannencreme hat sich auch ausgezeichnet zur Beseitigung von Stirnhöhlen- und Kieferhöhlenschmerzen bewährt, wobei man äußerlich einmassiert. Selbst die Nasenlöcher kann man mit der Tannencreme einmassieren.

- Sanikel-Elixier: Eingeweideleiden, wobei Hildegard zu den Eingeweiden (viscera) alle Bauchorgane, also auch Magen, Leber, Milz, Bauchspeicheldrüse, Dünndarm, Dickdarm und sogar die Organe des Unterleibs wie Gebärmutter und Adnexe (Anhanggebilde) zusammenfasst. Hierbei gehören zu den Eingeweiden auch die Genitaltuberkulose sowie Cysten (viscera tumescentia), Magen-Darmschleimhautentzündung, Gastritis, Morbus Crohn, Colitis ulcerosa, Pankreatitis, Enteritis, Intestinale Permeabilität.
  ***Rezept: Sanikel-Elixier***
  100 g frisches, gewaschenes Sanikelkraut mit Wurzel
  2 l Wasser
  300 g Honig
  50 ml Süßholzsaft
  Dreimal täglich 1 Likörglas nach dem Essen.

## Kräuter und Gewürze

Wichtiger als Salz und Pfeffer in der Küche ist daher die richtige Verwendung von Kräutern und Gewürzen, um den Darm zu reinigen und die Verdauung zu fördern.

- Rainfarnsuppe: Völlegefühl, Magenschmerzen
  Rainfarnsuppe ist eine Delikatesse. Man nimmt dazu frischen Rainfarn ohne Blüten und hackt die bitteren Blätter (1 EL) und kocht sie mit 2–3 EL Dinkelgrieß in kochendem Wasser mit etwas Salz zu einer Suppe. Man kann auch einen Esslöffel Rainfarnpulver (›ohne Blüten‹) nehmen und mit 2 Esslöffel Dinkelmehl bzw. Dinkelgrieß zu einer Suppe verkochen.
- Kopfsalat mit Dinkel: gute Verdauung, Verstopfung
  Zur Vermehrung einer verdauungsfördernden Wirkung werden bei Verstopfung unter einen Kopfsalat 2–3 gehäufte Esslöffel kalte (oder warme) gekochte Dinkelganzkörner gemischt.

- Melde: gute Verdauung, Verstopfung, Lymphdrüsenschwellung
- Brunnenkresse, wie Spinat gedünstet, gute Verdauung
- Bachminze: fördert die Verdauung, beseitigt Kurzatmigkeit
  ***Rezept:*** »esse oft Bachminze roh oder gekocht mit Fleischgerichten oder in Suppen oder Gemüse, und die Kurzatmigkeit vergeht, weil Bachminze die verfetteten und hitzigen Eingeweide kühlt …«
- Poleiminze: reinigt den verdorbenen Magen, Helicobacter-pylori-Infektion
  »Wer die Blätter der Polei roh oder den Saft roh nimmt, nämlich wenn man sie allein dem Fleisch beigibt, wärmt den Magen (bei Gastritis), wenn er einen kalten Magen hat.«
  Poleiminze-Essig-Honig: kräftigt den Magen, grauer Star (Augenmittel bei Augentrübungen), verbessert die Magendurchblutung und die Durchblutung der Blase bei Harnwegsinfektionen.
  ***Rezept:*** Man mischt 100 ml Weinessig mit abgeschäumten, erwärmten Honig (ebenfalls 100 ml) und trinkt vor dem Essen 1 Likörglas dieses Essighonigs mit 2–3 Messerspitzen Poleiminzpulver täglich. Wird es als zu stark empfunden, gießt man diese Menge in eine Tasse mit Fencheltee und trinkt so. Die Kurdauer beträgt mehrere Wochen bzw. Monate
- Bertram: Verdauungsstörungen
  ***Rezept:*** 2–3 Messerspitzen mitgekocht oder über die Speisen gestreut:
  »Bertram mindert die Fäulnis im Menschen und vermehrt das gute Blut, gibt einen klaren Verstand, aber auch den Kranken, der schon fast in seinem Körper gestorben ist, bringt der Bertram wieder zu Kräften und schickt im Menschen nichts unverdaut wieder heraus, sondern bereitet ihm eine gute Verdauung.«
- Fenchel: Magenschmerzen durch Ernährungsfehler, Beseitigung von Druckgefühl mit krampfartigen Schmerzen, nach Ernährungsfehlern oder auch nach Magenoperationen helfen zuverlässig die Fencheltabletten. Die Heilwirkung des Fenchels beruht auf einer krampflösenden und karminativen (reinigenden) Eigenschaft des Fenchelöls:

»Aber wenn jemand gebratenes Fleisch oder gebratene Fische oder etwas anderes Gebratenes gegessen hat und davon Schmerzen leidet, esse er alsbald Fenchel oder seinen Samen, und es wird ihm weniger schmerzen.«

- Brennnessel: reinigen Magen- und Darmschleimhaut
  Frühlingsbrennnesselblätter als Gemüse in Fleischgerichte oder in Knödel und Nockerln mitzukochen, um den Magen zu reinigen und zu entschleimen:
  Im Frühling kann man 1–2 Teelöffel Brennnesselblätter zusetzen und mitkochen. Im Winter eignet sich auch das aus den frischen Frühlingsblättern hergestellte Pulver.
- Beifuß: Gastritis und Magengeschwüre, Eingeweideschmerzen.
  »Beifuß, sein Saft ist sehr nützlich, und wenn er gekocht wird und als Gemüse gegessen wird, heilt er kranke Eingeweide, und er erwärmt den kranken Magen.«
  Beifuß kann man mit Fleisch (Lamm oder Ziege) kochen
- Lorbeerfrucht: Magenfieber, Verschleimung, Katarrh, Magenschmerzen, besonders nach abgeheilten Magen- und Darmgeschwüren (Narbenschmerzen).
  »Wenn du im Magen-Darm (Schmerzen) leidest, dann koche die Lorbeeren in Wein und trinke diesen Wein warm. Es nimmt den Schleim von deinem Magen weg und reinigt ihn und treibt ihm auch das Fieber aus.«
  1 TL Lorbeeren mit einem Glas (Rot-)Wein 2–3 Minuten lang aufkochen, absieben und den Wein schluckweise warm abends vor dem Schlafengehen trinken. (Nicht bei akuten Magen-Darmgeschwüren oder Magenkrebs!)
- Hagebutten: bei Gastritis
  »Wenn jemand am Leib gesund ist, nur einen schwachen Magen hat, der koche die Hagebutten und esse sie oft, und es reinigt den Magen und nimmt den Schleim.«
- Weinraute-Kräutertabletten: beseitigt nicht nur das lästige Sodbrennen sondern auch die Schwarzgalle, Antimelancholikum.
- Kornelkirsche (cornus): Sauerstoffradikalfänger bei Entzündungen von Magen und Darm.
  Im Herbst wird sie tiefrot, schmeckt süßlich-sauer und ist in vielen Vorgärten zu finden. Die Wirkung ist vermutlich

auf den Gehalt an roten Fruchtfarbstoffen, die so genannten Anthocyanen zurückzuführen, die als Wundheilmittel zerstörter Schleimhäute und Gefäße bekannt sind. Die reifen Früchte werden im Herbst gesammelt und ergeben eine wunderbare Marmelade.

- Rehfleisch: beseitigt Darmgase, Verschleimungen und Blähungen.
- Hirschfleisch: bei Verschleimungen, Gastritis und Völlegefühl: »reinigt seinen Magen und macht ihn leicht.«
- Ziegenleber: Große Magenkur eingesetzt bei allen Magen-Darmkrankheiten, bei Verstopfung, Reinigungskur.
  »Wenn jemand am Magen (Darm) leidet, der brate eine Ziegenleber und esse sie oft bis Mitte August. Es reinigt und heilt seinen Magen so gut wie eine Abführkur.«
- Wels-Leber: Purgierkur, Perniziöse Anämie (schwere Blutkrankheit, die durch den Mangel an einem in der Magenwand produzierten Enzym hervorgerufen wird), Gastritis, Obstipation, Magen-Darm-Heilmittel
  »Wenn jemand von der gebratenen Wels-Leber ißt, dann zieht sie allen Schleim und allen Eiter (Helicobacter-Infektion), die sich in seinem Magen befinden, an sich und führt ihn mit sich beim Stuhlgang fort. So wird er im Magen-Darmbereich gesund.«
  ***Rezept:*** die Leber vom Wels in Butter oder Sonnenblumenöl andünsten.
- Weinessig: wirkt gegen Blähungen und Gase, reduziert die schlechten Säfte, sorgt für gute Verdauung.
- Flohsamen: Universalheilmittel gegen Verstopfung und bei allen Magen- und Darmentzündungen.

### Bei Magen-Darmleiden sind zu empfehlen

- Dinkel, Obst und Gemüse, besonders mehlfreie Dinkelganzkornprodukte: Dinkelflocken, Dinkelgrütze, Dinkelkernotto, Dinkelgraupen, Dinkelkleie, Flohsamen.
- Kopfsalat mit Dinkel.
- Naturbelassenes, kaltgepresstes Sonnenblumenöl, frische Sahne und Butter.

- Salzarme Küche mit frischen Kräutern und Gewürzen (Bertram).
- Buttermilch, Sauermilch, körniger Frischkäse, Quark.
- Kräutertees, Dinkelkaffee zum Frühstück, Dinkelbier, Rotwein, Apfelmost.

**Bei Magen-Darmleiden sind zu meiden**

- Fettes Fleisch, Wurst, Speck, Schweinefleisch, geräuchertes, gepökeltes Fleisch, Fleischkonserven, Eier, Käse.
- Geräucherte Fische, Ölsardinen, Aal, Bückling, Fischkonserven.
- Raffinadezucker, Schokolade, Eisspeisen, zucker- und fettreiche Süßspeisen, Konfitüre außer Quitten-, Mispel-, Kornelkirsch-, Himbeer-, Brombeermarmelade.
- Vollraffinierte, gehärtete Fette, Margarine, Braten- und Backfette.
- Auszugsmehlprodukte, fette Backwaren (Torten).
- Kaffee, Alkohol, Nikotin.
- Gesüßte Obstsäfte, Cola-Getränke, Spirituosen und Mineralwasser.
- ›Küchengifte‹ (Erdbeeren, Pfirsiche, Pflaumen, Lauch) und Rohkost.
- Konserven, Konservierungsmittel.

***Speiseplan bei Verstopfung***

| | | |
|---|---|---|
| Montag | morgens | Habermus; bei Magen-Darmgeschwüren morgens eine Dinkel-Edelkastaniensuppe aus 2 EL Dinkelgrieß; 1 EL Kastanienmehl in 500 ml Wasser zu Brei gekocht, 1 TL Süßholz-Engelsüßmischpulver. |
| | mittags | Minestrone mit Dinkelkörnern; Dinkelauflauf mit Gemüse; Vanille-Apfel. |
| | abends | Dinkelfrikadellen, vegetarische Brotaufstriche |
| Dienstag | morgens | Dinkelvollkorn-Habermus, Dinkelkaffee |
| | mittags | Dinkelschrotsuppe mit Gemüse; Fenchelgemüse mit Dinkelkörner, grüner Salat; Bratapfel |
| | abends | Rote-Bete-Salat mit Dinkelvollkornbrot, Hüttenkäse |
| Mittwoch | morgens | Dinkelvollkorn-Habermus, Dinkelkaffee |
| | mittags | Maronisuppe; Dinkelkörner-Gemüseauflauf, Kopfsalat mit Dinkel; Quittenmus |
| | abends | Dinkelvollkornmaultaschen-Suppe mit Spinatfüllung |
| Donnerstag | morgens | Dinkelvollkorn-Habermus, Dinkelkaffee |
| | mittags | Kürbissuppe; Rote-Bete-Gemüse mit Quendelsoße, Kichererbsen, Kopfsalat mit Dinkel; Apfelkompott |
| | abends | warme Suppe, Geflügelsalat (mit Gemüse), Kräuterquark |
| Freitag | morgens | Dinkelvollkorn-Habermus, Dinkelkaffee |
| | mittags | Gemüsesuppe; gedünstetes Seelachsfilet in Weinsoße mit Dinkelreis und Karottengemüse, Kopfsalat mit Dinkel; glasierte Maroni |
| | abends | Dinkelvollkornbrot mit vegetarischem Brotaufstrich |

# Vorbeugung und Behandlung von Nervenleiden

*Gehirnleiden, Amentia, Paranoia, Neurose, Schizophrenie, Psychose, Depression (manisch depressive Psychosen), Melancholie (endogene Depressionen), Gedächtnisschwäche, Alzheimer, Demenz, Zerebralsklerose, Schlaganfall, Durchblutungsstörungen, Krämpfe, pseudo-epileptische Anfälle (petit mal), Epilepsie (grand mal), Multiple Sklerose (MS), Wahn, Hirnwut, Zorn, Parkinsonsche Krankheit*

Hildegard kennt viele nervenzerstörende Ursachen, aber eigentlich nur ein echtes Nervenleiden, die Amentia oder Sinnlosigkeit. Nach Hildegard sind alle Gemütserkrankungen Folgen der Traurigkeit oder des Zorns: »Wenn aber der Mensch fühlt, daß seiner Seele oder seinem Leib etwas widerlich ist, ziehen sich das Herz, die Leber, und die Galle zusammen. Danach erhebt sich um das Herz eine Art von Nebel, hüllt das Herz in Dunkelheit und so wird der Mensch traurig. Nach der Traurigkeit aber erhebt sich der Zorn.«

Stress, Ärger, Frustration, Angst, Sorge, Kummer belasten das Herz, die Leber und die Gefäße. Schließlich läuft die Galle über und vergiftet mit ihrer Melanche (Schwarzgalle) das Blut. Die Folge sind entweder Zornesausbrüche oder stiller Kummer – beides macht krank. Die Kunst des Lebens besteht nun darin, diese Gefühle gar nicht erst an sich heran zu lassen, sondern abzuschotten, weil es nicht mein Problem ist, wenn sich ein anderer ›nicht benehmen‹ kann. Suchen Sie sofort eine ›Auszeit‹, indem Sie weggehen oder die Angelegenheit auf den nächsten Tag vertagen. Laden Sie Ihren ›Erzfeind‹ zu Nervenkeksen (Energiekeksen) und gelöschtem Wein ein und tragen Sie einen blauen Chalzedon, und so wird die Sonne wieder scheinen.

Gedächtnisstörungen sind die Folge einer schlechten Durchblutung, die durch Rohkost, Ernährungsfehler und ›Küchengifte‹ entstehen. Hier hilft Brennnesselöl:

»Ein Mensch, der gegen seinen Willen vergeßlich ist, nehme die Brennessel und zerstoße sie zu Brei, mische es mit etwas Öl, reibe, wenn er zum Schlafen geht, seine Brust und seine Schläfen kräftig damit ein, tue dies wiederholt, und die Vergeßlichkeit bei ihm wird abnehmen. Denn die scharfe Wärme der brennenden Nessel und die Wärme des Öls regen die zusammengezogenen Gefäße der Brust und der Schläfen an, die bei wachem Bewußtsein etwas schlafen.«

Charakterschwächen und Unzulänglichkeiten können den Menschen derartig unter Druck setzen, dass sich seine Gefäße verhärten, verkalken oder sogar platzen können, was schlimmstenfalls zum Schlaganfall führt:

»Wenn Menschen inwendig viel Zorn und Eigensinn mit sich tragen, dies aber aus irgendwelchem Grunde, wegen Mangels an Mut, aus Furcht oder weil sie sich schämen, wegen ihrer schwermütigen Art oder weil es ihnen sonst nicht möglich ist, nicht zeigen und nicht kenntlich werden lassen, dann bersten und zerbrechen zuweilen infolge dieses zweckwidrigen Verhaltens die Gefäße des Gehirns, des Halses und der Brust und ergießen sich durch den Zugang und den Weg, auf dem die Gerüche zur Nase geleitet werden. Es gibt aber auch Leute, die mit eitlen, stets wechselnden Gedanken zu tun haben, mit denen sie gleichwohl nicht zu Rande kommen können, oder mit irrem und schwankendem Sinn von einem Ort zum andern umherschweifen oder aus ungewöhnlicher Veranlagung ihres Charakters oder in zügelloser Laune in ihrem Gemüt hin und her geworfen werden und so gleichsam in Sinnlosigkeit verfallen, so daß sie weder ihre Augen noch auch ihr Gesicht im richtigen Verhalten und in rechter Gebärde zu halten wissen. Dann bersten bei ihnen unter dem Einflusse der törichten Gedanken die Gefäße des Gehirns, des Halses und der Brust, so daß das Blut aus ihrer Nase fließt.«

Alle guten oder bösen Gedanken, Gefühle und Worte haben ihren Einfluss auf das Gehirn:

»Die Gedanken sind die Urheber der Güte, der Weisheit, der Torheit und ähnlicher Dinge, wie ja auch schlechte Gedanken aus dem Herzen hervorgehen, und das ist die Tür. Weiterhin führt vom Herzen aus ein Weg zu den Elementen, mit denen der Mensch verrichtet, was er denkt. Die Kräfte der Gedanken steigen zum Gehirn auf, und das Gehirn hält sie fest, weil das Gehirn die Feuchtigkeit für den ganzen Körper ist, ebenso wie der Tau alles befeuchtet. Erheben sich aber in einem Menschen schlechte und übelriechende Säfte, dann senden diese eine Art von schädlichem Rauch zum Gehirn.«

Ein natürlicher Schlaf ist das beste Mittel für gute Nerven, weil in der Nacht die am Tage verbrauchte Nervenbatterie wieder aufgeladen wird:

»Denn wenn der Mensch schläft, erholt sich sein Mark und nimmt zu, und wenn er wacht, wird sein Mark etwas verdünnt und geschwächt, wie der Mond bei seinem Zunehmen wächst und beim Abnehmen kleiner wird, und wie die Wurzeln der Pflanzen im Winter ihre Lebenskraft in sich behalten, die sie im Sommer als Blüten aussenden. Daher wird, wenn das Mark des Menschen entweder durch Arbeit müde geworden oder durch Nachtwachen erschöpft ist, der Mensch vom Schlaf überwältigt und schläft leicht ein, gleichgültig ob er steht oder sitzt oder liegt, weil seine Seele bei ihm das Bedürfnis ihres Leibes fühlt.«

Die Erholung der Nerven wird durch Schlaflosigkeit infolge schlechter Träume gestört. Dazu gehören durch Sorge und Kummer hervorgerufene Tagesrestträume, durch Umweltgeräusche und schweres Abendessen erzeugte Wachträume, krankheitsanzeigende Träume und diabolische Träume (Alpträume).

## Therapieplan Nervenleiden

1. Kein Fasten.
   »Wenn ein Mensch unter großer Traurigkeit leidet, soll er tüchtig die ihm bekömmlichen Speisen essen, damit er durch die Nahrung wieder neu belebt wird, weil ihn die Traurigkeit zu sehr bekümmert.«
2. Hildegard-Psychotherapie.
3. Genau in der goldenen Mitte zwischen Übertreibung und Untertreibung, Überforderung und Unterforderung, Überernährung und Mangelernährung liegt der richtige Lebensweg für Nervenleidende. Daher heißt das Heilmittel *Discretio* – das rechte Maß. Hildegard nennt dieses Gotteskraft, die Mutter aller Tugenden:

»Denn die Seele liebt in allen Dingen das rechte Maß. Sooft der Körper des Menschen maßlos ißt und trinkt oder sich andere Maßlosigkeiten erlaubt, zerreißt er die seelischen Kräfte, weil alles nur mit Maß ausgeführt werden soll, da der Mensch nun einmal nicht ständig im Himmel lebt.«

4. Hildegard-Aderlass, besonders wirksam bei Schlaflosigkeit.
5. Diät bei Nervenleiden:
   »So ein nervenkranker Mensch soll gute, wohlschmeckende Speisen essen, die dem Blut mit ihren feinen Säften zu Hilfe kommen und die die Säfte des Kranken wieder ins richtige Geleise bringen und die Sinnesempfindung dieses Menschen von der Verwirrtheit abwenden. Auch soll er Breigerichte aus Feinmehl essen (Dinkelhabermus), die mit Butter oder Fett, nicht aber mit Olivenöl zubereitet wurden, weil diese das leer gewordene und erkaltete Hirn auffüllen und wieder erwärmen. Olivenöl würde Schleim auslösen, und dies sollte er meiden. Auch Wein dürfen diese Kranken nicht trinken, wodurch ihre gespaltenen Säfte nur noch mehr zersprengt würden. Ebensowenig Bier und Honig (Met), weil die Stärke des Honigs die zersetzenden Säfte noch mehr zerstreuen würde. Dieser Kranke trinke aber auch kein einfaches Wasser (Mineralwasser), weil es seine Sinne zu noch höherer Hohlheit verleiten würde. Nur den oben erwähnten Nerventee und auch Bier darf er trinken. Diese Getränke leiten seine gestörten Säfte und Sinne wieder in die rechten Bahnen, und das Toben der Sinnesverwirrung wird dadurch abgewendet.«
6. Hildegard Darmsanierung
7. Hildegard-Heilmittel:
   - Iriswurzelmischpulver (Fa. Jura): Große Nervenkur, bei allen Nervenleiden, Sinnesverwirrung.
     ***Rezept: Iriswurzelmischpulver***
     10 g Iriswurzelpulver
     10 g Breitwegerichwurzelpulver
     30 g Muskatpulver
     60 g Galgantwurzelpulver
     Man kocht eine dünne Dinkelmehlsuppe oder ein Habermus unter Beigabe von etwas Salz und einem Teelöffel Iriswurzelmischpulver.

- Balsam-Fencheltee: Große Nervenkur, Gehirnleiden, Neurosen, Schizophrenie, Psychosen.
  ***Rezept: Balsam-Fencheltee***
  25 g Balsamkraut geschnitten
  75 g Fenchelkraut
- Täglich mindestens 1 l trinken.
- Antimelancholika: Traurigkeit, Depression, zur Neutralisation der Schwarzgalle (Gallensäure), Stimmungsschwankungen, Nervenschwäche, Schlaflosigkeit.
  Diese Beschwerden sind die Antwort auf einen chronischen Stress, der sich über viele Lebensjahre aufgebaut hat und das Nervensystem übermäßig strapaziert hat. Chronischer Stress macht sich auch bei der Ausschüttung der Hormone der Nebennierenrinde bemerkbar, die für die Produktion der Blutdruck regulierenden Hormone Adrenalin und Noradrenalin und das entzündungshemmende Hormon Kortison verantwortlich sind. Durch diesen lebenslangen Überstress sind die Nebennieren in diesem Alter oft hormonell erschöpft.
- Aronstabwurzelwein: echte Depression, Melancholie, Traurigkeit.
  ***Rezept: Aronstabwurzelwein***
  12 g Aronstabwurzeln getrocknet
  1 l Biowein
  5 Minuten aufkochen, absieben, steril abfüllen. Bei Bedarf ein- bis dreimal täglich 1 Likörglas.
  Dieser Aronstabwein ist die größte Hilfe im Klimakterium. Er beseitigt nicht nur die schwere, so genannte endogene Depression, sondern ist auch in der Lage, Hitzewallungen und Stimmungsschwankungen im Klimakterium zu regulieren. Wenn man keine Beschwerden hat, braucht man diesen Wein nicht.
- Nervenkekse (Energiekekse): Universalnervenmittel, Konzentrationsschwäche, Müdigkeit.
  »Diese Plätzchen vertreiben alle Bitternis deines Herzens und geben deiner Gesinnung Ruhe und öffnen dein Herz und deine fünf Sinne und machen deine Stimmung heiter und reinigen deine Sinnesorgane und mindern in dir alle

Schadsäfte (noxi, mali, infirmi humores) und liefern deinem Blut eine gute Säftezusammensetzung, machen dich leistungsfähig, stark und froh.«

***Rezept: Nervenkekse***

400 g Dinkelmehl
250 g Butter
150 g (brauner) Rohrzucker
200 g süße Mandeln (gemahlen)
20 g Zimt
20 g Muskat
10 g Nelken
2 Eier
etwas Salz
Wasser nach Bedarf

Das Mehl auf die Arbeitsplatte geben, die weiche Butter in Stückchen darauf verteilen. Zucker, Mandeln, Eier und die Gewürze zufügen. Alles mit einem großen Messer oder einer Teigkarte durchhacken, rasch zusammenkneten und kalt stellen. Nach ca. 30 Minuten den Teig etwa 2–3 mm dick ausrollen und Plätzchen ausstechen. Auf einem mit Backpapier ausgelegtem Blech bei 180–200°C ca. 20–25 Minuten backen.

Diese Kekse sind eine Wohltat für die Nerven. Sie fördern die Konzentrationsfähigkeit und sogar die Intelligenz.

Besonders beachtlich, dass alle fünf Sinnesorgane durch diese Kekse vor Alterungsprozessen geschützt werden.

- Flohsamen: gute Verdauung, gute Laune

  »Wer Flohsamen in Wein kocht und so warm den Wein trinkt, dem tilgt er starke Allergiefieber, und die gedrückte Stimmung eines Menschen macht er froh, und durch seine süße Gemischtheit hilft er dem Gehirn zur Gesundheit und stärkt es sowohl durch seine Kühlwirkung als auch durch seine Ausgeglichenheit.«

  1–3 TL Flohsamen übers Essen streuen, mit viel Flüssigkeit (1–2 Tassen Fencheltee) hinunterspülen.
- Rosenlakritzsaft (Fa. Jura): Depression, manisch-depressives Irresein, Schleimhautenzündungen.

  Ein- bis dreimal täglich $^1/_2$ TL für 4 Wochen.

- Dinkel: Heiterkeit, Leistungskraft, Frohsinns, beseitigt die Schwarzgalligkeit, die Ursache aller schweren Krankheiten.
- Es wird empfohlen, zum Frühstück den Tag mit einem Dinkel-Habermus zu beginnen. (siehe auch Dinkel-Text im Kapitel Ernährung).
- Bertram: Intelligenz, Kräftigungsmittel, Universalgesundheitsmittel.

Anwendung: 1–3 x täglich 1–3 Messerspitzen übers Essen

- Mandeln: verbessern den Nervenstoffwechsel, Schutz vor vorzeitiger Demenz und Alzheimerkrankheit.
  Anwendung: 5–10 Mandeln pro Tag essen.
- Hafer: stärkt Freude, Gesundheit und Intelligenz, schöne Gesichtshaut.
  Anwendung: Haferflocken mit kochendem Wasser übergießen.
- Fenchel: gute Stimmung, gute Ausstrahlung und guter Körpergeruch.
  »Wie immer gegessen, macht der Fenchel den Menschen lustig (froh), gibt eine schöne Gesichtsfarbe und guten Körpergeruch und eine gute Verdauung.«
  Fenchel in allen Formen ist gesund: als Fencheltee, Fenchelgemüse oder auch als Fencheltabletten möglich: 3–5 Fencheltabletten (nach dem Essen) zerkauen. Diese helfen auch bei Sodbrennen und Aufstoßen. Fenchel beseitigt nicht nur die Schwarzgalle sondern beseitigt darüber hinaus auch noch die Fäulnisstoffe im Darm.
- Bohnenkraut: Antimelancholikum, verbessert die Sehschärfe.
- Ysop: Antimelancholikum
  Ysop – mit Hähnchen gekocht oder als frisches Kraut in Wein gelegt (und den Wein danach trinken) – hilft der vor Traurigkeit krank werdenden Leber. Ysop wird bereits in der Bibel öfter erwähnt.
- Veilchenelixier: Melancholie mit Lungenbeteiligung, Arbeitsunlust.
  ***Rezept: Veilchenelixier***
  15 g Veilchenblätter und -blüten
  in 1 l Biowein abkochen,

filtrieren, würzen mit
10 g Galgantwurzelpulver
20 g Süßholzwurzelpulver
Nochmals aufkochen, über Nacht stehen lassen, filtrieren.
4–6 Wochen lang täglich einmal eine $1/2$ Tasse.
Eventuell kann die Kur bis zu einer deutlichen Stimmungsaufhellung wiederholt werden. Wenn das Veilchenelixier nicht mehr schmeckt und man sich über den Geschmack ärgert, ist dies das sicherste Zeichen dafür, dass die Lebensgeister wieder erwachen.
Für Lungenleiden (ohne klassische Infektion) infolge einer Grippe oder Erkältung, die nicht heilen will, gibt es zwei Hauptursachen: entweder ein älterer Leberschaden (Gelbsucht oder Hepatitis) oder ein Gemütsleiden. Ist die Leber betroffen, hilft das Hirschzungen-Elixier, bei Schwermut hilft das Veilchenelixier. Das Veilchenelixier hilft darüber hinaus auch bei frühklimakterischen Depressionen mit Lungenbeteiligung, bei chronischen Depressionen sowie bei einfacher Schwermut und Unlustgefühl mit und ohne Lungenschädigung.

- Weinraute: Melancholie, Hitzewallungen, Depressionen, Verdauungsstörungen.
  Regelmäßig nach dem Essen isst man 1–2 frische Weinrautenblätter. Das vertreibt nicht nur die Melancholie sondern stärkt zusätzlich alle Venen des Körpers, da in der Raute das Permeabilitätsvitamin P enthalten ist, welches die Venen stärkt.
- Edelstein-Heilkunde: Edelsteine haben aufgrund ihrer eigenen Gitterschwingung einen starken Einfluss auf die Nerven, die mit der gleichen Stromstärke ihre Impulse zu den Organen senden. Kein anderes Medium hat daher so entscheidenden Einfluss auf den Zustand unserer Nerven. Neun Edelsteine stehen als Antimelancholika zur Verfügung. Sie helfen gegen die Traurigkeit und somit auch gegen den Zorn, der nach Hildegard aus der Traurigkeit entsteht.
- Sardonyx: stärkt alle fünf Sinnesorgane, Intelligenz und Weisheit.

- Onyx: gegen krankheitsbedingte Traurigkeit.
- Chalzedon: gegen Jähzorn und für die Nervenstärkung, Distanzierungsmittel vom Tagesstress.
  Der Stein sollte als Kette am Hals auf der so genannten Zornesader oder am Arm als Armband über dem Puls getragen werden, um seine volle Wirkung zu entfalten.
- Achatscheibe oder -kette: bei Vollmondanfälligkeit.
- Amethyst-Ring oder -kette: gegen destruktive Einflüsse.
- Bergkristallscheiben, Bergkristallkette: Nervenschwäche, Schilddrüsenleiden, Herzrasen, Ohnmachtsneigung, Synkope.
  In der Sonne anwärmen und warm in ein Glas Wasser legen und trinken. Sonnengewärmt aufs Sonnengeflecht legen oder als Kette tragen.
- Diamant: Prävention und Rehabilitation bei Schlaganfall.
  ***Rezept: Diamantenwasser***
  Einen (Roh-)Diamanten einen Tag in eine Karaffe mit Wasser legen und mit diesem Wasser alles Essen und Trinken zubereiten.
- Jaspisscheibe: Traumregulation, Herzrasen, Unruhe.
- Smaragd: Zur Abkürzung der Krampfphasen bei Epilepsie hat sich der Smaragd bewährt. Außerdem nehme man prophylaktisch dreimal täglich 1–3 Messerspitzen 10–30-prozentigen Galgant-Honig vor den Mahlzeiten (sehr bewährt!).
- Edelkastanien- und Hafersauna: beseitigen Zorn, stärken die Nerven, Schlaflosigkeit.
- Kubebenpfeffer: bei Hysterie, sexueller Übererregtheit, Sportlernerven, Genialität. »... zügelt die sexuelle Überregtheit, führt zu einer heiteren Gemütslage, schafft eine reine Auffassungsgabe und Geschicklichkeit.«
  ***Rezept:*** täglich 5–8 Körner kauen.
- Feigenfrucht: schwindende Geistes- und Körperkräfte. »... bei schwindenden Geistes- und Körperkräften, bis es ihm besser geht ...«.
- Straußenfleisch: Epilepsie, Kräftigungsmittel, Schwächezustände.
  »Wenn ein Mensch an Epilepsie leidet, soll er Straußen-

fleisch essen und es bringt ihm die Kontrolle über seinen Körper und Gesundheit.«

### Bei Nervenleiden sind zu empfehlen

- Gute, wohlschmeckende Speisen wie Dinkel, Edelkastanien, Obst und Gemüse, Mandeln, Feigen, Fenchel.
- Geflügel, besonders Strauß, Lamm, Ziege, Reh, Hirsch.
- Barsch, Hecht, Dorsch.
- Geringe Mengen Butter, kaltgepresstes Sonnenblumenöl.
- Kopfsalat mit Dinkel.
- Salzarme Ernährung mit frischen Kräutern und Gewürzen (Quendel, Galgant, Bertram).
- Nerventee, Fencheltee, Dinkelkaffee, Dinkelbier.
- Frischkäse, Quark.

### Bei Nervenleiden sind zu meiden

- Fettes Fleisch, Wurst, Speck, Schweinefleisch, geräuchertes, gepökeltes Fleisch, Fleischkonserven.
- Geräucherte Fische, Ölsardinen, Aal, Bückling, Fischkonserven.
- Raffinadezucker, Schokolade, Eisspeisen, zucker- und fettreiche Süßspeisen, Konfitüre außer Quitten-, Mispel-, Kornelkirsch-, Himbeer-, Brombeermarmelade.
- Vollraffinierte, gehärtete Fette, Margarine, Braten- und Backfette, Olivenöl.
- Auszugsmehlprodukte, fette Backwaren (Torten).
- Kaffee, Alkohol, Nikotin.
- Gesüßte Obstsäfte, Cola-Getränke, Spirituosen, Mineralwasser, Wein.
- »Küchengifte« (Erdbeeren, Pfirsiche, Pflaumen, Lauch) und Rohkost.

### Bei Epilepsie sind zu empfehlen

- Wohlschmeckende Speisen wie Dinkel, Obst und Gemüse, Hühnerfleischgerichte, Sellerie und Petersilie, Rindfleisch, Lammfleisch und besonders Straußenfleisch (krampfverhütend).
- Dinkelbier, gelöschter Wein, Nerventee.

### Bei Epilepsie sind zu meiden

- Schweinefleisch.
- Aal, Muscheln, Krabben, Tintenfische.
- Käse, Quark, Eier.
- Rohgemüse, Rohobst.
- Alles Gebratene, Geröstete.
- Konserven, Konservierungsmittel.

*Speiseplan Nervenleiden*

| | | |
|---|---|---|
| Montag | mittags | Kürbiscremesuppe;<br>Kopfsalat mit Dinkelkörnern;<br>Gefüllte Zucchini mit Gemüsekernotto;<br>und glacierten Karotten; Apfelküchle |
| | abends | Suppe; Fenchel-Orangen-Mandelsalat;<br>verschiedene Aufstriche, Dinkelbrot |
| Dienstag | mittags | Onyxsuppe; Kopfsalat mit Dinkel körnern; Maroni-Fenchelpastete mit Austernpilzsauce; Mandelbrokkoli und Vollkorndinkelnudeln; Himbeerquark |
| | abends | Gemüse-Dinkeleintopf mit Knoblauchbrot |
| Mittwoch | mittags | Maronicremesuppe; Grüner Salat mit Dinkelkörnern;<br>Meerrettichklöße mit Rote-Bete- und Pastinakengemüse; Mandelcreme |
| | abends | Suppe, Rote-Bete-Apfelsalat; Aufstrich, Dinkelbrot |

| | | |
|---|---|---|
| Donnerstag | mittags | Brühe mit Grießklößchen; Salat mit Dinkelkörnern; Dinkelspaghetti mit Gemüsegulasch; Waffeln mit Kirschkompott |
| | abends | Suppe, Karotten-Selleriesalat; Aufstrich, Dinkelbrot |
| Freitag | mittags | Rote-Bete-Suppe; Kopfsalat mit Dinkelkörnern; Felchenfilet, Dinkelkernotto; Fenchel-Karottengemüse; Rote Grütze |
| | abends | Suppe, Gemüsepizza |

# Vorbeugung und Behandlung von Nierenerkrankungen

*Nierensteine, Harnwegsinfektionen mit Pilzen oder Bakterien, Bluthochdruck, Wasseransammlungen (Ödeme) und Eiweißausscheidung im Urin*

Täglich muss die Niere etwa 1.700 l Blut filtrieren und 1$^1/_2$ l Harn ausscheiden, um Schlacken und Endprodukte des Eiweiß- und Urinstoffwechsels (Harnsäure, Harnstoff, Kreatinin) zu entfernen und den Säftehaushalt und Elektrolytgehalt (Natrium, Kalium, Kalzium) zu regulieren. Bei Nierenfunktionsstörungen kann es zu Wasseransammlungen (Ödemen), erhöhtem Blutdruck, Eiweißausscheidung im Harn sowie zu Nierensteinbildung kommen. Als Ursache für die Entstehung von Nierensteinen wird die Übersättigung des Urins mit steinbildenden Substanzen angesehen.

Der Hauptanteil aller Nierensteine (60%) besteht aus Kalziumoxalat und entsteht aufgrund einer zu hohen Aufnahme von Oxalsäure und/oder eines gesteigerten Kalziumabbaus aus den Knochen (Hypercalcämie) durch zu hohen Zuckerverbrauch. Für die Steinbildung wird auch ein Mangel an kristallisationshemmenden Substanzen (Magnesium, Pyrrophosphat-Citrat) durch Stress verantwortlich gemacht. Bei der Behandlung von Kalziumoxalatsteinen ist daher außer auf die Stressverminderung auf eine Einschränkung von kalziumhaltigen Lebensmitteln (Milch und Milchprodukte) und oxalsäurehaltigen Speisen (Mangold, Spinat, Rhabarber, Kakao, Schokolade, schwarzer Tee) und auf eine Erhöhung der Trinkmenge auf 1–2 l pro Tag zu achten. Besonders Dinkelgrießsuppen führen zu einer gründlichen Nierenspülung.

## Phosphatsteine

Diese Steine entstehen besonders bei Harnwegsinfektionen. Hier empfiehlt sich eine Ansäuerung des Urins zur Vermeidung von Rezidivsteinen. Dinkelgrießsuppen, Dinkelbier und Salbeitee sowie ein paar Tropfen Weinessig über alles Essen werden empfohlen.

### Organische Harnsäuresteine

Eine Übersättigung des Urins mit Harnsäure durch tierisches Eiweiß, Innereien, Salz und Matjeshering sowie Kaffee kann zu Gicht und Harnsäuresteinen führen. Eine basenreiche vegetarische Kost auf der Basis von Dinkelprodukten, besonders Dinkelgrießsuppen, Kichererbsen, Gemüse und Salaten mit reichlich Flüssigkeit, Kräutertee und Dinkelbier wird empfohlen.

### Zystinsteine

Bei chronischen Störungen der Nierenfunktion und ungenügender Zystinresorption durch die Niere entstehen gelbe Zystinsteine. Die Zystinausscheidung kann ebenfalls durch eine basische Kost auf der Grundlage von Dinkel, Obst und Gemüse gesenkt werden.

## Therapieplan Nierenerkrankungen

1. Hildegard-Fasten zur Anregung der Stoffwechselschlackenausscheidung durch die Niere.
2. Hildegard-Aderlass zur Blutdruckregulation und Entlastung des Stoffwechsels von nierensteinbildenden Substanzen (Phosphat, Oxalat, Harnsäure).
3. Hildegard-Aufbaukur mit Dinkel, Obst und Gemüse, Kochsalz- und Eiweißbeschränkung.
4. Hildegard-Heilmittel:
   - Wermuttrank: zur Durchblutung der Nieren, Nierendrainage vor Dialyseeinsatz , Verhütung von Arteriosklerose.
     ***Rezept: Wermuttrank***
     40 ml Wermutfrühlingssaft in 1 l kochenden Wein mit 150 g Honig gießen, sofort von der Hitze nehmen, filtrieren und steril abfüllen.
     Von Mai bis Oktober jeden 3. Tag ein Likörglas (20 ml) vor dem Frühstück nüchtern. Jeden 3. Tag bedeutet: an einem

Tag nehmen, am zweiten Tag eine Pause machen, am dritten Tag wieder nehmen. In akuten Fällen kann auch das ganze Jahr hindurch Wermut genommen werden. Kinder nehmen entsprechend eine kleinere Menge (1 TL bis 1 EL).

- Weinrautensalbe: Nierenschmerz, Nierenleiden, Hochdruck, Magenschwäche, chronische Nieren-Erkrankung, zur Wiederherstellung der geschwächten Nierenfunktion (Niereninsuffizienz), zur Regeneration des durch Nierenstein- bzw. Nierengrieß-Bildung zerstörten Nierengewebes. Ich benutze die Nierenmassage auch zur Bluthochdruck-Regulation, sogar in Notfällen.

  »Wenn ein Mensch in den Nieren und um den Lendenbereich (Schmerzen) leidet, kommt dies oftmals durch ein Magen-Darmleiden. Dann soll dieser Mensch Weinraute nehmen und Wermut im gleichen Gewicht und mehr als diese beiden Bärenfett und das zusammen verarbeiten. Dann reibe er sich damit an einem (Holz-)Feuer kräftig dort ein, wo es ihm weh tut.«

  ***Rezept: Weinrautensalbe***

  | | |
  |---|---|
  | 20 g Weinrautenblätter | 5 Tropfen Rosenöl |
  | 20 g Wermutkraut | 50 g Bärenfett |

  Zur kurmäßigen Einreibung über der Nierengegend vor dem offenem Ulmenholzfeuer einmassieren. Rotlicht ist nur ein schwacher Ersatz.

- Dinkelbier: Nierendrainage.
- Dachsfellgürtel: Nierenschwäche, Durchblutungsstörungen, Prophylaktikum.
- Petersilien-Honigwein mit Petersilienwurzel: Mittel zur Anregung der Diurese, Nierendrainage, Entwässerung.

  ***Rezept: Petersilien-Honigwein mit Petersilienwurzel***

  1 l Biorotwein
  10 Stengel Petersilie
  1 Petersilienwurzel
  2 EL Weinessig, 5 Minuten aufkochen
  150 g Honig
  5 Minuten aufkochen, abschäumen, filtrieren,
  steril abfüllen.
  Dreimal täglich nach dem Essen.

## Bei Nierenleiden sind zu empfehlen

- Dinkel, Bohnen, Obst und Gemüse.
- Salzarme, eiweißarme Küche mit frischen Kräutern und Gewürzen, Zitrone, Weinessig, Zwiebel, Knoblauch, Meerrettich.
- Kaltgepresstes Sonnenblumenöl, wenig Butter.
- Getränke: Quittensaft, Fenchel-Salbeitee, Dinkelkaffee, Dinkelbier, durchgegorener Apfelmost, Nierentee, Salbei-, Fenchel-, Zinnkraut-, Goldrute-, Birken-, Brennnesseltee.

## Bei Nierenleiden sind zu meiden

- Fettes Fleisch, Wurst, Speck, Schweinefleisch, geräuchertes, gepökeltes Fleisch, Fleischkonserven, Innereien.
- Geräucherte Fische, Ölsardinen, Aal, Bückling, Fischkonserven, Salz- und Matjeshering.
- Pilze und Bakterien lieben Süßes, daher keinen Honig, Zucker Raffinadezucker, Schokolade, Eisspeisen, zucker- und fettreiche Süßspeisen, Konfitüre außer Quitten-, Mispel-, Kornelkirsch-, Himbeer-, Brombeermarmelade.
- Vollraffinierte, gehärtete Fette, Margarine, Braten- und Backfette.
- Auszugsmehlprodukte, fette Backwaren (Torten).
- Kaffee, Alkohol, Nikotin.
- Gesüßte Obstsäfte, Cola-Getränke, Spirituosen, Mineralwasser.
- ›Küchengifte‹ (Erdbeeren, Pfirsiche, Pflaumen, Lauch), Rohkost und scharfe Gewürze.
- Konserven, Konservierungsmittel.

*Tagesmenü bei Nierenleiden*

| | |
|---|---|
| morgens | Habermus |
| | Dinkelkaffee |
| mittags | Dinkelgrießsuppe mit Quendel |
| | Gegrillter Hecht mit Dill und Thymian |
| | Quittenkompott |
| abends | Rote Bohnensuppe |

# Vorbeugung und Behandlung von Krebs und Abwehrschwäche

Die gute Botschaft heißt: mit der Hildegard-Heilkunde und besonders mit der Kost aus Dinkel, Obst und Gemüse kann man die Krebsrate halbieren. Wie wissenschaftliche Ernährungsstudien an vier Kontinenten in den letzten fünf Jahren gezeigt haben, sind 40 bis 55% aller Faktoren, die Krebs auslösen können von der richtigen Ernährung abhängig. Krebs ist eine verhütbare Krankheit.

Nach meiner Erfahrung gelingt es mit der Hildegard-Heilkunde, den Krebs in der Zeit der Präkanzerose (Vorstadium des Krebses) so rechtzeitig zu erkennen und zu bekämpfen, dass er gar nicht erst ausbrechen kann. Darüber hinaus sind dieselben Hildegard-Heilmittel in der Zeit nach der Krebsoperation als Tumor-Rezidiv-Prophylaxe so wirksam, dass der Krebs keine Chance hat zurückzukehren. Voraussetzung ist jedoch immer auch eine Beseitigung aller seelischen Faktoren, die die Krebskrankheit ausgelöst haben.

Krebs ist kein lokal beschränktes Leiden, sondern eine autoaggressive Erkrankung, von der der ganze Organismus betroffen ist. Der gesamte Stoffwechsel und alle Abwehrfunktionen des Körpers sind in Mitleidenschaft gezogen. Hildegard beschreibt eine der Krebserkrankung vorausgehende Erkrankung – die ›Vicht‹. Dies ist die Phase der Präkanzerose, die sich in einer Schwächung von fünf Organen und des Immunsystems meist mit sechs charakteristischen Frühwarnsymptomen bemerkbar macht:

1. Herz: Herzschmerzen, Herzschwindel, Herzschwäche.
2. Ständige Erkältung, rheumatische Schmerzen, Hexenschuss, Ischias, Rheuma.
3. Lunge: ständige Erkältung, Bronchitis, chronischer Husten.
4. Leber: erhöhte Leberenzymwerte, Leberschwäche, Hepatitis.

5. Magen: Magenschmerzen, Magenschleimhautentzündung, Aufstoßen, Sodbrennen, Schluckauf.
6. Darm: Blähungen, Dysbakterie, kolikartige Bauchschmerzen, Darmstörungen, Durchfall und Verstopfung im Wechsel.

Hinzu kommen ständige Rückenschmerzen, Lumbago und Ischialgie, Angst vor Krebs und Krebs in der Familie.
Aus schulmedizinischer Sicht klingen die Statistiken allerdings nicht gerade ermutigend. Jeder 5. Bundesbürger stirbt heute an Krebs. Jährlich erkranken 400.000 Bundesbürger an Krebs, Jahr für Jahr werden es 6.000 mehr, davon sterben jährlich 200.000 trotz radikaler schulmedizinischer Behandlung mit Operationen, Bestrahlung und Chemotherapie. Nach fünf Jahren leben nur noch 20% aller behandelten Krebspatienten, eine nicht gerade ermutigende Statistik.

Der Verein zur Erforschung und Bekämpfung des Krebses empfiehlt ab dem 45. Lebensjahr jährlich eine Vorsorgeuntersuchung und gibt in Übereinstimmung mit der Europäischen Union die Regeln gegen den Krebs an:

- Rauchen Sie nicht
- Verringern Sie Ihren Alkoholkonsum
- Vermeiden Sie starke Sonnenbestrahlung
- Folgen Sie den Gesundheits- und Sicherheitsvorschriften am Arbeitsplatz
- Essen Sie viel frisches Obst und Gemüse sowie Getreideprodukte mit hohem Fasergehalt
- Vermeiden Sie Übergewicht
- Gehen Sie zum Arzt, wenn Sie eine ungewöhnliche Schwellung oder Blutung oder eine Veränderung an einem Hautmal bemerken
- Gehen Sie zum Arzt, wenn Sie andauernde Beschwerden haben
- Gehen Sie einmal im Jahr zur Krebsfrüherkennungsuntersuchung.
- Für Frauen gilt außerdem: Untersuchen Sie regelmäßig Ihre Brust
- In der Zeit der Präkanzerose kann man Krebs durch die Hilde-

gard-Heilmittel am wirksamsten verhüten. Da bei der Krebserkrankung auch immer eine Stoffwechselerkrankung vorliegt, ist sie durch eine Umstellung der Ernährung auf Dinkel, Obst und Gemüse günstig zu beeinflussen.

## Therapieplan Krebs und Abwehrschwäche

1. Hildegard-Fasten
2. Hildegard-Psychotherapie
   Positive Lebenseinstellung durch die Transformation negativer Energien in spirituelle Gesundheit
3. Hildegard-Aufbaukur mit Dinkel, Kastanien, Obst und Gemüse
4. Hildegard-Aderlass, ein- bis zweimal jährlich, danach Wasserlinsen-Elixier.
   Zur Krebsbehandlung gehört eine konsequente Entfernung aller Giftstoffe des Krebsstoffwechsels sowie aller chronischen Entzündungs- und Infektionsherde. Dazu gehören Zahnherde, chronische Mandelentzündung, chronische Nebenhöhlenentzündung, Gallenblasen-, Nieren- und Blasenentzündungen. Neben den gezielten großen Organheilmitteln hilft in allen Fällen der Aderlass nach den Regeln der Hildegard-Heilkunde. Dadurch werden die Giftstoffe im Körper, insbesondere Schwarzgalle und schlechte, krankmachende Säfte entfernt und Hormone sowie Abwehrkräfte angeregt.
   Die Hildegardische Analyse des Aderlass-Blutes erlaubt eine gute Prognose über die Bösartigkeit der Krankheit und die Heilungsaussichten insbesondere Hinweise auf Herdgeschehen (Entzündungszeichen), Stimmungs- und Stresslage (Schwarzgalle) sowie Ernährungslage (Stoffwechselstörungen)
5. Hildegard Darmsanierung
6. Hildegard Heilmittel:
   - Wasserlinsen-Elixier (Fa. Jura): Präkanzerose, Krebs, Tumorrezidivprophylaxe, Säftereinigung, kolikartige Krämpfe
     ***Rezept: Wasserlinsen-Elixier***
     5 g Ingwerwurzel
     25 g Zimtrinde

2 g Salbeiblätter
2 g Fenchelsamen
1 g Rainfarnkraut ohne Blüten
6 g weißer Pfeffer
14 g Blutwurzkraut
20 g Ackersenf
14 g Labkraut
20 g Wasserlinsen
70 g Honig, abgeschäumt
1 l Weißwein
Anwendung: Täglich 1 Likörglas (20 ml) vor dem Frühstück und 1 Likörglas vor dem Schlafengehen.
Die Krebskrankheit ist keine lokal begrenzte Krankheit, die man mit dem Messer herausschneiden kann, sondern eine schwere innere Allgemeinerkrankung, die durch tumorauslösende Gifte und ein geschwächtes Immunsystem verursacht wird. Daher sollte nach jeder Tumoroperation das Wasserlinsen-Elixier auch neben der Chemotherapie eingesetzt werden, wodurch das Abwehrsystem gestärkt wird. Bewährt hat sich eine Ein-Jahres-Kur ohne Unterbrechung.

- Anguillan: Krebskrankheit, Krebs mit Metastasen.

Überall da, wo Zytostatika verwendet werden, kommt auch eine Ganzheitstherapie mit dem Krebsmittel nach Hildegard (Anguillan) in Frage. Das Mittel hat keine schädlichen Nebenwirkungen und wird, homöopathisch potenziert, als D6, D12 und D30 kurmäßig eingesetzt.

***Rezept: Anguillan***

6 g Aalgalle (Fel. Anguillae)
2 ml Weinessig(Aceti vini)
8 g Honig (Mel. simpl.)
stark aufkochen, dann gebe man dazu:
1 g Ingwerwurzelpulver (Rhiz. Zingiber. pulv.)
2 g langer Pfeffer (Piper longum pulv.)
2,4 g Basilikumkrautpulver (Hb. Basil. pulv.)
3 g Geierschnabelpulver (rostri vult. rasp.)
4 g Elfenbeinpulver (Ebur. rasp.)
mit Weißwein gekocht und aufgefüllt auf 1 l, potenziert auf D6, D12, D30.

Zunächst nimmt der Patient D6, dann D12 und schließlich D30 jeweils dreimal täglich 10 Tropfen in (Petersilienhonig-)Wein vor und nach dem Essen für je 4–6 Wochen.

- Veilchencreme: Zysten, Myome, Fibrome, Basaliome, Mastopathie, Bindegewebeknoten, Brustkrebs, Narbenentstörung, Kopfschmerzen, Wundheilungsstörungen.
  Ich empfehle aber grundsätzlich, den Brustkrebs unter Schafgarbenschutz unter möglichster Schonung und unter Erhaltung der Brust (Lumpectomie) und der Lymphe operieren zu lassen und dann mit Wasserlinsen-Elixier und Veilchensalbe nachzubehandeln, um Rezidive zu verhindern.
  ***Rezept: Veilchencreme***
  20 ml Veilchensaft
  10 ml Olivenöl
  20 g Ziegenfett
  5 Tropfen Rosenöl
  Hat sich bewährt bei Eierstockzysten, wobei sich die Zysten innerhalb von 2–3 Wochen verkleinern oder teilweise ganz verschwinden (unter Kontrolle von Ultraschall).
- Schafgarbentee und -pulver: Operationsschutz vor Sepsis, Wundheilungsschäden, Schutz vor Bestrahlung und Mikroblutungen.
  3 Tage vor der Operation täglich 3 Messerspitzen Schafgarben-Pulver in warmem Herzwein bzw. Wein oder anfangs in Fencheltee. Auch nach der Operation die gleiche Menge täglich noch 8 Tage lang. Die Wunden heilen nach der Krebsoperation sehr schön glatt und schnell. Auch zum Schutz vor Strahlenschäden des gesunden Gewebes soll die Schafgarben-Behandlung angewendet werden.
- Lavendelöl: Ganzkörpermassage mit Lavendelöl, zur Stärkung und Energiezufuhr bei Krebspatienten.
- Gundelrebenelixier (Fa. Jura): chronischer Husten; speziell bei Lungenleiden mit Bronchialkrebs empfiehlt Hildegard ein Mittel aus Gundelreben.
  ***Rezept: Gundelrebenelixier***
  50 g Gundelrebenblätter
  60 g Basilikumblätter

80 g Feldkümmel
2 l Wasser
Alles miteinander aufkochen.
30 g Muskatnusspulver
10 g Galgantpulver
60 g Birnenmistelpulver
4 l Weißwein
Alles miteinander 5 Minuten aufkochen, 600 g Honig hinzufügen und nochmals 5 Minuten aufkochen.
Dreimal täglich 1 Likörglas (20 ml) vor und zwei Likörgläser (40 ml) nach dem Essen.

- Brennnesselhonig: Darmparasiten, Würmer, Spulwürmer.
  ***Rezept: Brennnesselhonig***
  10 ml Brennnesselsaft
  10 ml Königskerzensaft
  20 ml Walnussblättersaft
  (ersatzweise Urtinktur Walnuss; Juglans regia)
  2 EL Weinessig
  150 g Honig
  1 l Biowein
  Alle Zutaten mischen und 5 Minuten aufkochen, abschäumen und in die Originalflasche steril zurückfüllen.
  Täglich 1 Esslöffel vor und 1 Likörglas nach dem Essen für 2 Wochen.
- Pflaumenaschenlauge (Fa. Jura), zur Verhütung von Haarausfall; auch durch Chemotherapie oder Hormonregulationsstörungen.
  Die Pflaumenaschenlauge ist stark alkalisch und muss daher vor der Anwendung 1:1 mit Wasser verdünnt werden.
  Nach dem Haarewaschen wird der Kopf mit einer Mischung aus 1–2 Likörgläsern Pflaumenaschenlauge und der gleichen Menge Wasser verdünnt einmassiert; nicht nachspülen, nur einfrottieren oder einföhnen. 1–2-mal wöchentlich für mindestens 2 Monate.
  Wenn die Haarwurzeln bereits zerstört sind, ist allerdings ein Haarwachstum nicht mehr möglich.
- Lavendelbäder: Anregung der Hautfunktion (mit Lavendel-

Bademilch (Fa. Weleda), bei 38°C ein- bis zweimal wöchentlich 20 Minuten lang baden.
- Amethyst-Sauna-Aufgüsse und Trockenbürsten: bei Krebs und Knochenschmerzen.

### Ernährungstherapie bei Krebs

Die Hildegard-Küche auf der Basis von Dinkel, Obst und Gemüse ist nach wie vor nicht nur der beste Schutz gegen Krebs sondern auch nach Krebsausbruch die beste Antikrebsdiät.

Bereits im Jahre 1980 sind vom amerikanischen National Cancer Institute die Zusammenhänge von Ernährung und Krebshäufigkeit in großen epidemiologischen Studien untersucht worden. Das Institut kommt dabei zu folgendem Ergebnis:
- Höheres Krebsrisiko bei Überernährung bzw. Übergewicht.
- Beziehungen zwischen hohem Fettkonsum (Fleisch, fetter Käse, viele Eier) und der Häufigkeit bestimmter Krebsarten.
- Höheres Krebsrisiko bei höherem Alkoholkonsum.
- Hinweise eines höheren Krebsrisikos bei Mangel an frischem Obst, Gemüse und Getreideprodukten.

In einer großen zehnjährigen multinationalen Studie konnte festgestellt werden, dass die so genannte gutbürgerliche Kost mit sehr viel fettem Käse, Fleisch und fettreicher, süßer Ernährung im Vergleich zu Personen mit vegetarischer Kost (Asiaten und Adventisten) ein großes Krebsrisiko beinhaltet. Er konnte zeigen, dass eine fettreiche Ernährung zu einem höheren Cholesterinspiegel führt, der die Produktion von Sexualhormonen übernatürlich ansteigen lässt und so die hormonabhängigen Tumorarten (Brustkrebs, Dickdarmkrebs, Prostatakrebs) ansteigen. Durch eine mehr oder weniger vegetarische Ernährung mit Dinkel, Obst und Gemüse kann man das Krebsrisiko senken, wobei Cholesterin- und Sexualhormonspiegel im Normalbereich liegen.

Da die Sexualhormone in unmittelbarer Abhängigkeit vom Cholesterinspiegel stehen, und dieser Cholesterinspiegel durch zu viel Fleisch, fetten Käse und Eierverzehr erhöht wird, ist es ratsam, diese Produkte vom Speisezettel des Krebspatienten zu streichen, bzw. sehr stark einzuschränken.

## Krebshemmende Stoffe in Getreide, Obst und Gemüse

Das Nationale Krebsinstitut in den USA hat bereits 1990 ein großes Programm zur Erforschung der so genannten Phytochemikalien durchgeführt, bei dem die Getreidearten Obst und Gemüse auf Inhaltsstoffe untersucht werden, die in der Lage sind, das Tumorwachstum zu behindern, zu hemmen, ja sogar krebserregende Stoffe aus den Körperzellen zu beseitigen und das Krebswachstum zu beseitigen. Dazu gehört auch das im Dinkel vorkommende Rhodanid, das die Zellmembranen so dicht verschließt, dass die Krebserreger kaum eine Chance haben in die Zelle einzudringen und Krebs auszulösen.

Aus Gemüse, Obst und Getreidearten gelangen ebenfalls Eiweißstoffe in die Zellen, die in der Lage sind, die Krebsauslöser wieder aus den Zellen herauszutransportieren.

## Bei Präkanzerose, Krebs und Immunschwäche sind zu empfehlen

- Speisen aus Dinkel, Edelkastanien, Obst und Gemüse, auch Reh- und Hirschleber, insbesondere Edelkastanien
- Kopfsalat mit Dinkel
- Naturbelassenes, kaltgepresstes Sonnenblumenöl, Butter, wenig frische Sahne
- Salzarme Küche mit frischen Kräutern und Gewürzen (Galgant, Bertram, Quendel)
- Buttermilch, Sauermilch, körniger Frischkäse
- Fencheltee, Dinkelkaffee, Dinkelbier, Wein, schwarzer Johannisbeersaft, durchgegorener Apfelmost.

## Bei Präkanzerose, Krebs und Immunschwäche sind zu meiden

- Fettes Fleisch, Wurst, Speck, Schweinefleisch, geräuchertes, gepökeltes Fleisch, Fleischkonserven
- Geräucherte Fische, Ölsardinen, Aal, Bückling und Fischkonserven
- Raffinadezucker, Schokolade, Eisspeisen, zucker- und fettrei-

che Süßspeisen, Konfitüre außer Quitten-, Mispel-, Kornelkirschmarmelade
- Vollraffinierte, gehärtete Fette, Margarine, Braten- und Backfette
- Auszugsmehlprodukte, fette Backwaren (Torten)
- Kaffee, Alkohol, Nikotin
- Gesüßte Obstsäfte, Cola-Getränke, Spirituosen und Mineralwasser
- ›Küchengifte‹ (Erdbeeren, Pfirsiche, Pflaumen, Lauch), Rohkost, Nachtschattengewächse (Kartoffeln, Tomaten, Paprika, Auberginen)
- Konserven, Konservierungsmittel.

***Speiseplan für Präkanzerose, Krebs und Abwehrschwäche***

| | | |
|---|---|---|
| Montag | morgens | Habermus |
| | mittags | Maronisuppe;<br>Gemüseplatte (Rote Bete, Fenchel, Zucchini), Kräutersauce, Kichererbsenpüree;<br>Grüner Salat mit Dinkelkörnern;<br>Rote Grütze |
| | abends | Dinkelgrießsuppe mit Gemüsestreifen, Maroniaufstrich pikant, Dinkelbrot, Fencheltee |
| Dienstag | morgens | Habermus |
| | mittags | Rote-Bete-Suppe;<br>Rehleber mit Dinkelspätzle;<br>Grüner Salat mit Dinkelkörnern;<br>Bratapfel |
| | abends | Dinkelgrieß-Suppe, mariniertes Gemüse, Bohnenkernsalat, Dinkelbrot |
| Mittwoch | morgens | Habermus |
| | mittags | Spinatcremesuppe;<br>Kichererbsen-Bratlinge mit Mandelsauce oder Galgantsauce; Grüner Salat mit Dinkelkörnern; Maronicreme |

| | | |
|---|---|---|
| | abends | Dinkelgrieß-Suppe; Dinkelbrot, Hühnerleber-Aufstrich |
| Donnerstag | morgens | Habermus |
| | mittags | Kastanien-Kürbis-Suppe; Grüner Salat mit Dinkelkörnern; Überbackenes Fenchelgemüse, Dinkelvollkorn-Nudeln; Quittenmus |
| | abends | Gemüsesuppe; Apfel-Zwieback-Auflauf mit Kirschsauce |
| Freitag | morgens | Habermus |
| | mittags | Kichererbsen-Suppe; Grüner Salat mit Dinkelkörnern; Gedünsteter Fisch, Karotten-Sellerie-Gemüse, Dinkelkörner; glasierte Maroni |
| | abends | Fischsuppe, Fenchel-Orangen-Salat zu Butterbrot |
| Samstag | morgens | Habermus |
| | mittags | Reh-Lebercremesuppe; Grüner Salat mit Dinkelkörnern; Dinkelkernottogericht indischer Art (süß-sauer-pikant) mit Äpfeln und Zwiebelringen; Obstsalat |
| | abends | Fenchelsuppe; Kastanien-Pastete |
| Sonntag | morgens | Habermus |
| | mittags | Minestrone; Kopfsalat mit Dinkelkörnern; Hirschgeschnetzeltes mit Preiselbeer-Apfel und Dinkelspätzle, grüne Bohnen; Apfelstrudel |
| | abends | Dinkelschrotsuppe; Rote-Bete-Timbale mit grünem Salat |

# Vorbeugung und Behandlung von Rheuma und Gicht

Rheumatismus ist keine lokal beschränkte, sondern eine den ganzen Organismus ergreifende Allgemeinerkrankung, bei der der Stoffwechsel des ganzen Körpers und insbesondere des Bindegewebes autoaggressiv angegriffen wird. Gicht ist eine jahrelang unbemerkte Anhäufung von Harnsäure, die sich dann im ersten Schmerzschub in der großen Zehe bemerkbar macht. Da Alkohol die Ausscheidung von Harnsäure über die Nieren beeinträchtigt, ist Gicht besonders häufig eine Krankheit reicher Leute, bei denen Steakessen und Rotweintrinken zu Statussymbolen geworden sind.

Obwohl eine Umstellung der Ernährung allein bei Rheuma und Gicht nicht ausreicht (Hildegard beschreibt über hundert andere Rheumamittel), muss bei einer Rheumatherapie immer auch auf die richtige Ernährung mit Dinkel, Obst und Gemüse geachtet werden. Wichtigstes Ziel der Therapie ist die Beseitigung von Stoffwechselschlacken und Giften (Toxine von Bakterien und Viren, Amalgamfüllungen) aus dem Bindegewebe, den Blutgefäßen, der Muskulatur und den Gelenkkapseln durch das Hildegard-Fasten, den Hildegard-Aderlass sowie durch Schröpfen und eine Umstellung der Ernährung auf Dinkel, Obst und Gemüse.

Die echte Gicht wird von Hildegard als ›podagra‹ (also echte Harnsäuregicht) beschrieben. Sie beruht schließlich nur auf zwei Ursachen, nämlich auf einer Ernährung mit zu viel Fleisch, fettem Käse, Eier und Milchprodukten sowie zu starkem Alkoholkonsum. Daher ist auch eine Diät mit Dinkel, Obst und Gemüse der beste Schutz vor der Gichtkrankheit:

Gicht war früher die Krankheit der Könige und des Adels und ist heute eine Zivilisationskrankheit der westlichen Überflussgesellschaft. Durch zu viel Essen und Trinken kommt es zu einer

Erhöhung des Harnsäurespiegels. Da Harnsäure im Blut nur schwer löslich ist, kristallisiert die Harnsäure aus und lagert sich in Gelenken und im Gewebe ab und ruft dort Entzündungen hervor.

Gicht ist eine reine Stoffwechselkrankheit, bei der durch den Abbau von Fleisch Purine entstehen. Purine sind in allen körpereigenen Zellkernen zum Aufbau des menschlichen Erbgutes nötig, wobei überschüssige Purine zu Harnsäure abgebaut werden und über den Urin ausgeschieden werden. Bei der Gicht sind diese Ausscheidungsvorgänge gestört, wobei zu viele Purine zu Harnsäure abgebaut und zu wenig Harnsäure über die Niere ausgeschieden wird. Folglich steigt der Harnsäurespiegel im Blut und bildet an Gelenken, Schleimbeutel und Sehnenscheiden und an den Nieren Harnsäurekristalle, die zu starken Entzündungen und Schmerzen an den Gelenken führen. Ganz aus heiterem Himmel kann meistens nachts ohne Vorankündigung ein akuter Gichtanfall auftreten. Die Harnsäurekristalle werden unbehandelt immer größer und vom Gewebe eingekapselt. Dadurch kommt es zu den typischen Gichtknoten und im weiteren Verlauf zur Verformung der Gelenke. Frauen sind bis zum Klimakterium durch ihre Hormone vor Gichtanfällen sicher, nach dem Klimakterium gelten jedoch für Frauen die gleichen Bedingungen wie für Männer. Es können viele Jahre vergehen, bis durch einen erhöhten Harnsäurespiegel ein Gichtanfall ausgelöst werden kann. Meistens tritt dieser Anfall – wie Hildegard schreibt – als Podagra im rechten Zehengelenk auf.

## Therapieplan Rheuma

1. Hildegard-Fasten.
2. Hildegard-Psychotherapie.
   Da Hildegard den Zorn als rheumaauslösenden Risikofaktor beschrieben hat, kann man mit Geduld den Zorn besiegen. Der Chalzedon mit seiner zornbeseitigenden Wirkung und der gelöschte Wein gehören zu den wichtigsten Maßnahmen gegen den Zorn.
3. Hildegard-Aderlass (ein- bis zweimal jährlich), Schröpfen, Packungen, Edelkastanien-Sauna.

4. Hildegard-Aufbaukur mit Dinkel, Obst und Gemüse.
5. Ausgleich zwischen Ruhe und Bewegung ohne Belastung (Gymnastik, Tanz, Zilgrei-Atemtherapie, Radfahren, Schwimmen).
6. Hildegard-Darmsanierung mit Bärwurz-Birnen-Honig.

## Therapieplan Gicht

Eine purinfreie Kost ist der beste Schutz vor Gicht, denn je höher der Purin-Anteil in den Lebensmitteln, umso größer ist auch das Risiko, Gicht zu bekommen. Um den Teufelskreis zu durchbrechen, müssen die Ursachen beseitigt werden, z. B. durch eine Umstellung auf Dinkel, Obst und Gemüse.

*Absolut verboten sind:*

Lebensmittel mit hohem Purin-Anteil: Heringe, Fleisch, Innereien, Sardinen, Hefe, Wurstwaren sowie Alkohol in Wein und Bier, der die Ausscheidung von Harnsäure durch die Nieren verhindert.

*Zu vermeiden sind:*

Lebensmittel mit geringem Purin-Anteil wie Sardinen, Schinken, Hühnersuppe, Fleisch, Schaf, Fasan, Lachs, Forelle, Truthahn, Reh, Krabben und Hummer.

*Vorsicht bei:*

Spargel, Bouillon, Blumenkohl, Fisch, Bohnen, Linsen, Leberwurst, Pilzen, Austern, Erbsen, Schwein, Hase, Spinat, ›Küchengifte‹ und Rohkost.

*Erlaubt sind:*

Dinkel, Obst und Gemüse, Butter und Sauermilchprodukte in kleinen Mengen. Gesundheitsei, Mandeln.

Mindestens 2–3 l am Tag trinken, vorzugsweise Fencheltee, Salbeitee, Apfelschalentee, Dinkelkaffee.

*Am besten ist:* Dinkelgrießsuppe mit viel Gemüse zum Durchspülen der Niere.

## Die Basismittel für Rheuma und Gicht

- Wasserlinsen-Elixier: der gesamte rheumatische Formenkreis: Rheumatische Arthritis, Arthritis, Lupus erythematodes, Sklerodermie, Rheumatische Schmerzen, Koliken, Fehlsäfte, Bauchkrämpfe, Abwehrschwäche und Autoaggression zur Reinigung des Bindegewebes und zur Entfernung schlechter Säfte.
  Mit dem Wasserlinsen-Elixier steht ein wichtiges Universalheilmittel zur Verfügung, das sich zur Reinigung des Bindegewebes und zur Beseitigung der rheumatischen Entzündung schon an Tausenden von Patienten erfolgreich bewährt hat. Auffallend ist die rasche Schmerzbeseitigung schon innerhalb von wenigen Tagen. Das Wasserlinsen-Elixier ist in der Lage, das körpereigene Abwehrsystem zu modulieren, d. h. die überschießende, zur Entzündung führende Abwehrkraft wird gedämpft und die zu schwache, zu Krebs führende Abwehrkraft wird angeregt.
  ***Rezept: Wasserlinsen-Elixier***
  (siehe Kapitel *Krebs und Präkanzerose*)
- Goldkur: Immunmodulation bei rheumatischer Arthritis, chronischer Polyarthritis und bei allen Autoaggressionserkrankungen, Gesundheitsmittel, Grippevorbeugung.
  Die Hildegardische Goldkur darf nicht verwechselt werden mit der Behandlung durch hochgiftiges Goldsalz in der Schulmedizin. Hildegards Goldkur dagegen verwendet naturreines Nugget-Gold und hat keine Nebenwirkungen.
  ***Rezept: Goldkur***
  1,2 g reines gepulvertes Nugget- oder Flussgold
  2 EL Dinkelmehl oder Vollkornweizenmehl
  2 EL Wasser
  Daraus einen Teig kneten, halbieren und eine Hälfte am 1. Tag eine halbe Stunde vor dem Frühstück essen. Die andere Hälfte zu einem Keks formen und bei 180°C 5 Minuten backen und am nächsten Tag eine halbe Stunde vor dem Frühstück essen.
- Krauseminzen-Elixier: Rheumaschmerzen, Muskelschmerzen, Weichteilrheuma, Präkanzerose.
  ***Rezept: Krauseminzen-Elixier***
  20 ml Krauseminzensaft (-Urtinktur) (Fa. Jura)

80 ml Wein
Saft mit Wein mischen. Man nimmt vor dem Frühstück 1 Likörglas davon, ebenso abends nach dem Abendessen und nachts vor dem Schlafengehen.
Bei Magenunverträglichkeit reduziert man die Menge auf 1 TL. In Ausnahmefällen kann man auch Krauseminzen-Urtinktur nehmen. 5–10 Tropfen in 1 Likörglas Wein morgens, abends nach dem Abendbrot und nachts.

- Wegerichsaft: Gicht, Rheumaschmerzen, Rheumaherde.
  ***Rezept: Wegerichsaft (Urtinktur)***
  Dreimal täglich 5–10 Tropfen in 1 Likörglas Petersilienhonigtrank nach dem Essen.
- Galgantwurzel-Wein: Rückenschmerzen, Kreuzschmerzen, Seitenstechen, Bandscheibenschmerzen:
  ***Rezept: Galgantwurzelwein***
  1 TL Galgantwurzeln (geschnitten)
  1 Glas guten Wein
  Galgantwurzeln 2–3 Minuten in 1 Glas Wein aufkochen, absieben, warm schluckweise trinken.
- Wermut-Trank: Reinigung des Bindegewebes, rheumatischer Formenkreis, Sklerodermie.
- Quittenkur: Universalmittel bei Rheuma und Gicht, Rheuma, Arthritis, Rheumaprophylaxe, Senkung von überhöhten Harnsäurespiegeln.
  Jeder Hildegard-Patient sollte die Herbstzeit nutzen, um eine Quittenkur durchzuführen: Quitten-Kompott, 20 Minuten mit Wasser oder Wein gekocht, wie Äpfel in Stücke geschnitten, oder als Quittenkuchen, wie Apfelkuchen auf Mürbeteig gebacken sowie Quittenmarmelade und Quittenbrot, in das man süße Mandeln und Galgant hineinarbeiten kann. Quittenbrot ist das Hildegard-Konfekt und schmeckt nicht nur zu Weihnachten, sondern auch während des ganzen Jahres hindurch.
- Dachsfell: Universalmittel gegen Rheumaschmerzen, Prophylaktikum, Grippewellen, Schmerzbeseitigung, Durchblutungsstörungen.
- Zimt: Fehlsäfte, rheumatisches Fieber, Hormonstörungen, Stoffwechselstörungen, Harnsäure, Gicht, Diabetes, Malaria.

In Ermangelung von Zimtbaumblättern haben auch Zimtrinde-Abkochungen in Wein geholfen. Man nimmt ein Röhrchen und kocht es in 250 ml Wein 3 Minuten ab, siebt ab und fertig ist der Zimtwein.

Der Zimtwein hat sich bei immer wiederkehrenden Fieberschüben bewährt, dem so genannten 3-Tage-Fieber oder 4-Tage-Fieber, wie es bei Malaria-Schüben auftritt, wie es aber auch bei Virusinfektionen immer wieder vorkommen kann.

- Ingwer-Gewürzmischpulver (Granulat): Rheuma und Gicht bei Stoffwechselstörungen, Purgierkur, Obstipation, verdorbener Magen, Völlegefühl, Fastenausleitungskuren, chronischer Katarrh, Gallensteinleiden, Stoffwechselstörungen, Hypercholesterinämie.
- Wermutsalbe: Arthrose, Arthritis, Rheumaschmerzen

***Rezept: Wermutsalbe*** (Fa. Jura)
10 g Wermutfrischsaft
6 g Hirschmark
10 g Hirschfett
8 g Rinderfett
6 g Olivenöl

Bei Arthrose täglich vor dem Ulmenholzfeuer (oder ersatzweise vor dem Rotlicht) die schmerzhaften Gelenke einmassieren. Die Wirkung verbessert sich durch die zusätzliche Massage vor einem Holzfeuer, wobei das Ulmenholzfeuer alleine schon schmerzlindernd wirkt. Die Anwendung wirkt Wunder. Bereits wenige Minuten nach der Anwendung verschwinden die Schmerzen und die Gelenke werden wieder beweglich.

**Achtung!** Wärme sollte bei entzündlichem, akuten Rheuma bzw. Arthritis nicht angewendet werden, da sich die Entzündungszustände durch die Wärmeeinwirkung verschlimmern können. Hier kann ausnahmsweise die Einreibung auch bei Raumtemperatur durchgeführt werden.

- Rosenöl-Olivenöl: Rheumaschmerzen, Neuralgien, Krämpfe

***Rezept: Rosenöl-Olivenöl***
1 ml reines Rosenöl mit
100 ml kaltgepresstem Olivenöl verschütteln

Das Rosenöl verbessert nach Hildegard bei allen Zubereitungen die Wirkung.

Täglich einmassieren.

- Eschenblätter-Packung: Gelenkrheuma, Bandscheibenschmerzen, Polyarthritis, Gicht, Arthroseschmerzen, Hüftschmerzen.
  ***Eschenblätter-Packung:***
  Ca. 1 große Handvoll Eschenblätter pro betroffener Schmerzstelle mit 250 – 500 ml Wasser 5 Minuten abkochen, das Wasser abgießen und die warmen Kräuter 1–2 Stunden als Kompresse auf die jeweilige Körperstelle binden. Das Ganze nochmals mit einer Plastikhülle einhüllen, um Fleckenbildung zu verhindern.
- Weizenkörner-Packung: Kreuzschmerzen, Rückenschmerzen, Bandscheiben-Schaden, Lumbago.
  ***Weizenkörner-Packung:***
  1 kg Weizen mit 3 l Wasser 15 Minuten aufkochen, absieben, die warmen Körner auf ein Frotteehandtuch ausbreiten und sich mit dem jeweiligen Körperteil für 2 Stunden auf diese warmen (nicht zu heißen) Körner legen. Mit einem Zusatztuch die Packung befestigen, damit die Körner nicht herausfallen. Dazu auch warmen Galgantwurzel-Wein servieren.
- Schlehenaschen-Elixier: Sklerodermie, Lupus erythematodes, Multiple Sklerose, Gicht, Vergichtung, Nervenleiden, Lähmung nach Schlaganfall.
  Wertvoller als Gold ist dieser Trank!
  ***Rezept: Schlehenaschen-Elixier***
  40 g Schlehenasche
  30 g Gewürznelken
  60 g Zimtschalen
  100 g abgeschäumter Honig
  3 l Wein
  Schlehenasche, Nelken und Zimt 5 Minuten in Honigwein aufkochen, absieben und steril abfüllen.
  4 Wochen lang nimmt man 1 EL vor und 1 Likörglas nach den Mahlzeiten, macht dann 14 Tage lang Pause und wiederholt die Einnahme für 3–6 Monate. Mit dem Schlehenaschen-Elixier gibt es gute Erfahrungen bei der Beseitigung von Lähmungserscheinungen nach dem Schlaganfall oder auch von Lähmungen bei einer noch nicht lange währenden Multiplen Sklerose. Das Mittel muss langfristig genommen werden bei

gleichzeitiger Umstellung der Ernährung auf Dinkel, Obst und Gemüse und absoluter Vermeidung von Rohkost.

- Tannencreme: Gicht, Rheuma, Hirnwut (Zorn), schwaches vegetatives Nervensystem, Magen-Darm-Schmerzen, Verkrampfungen, Magen-Darm-Koliken, Kopfschmerzen bei Bluthochdruck (vor Schlaganfall), Nebenhöhlenentzündung, Schmerzen des ›Sonnengeflechtes‹.

  ***Rezept: Tannencreme***
  50 g Frühlingstannennadeln, -rinde und -holz
  25 g Salbeiblätter
  100 g Mai-Kuhbutter (beim Bauern nachfragen)
  250 ml Wasser
  Man massiert zunächst das Herz und anschließend das Sonnengeflecht ein. Bei Kopfschmerzen kann man auch Schläfen und Stirn und den ganzen Kopf mit der Tannencreme einmassieren. Die Tannencreme hat sich auch ausgezeichnet zur Beseitigung von Stirnhöhlen- und Kieferhöhlenschmerzen bewährt, wobei man äußerlich einmassiert.

- Lorbeeröl: Universalöl bei Rheumatismus, Arthroseschmerzen, Rheumaschmerzen, Seitenschmerzen, ausstrahlenden Herzschmerzen, Magenschmerzen, Narbenschmerzen, Schulterschmerzen.

  ***Rezept: Lorbeeröl***
  kaltgepresstes italienisches Lorbeeröl
  evtl. mit Sadebaumöl oder Buchsbaumsaft verstärken.
  Gelenke damit einmassieren.
  Das Lorbeeröl wirkt sehr rasch und braucht meistens nur 1–2-mal angewendet werden, um Rheumaschmerzen zu beseitigen. Besonders gute Erfahrungen mit dem Lorbeeröl wurden bei der Beseitigung von Arthrose-Schmerzen in Knie, Hüfte und Schultern gemacht. Vermutlich wirkt Lorbeeröl wie ein Radikalfänger, der beim Durchtritt an das Bindegewebe die Sauerstoffradikale wieder einfängt, die sich durch die überschießende Phagozytose vermehrt gebildet haben.
  **Achtung!** Vor der Anwendung ein wenig Lorbeeröl auf dem Handrücken einmassieren; falls nach 5 Minuten eine starke Rötung auftritt, sind Sie auf Lorbeeröl allergisch und sollten es lieber nicht anwenden.

- Farn-Rheumakur: Entgiftung des Bindegewebes bei rheumatischer Arthritis im Zustand von Schmerz- und Entzündungsfreiheit, Arthrose und Gicht.
  ***Frühlingsfarnbad***
  »Wer vergichtet (rheumakrank) ist, der nehme den Farn, solange er (noch) grün ist und koche ihn in Wasser, und er bade oft in diesem Wasser, und die Gicht wird weichen.«
  *Anwendung:*
  5 Farnwedel klein schneiden
  in 1 l Wasser 5 Minuten aufkochen,
  das Wasser absieben und in eine Badewanne gießen, bei 38°C 20 Minuten baden.
  Bemerkung: In Ermangelung von frischem Frühlingsfarn kann man auch Farnsaft nehmen (ca. 10 ml auf ein Vollbad).
  **Achtung!** Das Farnbad hat eine derartige entgiftende Wirkung, dass die Giftstoffe vorübergehend aus dem Bindegewebe in die Blutbahn übergehen, wodurch es zu einer vorübergehenden Rückvergiftung und eventuell sogar zu einer Verstärkung der bisherigen Symptome kommen kann.
- Edelkastanien-Sauna bei Rheuma und Zorn
  ***Rezept: Edelkastanien-Extrakt***
  Edelkastanienblätter, -schalen, -früchte in Wasser aufkochen. Die Blätter, Schalen und Früchte werden zerkleinert, in Wasser aufgekocht, abgesiebt, und der Extrakt wird steril abgefüllt. Von diesem Extrakt mischt man eine halbe Tasse mit einer halben Tasse Wasser und lässt diese Flüssigkeit tropfenweise auf den heißen Steinen in der Sauna zum Inhalieren verdampfen.
  Mit dieser Edelkastanien-Sauna werden die rheumatischen Schlackenstoffe über die Haut ausgeschwitzt und gleichzeitig gewinnt man durch die aufgewandte Geduld in der Sauna nicht nur eine friedliche Gesinnung, sondern auch einen guten biologischen Heilschlaf. Es handelt sich bei der Edelkastanien-Sauna nicht nur um ein gutes, vorbeugendes Mittel gegen Rheuma, sondern auch um ein echtes Schmerzbeseitigungsmittel.
  *Anwendung:*
  Saunagänge dreimal 5 Minuten 1–2-mal wöchentlich.

- Selleriesamen-Mischpulver: Universalmittel gegen Gicht, Parkinson, Gliederzittern, Arthrose, Arthritis, Gichtfinger und -zehen, Herdrheuma.
  ***Rezept: Selleriesamen-Mischpulver:***
  60 g Selleriesamenpulver
  20 g Weinrautenpulver
  15 g Muskatnusspulver
  10 g Gewürznelkenpulver
  5 g Steinbrechkrautpulver
  Man nimmt 1 TL Selleriesamen-Mischpulver auf Brot mit Quittenmarmelade und kaut diese Mischung kräftig durch. Bei schweren Gichtschmerzen kann man diese Methode 3-mal täglich wiederholen.
  Beides, Quitten wie auch Selleriesamen, senken den Harnsäurespiegel. Bereits nach kurzer Zeit lassen die Schmerzen nach, spätestens nach 8 Tagen. Sonst war es keine Harnsäuregicht. Die Kur dauert 6–8 Wochen. Es handelt sich hier um das beste Gichtmittel, eine echte Alternative zum Aloporinol, nur ohne dessen Nebenwirkungen. Bei starken Schmerzen nimmt man 3-mal täglich 1 TL, dann 2 Wochen lang täglich 2 TL und schließlich 1 TL täglich bis zur Besserung. Bei wiederauftretenden Schmerzen (Gichtanfall) wieder 3 TL pro Tag.
- Gewürznelken: Echte Gicht, Podagra, Nierensklerose (Nierenwassersucht), Kopfschmerzen (arteriosklerotischer Bluthochdruck).
  Durch das tägliche Kauen von 3–4 Gewürznelken verschwinden die Gichtschmerzen rasch und auch die Schwellung der Gelenke bei rheumatischer Arthritis geht zurück.
- Bertram-Mischpulver: Rheuma, Ischialgie, Durchblutungsstörungen, Beinschmerzen.
  ***Rezept: Bertram-Mischpulver***
  Bertrampulver 30 g
  Ingwerpulver 10 g
  Pfefferpulver 5 g
  Dreimal täglich 1 Messerspitze mit einem Likörglas Petersilienhonigwein vor dem Essen.
- Weinraute: konzentriertes Vitamin P: Antioxidans, kapillarreparierendes Mittel, Vaskulitis, Multiple Sklerose, Lähmun-

gen, Depressionen, Wallungen, Zwischenblutungen, Diabetes, Übersäuerung.

3–4 Weinrauteblätter nach dem Essen nehmen oder 1 Weinrautetablette.

Weinraute gehört zu den Solitärdrogen, d. h. jenen Pflanzen, die auch für sich alleine schon eine Heilwirkung haben. Dabei ist die Rohpflanze frisch besser als die Weinraute-Tablette, die man aber auch übers Jahr hinweg nehmen kann. ›Amaritudines‹ heißt wörtlich: Verbitterung und bedeutet bei Hildegard auch Übersäuerung, beispielsweise durch Gallensäure und wahrscheinlich auch Acidose, wie sie bei jeder Entzündung vorkommt. Neuere Ergebnisse haben gezeigt, dass die Weinraute in der Lage ist, die Hyalinfasern, d. h. die Fasern, die Nerven schützen, zu regenerieren. Und genau das ist das Einsatzgebiet der Weinraute bei Multipler Sklerose.

## Lebensmittel, die vor Rheuma und Gicht schützen

80% der Bevölkerung leiden heute an den chronischen, ernährungsbedingten Zivilisationskrankheiten, allein in Deutschland gibt es 25 Millionen Rheumatiker! Mit anderen Worten: die Krankheiten überfallen den Menschen nicht aus heiterem Himmel, sondern sind eine Folge falscher Ernährung und Lebensweise.

Da der Mensch nach Hildegard von Bingen ›von Natur aus gesund ist‹ und immer wieder nach Gesundheit strebt, kann er durch seine Ernährung und seinen Lebensstil seine Gesundheit beeinflussen und erhalten, aber auch zerstören.

Bei der Behandlung des chronisch-entzündlichen Rheumas werden Lebensmittel gebraucht, die sowohl den Entstehungsprozess von Entzündungen verhindern, weil sie den Magen und Darm vor Verletzungen schützen und gut verdaulich sind, als auch solche, die die Zellen gegen aggressive körpereigene Entzündungsstoffe schützen. Dazu gehören die Antioxidantien Vitamin A, C, E als Radikalfänger und einige Spurenelemente sowie die Bioflavonoide aus der kapillar-abdichtenden Vitamin-P-Reihe, die in den roten und gelben Gemüse- und Obstfarbstoffen vorhanden sind.

Zur Behandlung von Rheuma spielt ein geordneter Stoffwechsel im Nervengewebe eine erhebliche Rolle. Dieser wird besonders durch den Mineralien- und Vitamin-B- Reichtum im Dinkel günstig beeinflusst. Dadurch konnten erhebliche Mengen chemischer Schmerzmittel eingespart und die Rückfallquote bei wiederholten Schmerzschüben deutlich gesenkt werden.

Auch beim Knochenstoffwechsel spielt der Mineralienreichtum des Dinkels eine entscheidende Rolle, besonders wenn er durch den Einsatz der Kalbsfußknochenbrühe ergänzt wird.

Gicht als eine reine Stoffwechselstörung durch erhöhte Harnsäurespiegel kann am besten durch eine purinarme Kost mit Dinkelgrießsuppe und viel Gemüse vermieden und behandelt werden.

Der Mineralienreichtum von Dinkel, Obst und Gemüse neutralisiert nicht nur die rheumaauslösende Gallensäure, sondern schützt auch permanent den Körper und seine Zellen vor Übersäuerung und damit gegen rheumatische Entzündungen.

**Bei Rheuma und Gicht sind zu empfehlen**

- Dinkel, Obst und Gemüse
- Geringe Mengen Butter und kaltgepresstes Sonnenblumenöl
- Täglich Kopfsalat mit Dinkel
- Salzarme Ernährung mit frischen Kräutern und Gewürzen
- Quittenkuren zur Ausscheidung von Harnsäure
- Kräutertee, Dinkelbier, Dinkelkaffee (viel trinken)
- Frischkäse, Quark.

**Bei Rheuma und Gicht sind zu meiden**

- Fleisch, Wurst, Schinken, Speck, Fisch, Konserven
- Milch und Milchprodukte, Käse
- Süßwaren, Raffinadezucker, Schokolade
- Konfitüren (außer Quittenmarmelade)
- Limonaden, Cola-Getränke
- Weizenfeinmehl, Auszugsmehl, -gebäck
- Raffinierte Speiseöle, Backfette, Margarine
- Kaffee, Alkohol, Nikotin.

***Speiseplan Rheuma und Gicht***

| | | |
|---|---|---|
| Montag | morgens | Dinkel-Habermus |
| | mittags | Dinkelgrießsuppe; Salat mit Dinkelkörnern; Gemüseplatte, Spätzle (hausgemacht) mit Dillsoße; Apfelgrütze |
| | abends | Suppe; Zwiebelkuchen |
| Dienstag | morgens | Dinkel-Habermus |
| | mittags | Kalbsfußknochenbrühe mit Fadennudeln; Salat mit Dinkelkörnern; Rote-Bete-Schnitzel, Zwiebel-Maronigemüse, Dinkelkernotto; Mandelpudding mit Quittenmus |
| | abends | Suppe; Fenchel-Apfelsalat; verschiedene Aufstriche, Dinkelbrot |
| Mittwoch | morgens | Dinkel-Habermus |
| | mittags | Rote-Bete-Suppe; Grüner Salat mit Dinkelkörnern; Gemüsegulasch mit Kräutergrießschnitten; Quittenkuchen |
| | abends | Suppe; Apfelstrudel mit Quittensoße |
| Donnerstag | morgens | Dinkel-Habermus |
| | mittags | Zwiebelsuppe; Grüner Salat mit Dinkelkörnern; Dinkelgrütze-Bratlinge mit Joghurt-Dill-Soße; Rote-Bete-Gemüse, Fenchel; Apfel-Quittencreme |
| | abends | Suppe, Sellerie-Maroni-Apfelsalat; verschiedene Aufstriche, Dinkelbrot |
| Freitag | morgens | Dinkel-Habermus |
| | mittags | Kürbiscremesuppe; Kopfsalat mit Dinkelkörnern; Fischfilet auf Blattspinat mit Dillsoße, Dinkelkernotto; Rote Grütze |
| | abends | Suppe, Apfel-Zwieback-Auflauf, Beerensoße |

| | | |
|---|---|---|
| Samstag | morgens | Dinkel-Habermus |
| | mittags | Gemüsesuppe; Salat mit Dinkelkörnern; Sellerieschnitzel mit Galgantsoße, Kernottoauflauf; Grießpudding mit Beeren |
| | abends | Suppe, mariniertes Gemüse, Aufstrich, Dinkelbrot |
| Sonntag | morgens | Dinkel-Habermus |
| | mittags | Klare Brühe mit Einlage; Salat mit Dinkelkörnern; Straußenfleisch mit Bandnudeln und Gemüse; Kuchen |
| | abends | Suppe, Karottensalat, verschiedene Aufstriche, Dinkelbrot |

# Vorbeugung und Behandlung von Übergewicht

Dicke Menschen leben gefährlich. Sie setzen sich nicht nur der Gefahr von Herz-Kreislauf-Erkrankungen aus, sondern leiden vor allem unter einer Überbelastung ihrer Sehnen, Bänder und Knorpel (Arthrose). Hildegard nennt darüber hinaus noch andere Risiken wie Hauterkrankungen (Skrophulose), Krebs, Jähzorn und Gicht, Kurzatmigkeit, Lungen- und Nervenleiden. Die Hauptursachen sind zu viel Essen und Trinken, besonders tierisches Eiweiß, Käse und Fett.

Meine zehnjährige Fastenerfahrung hat gezeigt, dass Übergewichtige ihr Normalgewicht nicht allein durch Fasten langfristig halten können, wenn sich ihre innere Einstellung nicht ändert und sich ihr Bekenntnis und ihre Liebe zum richtigen Maß nicht in allen Dingen äußert:

»Denn alle diese Leiden entstehen nicht, wenn sie nicht durch die menschliche Sucht provoziert werden ... So wird der Mensch, der in der Sucht nicht maßhalten konnte, von maßloser (übertriebener) Reue zerknirscht: Was sich maßlos zu seinem Leibe verhielt, wird krank, und was in bezug auf das Seelenheil des rechten Maßes entbehrt, muß sterben. Die Discretio nämlich gibt für alles, gleich ob es für Leib und Seele nützlich ist, das rechte Maß.«

Zur Vorbeugung und Behandlung von Übergewicht haben sich drei Fastenmethoden mit unterschiedlichem Schweregrad bewährt:

1. Acht- bis zehntägiges Hildegard-Fasten.
   Am besten in einer Gruppe, kurz und wirkungsvoll.
2. Langfristige Reduktionskost mit Dinkelbrot und Fencheltee.
   Einen Tag normales Essen mit Dinkel, Obst und Gemüse; jeden zweiten Tag nur trockenes Dinkelbrot, Fencheltee, Kopfsalat mit Dinkel und Äpfel.
   Diese Methode hat sich als risikolos bewährt.

3. Langfristige Dinkelkur.
   1–3 Monate lang jeden Tag Dinkel, Edelkastanien, Obst und Gemüse, keine tierischen Eiweiße und Fette.
   Bei dieser Kur ist der Gewichtsverlust zwar nicht so deutlich wie bei den beiden anderen Methoden, dafür fühlen sich die Patienten aber sehr wohl, und manche möchten die vegetarische Kost gar nicht mehr aufgeben.

## Therapieplan Übergewicht

1. Hildegard-Fasten nach einer der genannten Methoden.
2. Hildegard-Psychotherapie.
   Gehen Sie täglich den goldenen Mittelweg in allen Dingen und wählen Sie die Qualität nach den Hildegard-Aussagen für die richtigen Lebensmittel. Entscheiden Sie sich täglich für das rechte Maß.
   »Das Bestreben der Seele geht dahin, den Leib nicht im Luxus der Speisen zu ersticken, so daß er kaum noch atmen kann … Geht es ihm hierbei zu gut, … werden die Kräfte der Seele geschwächt. Werden ihm aber die Speisen, die ihm zustehen, durch allzu große Enthaltsamkeit entzogen, dann bläht der stolze Teufel den Menschen so auf, als sei er schon in den Himmel gestiegen, damit er ihn so durch den Hochmut zu Fall bringe: Aus diesem Grund … will Gott keine unvernünftige Enthaltsamkeit.«
3. Hildegard-Aderlass, ein- bis zweimal jährlich.
   Dadurch verbessert sich der Hämatokritwert. Schon bei ca. 200 ml Blutabnahme und einem Hämatokritwert von 50 werden dem Körper ca. 100 g Eiweiß entzogen, die er sich aus den verfetteten Eiweißspeichern seiner Gefäße und Organe wieder holen muss.
4. Bewegungs- und Atemtherapie: Kommen Sie täglich leicht ins Schwitzen mit Fahrradfahren, Tanzen, Wandern und Laufen.
5. Hildegard-Heilmittel:
   - Ingwer-Gewürzmischpulver (Granulat): Große Ausleitungskur, Anregung des Kohlehydrat-, Fett- und Eiweiß-Stoffwechsels.
   - Edelkastanien-Sauna.

- Bachminze: »Wer vom vielen Essen und Trinken einen schweren Magen hat und schlecht Luft bekommt, der esse oft Bachminze roh oder gekocht, weil sie die verfetteten Eingeweide kühlt.«
- Rainfarnblätter oder -pulver ohne Blüten: »Wer von vielerlei Speisen im Magen und Darm Völlegefühl bekommt, der koche eine Suppe (Knochen- oder Hühnerbrühe) mit Rainfarnblättern ohne alles andere Grünzeug und esse das oft und Du bekommst eine gute, leichte Verdauung.«
- Straußenfleisch: für fette und kräftige Menschen, »weil es ihren übermäßigen Fleischansatz mindert.«
- Hühnerfleisch: »gut für Gesunde, weil es nicht fett macht.«
- Roggenbrot: »Es sollte das tägliche Brot jener sein, die zu starkem Fettansatz neigen, weil es sie zwar stark macht, aber ihr Fettgewebe vermindert.«

**Bei Übergewicht sind zu empfehlen**

Achten Sie schon beim Einkaufen auf die Feinstofflichkeit der Lebensmittel und wählen Sie diese nach den Hildegard-Angaben und Sie haben eine ausgewogene Wohlfühlkost ohne Fanatismus. Für die Quantität Ihres Essen teilen Sie die Lebensmittel nach den Hildegard-Empfehlungen in vier Gruppen ein:

1. Unbegrenzte Mengen von Obst und Gemüse
2. Vernünftig begrenzte Mengen von Dinkel und Getreide
3. Begrenzte Mengen von Fett und Fleisch
4. In geringsten Mengen Süßigkeiten, Schokolade und Nüsse, Kuchen und Kekse.

Daraus ergeben sich erstklassige Möglichkeiten, langfristig das Gewicht zu halten oder zu reduzieren.

- Dinkel, Obst, Gemüse, Salat, Roggenbrot
- Fleisch, das nicht ansetzt: Strauß, Huhn, Reh, Hirsch
- Fisch
- Salzarme Küche mit Gewürzen und Kräutern (Bachminze, Beifuß, Melde, Rainfarn, Bertram)
- Fencheltee, Brennnesseltee, Salbeitee, Dinkelkaffee.

**Bei Übergewicht sind zu meiden**

- Fettes Fleisch, Wurst, Speck, Schweinefleisch, geräuchertes, gepökeltes Fleisch, Fleischkonserven
- Geräucherte Fische, Ölsardinen, Aal, Bückling, Fischkonserven
- Raffinadezucker, Schokolade, Eisspeisen, zucker- und fettreiche Süßspeisen, Konfitüre außer Quitten-, Mispel-, Kornelkirsch-, Himbeer-, Brombeermarmelade
- Vollraffinierte, gehärtete Fette, Margarine, Braten- und Backfette
- Auszugsmehlprodukte, fette Backwaren (Torten)
- Kaffee, Alkohol, Nikotin
- Gesüßte Obstsäfte, Cola-Getränke, Spirituosen und Mineralwasser
- ›Küchengifte‹ (Erdbeeren, Pfirsiche, Pflaumen, Lauch) und Rohkost
- Konserven, Konservierungsmittel.

**Achtung:** Lesen Sie die Zusammensetzung der Lebensmittel! Gentechnische und naturidentische Nahrungsmittel haben in der Hildegard-Küche nichts zu suchen. Ebenso keine Lebensmittel mit Konservierungsstoffen, chemischen Süßstoffen und Geschmacks-, Geruchs- und Farbstoffen, Antibiotika und Wachstumshormonen. Wenn die Lebensmittel schon mit allen möglichen Fabrik-Vitaminen und -Mineralien angereichert werden müssen, ist schon ›der Wurm drin‹, denn frische Lebensmittel aus dem Garten und vom Bio-Bauer bringen von Natur aus schon alles mit, was wir zum Leben brauchen. Wenn das Gemüse aber im Supermarkt ›schön billig‹ ist, können Sie es am besten gleich in die Mülltonne werfen, weil es meistens aus der Hydrokultur kommt und nie einen guten Boden gesehen hat. So gesehen ist das vermeintlich Billige meistens ganz schön teuer, weil Sie die minderwertige Qualität mit Ihrer Gesundheit bezahlen.

*Speiseplan Übergewicht*

| | | |
|---|---|---|
| 1. Tag | morgens | Habermus; Dinkelkaffee |
| | mittags | Gemüsebouillon mit Nudeln; Kopfsalat mit Dinkelkörnern; gefüllte Zucchini mit ›Tomatensauce‹; Karotten- und Pastinakengemüse; Dinkelkernotto; Apfelküchle mit Quittensauce |
| | abends | Suppe, Fenchel-Orangen-Mandelsalat; Geflügelleber-, Kichererbsen-, Rote-Bete- und Maroniaufstrich, Dinkelbrot |
| 2. Tag | morgens | Habermus; Dinkelkaffee |
| | mittags | Fenchelsuppe; Kopfsalat mit Dinkelkörnern; Osso buco mit Rosmarinsauce; Kräuternudeln und grünen Bohnen; Melone an Pfefferminzsauce |
| | abends | Suppe; Maronihörnchen; grüner Salat |
| 3. Tag | morgens | Habermus; Dinkelkaffee |
| | mittags | Kalbsfußbrühe mit Grießklößchen; Kopfsalat mit Dinkelkörnern; Kichererbsenbratlinge mit Kräutermayonnaise; Mischgemüse; Maronicreme |
| | abends | Suppe, Karottensalat mit Walnüssen; verschiedene Aufstriche, Dinkelbrot |
| 4. Tag | morgens | Habermus; Dinkelkaffee |
| | mittags | Maronicremesuppe; Kopfsalat mit Dinkelkörnern; Kürbisstrudel mit Mandelbrokkoli und Dinkelhörnchen; Mohncreme mit Früchten |
| | abends | Suppe, Sellerie-Maronisalat, vegetarische Aufstriche, Dinkelbrot |
| 5. Tag | morgens | Habermus; Dinkelkaffee |
| | mittags | Brokkolicremesuppe; Kopfsalat mit Dinkelkörnern; Felchenfilet auf Blattspinat mit Weißweinsauce; Kürbisgemüse und Dinkelkernotto; Maroni-Vermicelli |
| | abends | Suppe, Karotten-Waldorfsalat, vegetarische Aufstriche; Dinkelbrot |
| 6. Tag | morgens | Habermus; Dinkelkaffee |

| | | |
|---|---|---|
| | mittags | Karottencremesuppe; Kopfsalat mit Dinkelkörnern; Gefüllte Pfannkuchen mit Safransauce; Zucchinigemüse; Quittenjoghurt |
| | abends | Suppe, Gemüsepizza mit Salat |
| 7. Tag | morgens | Habermus; Dinkelkaffee |
| | mittags | Kürbiscremesuppe; Kopfsalat mit Dinkelkörnern; Provenzalisches Straußenragout mit Basilikumsauce; Zucchinigemüse; Mandel-Muffins mit Heidelbeersauce |
| | abends | Suppe, Apfelstrudel mit Quittensauce |

# Vorbeugung und Behandlung von Blutarmut

Ganz besondere Heilkräfte sieht Hildegard in der Leber der Tiere, die bekanntlich die beste Eisenquelle für blutarme Patienten darstellt. Das in der Leber enthaltene Eisen wird vom Körper besonders gut aufgenommen, während das synthetische Eisen der Eisentabletten nicht nur schlecht aufgenommen wird, sondern darüber hinaus auch noch Magenbluten und Beschwerden verursachen kann. Hildegard empfiehlt ganz besonders die Hühnerleber bei inneren Krankheiten wie septischen Prozessen, Vergiftungen, Abszessen, Immunschwächekrankheiten und Darmentzündungen.

Bei Hildegard steht geschrieben: »Die Leber von einem Huhn oder von einem Hahn oft gegessen, hilft gegen alle Krankheiten, die den Menschen innerlich verletzen.«

Hirschleber hilft bei Gicht und anderen Lähmungserscheinungen: »Das Fleisch des Hirsches ist gut zu essen für Gesunde und Kranke ... Wenn aber jemand gar seine Leber ißt, dann vertilgt diese aus ihm die Gicht und reinigt seinen Magen und macht diesen sauber.«

Obwohl die Leber wegen ihres Vitamin- und Spurenelementgehalts wie ihrer hohen Eiweißqualität ein biologisch hochwertiges Lebensmittel ist, enthält sie eine relativ hohe Menge an Purinbasen, die zu Harnsäure abgebaut werden. Ein Überschuss an Harnsäure kann Gichtschübe auslösen. Daher wird Gichtpatienten normalerweise von Leber und Wild abgeraten. Diese widersprüchlichen Aussagen stehen im Gegensatz zu Hildegards Leberempfehlungen.

Rinderleber bzw. Kalbsleber kann ein Kräftigungsmittel sein:

»Wer oft die Leber vom Rind (Kalb) ißt, den macht es kräftig infolge ihrer guten Natur.«

Lammleber hilft bei Verschleimung, Verdauungsschwäche und

Dyspepsie: »Der Mensch esse oft und genügend Schafleber und es mindert den Schleim in ihm und reinigt den Magen.«

Ziegenleber wird bei Hildegard zur Reinigung von Magen- und Darmkrankheiten sowie bei Verstopfung empfohlen:

»Wenn jemand am Magen (Darm) leidet, der brate eine Ziegenleber und esse sie oft bis Mitte August. Es reinigt und heilt seinen Magen so gut wie eine Abführkur.«

Rehleber ist besonders wertvoll bei Immunschwächekrankheiten, etwa der Präkanzerose.

»Ein Mensch, der von Vicht geplagt wird, esse oft Rehleber, und sie räumt mit der Vicht auf.«

Nur im Notfall, bei Kraftlosigkeit und Altersschwäche, empfiehlt Hildegard die Schweineleber.

# Vorbeugung und Behandlung von Alterskrankheiten

Eine abwechslungsreiche Hildegard-Küche bietet den besten Schutz vor frühzeitigen, ernährungsbedingten Alterungsvorgängen. Fehl- und Mangelernährung, besonders durch die fett- und kalorienreiche so genannte gut bürgerliche Küche, können zu frühzeitiger Senilität (Alzheimer), Alterszucker, Übergewicht, Durchblutungsstörungen (Altersfrösteln), Erschöpfungen, Müdigkeit oder zu den schon mehrfach genannten Zivilisationserkrankungen führen, die nicht nur die Lebensqualität vermindern, sondern auch die Lebenserwartung verkürzen. Dabei ist es von allergrößter Bedeutung, dass der Tagesbedarf an allen lebensnotwendigen Stoffen vom Dinkel am besten gedeckt werden kann, wobei der Dinkel nicht nur eine gute Verdauung, sondern auch eine vollständige Versorgung an Eiweiß, Kohlehydraten und Fett gewährleistet – Lebensmittel, die die altersbedingten Schwächen wieder ausgleichen. Küchenkräuter und Gewürze regen die Verdauungssäfte an, reinigen Magen und Darm und sorgen für eine Tonisierung der nachlassenden Leber-, Darm- und Nierenfunktion.

Durch die Alterungsvorgänge der Bauchspeicheldrüse wird die Verwertung von Zucker und Feinmehlprodukten eingeschränkt, sodass eine konsequente Abkehr von einer Küche mit viel Zucker, Süßspeisen und Kuchen erfolgen muss.

***Veränderungen biologischer Funktionen zwischen dem 30. und dem 70. Lebensjahr***

| *Biologische Funktion* | | *Änderung* |
|---|---|---|
| Herz | Herzleistung | Abnahme um 30% |
| | Herzfrequenz | Abnahme um 24% |
| Blutdruck | Systolisch | Zunahme 10–40 mm/Hg |
| | Diastolisch | Zunahme 5–10 mm/Hg |
| Atmung | Vitalkapazität | Abnahme 40–50% |
| | Volumen | Zunahme 30–50% |
| Stoffwechselrate | | Abnahme 8–12% |
| Muskulatur | Muskelmasse | Abnahme 25–30% |
| | Handgriffstärke | Abnahme 25–30% |
| Nervenleitungs-geschwindigkeit | | Abnahme 10–15% |
| Flexibilität | | Abnahme 20–30% |
| Knochenmasse | Frauen | Abnahme 25–30% |
| | Männer | Abnahme 15–20% |
| Nierenfunktion | | Abnahme 30–50% |

## Hildegard-Heilmittel gegen das Altern

### Große Frühjahrs-Wermutkur

Der Wermut-Trank ist eine der ganz großen Möglichkeiten gegen das Altern, weil der bittere Wermutsaft sämtliche Schleimhäute zur Sekretion stimuliert und somit vor dem altersbedingten Austrocknen schützt. Der Wermut-Trank hat sich tausendfach zum Schutz vor Arteriosklerose bewährt. Kurmäßig angewandt schützt er vor Herzinfarkt und Schlaganfall, regt die Ausscheidung der Nieren an, schützt vor grauem Star, neutralisiert stressbedingte Gallensäure, stabilisiert Herz- und Kreislauf, schützt vor Erkältungsneigung und Bronchitis und sorgt für eine gute Verdauung. Vergeblich kann man derartige Universalheilmittel gegen das Altern in der Schulmedizin suchen.

*Rezept: Wermut-Trank*

40 ml frischer Wermutfrühlingssaft
in 1 l kochenden Wein mit 150 g Honig gießen
Sofort filtrieren und steril abfüllen
Jeden 2. Tag 1 Likörglas (= 20 ml) vor dem Frühstück von Mai bis Oktober.

## Fenchelmischpulver ›Sivesan‹

Auch dies ist ein außerordentlich bewährtes Universalheilmittel gegen das Altern. Der bittere Diptam ist ein starkes Sekretolytikum und reinigt sämtliche Blutgefäße von ihren arteriosklerotischen Ablagerungen, wobei Verengungen verhütet und aufgelöst werden! Viele Patienten verwenden Sivesan, um die Verdauung zu verbessern und um sich vor Thrombose und Angina pectoris Anfällen zu schützen. Sivesan fördert die Durchblutung vom Kopf, Herz und der Sexualorgane und macht die durchs Rauchen ausgelösten Gefäßverengungen rückgängig.

*Rezept: Fenchelmischpulver ›Sivesan‹*

16 g Fenchelmischpulver
8 g Galgantwurzelpulver
4 g Diptamkrautpulver
2 g Habichtskrautpulver
1–3 Messerspitzen nach dem Essen in 1 Likörglas warmen Wein oder Petersilien-Trank.

## Bärwurz-Birnen-Honig-Kur

(das ›Hildegard-Gold‹ siehe Darmsanierung, Seite 491). Hildegard bezeichnet diese Kur als ihr bestes Heilmittel.

Aus der zehnjährigen Erfahrung bei 50.000 Darmsanierungen haben wir zusammen mit dem Mikrobiologischen Labor Dr. Pohl in Bad Saarow eine Heilungsrate von 70–80% bei der Dysbakterie – der Zerstörung der körpereigenen Darmflora mit starken Verdauungsstörungen – festgestellt. Das Mittel hat sich als Durchbruch bei der Unheilbarkeit der sonst unheilbaren Autoaggressionskrankheiten bewährt und ist ein Universalheilmittel

wie wir es in der gesamten Medizin vergeblich suchen werden. Aus der traditionellen Naturheilkunde wissen wir bereits seit Paracelsus, dass fast alle Krankheiten im Darm beginnen. Moderne mikrobiologische Analysen und tagtägliche Erfolgsberichte beweisen die exzellente Wirksamkeit dieser Kur bei Störungen des Abwehrsystems und zur Erhaltung und Wiederherstellung der Gesundheit:
***Rezept: Bärwurz-Birnen-Honig***–siehe S. 240.

## Mispelkur

Sie baut den Körper auf und reinigt das Blut. Mispeln sind ideal für schlecht gedeihende Kinder und Jugendliche mit Hautausschlägen genauso wie für kraftlose alte Menschen. Im Alter spielt der Kräfteverfall immer eine große Rolle, genauso wie die Ausleitung schlechter Säfte. Hildegard benützt hier den Begriff der Blutreinigung:

»Die Mispelfrüchte sind für Gesunde und Kranke nützlich. Wieviel man davon auch ißt, reinigen sie das Blut und lassen die Fleischpartien wachsen.«

Die Mispeln sind wie so oft von Hildegard gewählt, weil sie zu den urwüchsigen Früchten gehören, die lange am Baum hängen um reif zu werden, In diesem Falle brauchen die Mispeln sogar noch Frost, um weich und genießbar zu werden.

Man bekommt Mispeln im Mittelmeerraum als delikate Frucht bei den Türken, Griechen oder Italienern als Nespoli, Nespolo oder Nespola. Aus den Früchten lässt sich eine delikate Marmelade herstellen. Der Mispelbaum ist ein Muss für jeden Hildegard-Kräutergarten, schon wegen seiner rosenartigen Blütenpracht.

## Kalmus-Bertram-Zimtpulver

Es hat lange gedauert, bis wir hinter dem ›Byverwurtz‹ den Kalmus entdeckt haben. Ausschlaggebend war die traditionelle Anwendung von Kalmus als Magen- und Darmheilmittel im Sinne eines Karminativums, d. h. eines Reinigungsmittels ähnlich dem Fenchel. Kalmus ist in der Volksheilkunde auch als deutscher

Ingwer oder Magenwurz bekannt. Der Hildegard-Text weist auf eine erstrangige Wirkung hin:

»Du wirst keine große oder lange Krankheit haben bis zu deinem Tod. Kein Mensch meide dieses so bereitete Pulver, weil er, wenn er gesund ist und dieses Pulver täglich ißt, nicht lange im Bett liegen wird. Wer krank ist und es ißt, wird gesund werden.«

***Rezept: Kalmus-Bertram-Zimtpulver***

20 g Kalmuswurzel- und Blätterpulver
10 g Bertramwurzelpulver
10 g Zimtpulver
Täglich ein bis dreimal 1–3 Messerspitzen ins Essen,
in 1 Likörglas Petersilien-Trank oder auf Brot.
Hilft bei Kraftlosigkeit, Kräfteverfall, Abmagerung,
bei zehrenden, schweren Krankheiten, bei Hormonmangel als Auffrischung.

**Benediktenkraut-Tee**

Hilft bei Körperschwäche, Kreislaufschwäche, Blutarmut und zur Rekonvaleszenz, wirkt aphrodisierend und appetitanregend. Theoretisch könnte man den Benediktenkraut-Tee auch als das ›Schweinefleisch‹ unter den Pflanzen bezeichnen, weil diese Pflanze wie das Schweinefleisch die Sinnlichkeit anregt bzw. bei einem alten kraftlosen Menschen wie eine Hormonauffrischung wirkt. Im Unterschied aber zum Schweinefleisch gegen Abmagerung und Kräfteverfall wirkt Benediktenkraut bei Kräfteverfall durch Kreislaufschwäche bzw. Blutarmut, weil dem Körper zuwenig Sauerstoff und Nährstoffe zur Verfügung stehen:

»Wenn einem Mensch die Körperkräfte verfallen, koche er Benediktenkraut in Wasser und trinke diesen Tee täglich oft warm und er wird die Körperkräfte zurückerhalten.«

*Rezept: Benediktenkraut-Tee*

2 g fein geschnittenes getrocknetes Benediktenkraut (Herba Cnici benedicti) mit kochendem Wasser übergießen oder kalt ansetzen und aufkochen, nach 5 Minuten absieben. Vor dem Essen 1 Tasse ungesüßt trinken. Schmeckt bitter und steigert die Magensaftsekretion.

## Lattichmischpulverkekse

Ein Universalmittel bei Erschöpfung, Kraftlosigkeit, Kreislaufschwäche. Dieses Mittel bringt Kraft und hebt die Stimmung, wie wenn an einen trüben Tag die Sonne durch die Wolken bricht: »Wenn du gesund und kräftig bist, wirst du erstaunlicherweise noch gesünder und kräftiger, und deine Kräfte werden gefestigt. Wenn du krank bist, richtet es dich wieder auf wunderbare Weise auf und macht dich stark, wie wenn die Sonne an einem trüben Tag durchbricht.«

***Rezept: Lattichmischpulverkekse***

37 g Lattichmischpulver (Fa. Jura)
oder
10 g Lattichpulver
10 g Aloepulver
10 g Myrrhepulver
7 g Kampferpulver
100 g Dinkelmehl

Mit etwas Wasser mischen und Kekse backen und zu Pulver vermahlen. Davon 1–3 Messerspitzen in 1 Tasse Fencheltee mit $^1/_2$ TL Rosenlakritzsaft vor dem Essen für 4 Wochen. Wirkt anregend wie eine Tasse Kaffee ohne Nebenwirkungen.

## Bertram

Bertram darf in keinem Essen fehlen, weil er dafür sorgt, dass die gegessenen Nährstoffe auch im Körper ankommen. Dadurch werden bei einer Dinkel, Obst und Gemüsekost sämtliche noch so gut gemeinten Vitamin- und Mineralienkapseln überflüssig: »Bertram vermehrt das gute Blut, schafft klaren Verstand, gibt die Kräfte zurück, läßt nichts unverdaut aus dem Menschen wieder hinaus und gibt eine gute Verdauung.«

## Zypressenbäder

Sie helfen gegen Erschöpfung, Altersschwäche, Muskelschwund und Nervenschwäche. Die alten Ärzte schickten ihre geschwächten Lungenpatienten in die Zypressenhaine, damit der aromatische Duft der Zypressen die Schleimhäute beruhigen und ausheilen. Die Zypressenbäder sind sehr beliebt, weil sie bei nervösen und gereizten Menschen die nerven stabilisieren:

»Wer am ganzen Körper von Kräften gekommen ist, bade oft im Zypressenbad und er wird geheilt und wieder kräftig.«

### Gundelrebenbäder, Gundelrebengemüse

Hilft bei Abmagerung, Kraftlosigkeit, Altersschwäche, wenn im Alter Verstand und Gewicht gleichzeitig abnehmen:
»Gundelrebe hat die Kräfte starker Gewürze und hilft einem leidendem und vom Fleisch gefallenem Menschen, wenn er darin ein warmes Bad nimmt. Im Essen mit Dinkel, Fleischgerichten oder Gemüse gekocht ist Gundelrebe nützlich, weil seine guten Säfte den Menschen innerlich ausheilen.«

## Alzheimersche Krankheit

Nach den Herz-Kreislauf-Erkrankungen, Krebs, Diabetes und Leberzirrhose nimmt Morbus Alzheimer (frühzeitige Demenz und Senilität) die vierte Stelle der Todesursachen in Deutschland ein. Ein Prozent der bundesdeutschen Bevölkerung (600.000 Menschen) leidet heute daran. Wie eine ›stille Epidemie‹ ist die Krankheit weltweit auf dem Vormarsch und wird sich nach der Statistik der Todesursachen in der westlichen Welt zum ›Topkiller‹ entwickeln und alle Hoffnungen auf einen schönen wohlverdienten Lebensabend zunichte machen. Die Krankheit verläuft in drei Phasen und beginnt fast unmerklich mit Gedächtnisstörungen und Störungen der Orientierung. In der zweiten Phase treten schwere Wortfindungs- und Sprachstörungen auf. Der Patient weiß nicht mehr, was er gerade sagen wollte, wo er hingehen wollte und verliert die Orientierung über alltägliche Vorgänge wie Anziehen und Essen. Im dritten Stadium, nach etwa sechs Jahren, gibt das Gehirn des Patienten durch Zerfall der Gehirnnervenzellen seinen ›Geist auf‹, Familienangehörige und Freunde werden nicht mehr erkannt, Bewegungsabläufe sind zerstört, die Kontrolle über den Körper geht verloren. Im Endstadium werden die Betroffenen zu hilflosen Babys, wobei sie in grauenhafte seelische Verstimmungen fallen können: Depressionen, Verfolgungswahn, Ängste und ständiges Weinen.

Als auslösende Ursachen dieser Krankheit werden vielerlei Faktoren angesehen:

- Vergiftung durch Aluminium (Aluminiumtöpfe, aluminiumhaltige Tabletten gegen zu viel Magensäure, Trinkwasseraufbereitung mit Aluminiumsulfat)
- langsame Vireninfektion
- Gehirnverletzungen durch Schlag oder Unfall
- familienbedingte Erbschäden und
- Hirnstoffwechselstörungen.

Wie bewahre ich mir starke Nerven, ein gutes Gedächtnis und eine hohe Konzentrationskraft bis ins hohe Alter?

Müssen wir wirklich unseren Lebensabend in geistiger Umnachtung, mit der Alzheimerschen Krankheit oder in Vergesslichkeit verbringen oder gibt es Möglichkeiten, das Nervensystem zu stärken und geistig frisch zu bleiben? Was für eine Frage! Aber die Bevölkerung der Alten wird sich in den nächsten 20 Jahren verdoppeln und mit ihr die Zahl der Patienten, die an Altersdemenz leiden. Das sind für die Betroffenen furchtbare Aussichten in Hinblick auf die Lebensqualität und die Belastung der Angehörigen mit der Pflege. Muss denn ein gutes Nervenkostüm nur ein Privileg der Jugend sein oder können wir dazu beitragen, unsere Nervenkraft zu erhalten?

Selbst Kinder und Jugendliche werden heute durch einen permanenten Informations- und Lernstress bis an die Grenzen ihrer nervlichen Belastbarkeit geführt, was zu Energie- und Nervennährstoffmangel führen kann. Mitunter treten Erschöpfungszustände mit Antriebslosigkeit (›Null-Bock-Stimmung‹) oder auch Nervosität mit Überaktivität und Hyperaktivität (›Zappelphilipp-Syndrom‹) auf. Energieverlust des Gehirns, der nicht durch Schlaf oder Erholung in der Natur regeneriert werden kann, kann bei Schulkindern, Jugendlichen und Studenten zu Lern- und Konzentrationsschwächen sowie Schlafstörungen und Aggressivität führen. Wird zusätzlich durch Freizeitstress und Disco überdurchschnittlich viel Adrenalin ausgeschüttet, resultiert daraus ein gefährlicher Energie- und Gehirnnährstoffmangel, der zusätzlich das Nervensystem auspowert.

## Mikrokosmos Gehirn

Das menschliche Gehirn verfügt über mehr als 50 Milliarden Nervenzellen, die mit weiteren 10 Tausend Körpernervenzellen in einer abgestimmten Verbindung stehen. Über diese Nervenbahnen wird das leibliche und seelische Gleichgewicht aufrecht erhalten und Störungen in diesem Bereich haben katastrophale Folgen für die Gesundheit. Daher ist eine ausreichende Menge von Lebensmittel für den Energiehaushalt und den Nervenstoffwechsel von lebensnotwendiger Bedeutung. Dazu gehören nicht nur Energie aus wertvollen Kohlehydraten in Getreide und Edelkastanien, sondern auch Edelfette aus Mandeln und Sonnenblumenöl sowie Ausgangsmaterial für die wichtigen Nervenleitsubstanzen (Neurotransmitter). An den Enden der Nervenfasern befinden sich die Synapsen, die als Verbindungsmembranen für die gesamte Intensität der Reizübertragung und damit für die Qualität der Sinnesempfindungen und Denkvorgänge verantwortlich sind. Für den Aufbau der Synapsen und ihrer Funktion müssen dem Nervensystem ständig ausreichende Mengen von Phospholipiden, Verbindungen aus Glycerin, Phosphorsäure, Lecithin, Eiweiß und Fetten zur Verfügung stehen. Besonders wertvoll sind die Phospholipide aus dem Eigelb. Ein Mangel an Gehirn-Phospholipiden kann auch hier zu nachlassender Gehirnleistung, Vergesslichkeit und Konzentrationsstörungen führen.

## Ernährung von Nerven und Gehirn

Gute Nerven sind vor allem eine Folge eines erholsamen Schlafs und einer optimalen Ernährung. Dazu gehört das Wissen um die Lebensmittel, die den Nervenstoffwechsel unterstützen und die Stimmung verbessern. Besonders im Dinkel und Hafer befindet sich die Aminosäure Tryptophan, ein Baustein für den Nervenbotschafter Serotonin, das u. a. für eine gute Stimmung verantwortlich ist. Das Nervensystem verfügt noch über vierzig andere Stoffe, die die Gesundheit des Nervensystems beeinflussen.

### Beseitigung von Durchblutungsstörungen

Darüber hinaus wird die Funktion des Nervensystem von schlechten Säften und Giften gestört, die das Blut vom Stoffwechsel des Körpers und aus dem porösen Darm ins Gehirn transportiert. Dazu gehören auch Schwermetall-Vergiftungen mit Quecksilber aus Amalgamfüllungen, Cadmium und Blei in den Lebensmittel, Autoabgasen und Zigarettenrauch sowie Aluminium aus Arzneimitteln und Aluminiumtöpfen und Folien. Diese Gifte können durch den Hildegardischen Aderlass beseitigt werden. Klinische Studien haben bewiesen, dass die Kopfdurchblutung nach dem Aderlass um über 70% verbessert werden konnte. Außerdem verbesserte sich die Viskosität des Bluts gemessen am Hämatokritwert, der sich von über 53 auf 45 normalisierte.

Besonders wertvoll für die Gehirnleistung ist die Beseitigung von Fäulnis- und Schlackenstoffen bei Kopfschmerzen und Migräne durch die Darmsanierung mit Bärwurz-Birnen-Honig.

Während es in der Schulmedizin für diese Krankheit weder eine Prophylaxe noch eine Therapie gibt, haben sich in der Hildegard-Heilkunde folgende Heilmittel und Methoden zur Optimierung des Nervensystems bewährt:

- Brennnesselöl – große Kur gegen die ersten Anzeichen von Vergesslichkeit:
  »Wenn ein Mensch vergeßlich ist, zerdrücke Brennessel bis sie saftig werden und übergieße sie mit Olivenöl, und wenn er schlafen geht, soll er damit Brust und (beide) Schläfen einmassieren. Er soll das oft machen, und die Vergeßlichkeit nimmt ab. Denn die heftige Wärme der Brennessel ... reizen die Gefäße der Brust und der Schläfen, welche in ihrer Wachsamkeit eingeschläfert sind.«
- Dinkel ist ein frohmachendes Getreide, weil es aufgrund seiner Inhaltsstoffe in der Lage ist, das Nervensystem zu unterstützen, die überschüssige Gallensäure zu neutralisieren und die Darmbakterien optimal zu versorgen. Das Dinkel-Eiweiß enthält u. a. die Aminosäure Tryptophan, einer Vorstufe des stimmungsaufhellenden Serotonins. Bei der Übersäuerung durch zu viel tierischem Eiweiß entsteht immer Harnsäure, die der Mineralienreichtum des Dinkels neutralisieren kann, ohne

dass der Körper seine Mineralien im Knochensystem abbauen muss. Dinkel verhütet Osteoporose und beseitigt Gallensäure, die durch Wut, Stress oder Zorn in der Leber ausgeschüttet wird.

- Hafer »erwärmt die Geschmacksnerven und den Geruchssinn, er fördert ein fröhliches Gemüt und eine helle Aufgeschlossenheit.«
  Besonders das englische Porridge, ein Haferflockenbrei zum Frühstück, ist eine Quelle für die Gesundheit von Leib und Seele.
- Edelkastanien – »ein Mensch, dem das Gehirn schwach wird koche Kastanien in Wasser ... und esse sie oft täglich und sein Gehirn wächst und wird gefüllt und seine Nerven werden stark und so wird der Kopfschmerz weichen.«
  Täglich 3–5 Edelkastanien verbessern aufgrund ihrer wertvollen Kohlehydrate den Nervenstoffwechsel.
- Fenchel – »macht den Menschen froh, gibt ihm eine schöne Gesichtsfarbe, guten Körpergeruch und eine gute Verdauung.«
  Fenchel reinigt als Karminativum nicht nur den Darm und das Blut sondern ist mit seinen hohem Gehalt an Vitamin C und Provitamin A, sowie mit seinem Mineralienreichtum eine wertvolle Vitamin- und Vitalitätsbombe. Er kann sogar roh gegessen werden, ohne zu schaden und wird als Tee, Gemüse oder in Form von Fencheltabletten eingesetzt.
- Süße Mandeln – »Wer ein leeres Gehirn hat und eine blasse Gesichtsfarbe Blutarmut) und daher Kopfschmerzen bekommt, esse oft süße Mandeln.«
  Das ›leere Gehirn‹ lässt auf Störungen des Fettstoffwechsel, die ›blasse Gesichtsfarbe‹ auf Durchblutungsstörungen schließen. Süße Mandeln enthalten alle 24 Eiweißstoffe, die für den Nervenaufbau wichtig sind.
  Täglich 5–10 süße Mandeln zu sich nehmen, gehackt unter das Habermus oder ins Gemüse sowie in Brot, Nervenkekse oder Kuchen.
- Die Nerven- oder Energiekekse verbessern das harmonische Zusammenspiel aller fünf Sinnesorgane. Sie helfen bei Nervenschwäche, Energielosigkeit, Konzentrationsschwäche, Ge-

ruchsverlust, Geschmacksverlust, Verbitterung, Übersäuerung durch Schwarzgalle:
Täglich 3–5 dieser Plätzchen und dazu Dinkelkaffee, Fencheltee.

- Gelöschter Wein – beruhigt das gestresste Nervensystem.
  Ein Glas Wein aufkochen bis es Blasen gibt, und mit einem Schluck kaltem Wasser (1 Likörglas) mischen. Warm schluckweise trinken.
  Wut, Zorn und Aufregung regen die Produktion der so genannten Schwarzgalle, einer Mischung aus Gallensäure und Bilirubin, in der Leber an. Diese Flüssigkeit wird ins Blut abgegeben und verursacht eine Verschiebung des pH-Wertes im Blut von 7,4 ins Saure. Dadurch erstarren die Blutkörperchen, ›sie frieren ein‹, bewegen sich langsamer durch die Blutgefäße. Die Folge davon sind erhöhte Thrombose- und Emboliegefahr. Die Übersäuerung führt darüber hinaus zu Durchblutungsstörungen und zu Sauerstoffmangel des Gewebes von Arterien, wodurch besonders Herzmuskel und Gehirngewebe leiden, im schlimmsten Fall entzünden sogar Organe und Körpergewebe und werden dadurch zerstört. Diese **Übersäuerung** ist die auslösende Ursache für Herzinfarkt und Schlaganfall. Neueste amerikanische Studien haben ergeben, dass Herzinfarkt und Schlaganfall ca. 1–2 Stunden nach starker seelischer Erregung, Ärger, Wut und Zornesausbrüchen auftreten, die durch Streitigkeiten in der Familie oder im Berufsleben, bei Schock oder Verlust eines Partners ausgelöst werden können.
- Flohsamen – »erfreut das bedrückende Gemüt durch sein süßes Temperament und verhilft zur Gesundheit und stärkt sie.«
  Die Kunst, sich zu freuen, ist ein ausgezeichnetes Heilmittel für Herz und Gehirn, da damit die angeborene Traurigkeit, die Schwarzgalligkeit bekämpft wird. Flohsamen, die Samen von gezüchtetem Spitzwegerich, werden übers Essen gestreut und lösen sich im Darm zu einem milden Schleim auf. Ein Esslöffel bildet ungefähr 10 Esslöffel Schleim. Dieser milde Schleim ist teilweise auch im Blut löslich und saugt sowohl im Darm als auch im Blut Cholesterin und Gallensäure auf,

wodurch sowohl der Cholesterin- als auch der Gallensäurespiegel gesenkt werden kann. Außerdem heilt unter der milden Schleimschicht des Flohsamens der entzündete poröse Darm wie unter einem flüssigem Pflaster. Fäulnis- und Schlackenstoffe werden durch Flohsamen auf natürliche Weise nach draußen befördert, wodurch sie das Gehirn nicht mehr belasten können. Flohsamen sollten bei keinem Hildegard-Essen fehlen, 1–3 TL werden ins Habermus oder in die Suppe gestreut. Leinsamen sollte man nicht innerlich verwenden, da sie im Darm Vitamine und Mineralien ausräubern.

- Kopfsalat mit Dinkelkörnern – »stärkt das Gehirn und führt zu einer guten Verdauung.«
  Wir mischen im Kurhaus Hildegard gerne kalte gekochte Dinkelkörner unter den Salat und haben so eine richtige Vitaminbombe, wodurch in der Fabrik produzierte Vitamintabletten überflüssig werden. Der Salat enthält Vitamin C und Provitamin A, Magnesium und Chlorophyll. Im Dinkel befinden sich die B Vitamine B1, B2 und B6 sowie wertvolle Mineralien. Im Salatöl befindet sich Vitamin E. Zusammen mit Vitamin C und Provitamin A sind sie die Antioxidantien und Radikalfänger.
- Bohnenkraut – »wer ein schwaches Herz und einen kranken Magen hat, esse roh dieses Kraut und es kräftigt ihn. Gegessen erfreut es ein trauriges Gemüt heilt und klärt die Augen.« Hier wirkt das frohmachende Prinzip des Bohnenkrauts durch Einfluss auf das altersschwache Herz und den Magen. Die durch Starbildung getrübten Augen werden geklärt.
- Süßholzwurzelpulver – »wie immer gegessen bereitet es dem Menschen eine klare Stimme, hellt die Sinnesorgane auf, klärt die Augen und macht den Magen zur Verdauung fit. Oft gegessen kann es die Hirnwut von Verrückten (freneticus) auslöschen.« Süßholz ist 50-mal süßer als Zucker und wird gern zur Geschmacksverbesserung von Teemischungen verwendet Süßholzwurzel enthält Glycyrrhizinsäure, die entzündungshemmend auf den Schleimhäuten der oberen Luftwege sowie von Magen und Darm wirkt. Darüber hinaus enthält es wertvolle Saponine mit hustenlösender, sekretolytischer und sekretomotorischer Wirkung. Die Sterole Sitosterol und Stigma-

sterol verstärken die Wirkung der körpereigenen Reparaturhormons Kortisol, wodurch Entzündungen rasch abklingen. Süßholz hat darüber hinaus eine bakteriostatische Wirkung, die auf der Anwesenheit von 30 Flavonoiden beruht. Die antivirale Wirkung auf Influenza-A-Viren beruht auf einer Steigerung des körpereigenen Interferons. Süßholz sollte man aber nicht länger als 6 Wochen ununterbrochen verwenden, da zu viel Kortisol den Blutdruck erhöhen könnte. Zusammenfassend kann man sagen, dass die von Hildegard visionär beschriebene Heilwirkung des Süßholzwurzelpulvers durch die moderne Pharmakologie aufs Beste bestätigt wurde. Süßholzpulver hilft bei folgenden Krankheiten:
Katarrhe der oberen Luftwege, Husten und Bronchitis, Erkältungskrankheiten, Magen-/Darmschleimhautentzündung, Ulkusprophylaxe bei Helicobacter-Infektionen, zur Verbesserung der Gehirnleistung und Stimmungsaufhellung.
Wir verwenden 1–2 TL täglich im Habermus. Besonders wirksam ist eine Mischung aus Rosentinktur und Rosenlakritzsaft, die in keinem Haushalt fehlen sollte. Bei den ersten Anzeichen einer Erkältung dreimal täglich $^1/_2$ TL pur. Nicht länger als 4–6 Wochen.

- Kubebenpfeffer – »mildert die übersteigerte Sexualität, erfreut das Gemüt, fördert die Intelligenz und die reine Erkenntniskraft und Begeisterungsfähigkeit.«
  Hier haben wir das ideale Künstler- und Kreativitätsmittel. Die Kraft der Sexualität wird in die Genialität transformiert. Ich empfehle, täglich 3–5 Körner zu kauen. Sie schmecken pfefferminzartig.
- Bertramwurzelpulver – sorgt für einen klaren Kopf. »Wie immer gegessen ist er nützlich für Gesunde und Kranke. Oft gegessen, vertreibt er das Kranksein und verhindert, krank zu werden.«
  Hier haben wir ein weiteres Universalgewürz, das auf keinem Hildegard-Tisch fehlen darf. Es fördert nicht nur die Verdauung, sondern sorgt dafür, dass die Vitamine, Mineralien und sonstigen lebensnotwendigen Spurenelemente im Darm resorbiert werden, Dadurch verbessert sich gleichzeitig die Gehirnleistung.

- Quendelkekse – »wenn das Gehirn erkrankt und leer wird, backe er mit Quendelpulver, Dinkelmehl und Wasser Kekse und esse sie oft (täglich) und sein Gehirn wird wieder besser (durchblutet).« Diese pikanten Kekse sorgen dafür, dass das Gehirn wie ein »Computer läuft«.
- Muskat – »öffnet das Herz, reinigt die Sinnesorgane und trägt dem Menschen etwas Geniales bei.«
  Muskat ist ein weiteres wichtiges Gewürz, das die Gehirnleistung und damit Leistungsfähigkeit und Aufnahmefähigkeit beim Studieren verbessert. Muskat, in großen Mengen genommen (täglich 3–5 Nüsse), ist psychotrop und von berauschender Wirkung. Wir empfehlen kleine Mengen von täglich 1–3 Messerspitzen ins Essen, z. B. in Kürbissuppe.
- Gelöschter Wein – hilft besonders gut zum Abschalten gestresster Nerven und beim Autofahren, weil er die Gelassenheit unterstützt.

*Tagesmenü bei Gedächtnisschwäche*

| | |
|---|---|
| morgens | Habermus |
| | Dinkelkaffee |
| mittags | Dinkelgrießsuppe mit Quendel |
| | Reh-(Wild-)Ragout mit |
| | Edelkastaniengemüse |
| | Kopfsalat mit Dinkel |
| abends | Apfelauflauf mit Dinkelzwieback |

## Osteoporose

Vom Knochenschwund (Osteoporose) sind im Alter 25–30% aller Frauen betroffen. Die Krankheit äußert sich in Knochenschmerzen, stark bewegungseinschränkenden Rückenschmerzen, Schrumpfen der Figur (›Witwenbuckel‹) und in einer Neigung zu Knochenbrüchen. Männer sind nur wenig davon betroffen und machen nur ein Fünftel der Patienten aus.

Die Ursachen der Osteoporose sind immer noch unbekannt. Der genaue Nachweis ist sehr kompliziert und nur durch Knochenschichtaufnahmen zu erbringen. Mehrere Faktoren können die Osteoporose beeinflussen. Ihre Anlage wird bereits in der Kindheit ausgelöst. Wer in der Kindheit nicht kalziumreich genug ernährt wurde, leidet im Alter häufiger an Knochenschwund. Das Knochenkalzium vergrößert die Knochenmasse. Das Skelett wird während des ganzen Lebens ständig auf- und abgebaut. In der Jugend überwiegt der Aufbau, im Alter der Abbau. Wer also in der Jugend bereits schwache Knochen hatte, kann im Alter leichter an Osteoporose erkranken.

Da die weiblichen Sexualhormone (Östrogene) den natürlichen, altersbedingten Knochenabbau bremsen, kommt es im Klimakterium oder nachdem die Gebärmutter oder Eierstöcke bei der so genannten Totaloperation entfernt wurden, verstärkt zu Knochenabbau. Mollige Frauen mit starkem Unterhautfettgewebe haben einen zusätzlichen Sexualhormonspeicher und leiden weniger an Osteoporose. Magere Frauen, besonders Hochleistungssportlerinnen, untergewichtige Marathonläuferinnen, Balletttänzerinnen oder Turnerinnen leiden häufiger an Osteoporose.

Eine Hormontherapie mit Sexualhormonen (Östrogen) oder Schilddrüsenhormon (Calcitonin) ist wegen der dadurch auftretenden unerwünschten Nebenwirkungen umstritten.

## Richtige Ernährung und Bewegung verhindern den Knochenschwund

Regelmäßige Bewegung wirkt der Osteoporose entgegen, da die Muskeltätigkeit einen knochenaufbauenden Reiz ausüben kann. Auch eine kalziumreiche Ernährung wirkt sich günstig auf die Verhütung der Osteoporose aus. Fettarme Milchprodukte, Dinkel, grüner Salat und Gemüse liefern genügend Kalzium gegen den Knochenschwund. Mindestens 800–1500 mg Kalzium täglich sollte man über die Nahrung zu sich nehmen, um einen optimalen Schutz vor Osteoporose zu gewährleisten.

***Kalzium in Lebensmitteln***

| *Lebensmittel* | *Menge* | *Kalziumgehalt in mg* |
|---|---|---|
| Gemüsefenchel | 100 g | 105 |
| Brokkoli | 100 g | 105 |
| Petersilie | 100 g | 260 |
| Schnittlauch | 100 g | 165 |
| Bohnen, weiß, getrocknet | 100 g | 115 |
| Grüne Bohnen | 100 g | 40 |
| Feigen | 100 g | 200 |
| Haselnüsse | 100 g | 225 |
| Süße Mandeln | 100 g | 245 |
| Camembert, 30% Fett | 100 g | 430 |
| Hartkäse (Emmentaler, 45% Fett) | 100 g | 860 |
| Schnittkäse (Gouda, Tilsiter) | 100 g | 770 |
| Schnittkäse, 30% Fett | 100 g | 860 |
| Speisequark, mager | 100 g | 92 |
| Hühnerei | 1 | 56 |
| Buttermilch | 1 l | 1100 |
| Vollmilch, 3,5% Fett | 1 l | 1200 |
| Magermilch, 1,5% Fett | 1 l | 1200 |
| Magermilch-Joghurt | 100 g | 145 |
| Fisch (Ölsardinen abgetropft) | 100 g | 550 |

Eine abwechslungsreiche Hildegard-Diät mit Dinkel als Mineralstoffquelle, Gemüse, Milch und Milchprodukten, Fischen und Mandeln ist der beste Schutz vor Osteoporose. Ganz speziell die Kalbsfußsuppe oder -sülze hat einen stimulierenden Einfluss auf die Knorpel- und Knochenbildung. Zusätzlich hilft Benediktenkraut-Tee (vier Wochen lang genommen) bei der Regeneration von Knochenmasse. Er bewirkt fast eine hormonähnliche Stimulation.

***Rezept: Benediktenkraut-Tee***

1 TL Benediktenkraut auf 1 Tasse Wasser 3 Minuten lang kochen. Abgießen und warm trinken.

## Zur Vorbeugung und Behandlung von ernährungsbedingten Alterskrankheiten wird empfohlen

- Dinkel, Edelkastanien, Obst und Gemüse
- Gelegentlich Jungschweinefleisch, Straußenfleisch sowie Leber, mageres Kalbsfleisch, Geflügel, Wild, Lamm, Ziege
- Barsch, Hecht, Zander, Felchen
- Geringe Mengen Butter, kaltgepresstes Sonnenblumenöl
- Kopfsalat mit Dinkel nach Hildegard
- Süße Mandeln
- Kräutertees, Benediktenkraut-Tee, ungesüßte Fruchtsäfte (Zitronen-, Orangensaft), Traubensaft, Obstsalat, Dinkelbier, leichter Riesling
- Geringe Mengen Milch, Magerquark, fettarme Käsesorten
- Kräuter und Gewürze, besonders Quendel, Bertram und Poleiminze, wenig Salz.

## Bei Alterungserscheinungen sind zu meiden

- Fettes Fleisch, Wurst, Speck, Schweinefleisch, geräuchertes, gepökeltes Fleisch, Fleischkonserven
- Geräucherte Fische, Ölsardinen, Aal, Bückling, Fischkonserven
- Raffinadezucker, Schokolade, Eisspeisen, zucker- und fettreiche Süßspeisen, Konfitüre außer Quitten-, Mispel-, Kornelkirsch-, Himbeer-, Brombeermarmelade
- Vollraffinierte, gehärtete Fette, Margarine, Braten- und Backfette
- Auszugsmehlprodukte, fette Backwaren (Torten)
- Kaffee, Alkohol, Nikotin
- Gesüßte Obstsäfte, Cola-Getränke, Spirituosen und Mineralwasser
- ›Küchengifte‹ (Erdbeeren, Pfirsiche, Pflaumen, Lauch) und Rohkost.

*Tagesmenü bei Osteoporose*

| | |
|---|---|
| morgens | Habermus |
| | Dinkelkaffee |
| mittags | Kalbsfußsuppe mit Dinkelgrießklößen |
| | Barschfilets mit Mandeln |
| | Kopfsalat mit Dinkel |
| abends | Dinkelbrot mit Kräuterquark |
| | Benediktenkraut-Tee |

## Arteriosklerose, erhöhte Blutfettwerte (Hypercholesterinämie, Hypertriglyceridämie)

Erhöhte Blutfettwerte (Lipidwerte) bedeuten eine erhöhte Gefährdung durch arteriosklerotische Herz-Kreislauf-Erkrankungen, wobei Arteriosklerose durch die Transfettsäuren der Margarine und nicht durch die normalen Blutfette und Cholesterin ausgelöst wird. Das persönliche Krankheitsrisiko kann an folgender Tabelle abgelesen werden:

| *Risiko* | *Cholesterinwert* | *Triglycerid (Neutralfett-) Wert* |
|---|---|---|
| Sehr hoch | über 300 mg/100 ml | über 300 mg/ml |
| Erhöht | zwischen 250 mg/100 ml und 300 mg/100 ml | zwischen 250 mg/100 ml und 300 mg/100 ml |
| Normal | 200 + Alter mg/100 ml | unter 200 mg/100 ml |

Bisher nahm man an, dass ausschließlich zu hohe Cholesterin- und Neutralfettspiegel im Blut für krankhafte Veränderungen der Arterien durch Ablagerung an den Gefäßwänden und Gefäßverengung verantwortlich sind. Inzwischen jedoch gibt es wissenschaftliche Studien, die beweisen, dass diese Vorgänge nicht nur durch erhöhte Blutfettwerte, sondern durch die Transfettsäuren in der Margarine und durch eine Überernährung mit tierischem Eiweiß, vor allem durch Milcheiweiß in Käse und Quark hervorgerufen werden.

## Hypercholesterinämie (Typ II)

Cholesterin ist eine lebensnotwendige körpereigene Grundsubstanz, die für den Aufbau von Zellmembranen, Sexual- und Nebennierenhormonen und Gallensäure vom Körper selbst aufgebaut wird (endogenes Cholesterin). Besonders als Schutz gegen Belastungen durch Stress, Sorge und Kummer bildet der Körper endogenes Cholesterin in höherem Ausmaß. Bei Aderlass-Analysen beobachtet man immer wieder erhöhte Cholesterinspiegel bei Patienten mit großer seelischer Belastung und cholesterinarmer Ernährung. Ein normaler Cholesterinspiegel ist für das seelische Gleichgewicht lebensnotwendig. Zu niedrige Cholesterinspiegel können zu Krebs und Blutarmut führen. Erst wenn der Cholesterinspiegel das normale Maß von 200 plus Alter des Patienten übersteigt, kann es für den Organismus gefährlich werden.

Die Höhe des Cholesterinspiegels ist nur herzlich wenig von der Zusammensetzung der Nahrung, vielmehr vom stressigen Lebensstil abhängig. Übertriebene Mengen von Eier, Rindfleisch, Butter und Honig sowie Innereien enthalten hohe Cholesterinmengen und können den Cholesterinspiegel erhöhen. Eine erfolgreiche Therapie von Fettstoffwechselstörungen ist daher nur möglich, wenn gleichzeitig die krankmachenden Lebens- und Ernährungsgewohnheiten mit berücksichtigt werden.

### Therapieplan Alterskrankheiten

1. Hildegard-Fasten.
2. Hildegard-Psychotherapie.
3. Hildegardischer Aderlass, bei familiär bedingten erhöhten Cholesterinspiegeln zweimal jährlich.
4. Hildegard-Aufbaukur mit Dinkel, Obst und Gemüse unter Vermeidung stark cholesterinhaltiger Lebensmittel.
5. Anregung des Gesamtstoffwechsels durch Bewegung, Tanzen, Wandern, Schwimmen.
6. Einsatz von den Fettstoffwechsel verbessernden Hildegard-Heilmitteln:
   - Dinkel-Kleiebrötchen
   - Wermut-Frühjahrskur

- Diptamkraut, täglich 1 Teelöffel über den Tag verteilt, über das Essen gestreut
- Darmsanierung.

**Bei Hypercholesterinämie sind zu empfehlen**

- Dinkel, Edelkastanien, Obst und Gemüse
- Kopfsalat mit Dinkel
- Frischfische, Geflügel ohne Haut
- Naturbelassenes, kaltgepresstes Sonnenblumenöl, wenig Butter
- Buttermilch, Sauermilch, Magerquark, Magerkäse, körnige Frischkäse, Hüttenkäse
- Ungezuckerte Obstsäfte (Apfel, Johannisbeeren)
- Täglich 1–2 Dinkel-Kleiebrötchen
- Äpfel essen, 1–3 TL Flohsamen übers Essen streuen, beide enthalten viel Pektin.

**Bei Hypercholesterinämie sind zu meiden**

- Margarine, fettes Fleisch, Wurst, Speck, Schweinefleisch, geräuchertes, gepökeltes Fleisch, Fleischkonserven, rotes Rindfleisch, Hamburger; Innereien: Nieren, Gehirn, Zunge, Geflügelhaut (enthält das ganze Cholesterin)
- Geräucherte Fische, Ölsardinen, Aal, Bückling, Schellfisch, Karpfen, Krabben, Hummer, Kaviar, Fischkonserven
- Raffinadezucker, Schokolade, Eisspeisen, zucker- und fettreiche Süßspeisen, Kuchen, Torten, Konfitüre außer Quitten-, Mispel-, Kornelkirschmarmelade
- Vollraffinierte, gehärtete Fette, Margarine, Braten- und Backfette, Bratkartoffeln, Pommes frites, fette Suppen und Saucen
- Auszugsmehlprodukte, fette Backwaren (Torten)
- Eigelb (ein Eigelb enthält 300 mg Cholesterin)
- Kaffee, Alkohol, Nikotin
- Gesüßte Obstsäfte, Cola-Getränke, Spirituosen und Mineralwasser, hochprozentige Liköre
- ›Küchengifte‹ (Erdbeeren, Pfirsiche, Pflaumen, Lauch) und Rohkost.

## Hypertriglyceridämie (Typ IV)

Triglyceride sind Nahrungsmittelfette, Margarine, Kochfette, Streichfette, versteckte Fette in Fleischwaren, Backwaren und Milchprodukten, die bei Ernährungsfehlern (zu viel, zu fett, zu süß) das Risiko von Herz-Kreislauf-Erkrankungen verstärken können. Eine fettarme Ernährung zusammen mit Hildegard-Fasten und Aderlass ist daher die wirksamste und einfachste Methode zur Behandlung dieser Fettstoffwechselstörung. Ganz allgemein kann der Verlust von Übergewicht durch eine Dinkel-, Obst- und Gemüse-Diät die Serumtriglyceride senken.

### Therapieplan Hypertriglyceridämie

1. Hildegard-Fasten
2. Hildegard-Psychotherapie
3. Hildegardischer Aderlass
4. Hildegard-Aufbaukuren. Universalmittel: Dinkelküche
5. Hildegard-Heilmittel: Flohsamen.

### Bei Hypertriglyceridämie sind zu empfehlen

- Dinkel, Edelkastanien, Obst und Gemüse
- Hildegardisierte Salate
- Frischfische, Geflügel ohne Haut
- Naturbelassenes, kaltgepresstes Sonnenblumenöl, etwas Butter
- Buttermilch, Sauermilch, Magerquark, Magerkäse, Hüttenkäse
- Ungezuckerte Obstsäfte (Apfel, Johannisbeeren)
- Täglich 1–2 Dinkel-Kleiebrötchen.

### Bei Hypertriglyceridämie sind zu meiden

- Margarine, fettes Fleisch, Wurst, Speck, Schweinefleisch, geräuchertes, gepökeltes Fleisch, Fleischkonserven, rotes Rindfleisch, Hamburger; Innereien: Nieren, Gehirn, Zunge, Geflügelhaut (enthält das ganze Cholesterin)

- Geräucherte Fische, Ölsardinen, Aal, Bückling, Schellfisch, Karpfen, Krabben, Hummer, Kaviar, Fischkonserven
- Raffinadezucker, Schokolade, Eisspeisen, zucker- und fettreiche Süßspeisen, Kuchen, Torten, Konfitüre außer Quitten-, Mispel-, Kornelkirschmarmelade
- Vollraffinierte, gehärtete Fette, Margarine, Braten- und Backfette, Bratkartoffeln, Pommes frites, fette Suppen und Saucen
- Auszugsmehlprodukte, fette Backwaren (Torten)
- Eigelb (ein Eigelb enthält 300 mg Cholesterin = Tagesbedarf)
- Kaffee, Alkohol, Nikotin
- Gesüßte Obstsäfte, Cola-Getränke, Spirituosen, Mineralwasser, hochprozentige Liköre
- ›Küchengifte‹ (Erdbeeren, Pfirsiche, Pflaumen, Lauch) und Rohkost.

***Tagesmenü bei Hypercholesterinämie***

| | |
|---|---|
| morgens | Dinkelflocken-Habermus |
| | Dinkel-Kleiebrötchen |
| | Dinkelkaffee |
| mittags | Gemüsebrühe |
| | Hähnchen mit Mandeln |
| | Kopfsalat mit Dinkel |
| abends | Warmer Fenchel-Sellerie-Salat, |
| | vegetarische Brotaufstriche. |

# Vorbeugung und Behandlung von Diabetes mellitus

*Diabetes Typ II, Altersdiabetes; bei Erwachsenen über 25 Jahre*

Die Zuckerkrankheit hat es zu Hildegards Zeiten noch nicht gegeben, und wahrscheinlich würde es sie auch heute noch nicht geben, wenn Hildegards Ernährungslehre bekannt und beherzigt worden wäre. Statt dessen gibt es allein in der Bundesrepublik drei Millionen Zuckerkranke und weitere sechs Millionen ›versteckte, unentdeckte‹ Diabetiker. Jeder zweite Diabetiker im Alter von über 60 Jahren leidet an arteriosklerotischen Herz-Kreislauf-Komplikationen; nach zehnjähriger Krankheitsdauer haben 90% aller Diabetiker arteriosklerotische Gefäßerkrankungen, die bei 58% aller Kranken mit Herzinfarkt und bei 54% mit Gefäßverschlüssen enden.

Da die Zuckerkrankheit durch Überernährung, Fehlernährung (zu süß, zu fett, zu viel) und Bewegungsmangel verursacht wird, ist schon allein die Reduktion des Körpergewichts durch das Hildegard-Fasten und die Dinkelkörner-Diät eine echte Therapie. Es ist überraschend und sensationell, dass sich eine seit dreißig Jahren bestehende Diabetes mit der Dinkelkörnerkost erheblich verbessern ließ: Ein 80-jähriger Patient, vom behandelnden Arzt auf zweimal 28 Einheiten Insulin, 16 Broteinheiten Kohlehydrate und 6–7 Mahlzeiten pro Tag ›exakt‹ eingestellt, konnte bereits nach zehn Tagen mit Dinkelkörner-Frühstück feststellen, dass sein Blutzuckerspiegel konstant blieb. Die Insulinmenge konnte auf die Hälfte (28 Einheiten – zweimal täglich 14 Einheiten wirkt sich noch besser aus) reduziert werden, und das bei nur 3–4 Mahlzeiten am Tag. Der Patient hatte nur noch ein minimales Hungergefühl und bei guter Verdauung ein neues Lebensgefühl.

***Blutzuckerschwankungen***
nach Dinkelkörner-Frühstück und Insulin-Reduktion, von zwei-

mal 28 Einheiten auf einmal 28 Einheiten pro Tag, nach dem Frühstück gespritzt.

| | *Nüchternwert* | *Nach dem Dinkelfrühstück* | *Vor dem Mittagessen* | *Insulinmenge (E)* |
|---|---|---|---|---|
| 1. Tag | 132 | 137 | 170 | 22 |
| 2. Tag | 170 | 120 | 107 | 26 |
| 3. Tag | 155 | 155 | – | 28 |
| 4. Tag | 146 | 142 | 111 | 28 |
| 5. Tag | 137 | 137 | 147 | 28 |
| 6. Tag | 153 | 153 | 111 | 28 |
| 7. Tag | 165 | 147 | 112 | 28 |
| 8. Tag | 165 | 164 | 101 | 28 |
| 9. Tag | 165 | 165 | 137 | 28 |
| 10. Tag | 206 | 160 | 140 | 28 |
| 11. Tag | 163 | 169 | – | 30 |
| 12. Tag | 184 | 186 | 158 | 30+14 |

Besonders eindrucksvoll ist die Behandlung von Diabetikern, die bisher mit blutzuckersenkenden Tabletten behandelt wurden. Allein durch das Hildegard-Fasten reduziert sich bei diesen Patienten der Blutzuckerspiegel und sinkt schließlich auf normal. Anschließend kann durch die Dinkelkörner-Diät meistens ganz auf orale Antidiabetika (Sulfonylharnstoffe) verzichtet werden.

## Therapieplan Diabetes

1. Hildegard-Fasten.
2. Hildegard-Psychotherapie: Problem- und Stressbewältigung durch kreative, seelische Maßnahmen, Einübung christlicher Tugenden.
3. Hildegardischer Aderlass, zweimal jährlich.
4. Hildegard-Dinkelkörner-Edelkastanien-Aufbaudiät, Dinkel-Kleiebrötchen.
5. Bewegung, Tanz, Wandern, Schwitzen, Hautbürsten, Kneipp-Anwendungen, Gartenarbeit.

6. Heilmittel:
7. Hirschzungen-Elixier; Wermut-Frühjahrskur (nur 75 g Honig/Liter Wein); Gewürze: Zimt (1–2 TL täglich), Muskatnuss (1–3 Messerspitzen übers Essen), Brunnenkresse, gedünstet.
8. Auch Diabetes ist eine Autoaggressionserkrankung und hat ihren Ursprung im Darm, daher immer Darmsanierung!

**Bei Diabetes sind zu empfehlen**

- Dinkelkörner, Dinkelvollkornbrote, Obst und Gemüse, Dinkel-Kleiebrötchen
- Frische Fische (Barsch), Hühnerleber
- ›Hildegardisierter‹ Kopfsalat mit Dinkel
- Naturbelassenes, kaltgepresstes Sonnenblumenöl, etwas Butter, fettarme Suppen
- Frische Kräuter und Gewürze (Zimt, Muskat, Galgant, Bertram, Quendel, Knoblauch), wenig Salz
- Buttermilch
- Fenchel- und Bohnenschalentee, Dinkelkaffee, Diabetikerbier, trockene Süßweine, Riesling-Weine, trockener Sekt
- Fruchtzucker (12 g = 1 BE), Rosinen, Früchte zum Süßen
- Säuerliche Äpfel.

**Bei Diabetes sind zu meiden**

- Fettes Fleisch, Wurst, Speck, Schweinefleisch, geräuchertes, gepökeltes Fleisch, Fleischkonserven
- Geräucherte Fische, Ölsardinen, Aal, Bückling, Fischkonserven
- Rohr- oder Rübenzucker, Traubenzucker, Malzzucker, Milchzucker, Raffinadezucker, Schokolade, Eisspeisen, zucker- und fettreiche Süßspeisen, Konfitüre außer Quitten-, Mispel-, Kornelkirsch-, Himbeer-, Brombeermarmelade mit Fruchtzucker
- Vollraffinierte, gehärtete Fette, Margarine, Braten- und Backfette
- Auszugsmehlprodukte, fette Backwaren (Torten)
- Kaffee, Alkohol, Nikotin

- Gesüßte Obstsäfte, Cola-Getränke, Mineralwasser, normales Bier, zuckerreiche Südweine, Beerenweine, Spirituosen
- ›Küchengifte‹ (Erdbeeren, Pfirsiche, Pflaumen, Lauch) und Rohkost, Eiskaltes, Zuckersüßes, Gallenbitteres.

***Tagesmenü für die Verhütung und Behandlung von Diabetes (ideale Schlankheitskur)***

| | |
|---|---|
| morgens | Dinkelkörner-Frühstück mit Apfelkompott und Zimt<br>oder Dinkel-Kleiebrötchen; Dinkelkaffee |
| mittags | Dinkelgrieß-Gemüsecremesuppe;<br>Dinkelauflauf mit Gemüse; Apfelklöße |
| abends | Vegetarische Brotaufstriche,<br>Rote-Bete-Timbale |

# Behandlung von akuten Erkrankungen

*Fieber, Infektionskrankheiten, Vergiftungen, Erbrechen, Durchfall, Krämpfen, nach Operationen, chronisch Kranken, Rehabilitation, Kräftigungsaufbaumittel, Erschöpfung, Rekonvaleszenz*

Wenn jemand plötzlich krank wird, macht sein Körper instinktiv das Richtige, indem er auf Appetitlosigkeit umschaltet und Fieber erzeugt. Dadurch verbrennen die Viren und Bakterien, Gift- und Schlackenstoffe werden ausgeschieden und neue gesunde Zellen bilden sich. Dr. Hertzka schlägt folgende Drei-Stufen-Diät vor, ganz gleich, um welche Krankheit es sich handelt:

## Im akuten Fall

*1. Tag:* Absolutes Fasten. Nichts essen, nur trinken: ungezuckerten Fencheltee, so viel der Kranke will, eventuell mit Dinkelzwieback. Für Schwerkranke mit hohem Fieber (über 38°C) empfiehlt Hildegard Dinkelkernotto oder gekochte Dinkelkörner:

»Wer so krank ist, daß er vor lauter Schwäche nicht mehr essen kann, nehme die ganzen Dinkelkörner und koche sie in Wasser unter Beigabe von Butter und Eigelb (und etwas Salz), so daß man sie gerne ißt, ... und es heilt den Kranken innerlich wie eine gesunde Salbe.«

Bei Virusinfektionen im Sommer oder im Herbst, wenn Fieber mit Durchfall besteht, nimmt der Kranke ein Glas Wasser und löst darin zwei Galgant-Tabletten auf. Bei Durchfall kann man auch leichten grünen Tee trinken.

*2. Tag:* Am zweiten Krankheitstag darf man eine dünne Dinkelgrießsuppe mit etwas Salz und Petersilie essen. Bei Durchfall hat sich eine dünne Dinkelmehlsuppe am Morgen bewährt. Auf keinen Fall darf eine Haferflocken-, Gersten- oder Reissuppe gegessen werden, da sie zur Verstopfung führen kann. Am Mittag kann man auch Dinkelspätzle oder Dinkelnudeln essen. Am zweiten Tag darf der Kranke so viel Dinkelzwieback essen wie er will, am besten in Tee getaucht. Dazu gekochte Apfelstücke (kein Apfelmus), am besten mit viel Wasser gekocht und das Kochwasser getrunken.

*3. Tag:* Am dritten Tag (wenn kein Durchfall besteht) kann man Hühnerbouillon und Hühnerfleisch ohne Haut essen. Auch gelöschter Wein ist ein gutes Getränk. Außer Äpfeln gibt es keine Früchte, am besten wieder Apfelstücke, in Wasser gekocht. Diese Drei-Tage-Diät wird für alle Krankheitsfälle beibehalten. Auch wenn im Verlauf einer Krankheit Komplikationen auftreten, kann man immer wieder auf die erste Drei-Tage-Diät zurückkommen.

## Zur Rekonvaleszenz

*4. Tag:* Am vierten Tag der Krankheit wird folgende Diät empfohlen:

Weizenvollkornbrot (Grahambrot), Dinkelbrot, altes Hefegebäck, Früchte, gutes Fleisch und Gemüse ist erlaubt. Zusätzlich zu Dinkelgerichten kann man ab dem dritten Tag auch noch Haferflocken essen. Jetzt kann man auch wieder Salat essen.

***Achtung:*** keine reine Rohkost, sondern ›angemachte‹ Salate. Biskuit, Zwieback, Apfelkuchen (nicht zu süß), Dinkelkaffee und Fencheltee. Keine Schokolade und keine Eiscreme.

## Für chronisch Kranke

Für Patienten, die langfristig erkrankt sind, und für chronisch Kranke wird die Hildegard-Diät wie oben beschrieben empfohlen.

Nicht ratsam sind Wurstwaren (besonders aus Schweinefleisch), Mayonnaise, gebratene Eier, Käse (und wenn, dann nur mit Mutterkümmelgewürz), Konserven, Sardinen, Aal, Krebse und Krabben, Schweinefleisch, Margarine, Ente oder Gans. Auf jeden Fall zu vermeiden sind die ›Küchengifte‹ Erdbeeren, Pfirsiche, Pflaumen und Zwetschgen sowie Lauch. Gurken, Birnen (besonders roh gegessen erzeugen Migräne), Rhabarber, Walnüsse und Kartoffeln, Paprika, Auberginen werden nicht empfohlen. Außerdem kein hochprozentiger Alkohol, Kaffee und Tabak, keine Schlagsahne und keine Pommes frites. Wer sich an diese Diät hält, wird gesund, und wer gesund ist, bleibt gesund. Darüber hinaus muss man lediglich wissen, dass es spezielle Diäten für Leber- und Lungenkranke gibt.

Für Todkranke gilt: »Wer so krank ist, daß er kein Brot mehr essen kann, nehme zu gleichen Teilen Gerste und Hafer (je 1 EL) und füge etwas Fenchel (1 TL) bei und koche gleichzeitig in 1 L Wasser und nach dem Kochen seihe man den Saft ab und trinke ihn wie eine Brühe, statt Brot zu essen, und er tue dies, bis er gesunde.«

## Therapieplan bei akuten Erkrankungen

1. Bei hohem Fieber fasten.
2. Krankendiät.
3. Hildegard-Fiebermittel:
   - Akeleisaft (Urtinktur), mehrmals täglich 5–10 Tropfen evtl. auf Würfelzucker.
   - Aloemischpulver in einer Tasse Fencheltee mit $^1/_2$TL Rosenlakritzsaft (Fa. Jura).
   - Aloe-Elixier
     ***Rezept:***
     8 g Aloepulver
     5 g Andornpulver
     10 g Lorbeerpulver
     12 g Süßholzpulver
     Von dieser Pulvermischung 1–2 TL in 500 ml Wein aufkochen, in Fencheltee mit etwas Honig und Rosenlakritzsaft, ein- bis dreimal täglich heiß trinken, fördert die Schweißbildung.
   - Bärwurzpulver 1–3 Messerspitzen auf Brot.
   - Basilikumkraut-Honigwein: 1 El Basilikumkraut 3 Minuten mit 750 ml Wein aufkochen mit etwas Honig süßen.
   - frische Brunnenkresse wie Spinat in etwas Butter dünsten, warm essen.
   - Universalfiebermittel: bei Virusfieber: 1–2 Galgant-Tabletten in Himbeersaft.
   - bei hohem bakteriellem Fieber Meisterwurz-Wein: 3–5 Tage lang immer frisch ansetzen: ein TL Meisterwurz-Wur-

zeln, über Nacht mit etwas Wein ansetzen, morgens mit mehr Wein verdünnen und über den Tag trinken, mindestens 3–5 Tage lang.

- Allergiefieber: Akeleisaft s. o.; 1 TL Lorbeerfrüchte in 250 ml Wein 3 Minuten aufkochen, absieben und warm trinken.
- Entgiftungsmittel Ringelblumenwein:
  1 TL Ringelblumenblütenblätter 2 Minuten mit 1 Tasse aufgekochten Wein ziehen lassen, filtrieren und 1–3 mal täglich trinken. Bestes Entgiftungsmittel.
  Bei Brechreiz nach Lebensmittel-, Arzneimittelvergiftung oder während der Schwangerschaft. Dies Mittel hilft, auch wenn alle anderen Mittel versagen.
- Bibernell-Dotter-Kekse
  Bibernell-Mischpulver (Fa. Jura):
  6 TL Mutterkümmel
  2 TL weißer Pfeffer
  $1^1/_2$ TL Bibernellpulver
  Die drei Zutaten mischen oder das Fertigpräparat nehmen.
  100 g Dinkelmehl Type 630
  2 TL Mischpulver
  etwas Salz, etwas Zucker
  2 Eigelb
  Wasser
  Bibernell-Mischpulver, Dinkelmehl, Salz und Zucker mischen. Das Ganze mit dem Eigelb und so wenig Wasser wie möglich zu einem geschmeidigen, nicht klebrigen Teig verarbeiten. 30 Minuten ruhen lassen. Teig mit viel Mehl dünn auswellen (oder durch eine Nudelmaschine lassen). Rauten ausschneiden und im Ofen bei 180°C goldgelb backen.

***Tagesmenü nach Infektionskrankheiten mit Erbrechen und Durchfall***

| | |
|---|---|
| morgens | Dinkelmehlsuppe mit Quendel |
| mittags | Hühner-Leberklößchen mit Dinkelnudeln; Kopfsalat mit Dinkel |
| abends | Zwiebelsuppe, vegetarische Brotaufstriche |

## Krank durch Rohkost, Frischkorn-Brei und ›Küchengifte‹

Bereits vor 800 Jahren schrieb Hildegard von Bingen mit der Präzision ihrer visionären Schau die Ursachen und die Folgen der Darmpilzinfektion durch Ernährungsfehler, die heute zu einer Volksseuche geworden ist. Überraschenderweise wird die Darmflora dabei am meisten durch die so genannte ›gesunde Ernährung‹ mit Rohkost und Frischkost geschädigt, denn Rohkost ist ein Energieräuber. Was wir ungekocht essen, muss vom Verdauungssystem verarbeitet werden oder liegt wie ein toter Hund im Darm und geht in Fäulnis über.

Die Roh- und Frischköstler haben bis heute den Sinn des Kochens und Backens noch nicht verstanden, denn erst dadurch werden die Lebensmittel verdaulich und die Wertstoffe genießbar gemacht. Hildegard schreibt im gleichen Zusammenhang, dass der Kochvorgang auch durch die Entgiftung der Speisen durch Weinessig, Salz, Knoblauch, Dill in der so genannten Salatbeize erreicht werden kann. Nach Hildegard gibt es nur ganz wenige Lebensmittel, die von Natur aus auch roh hundertprozentig gesund sind und nicht gekocht werden müssen: dazu gehören die Edelkastanie, der Fenchel und die Quitten. Alle anderen Lebensmittel sind mit so genannten Toxinen oder Antinährstoffen oder unlöslichen Ballaststoffen belastet, die den Darm stark schädigen können. Die meisten Colitis- und Multiple-Sklerose-Patienten waren vor Anbruch ihrer Erkrankung Rohköstler gewesen und haben sich angeblich so gesund ernährt.

Die Roh- und Frischkost hat in Wirklichkeit katastrophale Folgen für die Verdauung, weil der menschliche Darm im Gegensatz zu den Kühen keine zellulosespaltenden Enzyme hat. Die angeblich so vitamin- und mineralstoffhaltige Frisch- und Rohkost kann gar nicht verwertet werden, gelangt schließlich in den Dickdarm, wo sie von Fäulnisbakterien zu Fäulnisgasen vergoren wird. Hierbei produzieren die Fäulniserreger die von Hildegard beschriebenen Gasmengen, wie in einem Düngerhaufen, wobei hochgiftiges Ammoniak und Schwefelwasserstoff entstehen, die die Leber, das Gehirn und ihren Stoffwechsel vergiften. Dabei wird sogar die normale Darmflora von Fäulniserregern verdrängt, und das Spektrum verschiebt sich zugunsten der Darmpilze. Aus diesem Grunde muss die Vollwert-Ernährung stets durch Kochen oder Dünsten aufgeschlossen werden, weil sie erst in diesem Zustand von der natürlichen Darmflora verwertet werden kann.

Hildegard beschreibt auch Küchen-Gifte, die das Immunsystem angreifen und Allergien und Autoaggressionen auslösen können. Besonders gefährlich sind dabei die entzündungsauslösenden Erdbeeren, Pfirsiche, Pflaumen und der Lauch oder Porree mit einem hohen Schwefelanteil.

### Krank durch psychosoziales Fehlverhalten, Schock, Schicksalsschläge

Wut, Zorn, Trauer und Aufregung regen die Produktion der so genannten Schwarzgalle (Gallensäure) und Bilirubin in der Leber an. Diese Flüssigkeit wird ins Blut abgegeben und verursacht eine Verschiebung des pH-Wertes im Blut von 7,4 ins Saure. Dadurch erstarren die Blutkörperchen, sie ›frieren ein‹, bewegen sich langsamer durch die Blutgefäße. Die Übersäuerung führt zu Durchblutungsstörungen und zu Sauerstoffmangel des Gewebes von Arterien, Organen, wodurch besonders Herzmuskel und Gehirngewebe leidet, im schlimmsten Fall sogar Organe und Körpergewebe entzünden können. Diese Übersäuerung ist die auslösende Ursache für Herzinfarkt und Schlaganfall. Neueste amerikanische Studien haben ergeben, dass Herzinfarkt und Schlaganfall ca. 1–2 Stunden nach starker seelischer Erregung, Ärger, Wut und Zornesausbrüchen auftreten, die durch Streitigkeiten in der Familie oder im Berufsleben, bei Testamentsauseinandersetzungen, bei Schock oder Verlust eines Partners ausgelöst werden können.

### Heilungserfolge durch Darmsanierung 70–80%

Wir konnten in der täglichen Praxis in den letzten zehn Jahren anhand von 50.000 Darmsanierungen beweisen, dass die Darmflora und dadurch meistens auch die Magen- und Darmschleimhaut systematisch durch Ernährungsfehler, seelische Überbelastungen und chemische Medikamente zerstört werden und erst durch eine Hildegardische Darmsanierung zusammen mit einer konsequenten Dinkelkost eine dauerhafte Heilung möglich wird. Die Heilungserfolge liegen zwischen 70 und 80%. Der Schulmedizin sind diese Zusammenhänge aus verschiedenen Gründen weitgehend unbekannt, obwohl Hildegard von Bingen dieses Phänomen bereits vor 850 Jahren beschrieben hat und ihr Darm-Sanierungsmittel ›Bärwurz-Birnen-Honig‹ ihr bestes Heilmittel nennt: »Wertvoller als Gold, wirksamer als Gold.«

Unsere Erfolge und Behandlungen werden heute nur von wenigen Schulmedizinern beachtet, weil unser Krankensystem aus Kostengründen gar nicht an einer echten und sogar noch kostengünstigen Heilung interessiert ist. Für die Behandlung dieser Leiden werden heute weltweit Unsummen ausgegeben und damit blüht das Geschäft mit den Krankheiten. Erst eine radikale Transformation des Krankensystems in ein Gesundheitssystem, indem die Ärzte für die Erhaltung der Gesundheit bezahlt würden, könnte hier eine wirksame Änderung schaffen.

## Zelltod durch Autoaggression

Sobald die Darmflora durch die immer stärkere Belastung mit Stress, chemischen Arzneimitteln und Ernährungsfehlern zerstört wird, ist die Darmschleimhaut dem Darminhalt mit seinen Bakterien, Allergenen, Viren und Pilzen schutzlos ausgeliefert, entzündet sich und wird durchlässig.

Hefe- und Schimmelpilze als Folge von einer zerstörten natürlichen Darmflora tun ein Übriges und produzieren gewebeschädigende Enzyme (Proteinasen, Lecithinasen), die die Darmwand entzünden und durchlässig machen (›poröser Darm‹). Nun können massenhaft Bakterien, Viren, Pilze, Allergene und unverdaute Speisereste (nutritive Allergene) ins Blut- und Lymphsystem gelangen und dabei Sepsis (Blutvergiftung) oder Allergien auslösen. Wir könnten dieser Gefahr höchstens drei Tage widerstehen und müssten sterben, wenn wir nicht ein starkes Abwehrsystem hätten, das die Eindringlinge bekämpft.

Das Immunsystem feuert eine Armada von über hundert raffinierten Abwehrwaffen auf die eindringenden Feinde, um sie zu zerstören. Da sich die radikalen Abwehrstoffe im Blut befinden und mit dem Blut in den ganzen Körper gelangen, gibt es keine Zelle und kein Organ, die nicht auch von diesen Abwehrstoffen angegriffen werden können. So kann der eigene Körper von der körpereigenem Abwehr angegriffen und zerstört werden (Autoaggression). Es setzt ein tödlicher Prozess ein, wie ein innerer Selbstmord, der in der Schulmedizin Autoaggression genannt wird. Fast alle Krankheiten haben eine autoaggressive Ursache. In der Tabelle sind einige typische Vertreter von über 20.000 Autoaggressionskrankheiten zusammengefasst; die autoaggressiven Entzündungskrankheiten enden meistens mit der Silbe ›itis‹.

***Tabelle der Autoaggressionskrankheiten***

| | |
|---|---|
| Gefäße | Herzinfarkt, Schlaganfall, Vaskulitis |
| Zentrales Nervensystem | Alzheimer, Parkinson |
| Organe | Hepatitis, Pankreatitis (Diabetes), Nephritis, Gastritis, Colitis, Morbus Crohn, Gallenblasenentzündung, Prostatitis, Nebenniere (Addissonsche Krankheit), Schilddrüsenentzündung |
| Haut und Schleimhaut | Heuschnupfen, Neurodermitis, Sinusitis, Tonsilitis, Otitis, Bronchitis, Asthma, Mundsoor, Psoriasis, Akne, Furunkolose, Vaginalschleimhautentzündung, Haarausfall, Fingernägelwachstumsstörungen |
| Gelenke | rheumatische Arthritis, Polyarthritis, Osteoporose, Periartheritis |
| Muskeln | Fibromyalgie, Myalgie, Myasthenia gravis, Amyleotrope Lateralsklerose |
| Nerven | MS, Ischialgie, Neuralgie |
| Blut | Leukämie |
| Lymphe | Non-Hodgkin und Hodgkinsche Krankheit |
| Gene im Zellkern | Präkanzerose und Krebs |

Die meisten dieser Autoimmunkrankheiten sind chronisch, d. h. schulmedizinisch ›unheilbar‹, weil die Ursachen und damit auch die Heilmittel nicht berücksichtigt werden. So beschränkt man sich darauf, nur die Symptome mit Schmerzmitteln oder immunzerstörenden Arzneimitteln zu bekämpfen, wodurch die Krankheiten in der Tat unheilbar werden.

Im Gegensatz dazu werden in der Hildegard-Heilkunde die auslösenden Ursachen gesucht und beseitigt, wodurch die Unheilbarkeit durchbrochen wird und ein echter ganzheitlicher Heilungsprozess abläuft.

## Therapieplan zur Darmsanierung nach Hildegard

Hauptzielorgan seelischer Aggressionen ist meistens der Darm und die Darmflora, daher gehört immer auch die Suche nach dem Darmschaden und die anschließende Darmsanierung mit dem Bärwurz-Birnen-Honig und eine Symbioselenkung mit lebendigen Darmkeimen zur Therapie. Darüber hinaus muss auch immer eine Neutralisation der überschießenden Gallensäure durch die zahlreichen Mineralien und Spurenelemente in Dinkel, Obst und Gemüse erfolgen.

***Bärwurz-Birnen-Honig***

Die Hildegard-Darmsanierung beginnt immer mit der Kur aus dem Hildegard-Gold: Bärwurz-Birnen-Honig, hergestellt aus der Bärwurz-Gewürzmischung (Fa. Jura), Birnen und Blütenhonig. Die Bärwurz-Gewürzmischung besteht aus den Wurzeldrogen Bärwurz, Galgant und Süßholz sowie Bohnenkraut.

Bärwurz oder Bärenfenchel aus der Familie der Doldenblütler wächst auf Bergwiesen in deutschen Mittelgebirgen und im Allgäu auf Wiesen und Weiden. Der spindelförmige dicke Wurzelstock wird bis zu 20 cm lang, ist außen dunkelbraun und innen weiß. Er wird im Herbst ausgegraben. Frisch genossen schmeckt die Wurzel zunächst süß, später würzig. Bärwurz enthält als wirksame Inhaltsstoffe ätherische Öle, Harz, Gummi, 28% Stärke, Zucker, Wachs und Pektin.

Verwendet wird der Bärwurz vorwiegend zur Herstellung von Bärwurzschnaps, ähnlich dem Enzian, der im Bayerischen Wald, im Erzgebirge und im Allgäu gebrannt wird. In der Volksmedizin fand dieses Gewürz aber auch als Aromaticum, Tonikum, gegen Katarrh, Blasenleiden, bei Herzschwäche und als appetitanregendes Stomachicum Verwendung. Der Bärwurz ist z. B. Bestandteil eines der in Deutschland meist verkauften Magenbitter. Im Erzgebirge kocht man eine schmackhafte Köpernickel-Suppe, die mit Bärwurz gewürzt ist.

Hildegard empfiehlt den Bärwurz zum Schutz vor schweren Infektionen mit hohem Fieber, Gicht und Gelbsucht.

Galgant hat aufgrund seiner Inhaltsstoffe krampflösende, antibakterielle, antivirale und antimykotische Eigenschaften.

Süßholzwurzelpulver, ein pflanzliches Reparaturhormon, enthält das Steroid Glycyrrhizinsäure und ist aufgrund seiner chemisch-biologischen Struktur und Wirksamkeit mit dem entzündungshemmenden Kortisol verwandt. Mit Süßholz kann man Magen- und Darmschleimhautentzündungen auszuheilen.

Bohnenkraut als reinigendes Karminativum enthält ätherische Öle, mit denen Fäulniserreger und pathogene Keime ausgeräumt werden können.

Birnen werden von Hildegard als Purgiermittel für den Magen empfohlen und heilen den Menschen in dieser Kombination genau von den Leiden, die rohe Birnen im Menschen auslösen: Migräne, Brustverschleimung, schlechte Säfte und den Darm von seinem Schimmel (Hefe- und Sprosspilze). Es hat lange Jahre gedauert, bis wir dieses Gold entdeckt haben, seit dem aber begann der Triumphzug mit seinen Heilerfolgen bei der Darmsanierung.

***Rezept: Bärwurz-Birnen-Honig***

100 g Bärwurzmischpulver (Fa. Jura), bestehend aus:
35 g Bärwurz
28 g Galgantwurzel
22 g Süßholzwurzel
15 g Bohnenkraut

Man nimmt etwa 1,5 kg Birnen, schält und schneidet sie in kleine Stücke. Dann werden sie in Wasser weich gekocht, abgegossen und anschließend zu Mus zerdrückt. Topf von der Kochstelle wegnehmen, Bärwurz-Mischpulver unterrühren, und zum Schluss 8 EL mäßig erwärmten Honig beigeben. Alles zusammen nochmals kuz aufkochen, dann in Gläser steril abfüllen. Immer im Kühlschrank aufbewahren!

*Anwendung:*

Man verwendet den Bärwurz-Birnen-Honig entweder als Brotaufstrich oder pur, indem man für 4 Wochen täglich

- morgens 1 TL vor dem Frühstück
- mittags 2 TL nach dem Essen
- abends 3 TL vor dem Schlafengehen einnimmt.

Bei fehlenden Darmbakterien sollte zusätzlich Acidophilus-Jura und Mutaflor genommen werden.

Dazu empfiehlt sich außerdem die richtige Kost aus bekömmlich zubereiteten Lebensmitteln auf der Basis von Dinkel, Obst und Gemüse. Diese enthalten alles, was der Mensch zum Leben braucht, vor allem alle Mineralien und Spurenelemente. Sie finden in diesem Buch eine große Auswahl von Speisen und Gerichten, wodurch die Hildegard-Kur zu einer Quelle der Gesundheit und Lebensfreude wird.

## Hildegard-Fastentherapie: Reinigung von Leib und Seele

Seit uralten Zeiten haben die Menschen gefastet, um sich geistig, seelisch und körperlich zu regenerieren. Neuerdings um so mehr, seit die moderne Medizin entdeckt hat, dass Fasten ein wahrer Jungbrunnen für körperliche Frische und Schönheit ist. Tatsächlich wird der ganze menschliche Körper vom Fasten ergriffen. Schädliche, krankmachende und giftige Stoffe werden dabei entfernt; im Blut werden Zucker-, Fett- und Harnsäurewerte gesenkt, sodass Stoffwechselerkrankungen ohne Medikamente ausheilen. Man hat daher das Fasten auch zu Recht ›Operation ohne Messer‹ genannt.

Aber was nützt es, wenn man einige Schlacken und Gifte aus dem Körper entfernt, ohne die auslösenden Ursachen zu beseitigen? Lässt man diese außer Acht, ist in kurzer Zeit alles wieder beim Alten. Der Grund für enttäuschende Langzeitergebnisse nach dem Fasten liegt also darin, dass eine dafür notwendige radikale Bewusstseinswende nicht vollzogen wurde.

Das Fasten kann in drei Schwierigkeitsgraden durchgeführt werden:

- Strenges Hildegard-Fasten.
- Dinkel-Reduktionskost: in zweitägigem Wechsel normale Hildegardkost und an den Reduktionstagen beliebige Mengen trockenes Dinkelbrot mit Fencheltee und Kopfsalat mit Dinkel.
- Dinkelfasten: Dinkel, Obst und Gemüse für längere Zeit, bis zu 3 Monate lang.

## Hildegard-Fasten

Das Hildegard-Fasten ist die schwierigste Fastenform: Nicht essen, nur trinken für 8–10 Tage mit einem Fastengetränk, das nach dem Subtilitätsprinzip ausgesucht wird:

- Fencheltee, Dinkelkaffee, Kräutertee
- Dinkelgrieß-Gemüsesuppe
- Obstsäfte, Apfel- und Traubensaft.

Der Einstieg in das Hildegard-Fasten beginnt mit zwei Entlastungstagen, in denen man auf eiweißreiche Kost (Fleisch, Wurst, Eier, Käse usw.) sowie auf Genussmittel (Kaffee, Zigaretten, Alkohol) und unnötige Medikamente verzichtet. An diesen Tagen lebt man von Dinkel, Obst und Gemüse.

Mit der Ingwer-Gewürzmischung (Granulat) erreicht man bei allen Fastenformen ein mildes Ausleiten der schlechten Säfte aus dem Darm. Dabei werden nur die giftigen Stoffe ausgeschieden, auf die der Körper verzichten kann. Lebensnotwendige Mineralien, vor allem Kalium und Magnesium, bleiben erhalten. Durch diese milde Ausleitungsmethode vermeidet man die unangenehmen Fastenzwischenfälle (Kreislaufzusammenbruch, Ekelgefühl, Ohnmacht, Herzrhythmusstörungen), weil mit dem Glaubersalz alle Mineralien und Giftstoffe den Darm verlassen. Ingwer-Granulat kann auch von Gesunden zur Darmreinigung angewendet werden.

Bei Hildegard steht geschrieben:

»Das Ingwer-Granulat soll jeder nehmen, der weder völlig gesund noch auch schwer krank ist. Er bringt ihnen Gesundheit. Aber auch solche, die völlig gesund sind, können es nehmen, weil es ihnen die Gesundheit erhält. Auch diejenigen Menschen, die vom zuviel Durcheinanderessen oder durch zu fette Speisen reichlich Schleim und schlechte Säfte in sich haben, sollen das Granulat anwenden, damit es in ihnen die Hefen und die Fäulnisstoffe aus dem Darm entfernt. Auch Patienten mit Magenschmerzen können das Granulat anwenden, weil es die Schmerzen beseitigt.«

Indikation: Fastenausleitung, Purgierkur, Entgiftung von Magen und Darm, Rheuma und Gicht, sämtliche Stoffwechselstörungen, Obstipation, verdorbener Magen, Völlegefühl, chronische Katarrhe, Gallensteinleiden, Hypercholesterinämie.

***Rezept: Ingwer-Gewürzmischung (Granulat)***

12 g Ingwerwurzelpulver
6 g Süßholzwurzelpulver
4 g Zitwerwurzelpulver
22 g Rohrzucker
5 g Dinkelweißmehl

Die Ingwer-Gewürzmischung (Granulat) wird von der Firma Jura hergestellt und ist in allen Apotheken auf Anfrage erhältlich. Morgens nüchtern im Bett 1 TL einnehmen und im Mund zergehen lassen. Nach Einnahme des Ingwer-Granulats beginnt der Tag mit Morgengymnastik. Vormittags kann man in der Fastengruppe Gespräche über die Hildegardische Psychotherapie führen. Nach der Fastensuppe mit Dinkel und Gemüse am Mittag folgt ein kurzer Mittagsschlaf mit dem Leberwickel und darauf Wanderungen und Spaziergänge. Nach Obst- und Gemüsesäften am Abend bleibt genügend Zeit zum Singen, Spielen, Erzählen und für Musik.

*Speiseplan Fastenwoche*

| | |
|---|---|
| 1. Tag: | Kürbis-Dinkelgrießsuppe |
| 2. Tag: | Fenchel-Dinkelgrießsuppe |
| 3. Tag: | Karotten-Dinkelgrießsuppe |
| 4. Tag: | Sellerie-Dinkelgrießsuppe |
| 5. Tag: | Rote-Bete-Dinkelgrießsuppe |
| 6. Tag: | Zucchini-Dinkelgrießsuppe |
| Fastenbrechen abends: | Bratapfel |

# Dinkel-Reduktionskost

Bei der Dinkel-Reduktionskost isst man in zweitägigem Wechsel die normale Hildegard-Diät, an Reduktionstagen ausschließlich Dinkelbrot und Fencheltee, wobei auch Kopfsalat mit Dinkel zum Mittagessen gereicht werden kann. Auf tierisches Eiweiß, Milcheiweiß und tierisches Fett (Butter) muss an den Reduktionstagen verzichtet werden. Von dieser Reduktionskost kann man sich lange Zeit, bis zu sechs Monate lang, ohne jegliches Gesundheitsrisiko ernähren. Besonders bei Übergewichtigen und Bluthochdruckpatienten sowie Stoffwechselkranken ist diese milde Methode sehr beliebt. Es entsteht weder ein Hungergefühl noch wird der Appetit stimuliert, da am Reduktionstag nach Bedarf Dinkelbrot und Fencheltee oder Dinkelkaffee in beliebigen Mengen zur Verfügung stehen. Aus der großen Erfahrung berühmter Fastenärzte weiß man, dass Menschen bis zu zehn Jahre lang unter extremen Bedingungen von Vollkornbrot und Wasser leben können. Da an den Reduktionstagen kein tierisches Eiweiß oder Fett angeboten werden, ist der Körper gezwungen, seine eigenen Eiweiß- und Fettspeicher abzubauen, wobei sowohl eine Gewichtsreduktion als auch eine Entschlackung und Umstimmung bei ernährungsbedingter Überernährung erfolgt.

### Ernährungsplan bei Dinkel-Reduktionskost

Am ersten Tag normale Hildegard-Küche mit Dinkel, Obst und Gemüse, also abwechslungsreiche Mischkost, wobei auch Fleisch und Milcheiweiß als Beilagen gereicht werden können.
Am zweiten Tag:

| | |
|---|---|
| morgens | Habermus mit Apfelkompott, Zimt und Dinkelkaffee |
| mittags | Kopfsalat mit Dinkel, Dinkelreis, Dinkelgrießsuppe, Dinkelschrotbrei, Dinkelnudeln ohne Ei |
| abends | Dinkelbrot und Fencheltee. |

Am dritten Tag Ernährung wie am ersten, am vierten Tag wie am zweiten, usw. immer abwechselnd.

## Dinkelfasten

Diese konsequente Basisdiät mit Dinkel, Obst und Gemüse kann von jedermann durchgehalten werden. Ein Übermaß an tierischem Eiweiß und Milcheiweiß sowie zu fettreiche Speisen sind zu meiden. Die Patienten werden gehalten, sich täglich mindestens eine Stunde in irgendeiner Form an der frischen Luft zu bewegen. Dabei stehen auch Tanztherapie, Gymnastik, Atmungs- und Haltungstherapie (Zilgrei) und andere bewährte Bewegungstherapien auf dem Tagesplan. Konflikte, Folgen von Überbelastung, Frustration, Ärger, Angst, Ehrgeiz und andere Stressformen, die zu funktionellen und organischen Störungen führen können, müssen in dieser Zeit durch die Hildegardische Psychotherapie überwunden werden.

Beim Dinkelfasten wird dreimal am Tag Dinkel in irgendeiner Form angeboten (siehe Rezeptteil), wobei auch Gemüse, Obst und Salate in der breitestmöglichen Palette, den Jahreszeiten angepasst, auf dem Tisch erscheinen.

***Ernährungsplan Dinkelfasten***

| | |
|---|---|
| morgens | Habermus, Schrotbrei, Körner, Porridge, Frühstücksbrötchen usw. |
| mittags | Dinkelreis, Dinkelnudeln, Dinkelspätzle, Dinkelgrieß, Dinkelknödel mit Gemüse und Edelkastanien, Kopfsalat mit Dinkel, Obstsalat |
| abends | Dinkelschrotbrei, Grießsuppe oder Dinkelbrot mit Butter bzw. Kräuterkäse |

### Hildegard-Psychotherapie – Heilung durch die spirituellen Heilkräfte beim Fasten

Voraussetzung für jede vollständige Heilung an Körper, Seele und Geist ist die Beseitigung seelischer Blockaden, die einer Heilung im Wege stehen könnten. Keiner kann gesund werden, ohne eine Befreiung der Seele von Belastungen und Lasten, Konflikten, Problemen, Sorgen, Kummer, Frustrationen, Angst und Stress. Vielfach werden diese Probleme heute mit Tranquilizern und Beruhigungspillen unterdrückt oder verdrängt, wodurch der Seele die wirklichen Heilkräfte vorenthalten werden. Es ist unfassbar, wie viele Menschen heute unkritisch darauf vertrauen, dass man seelische Konflikte mit chemischen Mitteln lösen könne! Von diesem Irrtum lebt die Pharmaindustrie und unser ›Krankensystem‹.

Wer Konflikte lösen will, braucht viel Licht, um zunächst die zugrunde liegenden Ursachen zu erkennen. Dazu bietet das Hildegard-Fasten eine gute Gelegenheit, fern von jedem Alltagsstress die eigenen Probleme zu erkennen und das Leben neu auszurichten. Hildegard erkennt 35 Kräftepaare im Unterbewusstsein der Seele, die als Laster und Tugendpaare auftreten. Jedes dieser Paare besteht aus einem negativen krankmachenden Risikofaktor (Laster, Belastung, Mangel oder Schwäche, Energieverlust) und einer heilenden positiven Kraft (Tugend, spirituelles Heilmittel, Energiegewinn). Die Heilkräfte sind starke, kreative und regenerative Kräfte, die jedem Menschen in der Tiefe seiner Seele zur Verfügung stehen.

Beim Fasten geht es zunächst darum, seine eigene Schwächen zu erkennen (Basisdiagnose), wobei jeder Fastende selber seine Konflikte anhand der folgenden Tabelle erkennen kann. Fragen Sie sich selber mit Hilfe der Tabelle entweder auf der linken Seite: ›Bin ich gierig, zornig, ungeduldig?‹ usw. oder auf der rechten Seite: ›Fehlt mir die Liebe, die Geduld, die Freude in meinem Leben?‹ Es genügt, ein einziges Kräftepaar anzukreuzen und diesen Problemkreis mit ins Fasten zu nehmen. Seien Sie ehrlich sich selbst gegenüber und versuchen Sie, weder ein Supermensch noch ein totaler Versager zu sein.

| *Negative Kräfte (Laster)* | *Positive Kräfte (Tugenden)* |
|---|---|
| 1. Amor saeculi (Liebe zu materiellem Reichtum) | Amor caelestis (Liebe zu innerem Reichtum) |
| 2. Petulantia (Ausgelassenheit) | Disciplina (Disziplin) |
| 3. Joculatrix (Vergnügungssucht) | Verecundia (Bescheidenheit) |
| 4. Obduratio (Unbarmherzigkeit) | Misericordia (Mitgefühl) |
| 5. Ignavia (Resignation) | Divina victoria (Gottessieg) |
| 6. Ira (Zorn) | Patientia (Geduld) |

| | | |
|---|---|---|
| 7. | Inepta laetitia (Zynismus) | Gemitus ad Deum (Sehnsucht nach Gott) |
| 8. | Ingluvies ventri (Schlemmerei) | Abstinentia (Enthaltsamkeit) |
| 9. | Acerbitas (Verbitterung) | Vera Largitas (Großzügigkeit) |
| 10. | Impietas (Boshaftigkeit) | Pietas (Güte) |
| 11. | Fallacitas (Lüge) | Veritas (Wahrheit) |
| 12. | Contentio (Streitsucht) | Pax (Friedfertigkeit) |
| 13. | Infelicitas (Unglücklich sein) | Beatitudo (Glückseligkeit) |
| 14. | Immoderatio (Maßlosigkeit) | Discretio (Rechtes Maß) |
| 15. | Perditio animarum (Verlorene Seele) | Salvatio animarum (Geheilte Seele) |
| 16. | Superbia (Hochmut) | Humilitas (Demut) |
| 17. | Invidia (Neid) | Charitas (Nächstenliebe) |
| 18. | Inanis gloria (Ruhmsucht) | Timor Domini (Ehrfurcht vor Gott) |
| 19. | Inoboedientia (Ungehorsam) | Oboedientia (Gehorsam) |
| 20. | Infidelitas (Unglaube) | Fides (Glaube) |
| 21. | Desperatio (Verzweiflung) | Spes (Hoffnung) |
| 22. | Luxuria (Luxus) | Castitas (Einfachheit) |
| 23. | Injustitia (Ungerechtigkeit) | Justitia (Gerechtigkeit) |
| 24. | Torpor (Schwäche) | Fortitudo (Stärke) |
| 25. | Oblivio (Orientierungslosigkeit) | Sanctitas (Kosmische Verbundenheit) |
| 26. | Inconstantia (Unbeständigkeit) | Constantia (Beständigkeit) |
| 27. | Cura terrenorum (Sorgen um das Irdische) | Caeleste desiderium (Sehnsucht nach dem Himmlischen) |
| 28. | Obstinatio (Sturheit) | Compunctio cordis (Aufgeschlossenheit) |
| 29. | Cupiditas (Sucht) | Contemptus mundi (Freiheit von der Sucht) |
| 30. | Discordia (Zwietracht) | Concordia (Eintracht) |
| 31. | Scurrilitas (Schrulligkeit) | Reverentia (Ehrfurcht) |
| 32. | Vagatio (Rastlosigkeit) | Stabilitas (Beständigkeit) |
| 33. | Maleficium (Magie) | Verus Cultus Dei (Gottesverehrung) |
| 34. | Avaritia (Geiz) | Pura Sufficientia (Genügsamkeit) |
| 35. | Tristitia (Weltschmerz) | Coeleste gaudium (Himmlische Freude) |

Ziel der Hildegardischen Psychotherapie ist ein Mensch, der im vollen Besitz seiner Persönlichkeit ist und bewusst seine Stärken und Schwächen erkennt und akzeptiert. Das ehrliche Bekenntnis zu seinen Schwächen bietet eine einmalige Möglichkeit zur Transformation von Bösem in Gutes, Schwäche in Stärke, Feind in Freund und darüber hinaus auch die Einmaligkeit und Originalität seiner Mitmenschen erkennen und lieben zu lernen.

# Säuglingsernährung

Lebensstil und richtige Ernährung der Eltern bei der Zeugung und während der Schwangerschaft bilden bereits wichtige Voraussetzungen für das seelische und körperliche Wohlergehen des Kindes. In meiner *Psychotherapie der Hildegard von Bingen* habe ich auf die Zusammenhänge zwischen der Biografie des Kindes und der Liebesbeziehung von Vater und Mutter aufmerksam gemacht, die bereits bei der Zeugung eine ausschlaggebende Rolle spielen. Hildegard nennt die ›amor caritatis‹ – erotische und Nächstenliebe – als die optimalen Startbedingungen für ein Baby. Lügen und Betrügen sowie Streit und Zank während der Schwangerschaft sind die schlechtesten Voraussetzungen für eine gesunde Entwicklung des Kindes. Im extremsten Fall beeinflusst etwa die ständige seelische Belastung einer Mutter, ob sie abtreiben soll oder nicht, das ungeborene Kind bereits derartig, dass es später Depressionen oder sogar Selbstmordabsichten haben kann.

Im Gegensatz dazu führt die Liebe der Mutter zu dem noch ungeborenen Kind zu einer harmonischen Entwicklung und beeinflusst sein ganzes Leben entscheidend.

Innerhalb weiter Grenzen entwickeln sich die geistigen und körperlichen Fähigkeiten des Kindes gemäß seiner Erbanlagen um so gesünder, je richtiger sich eine Mutter während der Schwangerschaft ernährt. Eine abwechslungsreiche, gemischte, vollwertige Ernährung mit pflanzlichem, tierischem und Milcheiweiß ist die Grundlage für die gesunde Entwicklung des Organismus. Dazu gehört auch, dass die Mutter täglich 500 bis 750 ml Milch (ersatzweise Mandelmilch), viel Obst, Gemüse und frischen Blattsalat, frische Butter, Dinkel in jeder Form, Fleisch (Geflügel, Ziege, Lamm, Wild) und wöchentlich eine Leber, gebraten, als Ragout oder gedämpft zu sich nimmt.

***Ein gesunder Säugling entwickelt sich ungefähr etwa so: (Geburtsgewicht 3.200 bis 3.400 g)***

| | | | |
|---|---|---|---|
| Mit | 5 bis 6 | Monaten | hat sich das Geburtsgewicht verdoppelt |
| mit | 12 | Monaten | hat sich das Geburtsgewicht verdreifacht |
| mit | 4 bis 8 | Wochen | erstes Lächeln |
| mit | 3 bis 4 | Monaten | greift das Kind nach Gegenständen |
| mit | 6 bis 9 | Monaten | beginnt das Kind zu sitzen |
| mit | 9 bis 14 | Monaten | erste Stehversuche |
| mit | 12 bis 18 | Monaten | erste Gehversuche und dann selbstständiges Gehen |
| mit | 6 bis 9 | Monaten | Monaten erste Zähne (untere, mittlere Schneidezähne), in Ausnahmefällen können die oberen Eckzähne zuerst kommen; oft kommen die ersten Zähne auch früher, manchmal schon bei der Geburt, oder später |
| mit | 20 | Monaten | Schneidezähne |
| mit | 2 | Jahren | sämtliche Zähne des Milchgebisses |
| mit | 14 bis 18 | Monaten | schließt sich die große Fontanelle, oft auch schon früher |
| mit | 9 bis 12 | Monaten | Beginn der Sprachentwicklung, die allerdings vielfach auch erst mit 2 oder sogar erst mit 3 Jahren einsetzt. |

Die Entwicklung des Körpers und der geistigen Fähigkeiten schwankt innerhalb weiter Grenzen. Aus dem Vergleich zwischen ungefähr gleichaltrigen Kindern sieht man, wie verschieden sich jedes Kind seiner ererbten Anlage gemäß entwickelt.

Die Ernährung mit Muttermilch bietet die beste Garantie für eine optimale Entwicklung des Säuglings, für das Wachstum seines Organismus, die Entwicklung seines Kreislaufs und die Stärkung seines Immunsystems. Säuglinge, die bis zum 4. oder 5. Monat gestillt werden, können viele Krankheiten aufgrund der Abwehrstoffe der Mutter vermeiden. Nach einer amerikanischen

Studie treten bei Kindern, die gestillt wurden, bis zum 15. Lebensjahr nur halb so viele Krebskrankheiten auf wie bei ›Flaschenkindern‹, wobei der Schutz um so länger anhält, je länger die Kinder gestillt wurden.

Das Gedeihen des Kindes sollte stets durch einen Kinderarzt kontrolliert werden, der vor allem auch bei Krankheiten so früh wie möglich aufgesucht werden soll.

Ist keine Muttermilch vorhanden oder nicht in genügender Menge, dann kann der Säugling mit Dinkel-Halbmilch (Milch + 3% Dinkelschleim) ernährt oder zugefüttert werden. Als Regel gilt, dass die fehlende Muttermilch bei einem Säugling unter 4 kg Körpergewicht auf 150 g/kg Körpergewicht und Tag, bei einem Säugling über 4 kg Körpergewicht auf 180 g/kg Körpergewicht und Tag ergänzt werden muss. (Beispiel: Ein Kind mit 3600 g Gewicht erhält nur 400 g statt 540 g Muttermilch. Hier müssen 140 g Dinkel-Halbmilch pro Tag ergänzt werden.)

Bei vollständiger Ernährung mit Dinkel-Halbmilch gilt:
1. Lebenstag keine Nahrung
2. Lebenstag 5 x 10 g Halbmilch
3. Lebenstag 5 x 20 g Halbmilch
4. Lebenstag 5 x 30 g Halbmilch
5. Lebenstag 5 x 40 g Halbmilch
6. Lebenstag 5 x 50 g Halbmilch
7. Lebenstag 5 x 60–70 g Halbmilch
8. Lebenstag 5 x 60 – 80 g Halbmilch
9. Lebenstag 5 x 60 – 80 g Halbmilch
10. Lebenstag 5 x 70 – 100 g Halbmilch
11.–14. Tag: die einem Sechstel bis einem Fünftel des Körpergewichts entsprechende Menge Halbmilch. (Beispiel: Bei einem Baby von 4.000 g heißt das 700–800 g Halbmilch.)
Die Flasche wird fünfmal täglich, um 6.00, 10.00, 14.00, 18.00 und 22.00 Uhr gereicht (bis zum 4. Lebensmonat).
Ab der zweiten Lebenswoche erhält der Säugling 1/10 seines Körpergewichts an Milch und den gleichen Teil an Dinkelschleim. (Beispiel: 4.000 g Körpergewicht = tägliche Trinkmenge 400 g Milch und 400 g 5-prozentiger Dinkelschleim).

4. Lebensmonat Gemüsebrei
5. Lebensmonat Milchbrei
6. Lebensmonat Vollkornbrei
7. Lebensmonat Vollmilch

***Dinkelschleim-(3%)-Halbmilch***

100 ml Fencheltee
1 TL (3 g) Dinkelmehl (feinstgemahlen)
oder Dinkelschmelzflocken
1 Messerspitze Bertram
$^1/_2$ Fencheltablette, gepulvert
100 ml Vollmilch

Alle Zutaten kurz aufkochen, mit Vollmilch verrühren und durch ein ganz feines Sieb geben. Da bei Säuglingen in den ersten Tagen der Schluck- und Saugreflex nicht so stark ausgeprägt ist, wird die Nahrung um so besser aufgenommen, je glatter sie hergestellt ist.

***Dinkelschleim (5%)***

wie Dinkelschleim 3%, aber 5 g Dinkelmehl oder 5 g Dinkelschmelzflocken verwenden.

Die Menge für einen Tag kann auf einmal zubereitet, auf fünf Flaschen verteilt und im Kühlschrank für einen Tag aufbewahrt werden. Auf Körpertemperatur erwärmen.

***Fencheltee***

(für jeden Tag frisch zubereiten)
1 l Wasser
3 EL Fenchelkörner

Drei Minuten aufkochen, nicht zu lange ziehen lassen, abkühlen lassen, damit das Dinkelmehl beim Einrühren nicht klumpt.

Hat das Kind ein Körpergewicht von über 4.500 g erreicht, so erhält es auf fünf Mahlzeiten verteilt insgesamt:
500 g Milch
400 g Dinkelschleim (5%)

Im 1. Halbjahr soll der Säugling mindestens 500 ml Milch pro Tag bekommen.

Zur Deckung des Vitamin-C-Bedarfs gibt man von der 8. Woche an 1–5 Tropfen Zitronensaft täglich. (Vorsicht bei Allergie gegen Zitrusfrüchte.)

Langsam steigert man auf zweimal täglich 15–20 Tropfen Zitronensaft. Die Dosis wird reduziert, wenn Brechdurchfall entstehen sollte.

Ab dem 5. Lebensmonat können die ursprünglich fünf Mahlzeiten pro Tag auf vier reduziert werden. (Die Mahlzeit um 22.00 Uhr entfällt.)

**Tagestrinkmenge für vier Flaschen**

250 ml kalter Fencheltee
250 ml Milch
30 g Dinkelmehl
25 g Rohrzucker
1 TL Bertrampulver
2 Fencheltabletten, gepulvert
2 Dinkelzwieback, gemahlen

Alles zusammen etwa 20 Minuten unter ständigem Rühren aufkochen und auf vier Fläschchen verteilen, pro Flasche 20 Tropfen Zitronensaft zusetzen.
Oder:

**Trinkmenge für ein Fläschchen Dinkelgrieß**

150 ml Fencheltee und
150 ml Vollmilch zum Kochen bringen,
3 TL Dinkelgrieß mit dem Schneebesen einrühren,
unter gelegentlichem Rühren 5–10 Minuten zu Brei kochen.
Brei-Schnuller mit kleiner Saugöffnung verwenden.

**Tagestrinkmenge für vier Fläschchen Dinkelvollkornbrei**

300 g Vollmilch
200 g Fencheltee
100 g Dinkelflocken
5–10 Minuten aufkochen und auf vier Flaschen verteilen,

eventuell mit 1 Messerspitze Honig und 1–2 Messerspitzen Bertrampulver mischen.

Von diesem Dinkelbrei erhält das Kind täglich vier Mahlzeiten. Es gibt Säuglinge, die sogar mit drei Mahlzeiten auskommen und dabei gut gedeihen. Das Kind trinkt nur so viel wie es mag und nicht so viel wie die Mutter oder die Tabelle angibt. Ein Säugling trinkt nicht immer die gleiche Menge und hat mal weniger, mal mehr Appetit. Bei Milchunverträglichkeit kann die Kuhmilch durch Mandelmilch ersetzt werden.

Ab dem 6. Lebensmonat wird die Nahrung als Brei mit dem Löffel gereicht.

| | |
|---|---|
| 7.00 Uhr | Dinkelbrei:<br>250 g Vollmilch/Fencheltee<br>3–4 TL Dinkelmehl, frisch geschrotet<br>2 TL Rohrzucker oder Honig<br>(5–7 Minuten aufkochen)<br>15–20 Tropfen Zitronensaft<br>2 Fencheltabletten, gepulvert<br>2 Messerspitzen Bertrampulver |
| 11.00 Uhr | Dinkelbrei wie um 7.00 Uhr |
| 15.00 Uhr | Obst-Dinkelzwiebackbrei:<br>1 geriebener (vom Kerngehäuse befreiter) Apfel<br>250 g Vollmilch/Fencheltee<br>2–4 TL Dinkelzwieback, gemahlen<br>1 TL Rohrzucker oder Honig<br>(5–7 Minuten aufkochen)<br>15–20 Tropfen Zitronensaft<br>2 Fencheltabletten, gepulvert<br>2 Messerspitzen Bertram |
| 19.00 Uhr | Dinkelbrei wie morgens |

Ab dem 6. bis 7. Lebensmonat:

| | |
|---|---|
| 7.00 Uhr | Dinkelbrei (Zubereitung siehe oben) |
| 11.00 Uhr | Gemüse-Dinkelbrei:<br>Karotten, gewaschen, geputzt und gerieben<br>3–4 TL Dinkelgrieß<br>250 ml Wasser<br>(5–10 Minuten aufkochen)<br>1 haselnussgroßes Stück Butter<br>2 Messerspitzen Bertrampulver |
| 15.00 Uhr | Obst-Dinkelzwiebackbrei |
| 19.00 Uhr | Dinkelbrei oder Habermus wie morgens |

Ab dem 7. bis 8. Lebensmonat:

Einmal wöchentlich 50 g frische Kalbsleber, geschabt, gedämpft, mit Gemüse-Dinkelbrei vermischt.

Das Kind gedeiht bei dieser Ernährung vom 5. bis 8. Monat ausgezeichnet. Ab dem 7. bis 8. Monat mit Dinkel-Schnittchen, d. h. mit fester Nahrung, beginnen.

## Variation für den Gemüsebrei

Fenchel, Bohnen, Sellerie, jeweils gekocht und püriert dem Dinkelbrei beimischen.

## Variation für den Obstbrei (ab dem 9. Monat)

Himbeeren, Quitten, Mispeln, Brombeeren, jeweils gekocht und püriert dem Dinkelbrei beimischen.

Kleinkinder erhalten eine abwechslungsreiche, vollwertige und gemischte Kost, wobei der Dinkel das Hauptnahrungsmittel zur Sicherung eines gesunden Wachstums darstellt.

# Die richtige Ernährung für Sportler

Experten sind sich darüber einig, dass ein enger Zusammenhang zwischen gesunder Ernährung und körperlichem und seelischem Wohlbefinden besteht und dass die Richtlinien für die richtige Ernährung recht einfach sind. In nahezu idealer Weise werden sie in der Dinkelküche nach Hildegard erfüllt: kohlehydratreiche, fettarme Kost mit einem angemessenen Eiweißanteil, wenig Salz und Zucker und so gut wie keinen Alkohol und Kaffee.

Regelmäßige sportliche Betätigung wie Laufen, Wandern, Bergsteigen, Radfahren und Schwimmen im Zusammenspiel mit einer guten, abwechslungsreichen Mischkost hat seit uralten Zeiten Gesundheit und Wohlbefinden der Menschen ermöglicht. Bereits im alten Ägypten wurden enge Beziehungen zwischen Ernährung und Leistungsverhalten beschrieben. Bei den Athleten der Antike galt der Verzehr des Fleisches kräftiger Tiere als Voraussetzung für Kraft und Schnelligkeit. Römische Legionäre nahmen auf ihren langen Märschen kohlehydratreiche Kost zu sich, beispielsweise Gerste, ein Getreide, das sie später gegen den Dinkel austauschten, den sie bei den Germanen kennen gelernt hatten. Im 19. Jahrhundert noch nahmen die Athleten nach einer gründlichen Darmreinigung Rindfleisch und Bier zu sich; bis vor kurzem galt eine eiweißreiche Ernährung mit Steaks, Eiern und Käse als Voraussetzung für Muskelwachstum und Durchhaltevermögen. Heute kann es sich ein Sportler nicht erlauben, aus Energiemangel im Wettkampf kraftlos und schwach zu werden, wobei den Kohlehydraten im Vergleich zu den Fetten und Eiweißen eine überragende Stelle als Energielieferant eingeräumt wird. Kohlehydrate werden in den Muskelzellen als Glykogen gespeichert, das während der sportlichen Leistung in Glukose (Blutzucker) umgewandelt wird und die eigentliche Energie für die Muskelzellen liefert. Fette und Eiweiße können ebenfalls Energie liefern, brauchen aber dazu mehr Sauerstoff, was mit einem höheren Energiebedarf verbunden ist und zu frühzeitiger Ermüdung führen kann. Besonders die komplexen Kohlehydrate von Dinkel, Edelkastanien und Gemüse können im Wettkampf die nötige Energie liefern, da sie langsam zu einfachen Kohlehydraten abgebaut werden, ohne große Blutzuckerschwankungen auszulösen. Der Einfluss der Ernährung auf die körperliche Leistungsfähigkeit wird sehr gut erkennbar, wenn man Gruppen von Menschen miteinander vergleicht, die auf verschiedene Weise ernährt wurden.

Sportler, die sich eiweißreich ernähren, haben häufig erhöhte Cholesterinspiegel und erhöhte Harnstoffwerte, dic zu Ablagerungen von Harnsäure in Gelenken, Bindegewebe und Sehnen, besonders in der Achillessehne, führen können. Fettreiche Ernährung kann zur vorzeitigen Bildung von Arteriosklerose mit ihren Folgen Herzinfarkt und Schlaganfall führen.

Aus sportmedizinischer Sicht sollte die optimale Ernährung daher aus 55–60% Kohlehydraten, 15–20% Eiweiß und nicht mehr als 30% der Gesamtkalorienzahl Fetten bestehen, wobei es zwischen den einzelnen Sportdisziplinen geringfügige Abweichungen gibt.

## Ernährung je nach Training

Kraftsportler haben in ihrer Nahrung den höchsten Anteil an Eiweiß und Fett, während die Kohlehydrate am geringsten beteiligt sind. Mit Zunahme der Ausdauerkomponente kommt es zu einer Umschichtung, sodass der Anteil von Fett und Eiweiß vermindert und der von Kohlehydraten angehoben wird. Die Zusammensetzung der Kalorien von Ausdauersportlern entspricht weitgehend den Vorstellungen für eine gesunde, ausgewogene Ernährung. Bei Kraftathleten müssen aus gesundheitlichen Erwägungen die Fette eingeschränkt und die Kohlehydrate vermehrt werden.

Am besten deckt der Sportler seinen Kohlehydratbedarf aus Dinkelnudeln, Dinkelbrot, Dinkelflocken, Dinkelspätzle, Dinkelgrieß sowie Edelkastanienprodukten, Obst und Gemüse, wobei einfache Kohlehydrate (Fabrikzucker, Süßigkeiten, Schokolade,

Traubenzucker) gemieden werden sollten, da sie zu einer unnötigen Spitzenbelastung mit Traubenzucker führen und durch die unnötige Insulin-Stimulation zu Unterzuckerung und damit zu Müdigkeit und Schwächeanfällen.

Der Eiweißanteil sollte bei allen Sportdiäten zwischen 15 und 20% liegen, da die übermäßige Eiweißkost zur Schlackenbildung von hohen Harnstoff- und Cholesterinwerten führen kann. Besonders vorteilhaft ist eine gemischte Kost aus tierischem und pflanzlichem Eiweiß. Der Fettanteil sollte 30% der Gesamtkalorienzahl nicht übersteigen, da mehr Fett zu hohen gesundheitlichen Risiken (Arteriosklerose) führen kann, die sich dann leistungsmindernd auswirken.

Bei der Verbesserung der Ausdauer kommt es neben der Muskelenergieleistung auch auf das richtige Gleichgewicht zwischen Sauerstoff und sauerstofftransportierenden Organen (Herzgefäße, Lunge, Blut) an. Eine Ausdauerleistung sollte aerobisch sein, d. h., sie sollte so ausgeführt werden, dass man nicht in Atemnot gerät. Der Verbrauch und die Aufnahme von Sauerstoff sollten sich die Waage halten. In diesem Zusammenhang ist auf einen genügenden Eisenvorrat zu achten, da Eisenmangel zu ungenügendem Sauerstofftransport des Blutes führen könnte. Eine eisenreiche Diät mit Kopfsalat, Hühnerlebergerichten und Fisch, wie sie in der Hildegard-Küche angeboten wird, hilft den Eisenmangel auszugleichen.

Um Kalziumverlust aus den Knochen (Osteoporose, Knochenbrüchigkeit) vorzubeugen, bedarf es der täglichen Zufuhr von 800 mg Kalzium in Joghurt oder Quark.

Die durchschnittliche Wasserausscheidung durch die Nieren von 1 bis $1^1/_2$ l pro Tag und der Flüssigkeitsverlust über die Atmung von $^1/_2$ l pro Tag müssen durch die richtige Trinkmenge ausgeglichen werden. Darüber hinaus muss man berücksichtigen, dass der Wasserverlust durch körperliche Belastung und Schwitzen, besonders bei heißem Wetter, bis zu 5 l pro Tag betragen kann. Dieser Flüssigkeitsverlust muss ausgeglichen werden, wenn es nicht zu einer Verdickung des Blutes und damit zur Unterversorgung mit Sauerstoff kommen soll. Auch die dabei ausgeschwitzten Mineralien (Magnesium, Kalium, Natrium und teilweise Eisen) müssen durch eine richtige Ernährung ergänzt werden. Der beste Ausgleich erfolgt durch Fenchel- oder andere Kräutertees. Eine Flüssigkeitszufuhr durch Mineralwasser ist meistens nicht nötig, auch müssen keine besonderen Sportdrinks eingesetzt werden. Seit kurzem hat sich Dinkelbier oder anderes alkoholfreies Bier zum Flüssigkeitsausgleich nach dem Wettkampf bewährt.

Regelmäßige Bewegung und eine gesunde, vollwertige Ernährung sollten als Einheit angesehen werden, besonders wenn alle Lebensmittel in ausreichender Menge zur Verfügung stehen und wenn Freude und Genuss beim Essen und Trinken nicht zu kurz kommen.

## Regelmäßige Bewegung verändert den Menschen

- Die Herz-Kreislauf-Leistung verbessert sich.
- Der Stoffwechsel wird normalisiert und angeregt.
- Die Cholesterinwerte sinken auf das Normale.
- Die guten Cholesterinspiegel (HDL) erhöhen sich und schützen vor Herzinfarkt und Schlaganfall.
- Die Knochendichte verbessert sich, was das Risiko der Osteoporose vermindert.
- Die Verdauung wird angeregt, das Gefühl der Verstopfung wird vermindert.
- Hämorrhoiden verschwinden (Popo-Massage).
- Übergewicht wird abgebaut.
- Knochenmuskeln, Sehnen und Bindegewebe werden gestärkt, die Knochendichte wird verbessert.
- Die Durchblutung wird angeregt.
- Die Empfindungen aller Sinnesorgane (Sehen, Hören, Riechen, Schmecken) werden verbessert.
- Verspannungen lösen sich.
- Mit tiefer gleichmäßiger Atmung wird die Lungenleistung verbessert.
- Die Liebesfähigkeit wird verbessert.
- Die Widerstandskraft gegen Erkältungen und Infektionskrankheiten steigt.
- Der ganze Körper empfindet ein Gefühl der Vitalitäts- und Leistungssteigerung und Lebensfreude.

## Spiel und Sport auch im Alter

Viele meinen, Sport sei für Alte nicht mehr geeignet. Ein Trainingsprogramm mit 60- bis 72-jährigen an der Tufts-Universität (USA) hat jedoch gezeigt, dass durch regelmäßige Bewegung in Verbindung mit der richtigen Ernährung auch noch in den ›goldenen Jahren‹ eine Kraft- und Energiesteigerung möglich ist. Durch das Trainingsprogramm konnten innerhalb von zwölf Wochen sowohl die Stärke als auch die Größe aller Muskeln gesteigert werden. In einer Gruppe von 90-jährigen war sogar ein Muskelzuwachs von 90% zu beobachten. Die Alten waren in der Lage, beispielsweise ihre Leistung im Gewichtheben von 10 auf 20 kg zu steigern. Diese Ergebnisse zeigen deutlich, dass auch im Alter ein Kraftzuwachs möglich ist. Das Training ermöglichte es den alten Leuten, ihre Aufgaben besser zu erfüllen und gab ihnen ein Gefühl größerer Belastbarkeit. Mit zunehmender Dauer der körperlichen Übungen erlebten sie, wie ihr Körper gelenkiger und geschmeidiger wurde und wie sich ihre oft ängstliche Grundstimmung in Lebensfreude verwandelte.

Mit allen Ausdauersportarten wie Laufen, Jogging oder Radfahren sollten Ungeübte langsam anfangen. Beginnen Sie Ihr Lauftraining mit nur einer Minute langsamem Trab und wiederholen Sie die Intervalle so lange, bis Sie insgesamt 15 Minuten gelaufen sind. Steigern Sie die Laufzeiten kontinuierlich. Richten Sie sich dabei nach Ihrem Körper. Je besser er mitmacht, um so schneller kommen Sie ans Ziel. Zwei Stunden Laufen pro Woche, möglichst auf _ Stunde pro Tag verteilt, reichen aus, um das körperliche und seelische Wohlbefinden spürbar zu verbessern. Am besten ist es, morgens zu laufen.

Laufschuhe müssen zu Ihnen und zu dem Gelände passen, in dem Sie laufen. Sie sollten die Stöße sanft abfangen, die den Körper beim Aufsetzen der Füße erschüttern.

Die Regel lautet: Je gewichtiger ein Läufer und/oder je härter seine Laufstrecke (Asphalt oder Beton) ist, desto stabiler müssen seine Laufschuhe gefedert sein. Gute Laufschuhe haben hochgezogene, gepolsterte Fersenkappen, um die empfindlichen Achillessehnen zu schützen und den Füßen sicheren Halt zu geben.

Wenn Ihnen irgend etwas weh tut, laufen Sie lieber weniger

oder steigen Sie vorübergehend auf ein anderes Fitnesstraining um. Radfahren nimmt den Stress aus den Gelenken. Auch schnelles Gehen, Schwimmen, Aerobic sind gut. Hilfreich ist alles, was Sie zum Hüpfen bringt.

Verlängern Sie Ihr Hochgefühl nach dem Laufen mit einem erfrischenden Duschbad; es entspannt überanstrengte Muskeln, steigert Ihr Wohlbefinden und hinterlässt ein gepflegtes Frischegefühl. Menschen, die zu Krampfadern neigen, beenden die Dusche mit Wechselbädern zwischen warm und kalt, wobei das letzte Abduschen kalt erfolgen soll. Rubbeln Sie Ihren Körper mit einem nicht zu weichen Handtuch trocken. Dann bleibt die Blutzirkulation in Schwung. Trocknen Sie die Haut zwischen den Zehen besonders sorgfältig, denn feuchtwarmes Klima begünstigt das Wachstum von Fußpilz.

Erst nach dieser Prozedur beginnt der Tag mit einem Hildegard-Frühstück: Habermus und Dinkelkaffee. Zum Mittagessen gibt es Dinkelnudeln, Dinkelreis oder Dinkelspätzle mit Fisch oder Fleisch und immer Kopfsalat mit kalten, gekochten Dinkelkörnern; zum Abendessen Dinkelbrot mit Aufstrich oder ebenfalls eine warme Dinkelmahlzeit.

## Vitalisierung bei Leistungssportlern

Eine Vollkorn-, Obst- und Gemüsediät steigert die Leistungsfähigkeit bei Hochleistungssportlern, wobei diese Kost eine besonders hohe Zufuhr von Thiocyanat bewirkt. Eine Auswertung von Ernährungsbilanzen bei Hochleistungssportlern der DDR ergab eine Zufuhr von 12–18 mg Thiocyanat pro Tag, bei normalen Thiocyanatmengen von 3–5 mg täglich.

### Für Sportler sind zu empfehlen

- Dinkel, Obst und Gemüse als Grundlage.
- Mageres Kalb- oder Rindfleisch, Geflügel, Reh oder Hirsch, Lamm oder Ziege, Pute oder Straußenfleisch.
- Frischfisch, besonders Barsch, Dorsch, Kabeljau, Schellfisch, Hecht, Stör, Flusswels oder Waller, Äsche, Karpfen und Bachforelle schaden nicht.

- Frische Kräuter und Gewürze, wenig Salz.
- Fettarme Saucen und Suppen.
- Milch, Eier, Quark, Käse (fettarm für die Dicken, alte und fette Käse für die Mageren).
- Naturbelassene, kaltgepresste Öle.
- Honig und Konfitüre aus Quitten, Himbeeren, Kornelkirschen, Mispeln, Brombeeren, Johannisbeeren.
- Getränke: Fencheltee, Dinkelkaffee, Dinkelbier, Wein, Johannisbeersaft, durchgegorener Apfelmost.

## Sportler sollen meiden

- Fettes Fleisch, Wurst, Speck, Schweinefleisch, geräuchertes, gepökeltes Fleisch, Fleischkonserven.
- Geräucherte Fische, Ölsardinen, Aal, Bückling, Fischkonserven.
- Raffinadezucker, Schokolade, Eisspeisen, zucker- und fettreiche Süßspeisen, Konfitüre außer Quitten-, Mispel-, Kornelkirsch-, Himbeermarmelade.
- Vollraffinierte, gehärtete Fette, Margarine, Braten- und Backfette.
- Auszugsmehlprodukte, fette Backwaren (Torten).
- Kaffee, Alkohol, Nikotin.
- Gesüßte Obstsäfte, Cola-Getränke, Spirituosen, Mineralwasser.
- ›Küchengifte‹ (Erdbeeren, Pfirsiche, Pflaumen, Lauch) und Rohkost.
- Konserven, Konservierungsmittel.

***Tagesmenü für Sport und Spiel***

| | |
|---|---|
| morgens | Habermus, Dinkelkaffee<br>Dinkel liefert alles, was der Sportler braucht, besonders wertvolle komplexe Kohlehydrate, die nach dem Morgentraining Glykogen für die Muskeln liefern; Dinkeleiweiß, das die Muskeln wachsen lässt, und Dinkelmineralien für ein kräftiges Knochengerüst. |

| | |
|---|---|
| mittags | Hühnerbouillon mit Dinkelgrießklößen und Gemüsestreifen;<br>überbackener Fenchel mit Dinkelnudeln;<br>Kopfsalat mit Dinkel; Apfelkompott.<br><br>Dieses leicht bekömmliche Mittagessen ist ein gutes Kräftigungsmittel nach dem Sport. Fenchel und Kopfsalat mit Dinkel enthalten so viele Vitamine A, C und E, wie der Organismus am Tag benötigt und unterstützen wirkungsvoll die Vitalität, Leistungsfähigkeit und die Abwehrkraft des Sportlers. |
| abends | Hechtklöße mit Dinkelnudeln;<br>Obstsalat; Fencheltee. |

Fisch ist leicht verdaulich und liefert biologisch hochwertiges Eiweiß und lebensnotwendige Mineralien und Vitamine. Dinkelnudeln sorgen für einen stetigen konstanten Glukosezustrom in den Blutkreislauf und werden von den Sportlern gerne als Kohlehydratenergiestoß am Abend vor Wettkampftagen gegessen.

# Therapie-Erfolgsberichte

Im Folgenden einige repräsentative Beispiele aus meiner Praxis, die die verschiedensten Therapie-Erfolge dokumentieren. Diese wenigen Fälle zeigen deutlich, dass der Dinkel nicht nur eine beliebte und schmackhafte Familienkost ist, sondern dass er sich auch als Heilmittel bewährt hat. Aus ernährungsphysiologischer Sicht enthält dieses Getreide alle lebensnotwendigen Stoffe, die der Organismus zu seiner Gesunderhaltung braucht. Darüber hinaus befinden sich im Dinkel Wirkstoffe, die ihm eine immunstimulierende, entzündungshemmende, antiallergische und vitalisierende Wirkung verleihen. Damit erfüllt Dinkel alle Kriterien eines diätischen Lebensmittels, das in der Lage ist, chronische Zivilisationskrankheiten zu verhüten und, gezielt eingesetzt, auszuheilen.

## Colitis ulcerosa (1)

Schon die Mutter des Patienten M. S. (17 Jahre) leidet seit mehr als 20 Jahren an Colitis ulcerosa. Bis zum 10. Lebensjahr war der Patient völlig gesund, dann bekam er heftige Bauchschmerzen, Durchfall mit Blut im Stuhl. Langer Klinikaufenthalt mit hohen Dosen Kortison und Tagamed (H2-Säureblocker), die nicht vertragen wurden (Juckreiz, Hautausschlag, Lidschwellungen, Brechreiz und Übelkeit). Mit 15 Jahren erneuter Klinikaufenthalt wegen verstärkter Colitis mit häufigen blutigen Durchfällen und Fieber. Mit Kortison und ›Wunschkost‹ nach Hause entlassen. Nach 3 Monaten erneuter Klinikaufenthalt wegen Krampfanfall mit Bewusstlosigkeit mit Verdacht auf Kokkenmeningitis bzw. Sepsis. Unter hochdosierter Antibiotika Therapie komatöser Zustand mit Ateminsuffizienz und Hirnödem. Erneut hohe Kortisongabe. Im Anschluss an die Intensivmaßnahme und die massive medikamentöse Therapie war es durch Resistenzschwäche zu einer Meningoencephalitis gekommen. Nach Entlassung aus der Klinik erneute Einweisung nach einem Jahr wegen Verschlechterung der Colitis mit 8 blutigen Stühlen pro Tag. Erbrechen und Übelkeit. Nach hohen Kortisongaben 50 mg/Tag verstärkte Immunschwäche.

Im Juni 1986 Beginn der Hildegard-Behandlung nach dem oben angegebenen Therapieschema mit Dinkel, Durchfall-Ei und langsamer Reduktion der Kortisongaben zunächst auf 5 mg/Tag. Im September Anruf: der Patient sei beschwerdefrei mit normalem Stuhlgang. Eine weitere Behandlung mit Dinkelkost wurde weiterhin empfohlen. Seit 17 Jahren keine Magen-Darm-Beschwerden mehr aufgetreten.

## Colitis ulcerosa (2)

»Ich bin Medizinstudent, 22 Jahre alt und leide schon seit 4 Jahren an Colitis ulcerosa. In schlimmen Situationen hatte ich schleim-blutige Durchfälle und habe bis zu 10 kg abgenommen. Ich war sehr schwach und mir wurde schwarz vor den Augen. Ich habe alles ausprobiert, was heute angeboten wird: starke Medikamente (Kortison und Aminosalicylsäure), Homöopathie, Rohkost und Qi Gong ... Zufällig habe ich vor 5 Monaten die Ernährungstherapie der hl. Hildegard kennengelernt und habe meine Ernährung auf Dinkel umgestellt. Schon bald habe ich gute Erfolge erzielt. Ich habe 5 kg zugenommen und kein Durchfall mehr. Ich fühle mich bei bester Gesundheit und kann meinem Medizinstudium ohne Sorge nachgehen.«

## Colitis ulcerosa (3)

R. R., 38-jährige Mutter von 3 Kindern, leidet seit ihrem 19. Lebensjahr, ausgelöst durch Prüfungsstress beim Abitur, an einer Colitis ulcerosa, die zunachst mit Azulfidine und Phoscortil behandelt werden. Zwei Jahre später zum ersten Mal sechs Wochen schwer krank, davon drei Wochen stationär. Weiterhin Azulfidine, das von ihr sehr schlecht vertragen wird. Weitere zwei Jahre lang immer wieder Colitis-Schübe mehrmals im Jahr, die nun bereits mit Kortison behandelt werden. Häufige Darmspiegelungen und andere Diagnosemaßnahmen reizen den Darm immer wieder. Nach weiteren zwei Jahren Einweisung in die Universitätsklinik Frankfurt und Umstellung auf eine strenge so genannte Pirlet-Schonkost, die eine Zeit lang Besserung bringt.

Die erste Schwangerschaft verläuft beschwerdefrei, nach der Geburt sofort wieder Colitis. 1986 zweite Schwangerschaft, nach einigen Wochen ständige Proktitis. Die Schwangerschaft verläuft problemlos. Nunmehr zweimal jährlich Colitis-Schübe mit einer Dauertherapie von Kortison von 50 mg pro Tag und einer ständigen Einnahme von 6 Tabletten täglich Claversal (Mesalazin) mit schweren Nebenwirkungen. 1988 in der dritten Schwangerschaft zusätzlich schwere Lebensmittelvergiftungen durch Salmonellen und Staphylokokken-Infektion. Drei Monate stationäre Behandlung, davon 5 Wochen künstliche Ernährung und intravenösen Gaben von 100 mg pro Tag Kortison trotz Schwangerschaft. Dennoch die Geburt eines gesunden Mädchens.

Drei Jahre später Einweisung in die Psychiatrie mit erfolgloser Behandlung bei einem Psychiater. 1992 immer noch starke Medikamente und Ausprobieren aller möglichen Ernährungsformen und Naturheilmittel von Schonkost, Rohkost, Colon-Hydrotherapie und andere mehr, alles ohne Erfolg.

14 Jahre nach Ausbruch der Colitis zum erstenmal Umstellung auf Dinkel-Diät und der oben beschriebenen Hildegard-Therapie. Seitdem 10 Jahre lang keinen Rückfall, keine chemischen Medikamente mehr und beschwerdefrei. Die Patientin bedauert, dass sämtliche Kosten für Krankenhaus und Arzneimittel für Tausende von DM ohne weiteres von der Krankenkasse übernommen wurden und die erfolgreiche Hildegard-Therapie aus eigener Tasche bezahlt werden musste. Die Hildegard-Therapie wäre die preiswerteste Behandlungsmethode und so könnte viel Geld, Kummer und Leid gespart werden.

## Colitis ulcerosa (4)

Die 62-jährige Mutter von zwei Töchtern hat als fünftes Kind eine schwere Kindheit im Kinderheim verbracht und ihre Eltern nie gekannt. Nach einem Herzinfarkt mit Stammhirnblockade trat eine schwere Colitis mit 10–15 Blut- und Schleimstühlen auf. Die chemischen Arzneimittel wie ASS, Dusodril, Aluminiumphosphat, Sulfasalazidin und Kortison haben schwere Schäden hinterlassen und das Leiden noch verstärkt.

Durch die konsequente Umstellung auf Dinkelkost mit der täglichen Einnahme von Durchfall-Ei-Granulat konnte das Durchfall-Leiden ausheilen, sodass alle chemischen Medikamente überflüssig wurden. Nach drei Monaten dieser Hildegard-Therapie waren auch die Entzündungen verschwunden, und der Stuhl hatte sich wieder geformt. Die blutigen Hämorrhoiden verschwanden durch Einnahme von Bachbungen-Saft (Urtinktur) in Dinkelgrießsuppe. Die angesetzte Dickdarm-Operation war nicht mehr nötig, weil alles auf wunderbare Weise natürlich ausgeheilt war.

## Colitis ulcerosa (5)

Nach Umstellung auf Rohkost täglicher Durchfall. Der junge Patient H. T. berichtet: Ich machte mir keine weiteren Gedanken, weil diese Reaktion von den Rohkostanhängern als normal propagiert wird. Da sich der Heuschnupfen auch noch besserte, dachte ich, den richtigen Weg eingeschlagen zu haben. Mehrere Naturärzte bestätigten mir, dass von der Rohkost keine Gefahren ausgehen könnten.

Nach einem Jahr wurde eine Darmspiegelung vorgenommen, die bestätigte, dass der Dickdarm chronisch entzündet sei. Meine bei allen konsultierten Ärzten vorgebrachten Bedenken, einen bestehenden Zusammenhang zwischen Rohkost und Durchfällen zu sehen, wurde von keinem dieser Darmspezialisten bestätigt. Nach weiteren drei Jahren verstärkte sich die Colitis, obwohl ich meine Ernährung inzwischen auf Normalkost umgestellt hatte. Eine erneute Darmspiegelung bestätigte, was mir der Körper ohnehin angezeigt hatte, dass ich an der chronischen Dickdarm-

Erkrankung Colitis ulcerosa litt, die nun mit Kortison und Salofalk ohne Heilerfolg behandelt wurde.

Durch Zufall geriet ich an das Buch der ›Ernährungstherapie der hl. Hildegard‹, wodurch ich auf die Dinkel-Ernährung aufmerksam gemacht wurde. Nach 4 Behandlungs- und Besprechungsterminen ist die Colitis ulcerosa nach einem halben Jahr verschwunden und seitdem nicht mehr aufgetaucht.

## Colitis ulcerosa (6)

R. V., ein 74-jähriger Patient war nach einer Operation im Krankenhaus an einer Infektion erkrankt, gegen welche er dort massiv mit Antibiotika behandelt wurde, was die Darmflora zerstörte. Nach neunmonatiger Behandlung wurde als Endresultat eine Colitis diagnostiziert. Revitalisierungsversuche blieben fast wirkungslos. In den letzten 14 Tagen vor Dinkelbehandlung war noch ein stark juckendes Ekzem hinzugekommen, sodass der Patient nach einer radikalen Therapieänderung suchte.

Initialtherapie: Täglich abends Dinkelmehlsuppen und Durchfall-Ei und gegen das Jucken Speisemohn.

Bereits nach vier Tagen telefonische Mitteilung, dass die vorbestehenden Blähungen verschwunden und die Zahl der Stuhlgänge geringer geworden ist.

Nach acht Tagen bei anhaltender Besserung erste Gemüsezulagen. Im weiteren Verlauf kam es zu leichtem Rückfall nach Haselnusstorte, die ohne Erlaubnis von dem recht eigenwilligen Patienten gegessen wurde. Nach einem Monat–bei fortwährender Dinkel-Diät, aber allmählich sich lockernden sonstigen Diätvorschriften (Milchprodukte) – nur noch ein Stuhlgang täglich bei zunehmender Konsistenz.

Nach sechs Wochen konnte das ebenfalls zur Kur gehörige Durchfall-Eigelb von täglich zweimal auf jeden zweiten Tag reduziert werden. Es trat kein Rückfall auf und es konnten auch bereits gekochte Äpfel ohne Rückfall vertragen werden.

Patient fühlt sich wohl und praktisch gesund, sodass er nach 2 Monaten Dinkelkur wieder in Ferien reisen konnte, wobei er allerdings die Möglichkeit hat, die Dinkelkur dort fortzuführen.

## Magengeschwür (1)

Nach einem Betriebsunfall mit einer Verbrennung 2. und 3. Grades entwickelten sich bei dem heute 75-jährigen Patienten V. E. sehr große Magengeschwüre mit Appetitlosigkeit, Brechreiz, Sodbrennen, Magenschmerzen, Atemnot. Durch die Einnahme von Antibiotika und Antacida sowie Kalziumantagonisten war die Darmflora zerstört mit erheblichen Lücken im Bereich der Laktobakterien und der Enterokokken mit einer Überwucherung von Candida. Im mikroskopischen Präparat des Stuhles konnte man massenhaft abgestorbene Sprosspilze beobachten, wie sie für eine Pilzbesiedelung des oberen Darmabschnittes charakteristisch sind.

Nach Darmsanierung mit Bärwurz-Birn-Honig, Acidophilus Jura, Mutaflor und einer konsequenten Umstellung auf Dinkel konnte die Darmflora sich wieder normalisieren. Durch die regelmäßige Einnahme einer morgendlichen Edelkastaniensuppe mit Engelsüß und Süßholz heilten die Magengeschwüre innerhalb von einem Jahr beschwerdefrei ab und sind seitdem nie wieder aufgetreten.

## Magengeschwür (2)

»Ich wurde nach sehr starker Stressbelastung mit starken Kopfschmerzen ins Krankenhaus eingeliefert. Die Untersuchungen des Computer-Tomogramms ergaben, daß ich an einem Gehirntumor leide. Der Tumor wurde entfernt. Nach dieser Operation wurde ich nach einiger Zeit der Genesung entlassen. Als ich zu Hause war, bekam ich starke Magen-Darm-Beschwerden. Deswegen wurde ich wieder ins Krankenhaus eingewiesen und sofort operiert: es war ein Magenulkus. Es wurde zwei Drittel vom Magen entfernt, wie mir der Arzt sagte.

Ich lernte nach der Operation hier den Dinkel kennen und durfte schon während meines Krankenhausaufenthaltes Dinkelspeisen regelmäßig zu mir nehmen. Im Vergleich zu den anderen Speisen vertrug ich den Dinkel ohne weiteres, ich hatte keine Verdauungsschwierigkeiten. Wenn ich die übliche Krankenhauskost nahm, bekam ich starke Blähungen und Verstopfung des Darmes.

Seit meiner Entlassung ernährt sich meine ganze Familie mit Dinkel in den verschiedenen Formen. Inzwischen habe ich einen Kochkurs über Dinkel-Ernährung mitgemacht. Ich habe keine Beschwerden mehr. Nach der Operation hatte ich 45 kg, jetzt habe ich zugenommen auf 65 kg, das ist mein ganz normales Gewicht.«

## Magengeschwür (3)

Der heute 75-jährige selbstständige stressgeplagte Handwerker N. S. litt mehr als 30 Jahre an jährlich wiederkommenden Magengeschwüren mit fürchterlichen Magenschmerzen, Schluckauf, Schlaflosigkeit und Verstopfung. Der ganze Magen war voller Geschwüre wie ein Krater und sollte entfernt werden. Nichts hat geholfen. Die Darmflora war durch die ständige Einnahme von Antibiotika und einer Unmenge von Aluminiumpulver sowie Wismut derartig zerstört, dass sich in die Lücke der nicht vorhandenen Lakto- und Bifidobakterien gleich zwei Candida-Hefepilze angesiedelt hatten (C. albicans und glabrata). Nach Sanierung der Darmflora mit Bärwurz-Birn-Honig, Acidophilus Jura und der Umstellung auf Dinkel, Obst und Gemüse war die Darmflora nach 3 Monaten wieder vollkommen normal. Durch den gezielten Einsatz einer so genannten Morgensuppe aus Dinkel und Edelkastanien mit Süßholz und Engelsüß über einen Zeitraum von einem Jahr sowie durch einen jährlichen Hildegardischen Aderlass verschwanden die Schmerzen, und das Magengeschwür heilte aus.

## Gastritis (1)

Die 65-jährige Mutter B. L. leidet unter fürchterlichen Magenschmerzen mit Aufstoßen und Sodbrennen besonders nachts, ausgelöst durch den plötzlichen Unfalltod der Tochter. Nach Endoskopie werden blutige Ösophagus-Varizen (Krampfadern in der Speiseröhre) und eine schwere erosive Gastritis diagnostiziert. Protonenpumpenhemmer bewirken schwere Übelkeit, Schwindel, Blähungen. Der Darm weist drei Candida-Infektionen und Klebsiellen-Infektion auf.

Nach der Darmsanierung mit dem Bärwurz-Birn-Honig und der Ausheilung der Gastritis mit Fencheltabletten, Dinkel, Muskatellersalbei-Elixier und Aderlass sind alle Schmerzen weg und alles hat wunderbar geholfen.

## Gastritis (2)

»Ich bin Rechtsanwalt und hatte beruflich bedingt ständig, teilweise erhebliche Schwierigkeiten mit meinem Magen (Gastritis), so daß ich deshalb in laufender ärztlicher Behandlung war, die aber kein positives Ergebnis brachte. Seit 1980 esse ich regelmäßig Dinkelbrot. Bereits nach kurzer Zeit war ich meine Probleme mit dem Magen los. Seit dieser Zeit esse ich regelmäßig ausschließlich Dinkelbrot und bin gesund. Für mich ist der Dinkel die beste Medizin, und ich bin sicher, daß dies nicht nur für mich gilt.«

## Morbus Crohn

Bei der heute 33-jährigen Patientin und Mutter eines Kindes trat 1982 bei der bevorstehenden Führerscheinprüfung und Gesellenprüfung die Crohn-Krankheit mit den typischen Beschwerden auf. Blut im Stuhl, Durchfall 10mal am Tag und künstliche Ernährung für 10 Wochen. Die Krankheit trat schubweise zweimal pro Jahr auf. Während der Schübe bekam sie Kortison 10–60 mg pro Tag, Salofalk 2–3 Tabletten täglich und einschlägige Schmerzmittel. Nach 10 Jahren mit dieser ›Therapie‹ trat 1992 eine eitrige Darmfistel auf, die operiert werden sollte. Durch eine zweiwöchige Phytotherapie-Behandlung mit Birkwurz und Brachwurz sonderte sich kein Eiter mehr ab, und die Operation musste nicht durchgeführt werden. Da sie zu diesem Zeitpunkt den Dinkel noch nicht kannte, traten erneut Eiterungen auf. Seit März 1992 stellte sie ihre Ernährung auf Dinkel um, mit täglichen Dinkelmehlsuppen und Sanikel-Elixier. Nach 3 Monaten normalisierte sich der Stuhlgang. Seitdem keine Durchfälle und Eiterungen mehr. Sogar Dinkelbier konnte sie vertragen, obwohl sie bei normalem Bier Durchfall bekommt. Durch ihre Erfahrungen mit dem Dinkel angeregt, probierten drei Patienten der

Morbus-Crohn-Gruppe die Dinkelkost. Auch hier gab es deutliche Anzeichen für ein größeres Wohlbefinden der Patienten.

## Zwölffingerdarmgeschwüre

Der 36-jährige erfolgreiche Programmierer R. T. leidet an schmerzhaften Zwölffingerdarmgeschwüren, wobei durch Biopsie noch zusätzlich eine hochgradige Gastritis mit reichlicher Infektionsbeteiligung durch Helicobacter pylori festgestellt wurde. Die vom Gastroenterologen vorgeschlagene Tripeltherapie mit der ›Protonenpumpe‹, Antibiotikum und Säureblocker wurde wegen der Nebenwirkungen nicht genommen, sondern eine Edelkastaniensuppe mit Süßholz und Engelsüß sowie Fenchel-Galgant-Tabletten gegen die H.p.-Infektion. Nach einem Monat konnte in der Magenspiegelung keine Entzündung mehr beobachtet werden, lediglich ein paar Narben. Die Zwiebelsuppe als Test auf Magengeschwüre wurde wieder gut vertragen.

## Osteoporose

Bei der Patientin K. H. wurde durch Knochendichte-Messung eine Knochendichte von nur noch 70% festgestellt. Nach intensiver Dinkel-Obst-Gemüse-Kost und 1–2-mal wöchentlich Kalbsfußsuppe normalisierte sich die Knochendichte innerhalb eines halben Jahres.

## Polyarthritis (1)

Die heute 55-jährige Patientin S. A. leidet schon seit ihrem 12. Lebensjahr an Rheuma und sitzt seit ihrem 33. Lebensjahr im Rollstuhl. 47 Jahre Kortison haben ihre Knochenmasse so aufgefressen, dass sie keine Kraft mehr hat. Vor vier Jahren wurde ein künstliches Gelenk ohne Zement in die rechte Hüfte gesetzt. Trotzdem noch Schmerzen. Die Voltaren-»Bomben« haben den Unterleib ›zerfressen‹, die Leber und die Magenschleimhaut entzündet. Trotz Operation ›todkrank‹.

In der Reha-Klinik wurden alle schulmedizinischen Mittel abgesetzt und Hildegard-Rheumamittel eingesetzt: Hildegardische Goldkur, Wermutsalbe am Ulmenholzfeuer und intensive Dinkelkost. Kommentar des behandelnden Arztes: »Einfache Mittel können oft mehr helfen als Chemie.«

## Polyarthritis (2)

Die 73-jährige Patientin leidet schon seit ihrem 35. Lebensjahr an chronischer Polyarthritis, die mit Kortison, Voltaren und Cibacen ohne Erfolg behandelt wurde. Die Darmflora war zerstört und wurde mit Bärwurz-Birnen-Honig und Acidophilus Jura saniert. Nach Aderlass, Wasserlinsen-Elixier und Umstellung der Ernährung auf Dinkel, Obst und Gemüse verschwanden die Schmerzen, sodass auf die rheumatischen Schmerzmittel und nach langsamem Ausschleichen auch auf das Kortison verzichtet werden konnte.

## Polyarthritis (3)

Die 54-jährige Patientin leidet seit ihrem 46. Lebensjahr an chronischer Polyarthritis und hat bereits in mehreren Rheumakliniken auch mit Naturheilmitteln und Umstellung der Ernährung auf Bircher-Brenner-Rohkost, Schaubkost keine Besserung erfahren. Nach Aderlass, Wasserlinsen-Elixier, Goldkur und Dinkelkost kann auf die rheumatischen Schmerzmittel (Felden, Padma) verzichtet werden, weil die Schmerzen verschwinden. »Die Natur«, sagt sie, »hat das gemacht, was eine Operation vielleicht hätte bringen sollen.«

## Harnsäuregicht

Der 62-jährige Busfahrer B. A. leidet seit zehn Jahren nach einem Autounfall an so starken Gelenkschmerzen, dass er kaum noch gehen kann. Die Harnsäure erreicht Spitzenwerte von 9,48. Die Niere schmerzt. Nach Aderlass, Selleriesamen-Mischpulver, Quittenkur und Nierenmassagen mit Nierenrautensalbe sinkt die Harnsäure innerhalb von drei Monaten auf Normalwerte von 5,25. Die Gelenk- und Nierenschmerzen verschwinden.

## Muskel- und Gelenkrheuma

Die 51-jährige Patientin ist nach eigenen Aussagen nur noch ein Wrack. Wegen Verschleiß in Hüften und Bandscheiben hatte sie im ganzen Beckenbereich sowie in den Weichteilen der Taille starke Schmerzen. Schulmedizinisch wurde zudem eine Schwäche der Bauchspeicheldrüse sowie eine Darminfektion mit Helicobacter pylori festgestellt.

Gegen die rheumatischen Fieberschübe half trotz Penicillin-Therapie kein Mittel mehr. Dadurch war der Darm geschädigt, der nun mit Bärwurz-Birnen-Honig, Mutaflor und Acidophilus saniert wird. Ein Aderlass, Wasserlinsen-Kur sowie Dinkelkost bringen Erleichterung. Im Magen wird kein Helicobacter mehr festgestellt. Durch Selleriesamenmischpulver auf Quittenbrot verschwinden die Arthroseschmerzen und auch die rheumatischen Muskel- und Gelenkschmerzen.

## Lebensmittelvergiftung

»Am dritten Tag einer Israel-Reise, nach dem Mittagessen, begann bei fast allen Teilnehmern, einschließlich mir, ein heftiger Brechdurchfall mit starken Bauch- und Magenkrämpfen. Ich fühlte mich sehr schwach und elend. Am nächsten Tag begann hier ein Exerzitien-Kurs mit 30 Teilnehmern, den ich inhaltlich und gestalterisch mitzuleiten hatte. Ich versuchte mit Haferschleim meine Situation aufzufangen; mein Körper reagierte darauf mit Krämpfen im Oberbauch. So versuchte ich es mit Dinkelsuppe aus feinen Dinkelflocken, die ich dreimal täglich zu mir nahm. Schon nach dem ersten Tag spürte ich eine Besserung: die Bauchkrämpfe hörten auf. Am dritten Tag war die wässrige Darmausscheidung vorbei, und es wurde ruhig in mir. Wenn ich meinen Allgemeinzustand beschreiben soll, würde ich das Bild eines Puzzles nehmen, nichts paßte zusammen: Schwäche, mangelnde Konzentrationsfähigkeit, Antriebsschwäche machten mir meinen Dienst sehr schwer.

Ich erlebte von Tag zu Tag wie mein Körper positiv zu reagieren begann: Zunehmende Kraft, Sammlungsvermögen, wache Sinne, ein innerer Frieden: ein immer größeres Wohlbefinden kam auf. Auf jede Mahlzeit, die ›nur‹ aus Dinkelsuppe bestand, freute ich mich mehr.

Ich staunte aufs Neue, daß es mir mit der Dinkelsuppe ganz anders ging. Ich dachte über alles nach und entdeckte dabei, daß sich mir ein Weg aufgetan hatte, von dem ich zwar wußte, daß die Dinkelnahrung ein guter Weg ist, aber nie dachte, daß er so tiefe ganzheitliche heilungs- und ordnungstherapeutische Auswirkungen auf einen Menschen hat. Ich durfte regelrecht Auferstehung feiern.«

## Lebensmittelunverträglichkeit

Eine 34-jährige Patientin über ihre erste Schwangerschaft:

»Vor und auch während der Schwangerschaft Ernährung ausschließlich Dinkel und gemäß der Ernährungslehre der Hildegard von Bingen. Keine Komplikationen während der Schwangerschaft, Blutbild immer in Ordnung. Das Kind kam zur Welt und hatte eine wunderbare glatte und schöne Haut und ab dem 1. Tag regelmäßig Stuhlgang.

Da Stillen nicht möglich, wurde im Krankenhaus mit Alete HA gefüttert. Diese Nahrung sollte zumindest 6 Wochen beibehalten werden. In der 3. Woche nach der Entbindung bekam das Kind Blähungen und festen Stuhl und dann keinen Stuhlgang mehr. Auch die Haut wurde pickelig. Die Kinderärztin riet zu einer anderen Nahrung (Aponti oder Beba), selbstgefertigte Nahrung lehnte sie ab. Aber auch danach keine Besserung. Gegen das Anraten der Ärztin Nahrungsumstellung gemäß der Ernährungstherapie der hl. Hildegard. Bereits am 1. Tag hatte das Kind wieder einen guten Stuhl und 1 Woche später war die Haut auch wieder glatt und schön. Ab der 7. Lebenswoche Erhöhung des Dinkelschleim auf 6%, danach alle 2 Wochen Erhöhung des Dinkelschleims um 1%, da das Kind sonst kein Sättigungsgefühl erreichte. Das Kind ist sehr fit, hält sich schon einige Zeit aufrecht, kann auch den Kopf schon sehr gut halten und ist sehr aufmerksam und neugierig. Es fühlt sich sichtlich wohl.«

Die weitere Entwicklung des Babys:

- Mit 5 Monaten 2 Zähnchen.

- Mit 8 Monaten festes Sitzen.
- Mit 10 Monaten festes freies Stehen und erste Schrittchen im Laufstall.
- Mit 11 Monaten schon recht sicheres Laufen außerhalb des Laufställchens an der Hand von Erwachsenen.
  Bis jetzt keine Krankheiten, auch keine Ansteckung bei Erkältung der Eltern.
- Kaum Kontakt der Haut mit Cremes, Seifen, Badezusätzen, Puder etc., aber keine wunde oder trockene Haut, sondern ganz feine, gut durchblutete Haut, die aussieht wie nach häufigem Sonnenbaden, obwohl direkte Sonneneinstrahlung gemieden wurde. Lediglich Milchschorf, der aber mit Hilfe von Quendel im Brei verschwindet.
- Bis zum Alter von 6 Monaten fast völlige Abschirmung des Kindes von größeren Menschenmengen und Besuch, viel Schlaf und wenig Amüsement, was aber die Kontaktfreudigkeit, die jetzt (im Alter von 11 Monaten) ganz ausgeprägt zu beobachten ist, nicht beeinträchtigt, sondern lediglich positive Auswirkungen auf die Ausgeglichenheit zeigt.

## Anämie

Die 52-jährige Patientin leidet schon jahrelang an Blutbildungsstörungen und schweren Zwischenblutungen, die zu einer schweren Anämie führen. Der Hämoglobinwert ist 5 mg/dl. Die Blutbildungsblockade wird durch den Aderlass und anschließender Hühnerlebertherapie mit Hühnerleber-Dinkelknödel zweimal wöchentlich beseitigt.

Nach vier Wochen dieser Therapie hat die Patientin wieder eine normale Blutbildung, die blasse Hautfarbe ist verschwunden. Der Hämoglobinwert ist mit 13,9 normal.

## Psoriasis

Der 64-jährige Kaufmann F. R. leidet seit 1975 an Netzhautablösung der Augen (wofür ihm ein Augenprofessor 35 Kortisonspritzen verpasste), sowie seit zehn Jahren an Psoriasis (Schuppenflechte) beider Hände. Bei Stress und Aufregung verschlimmert sich dieses Leiden, sodass er den Kunden kaum noch die Hand geben kann.

Nach einer Darmsanierung mit der Bärwurz-Birnen-Honig-Kur wegen Candida und Aderlass-Therapie und besonders durch Maulbeerblätter-Bäder oder -Packungen konnte uns der Patient bereits nach 2 Monaten die völlige Abheilung der linken Hand und die fast völlige Abheilung der rechten Hand berichten. Auch hatte sich der Gesamtzustand und die Stimmung erheblich verbessert und die Sehschärfe des rechten Auges (mit der Netzhautabhebung) war fast hundertprozentig zurückgebildet. Die sporadisch auftretenden Augendruckschmerzen waren völlig abgeklungen.

## Hirnstammtumor

Der 34-jährige Patient B. O. leidet an einem inoperablen Hirnstammganglion (Ganglion = Nervenknoten) und an seinen Folgen: Stimm- und Gleichgewichtsverlust. Der Patient taumelt nur noch durch die Gegend und muss sich überall festhalten. Das Kantonsspital bittet um eine naturheilkundliche Mitbetreuung, da »keinerlei therapeutische Optionen mehr zur Verfügung stehen.« Einsatz der Hildegard-Methoden zur Krebsbehandlung: Dinkelkost, Aderlass 2-mal jährlich, Wasserlinsen-Elixier für ein Jahr als Dauertherapie, eine Kur mit Anguillan D6, D12, D30. Nach einem Jahr überraschende Besserung, das Tumorwachstum ist zum Stillstand gekommen. Stimme und Stimmung sind besser, der Patient kann wieder gehen und hat sein Gleichgewicht wiedergefunden.

## AIDS

Bis zu seinem 25. Lebensjahr kerngesund, im November 1975 Hepatitis A und B. 1976 Zeckenencephalitis, seit 1978 ständig müde und erschöpft. 1985 Ausbruch der AIDS-Krankheit mit täglichem Fieber, Durchfall, Arbeitsunfähigkeit. Am 4.9.1985 Feststellung der AIDS-Krankheit durch den Hausarzt, rapide Verschlechterung des Gesundheitszustandes, chronische Bronchitis, danach Lungenentzündung. Ende September Einweisung ins

Krankenhaus, bettlägerig, Unfähigkeit zum Gehen. Voraussichtliche Lebensdauer laut Ärzteprognose 3–6 Monate. Ab Mitte November Bewusstseinsverlust. Der Patient lässt einen bekannten Priester kommen, um sich auf seinen baldigen Tod vorzubereiten. Erbrechen jeglicher Nahrung, selbst nach Infusionen. Kurz vor Weihnachten Besuch des gewünschten Priesters im Krankenhaus. Dieser bringt ihm gekochte Edelkastanien, die gut vertragen werden. Handauflegung auf Kopf und Brust durch den Priester verursacht im Patienten – den es trotz erhöhter Körpertemperatur innerlich gefroren hatte – eine angenehme Wärme im ganzen Körper. Nach den Gebeten normalisierte sich die Körpertemperatur. Nach Weihnachten ständiger Besuch des Priesters und Empfang der Sakramente mit Beichte, Krankensalbung und heiliger Kommunion. Von nun an geht es aufwärts mit dem Patienten. Er entwickelt wieder Appetit, und das Gewicht nimmt laufend zu.

*Therapieplan nach Hildegard*

- Wasserlinsen-Elixier
- Dinkelkost mit Habermus, Dinkelgerichten, Lammfleischsuppe, gekochten Edelkastanien, Hühnerfleisch.

Am 31.12.85 verlässt der Patient das Krankenhaus, nachdem alle anderen Kameraden in seinem Krankenzimmer bereits verstorben sind. Mitte Januar 86 Besuch der hl. Messe, die ihm die nötige Lebenskraft spendet, später allwöchentlich. Ab März tägliche Spaziergänge im Freien mit dem Gehstock, seit September wird auch der Stock nicht mehr benötigt. Innerhalb eines halben Jahres seit September 85 bis Ostern 86 Zunahme des Körpergewichts um 12 kg. Im Sommer 86 übersteht der Patient mehrere grippale Infekte, eine Nierenbeckenentzündung und im Januar 87 sogar eine Lungenentzündung, zwischendurch mehrere Herz- und Kreislauf-Anfälle. Gelegentlich Nervenschmerzen.

Im Sommer 1987 medikamentöser Neuversuch mit Retrovir-Kapseln mit katastrophalen akuten Nervenentzündungen, Kopfschmerzen, Herzschmerzen, Gelenkschmerzen und Gedächtnisausfall. Nach 6 Tagen wegen unerträglicher Nebenwirkungen Abbruch des Versuchs. Nach diesen schlechten Erfahrungen wünscht der Patient auch nach umfassender ärztlicher Beratung ausschließlich die oben beschriebene Hildegard-Therapie.

## Zöliakie/Sprue

Die Verdauungsschwäche des Dünndarms aufgrund einer Weizen-, Hafer-, Gerste- und Roggenallergie gilt als unheilbar. Ein jetzt achtzehnjähriger Patient leidet seit seinem sechsten Lebensmonat an einer Gliaden (Kleber = Gluten) induzierten Zöliakie. Von der Universitätsklinik Innsbruck wurde ihm nach mehreren vergeblichen Ernährungsumstellungen mit Normalkost eine lebenslängliche gliadenfreie Kost empfohlen. Nach behutsamer Umstellung auf Dinkelkost mit zunächst nur einem Esslöffel Dinkelkörner unter Kopfsalat, traten weder Durchfälle und Erbrechen noch Appetitlosigkeit und andere für die Zöliakie charakteristischen Symptome auf. Nach vier Wochen konnte zusätzlich morgens Habermus gereicht werden. Da der Patient alles gut vertrug, konnte anschließend die ganze Kost auf Dinkelbasis umgestellt werden. Der Patient wuchs seitdem innerhalb von neun Monaten um drei Zentimeter; sein Allgemeinzustand ist gut.

Dieser Fall und einige andere Zöliakie-Heilungen durch Dinkelkost zeigen, dass Dinkel kein Weizen ist und auch keine Allergien verursacht.

## Neurodermitis

Unter den von Klinikärzten als praktisch unheilbar bezeichneten Patienten (ein Kortison-Effekt ist keine Heilung) finden sich auffallend viele Hautkranke, vor allem mit Ekzemen, Allergien und Neurodermitis. Bei Neurodermitis werden mit Diätversuchen gewisse Erfolge erzielt. Dabei ist »härteste Konsequenz« und »Verzicht als Erziehungsfaktor« Voraussetzung. Die Tragik dieser Diätverfahren liegt darin, dass man für jeden einzelnen Patienten eine individuelle Diät erarbeiten muss. Die Dinkeldiät geht von anderen Voraussetzungen aus und hat bei konsequenter Durchführung zur vollen Remission (Rückbildung) geführt.

Eine schwangere Frau litt seit ihrer Kindheit an Neurodermitis, früher so schlimm, dass sie sich blutig gekratzt hat. Nach der Umstellung auf Dinkeldiät und Ausschaltung aller ›Küchengifte‹, Schweinefleisch, Wurst und Kaffee, war das Ekzem nur noch an den Händen sichtbar. Zeitweise ist die Haut der Patientin so schön, dass man von ihrer Krankheit gar nichts mehr merkt. Sie brachte ein gesundes Kind mit wunderschöner Haut zur Welt.

Aufgrund eigener guter Erfahrungen mit der Dinkelkost setzt der Arzt Dr. med. Jürgen Bahls die Dinkeldiät zur Behandlung einer Neurodermitis-Selbsthilfegruppe innerhalb des so genannten Schwelmer Modells ein. Die Erfolge waren so gut, dass die Kosten für diese Diätbehandlung von der örtlichen Krankenkasse übernommen wurden.

## Hyperaktives Syndrom

Ein achtjähriger Junge leidet seit drei bis vier Jahren an Phospat-Überempfindlichkeit. Erste Besserung wurde durch phospatreduzierte Kost erzielt. Eine entscheidende Besserung zeigte sich jedoch erst nach dreimonatiger Dinkeldiät und dem Tragen eines Chalzedon-Armbandes: sprunghafte Zunahme der Konzentrationsfähigkeit, Verbesserung der schulischen Leistungen, innere Ausgeglichenheit und Verträglichkeit sonst schlecht vertragener Speisen. Die Mutter des Jungen – selbst Ärztin – war überglücklich und meinte: »Ich würde mich freuen, wenn vielen kleinen Zappelphilippen auf diese Weise geholfen werden könnte.«

## Übergewicht

Nach einer Hildegard-Fastenkur entschloss sich ein stark übergewichtiger junger Mann (36 Jahre, Körpergewicht 143 Kilo bei einer Körpergröße von 182 Zentimetern) zu einer Dinkel-Fastenkur. Nach sechseinhalb Monaten hatte er insgesamt 46 Kilo abgenommen und sah strahlend aus. Zusätzlich brachte ihm diese Kur eine eiserne Disziplin. Ohne Eile und Stress konnte er jetzt seine Arbeit verrichten, mit der er früher nie fertig geworden war.

## Venenentzündung

Eine jetzt 43-jährige Patientin wurde wegen einer tiefen Unterschenkel-Thrombose auf der Intensivstation mit Makumar behandelt, das aber wegen seiner bedrohlichen Nebenwirkungen bald wieder abgesetzt werden musste. Nach einer Behandlung mit Streptokinase und Heparin stellten sich allergische Hautausschläge ein, sodass die Patientin wieder so aus dem Krankenhaus entlassen werden musste, wie sie eingeliefert worden war.

Nach drei Monaten mit regelmäßiger Dinkelkost heilte die Venenentzündung ab. Im Angiogramm (Röntgenbild von Blutgefäßen) ließen sich keine Thrombosen mehr nachweisen. Es zeigte sich eine weitgehende Rekanalisation der tiefen Unterschenkelvene. Ohne irgendwelche anderen Medikamente wurden die Beinvenen wieder frei durchgängig. Als die Dinkelkost abgesetzt wurde, trat die Entzündung wieder auf und verschwand erneut, als die Dinkelernährung fortgesetzt wurde.

## Endometriose

Bei einer jetzt 45-jährigen Patientin wurden nach der zweiten Schwangerschaft (als sie 32 Jahre alt war) Myome festgestellt. Seit ihrem 36. Lebensjahr litt die Patientin unter Ausfluss und ziehenden Schmerzen im Unterbauch, wonach eine Endometriose (das Auftreten verschleppten Gebärmutterschleimhautgewebes außerhalb der Gebärmutter) am Eierstock diagnostiziert wurde. Eine Hormontherapie hatte schwere depressive Verstimmungszustände mit Selbstmordgedanken zur Folge gehabt, und schließlich mussten Eierstock und Uterus entfernt werden. Unmittelbar darauf traten wieder vaginale Blutungen und ziehende Schmerzen auf. Eine erneute Operation folgte, bei der der zweite Eierstock und eine Scheidenstumpf-Endometriose entfernt wurden. Unmittelbar nach diesem Eingriff litt die Patientin fast ein Jahr lang unter chronischen Durchfällen von wässriger Konsistenz, täglich bis zu zehnmal (auch nachts). In einer Stuhlprobe wurden Lamblien nachgewiesen, die erfolglos mit Antibiotika behandelt wurden. Zusätzlich trat eine Superinfektion mit Pseudomonas (Bakterien) auf. Eine erneute Antibiotika-Therapie brachte keine

Ausheilung, sondern zerstörte die Darmflora völlig. Eine Darmreinigungskur und anschließende Umstellung auf Vollwertkost nach Dr. Mayr blieb ohne Einfluss auf das Krankheitsbild. Erst nach einer konsequenten Dinkeldiät und einer Therapie mit Durchfall-Ei festigte sich der Stuhlgang, und die Durchfälle blieben aus. Der Allgemeinzustand der Patientin ist nun wieder gut. Nachtschattengewächse, ›Küchengifte‹ und Milch muss sie selbstverständlich meiden.

## Überempfindlichkeit gegen Erdstrahlen

Ein 60-jähriger Architekt und Wünschelrutengänger litt unter einer Übersensibilität gegen terrestrische Strahlen und kam nur zur Ruhe, wenn er seinen Schlafplatz wöchentlich wechselte. Nachdem er sich etwa ein Jahr lang mit Dinkelkost ernährt hatte, machte er die Feststellung, dass die Erdstrahlen nicht mehr ihren bisherigen Einfluss auf seinen Organismus hatten und dass sich seine Widerstandskraft allgemein gebessert hatte. Er konnte wieder beschwerdefrei schlafen und hatte auch beim Aufwachen keine Probleme mehr.

## Terminale Kost

»Die Schwiegermutter meines Bruders konnte 1992 im Krankenhaus wegen ihres ganz wunden Gaumens nichts mehr essen. Man holte sie heim, in der Meinung, daß sie auch zu Hause sterben könne. Man fragte mich, ob ich noch Hilfe wüßte. Ich riet, aus Dinkelkochwasser mit Ei und Butter eine Suppe tassenweise zu füttern, so oft wie es angenommen werden kann (ca. 5mal täglich), und nach wenigen Tagen ging schon Dinkelgrießbrei und bald normale Kost. Sie ist dann nach ca. einem guten Jahr (mit 94 Jahren bei ihrer Tochter in Schlesien auf Besuch) ganz friedlich gestorben.

Diese Erfahrung wurde mir bei meinem Besuch im August 1993 in Schlesien berichtet. Diese Familie baut sich schon seit 4 Jahren Dinkel an, der prächtig gedeiht. Die Vögel seien auch sehr ›interessiert‹.«

# Anhang

## Literatur

**Wighard Strehlow und Gottfried Hertzka**

W. Strehlow: Die klassische Hildegard-Heilkunde – das Gesundheitsprogramm: Alle sechs Bände Strehlow Verlag, Allensbach 2001/2002.

- Magen- und Darmleiden
- Herz- und Kreislauferkrankungen
- Krebs und Abwehrschwäche
- Rheuma und Gicht
- Hautkrankheiten
- Frauenheilkunde

G. Hertzka: So heilt Gott. Christiana Verlag, Stein am Rhein, 12. Auflage 1985.

G. Hertzka: Das Wunder der Hildegard-Medizin. Christiana Verlag, Stein am Rhein, 4. Auflage 1985.

G. Hertzka/W. Strehlow: Große Hildegard-Apotheke. Christiana Verlag, Stein am Rhein 2003.

W. Strehlow: Hildegard-Heilkunde von A-Z. Droemer Knaur Verlag, München, 11. Auflage 2002.

W. Strehlow: Hildegard-Medizin für alle Tage. Droemer Knaur Verlag, München, 2001.

W. Strehlow: Das Hildegard-von-Bingen-Kochbuch. Heyne Verlag, München, 9. Auflage 2002.

W. Strehlow: Wie Hildegard-Medizin vorbeugt und heilt. Droemer Knaur Verlag, München.

W. Strehlow: ›Lebensweisheiten der hl. Hildegard‹. Kanisius Verlag (nur im Strehlow Verlag, Allensbach, erhältlich).

In der Reihe sind bisher erschienen:

- Die Kunst des Alterns
- Maß und Maßlosigkeit
- Durchbruch zur Liebe
- Freuden und Leidenschaften des Alters
- Heil, Heilung, Heilig
- Über die Wut im Bauch

W. Strehlow: Die Psychotherapie der Hildegard von Bingen. Heilen mit der Kraft der Seele. (Vollständig überarbeitete Neuausgabe) Lüchow Verlag, Stuttgart, 2003.

Amerikanische Ausgabe:

W. Strehlow: Hildegard of Bingen's Spiritual Remedies. Healing Arts Press, Rochester, Vermont, 2002.

Französische Ausgabe:

W. Strehlow: La guérison du corps et l'esprit selon Hildegarde de Bingen. Éditions Dangles, Saint-Jean-De-Braye, France, 2001

**Lateinische Ausgaben der Hildegard-Werke**

Das medizinisch-naturkundliche Werk *Liber Subtilitatum Diversarum Naturarum Creaturarum*, bestehend aus den beiden Teilen:

*Liber Compositae Medicinae*, Paul Kaiser: *Hildegardis Causae et Curae* (CC); Lipsiae. B. G. Teubner 1903; Nachdruck: Basler Hildegard-Gesellschaft, Basel, 1980.

*Liber Simplicis Medicinae (Physica)*, J. P. Migne: Parrologia Latina (PL); Tomus 197, Paris 1855; Nachdruck: Basler Hildegard-Gesellschaft, Basel, 1982.

Die Trilogie

*Liber Scivias*: A. Führkötter: Hildegardis Scivias; Corpus Christianorum, Brepols, 1978.

*Liber Vitae Meritorum*: J. P. Card. Pitra: Analecta Sanctae Hildegardis, Tomus 8, Typis Sacri Montis Casinensis, Paris 1882.

*Liber Divinorum Operum* (LDO): A. Derolez, P. Dronke: Corpus Christianorum, Brepols, Turnholti, 1996.

**Deutsche Ausgaben der Hildegard-Werke**

Hugo Schulz: Ursachen und Behandlung der Krankheiten. München, 1933; Nachdruck: 3. Aufl., Basler Hildegard-Gesellschaft, Basel, 1982 (vergriffen!)

Peter Riethe: Heilmittel, Übersetzung der *Physica*. Otto Müller Verlag, Salzburg.

- Das Buch von den Vögeln
- Das Buch von den Steinen
- Das Buch von den Fischen
- Das Buch von den Tieren
- Das Buch von den Bäumen
- Von den Elementen, von den Metallen

Maura Böckeler: Wisse die Wege (Scivias). Otto Müller Verlag, Salzburg, 1975.

Walburga Storch: Scivias, Pattloch Verlag, 1991. Vollständige Übersetzung.

Walburga Storch: Im Feuer der Taube. Die Briefe. Pattloch Verlag, 1997.

Heinrich Schipperges: Der Mensch in der Verantwortung (Vita Mer.). Otto Müller Verlag, Salzburg, 1972.

Heinrich Schipperges: Welt und Mensch (LDO). Otto Müller Verlag, Salzburg, 1965.

**Hildegard-Biografien**

Regine Pernoud: Hildegard von Bingen. Herder Verlag, 1996.

Adelgundis Führkötter: Das Leben der heiligen Hildegard von Bingen. Otto Müller Verlag, Salzburg, 1980.

Eduard Gronau: Hildegard von Bingen. Christiana Verlag, Stein am Rhein, 1985.

Edeltraud Forster, Herausgeber: Hildegard von Bingen. Zum 900. Geburtstag. Herder Verlag, 1998.

**Weitere Hildegard-Literatur**

Marianne Schrader/Adelgundis Führkötter: Die Echtheit des Schrifttums der heiligen Hildegard von Bingen. Quellenkritische Untersuchungen. Böhlau Verlag, Köln/Graz, 1959.

**Sonstiges**

W. Strehlow: Wüstentanz. Australien spirituell erleben. Strehlow Verlag, Allensbach, 2. Auflage 1997.

Leo A. Nefiodow: Der 6. Kondratieff. Rhein Sieg Verlag, 5. Auflage, 2002.

Louis van Hecken: Gesundheit als Folge eines harmonischen Säftegleichgewichts. Vortrag zum Ersten Internationalen Hildegard Kongress, April 2002, Konstanz.

# Bezugsquellen

***Hildegard- und Dinkel-Produkte***

JURA-Naturheilmittel KG, Wolfgang Gollwitzer, Nestgasse 2-6, 78464 Konstanz; Tel. 07531-31005

Stadtmühle Egon Binz, Mühlenweg 11, 78187 Geisingen; Tel. 07704-9240

Filiale Konstanz: Theodor-Heuss-Str. 36, 78467 Konstanz, Tel. 07531-51677

s'Geisarieder Lädele, Rosenweg 2, 87616 Marktoberdorf-Geisenried, Tel. 08342-2115 oder 5398

***Dachsfellgürtel und -schuhe:***

Schuhmacherei Pollak, Rosenweg 3, 78315 Radolfzell-Liggeringen, Tel. 07732-1752

***Dinkelspelzunterbetten, -steppdecken und -kopfkissen:***

Waltraud Daum, Rechenauer Str. 95, 83022 Rosenheim, Tel. 08031-86972

***Edelsteine:***

Schleiferstüble, E. Mehl, Wessenbergstraße 31, 78462 Konstanz, Tel. 07531-22813

Dietlinde van der Zalm, Hochstraße 6, 65558 Isselbach-Ruppenrod, Tel. 06439-1069

***Edelkastanienhölzer, Spazierstöcke, Greiflinge***

Rebholz KG, Pommernweg 5, 71720 Oberstenfeld, Tel. 07062-5535

Willy Frey, Rüstlinberg 5, 79112 Freiburg-Tiengen, Tel. 07664-2223

***Wein***

Weinbau und Weinkellerei Georg Pfisterer, Landstraße 78, 69198 Schriesheim, Tel. 06203-61288

Hotel Sponheimer Hof, Fam. Heinz Schütz, Sponheimer Str. 19-23, 56850 Enkirch/Mosel, Tel. 06541-6628 oder 4204

***Ökologisch gebrautes Dinkelbier***

Riedenburger Brauhaus, Michael Krieger KG, 93339 Riedenburger Altmühltal (gebraut in der Tradition der Benediktinerabtei Plankstetten)

***Kräuter und Gewürze***
Gärtnerei Bornträger und Schlemmer, 67591 Offstein;
Telefon 06243-7079

**Adressen**

***Deutschland***
Hildegard-Zentrum Bodensee, Dr. Wighard Strehlow
Hildegard-Praxis und Kurhaus Hildegard
Strandweg 1, 78476 Allensbach am Bodensee
Tel. 07533-7433
***Österreich***
Helmut Posch, Weinbergweg, A-4800 St. Georgen/Attergau,
Tel. 0043-76 67-63610
***Schweiz***
Hildegard-Vertriebs AG, Aeschenvorstadt 24, CH-4010 Basel;
Telefon 00 41-61-2799151

## Förderkreis Hildegard von Bingen e. V., Konstanz

Der ›Förderkreis Hildegard von Bingen e. V.‹ wurde 1987 von Dr. Gottfried Hertzka gegründet mit dem Ziel, das Gesamtwerk der heiligen Hildegard von Bingen weiter zu erforschen, anzuwenden und zu verbreiten. Wir sehen hier großartige, bisher noch ungenutzte Möglichkeiten zur Information über diese neuartige Heilkunde, die die komplizierte klinische Medizin mit der naturheilkundlichen Einfachheit und Ungiftigkeit verbindet. Diese Chance bietet die Hildegard-Medizin. Darüber und über das, was damit zusammenhängt, will Sie der ›Förderkreis Hildegard von Bingen e. V.‹ unterrichten.

Es ist auch unser Anliegen, möglichst viele Menschen mit den aus den Büchern Hildegards geschöpften Erkenntnissen vertraut zu machen. Unsere Aufgabe und die Ihre – falls Sie mitmachen wollen – soll es sein zu zeigen, welche großartigen Schätze und Möglichkeiten für die Heilkunde und eine konsequente Lebensweise im *Corpus Hildegardicum* bisher ungehoben schlummern.

Dazu erscheinen viermal im Jahr die Hildegard-Gesundheitsbriefe und ein bis zweimal im Jahr die *Zeitschrift für alle Hildegardfreunde*.

Informationen zum Förderkreis erhalten Sie kostenlos von:
Förderkreis Hildegard von Bingen e. V., Schiffstraße 2, 78464 Konstanz.
Weitere Informationen im Internet unter
www.st-hildegard.com
und
www.hildegardmed.de

# Register: Die besten Rezepte aus der Hildegard-Küche